◎ 高等院校经济与管理核心课经典系列教材 ◎

工商管理专业

现代企业制度概论

XIANDAI QIYE ZHIDU GAILUN

（第三版）

主　编 ◎ 吴申元

编写者 ◎ 吴　芹　王小明　邹鹿鸣

孙彬彬　朱春临　冯小强

谷红欣　赵春晖　徐杰锋

首都经济贸易大学出版社

Capital University of Economics and Business Press

·北　京·

图书在版编目（CIP）数据

现代企业制度概论/吴申元主编．—3 版．—北京：首都经济贸易大学出版社，2016．3

（高等院校经济与管理核心课经典系列教材·工商管理专业）

ISBN 978 -7 -5638 -2450 -2

Ⅰ．①现…　Ⅱ．①吴…　Ⅲ．①企业管理制度—研究　Ⅳ．①F272．9

中国版本图书馆 CIP 数据核字（2016）第 275210 号

现代企业制度概论（第三版）

吴申元　主编

出版发行　首都经济贸易大学出版社

地　　址　北京市朝阳区红庙（邮编 100026）

电　　话　（010）65976483　65065761　65071505（传真）

网　　址　http://www.sjmcb.com

E - mail　publish@cueb.edu.cn

经　　销　全国新华书店

照　　排　北京砚祥志远激光照排技术有限公司

印　　刷　北京市泰锐印刷有限责任公司

开　　本　710 毫米×1000 毫米　1/16

字　　数　378 千字

印　　张　21．5

版　　次　2009 年 4 月第 1 版　2012 年 8 月第 2 版

2016 年 3 月第 3 版　2018 年 9 月总第 8 次印刷

印　　数　24 001 ~27 000

书　　号　ISBN 978 -7 -5638 -2450 -2/F·1378

定　　价　39．00 元

第三版序

本书第三版修订之际，适逢中共中央、国务院《关于深化国有企业改革的指导意见》公布，故我们第一时间将与这个深化国企改革纲领性文件相关的内容收入第二章、第六章的相应部分；对国有企业今后改革演进的进一步观察和分析，只能等下一版之修订时再予完善了。

考虑到第二版时全书各章案例均已更新，眼下看来并无不妥，仍适宜做教学之用，第三版尚无必要做大的调整，因而本次修订仅更换了第六章、第七章的案例，以增强第三版的新鲜感和贴切感。

本书第三版仍旧难免舛错谬误之处，还请方家多多指正。

吴申元

2015 年 10 月

第二版序

本书自2009年出版后，承蒙多所院校不弃，用作教材，编者深感荣幸，谨表谢忱。三年来，现代企业制度的理论与实践不断有新的发展，为了更好地满足使用者之需，本书部分内容已有修订、更新的必要。

第二版更新了各章的案例，力求增加本书的新鲜感和现实感。内容的修订主要集中在第一章和第六章。原书第一章有关企业家理论的阐述较为简略，第二版进行了必要的补充。第六章有关国有企业改革的问题和建议方面，添加了当前一些新鲜内容，以冀更贴近实际。

修订后的第二版肯定还有诸多未尽完善之处，尚祈使用者不吝赐教。

吴申元

2012年6月

XU 第一版序

随着经济体制改革的不断深化,我国企业将置身于经济全球化的市场环境。变革的加剧,使人们越来越深切地感受到现代企业制度对企业未来生存和发展的重要性。制度之所以重要,是因为它要解决影响组织未来发展最重要、最基本的问题。

企业制度是企业发展的生命,现代企业制度是以公司制度为主体的市场经济体制的基本成分。从当前经济全球化的趋势看,现代企业制度是最科学、最有效、最能适应市场经济规律的企业制度。现代企业制度是以公司制度为主体,建立现代企业制度的实质就是建立现代公司制度。现代企业制度在国外叫作公司制度。所以说,公司制度是与国际接轨的术语。为什么说公司制度是与国际接轨的术语呢?因为它是现代生产力的组织形式,它能够实现生产与科研的结合、生产与流通的结合、产品经营与资本经营的结合,还可以实现企业内部管理与外部资本市场的结合。因而,它创造了最高的现代生产力。所以说,公司制度是现代企业制度的代名词。

本书在参阅大量最新出版的有关现代企业制度论著的基础上，力求总结我国现代企业制度的理论和实践，以新的体例、新的视角来阐述现代企业制度。我们希望将它编写成既系统深入地阐述现代企业制度理论，又及时全面反映现实企业制度状况，实践性和操作性较强，适合经济管理类专业本科生和研究生使用的教材。读者不仅可以从中了解现代企业制度的含义、性质、内容和意义等基础知识，而且还能通过案例分析，掌握有关现代企业制度的分析框架。

比照同类教材，我们认为，本书有如下几点可令读者关注：

第一，本书提供了通用的现代企业制度的框架来满足读者的需要。

第二，本书是站在可操作的角度来介绍现代企业制度。在每一章的最后均提供了最新的案例分析，使读者可以理论联系实际地思考现代企业制度中的相关问题。

第三，本书在体例上引入了学习要点和思考题，强调每一章的学习重点内容，使之更符合作为教材的要求。

当然，本书的出版问世不仅仅是编写者们辛勤劳作的结果，更凝聚着众多研究现代企业制度的专家学者以及多年从事企业管理工作的同志们的智慧和经验。囿于教材的体例，书中引用的成果难于一一注明出处，谨在此向他们表示衷心的感谢。至于本书存在的不完善之处，则是编写者的水平和时间有限造成的，恳望读者不吝指正，俾能在再版时予以改进。

复旦大学经济学院　吴申元

2009年1月

目 录

CONTENTS

第一章

现代企业制度概述

学习要点

- 掌握企业与现代企业的基本概念。
- 了解现代企业的分类。
- 掌握企业制度与现代企业制度的基本概念。
- 掌握现代企业制度的内容和特征。
- 了解现代企业理论的发展。[HT]

在当前经济全球化趋势不可阻挡、信息技术日新月异的背景条件下,建立现代企业制度,彻底转换经营机制,是现代企业在发展中实现基本功能,促进市场竞争力提升的重要保证。要建立市场经济体制,必须建立现代企业制度。是否具备现代企业制度的全面知识,诸如企业的产生和本质、现代企业制度的运行机制等基础性知识,在很大程度上影响着企业的经营业绩,对企业经营的成败起着决定性的作用。通过本章的学习,我们应当了解现代企业的概念和分类、现代企业制度的内容和特征、企业制度理论的发展等内容。

第一节　现代企业概述

一、企业的含义

企业一词源于英语中的“Enterprise”,原意是企图冒险从事某项事业,且具有持续经营的意思,后来引申为经营组织或经营体。企业是社会生产力达到一定程度,出现了商品经济之后才产生和发展起来的,是指集合各种生产要素,为社会提供产品和服务,以营利为目的,具有法人资格,实行自主经营、独立核算的营利性的经济组织或经济实体。

对于企业存在的合理性,可以从不同的角度进行解释:组织行为理论主要从内部成员权力分配、互相依赖和利益冲突的角度来理解企业;经营管理理论强调所有权和控制权的分离以及这种分离对企业行为的影响;新兴的企业能力理论则从内部核心能力的培养与发展的角度探究企业的秘密。

企业是一个历史的概念,是历史发展到一定阶段的产物。更确切地说,它是商品生产发展的产物。马克思对企业也有着丰富的论述,将协作生产的发展概括为简单协作—分工协作—使用机器的协作。企业的早期发展正是经历了简单协作、工场手工业和机器大工业三个阶段。在封建社会末期,随着生产力的提高和商品经济的发展,小商品生产者逐渐加剧向两极分化。一些富裕的手工业作坊主或商人雇用了较多的手工业者,组织他们在自己的作坊里共同劳动,这就是简单协作。工场手工业是企业最早的典型形态,也是早期资本主义的基本生产方式。西欧工场手工业大约从 16 世纪中叶到 18 世纪末,在社会生产中居于统治地位。工场手工业是进行商品生产的单位,是资本主义生产方式,它的规模一般较大,产品生产也实行了较细的分工协作,并在部分工序的生产上采用了机械与机器。但是,随着时间的推移,工场手工业生产也渐渐不能满足市场开拓和贸易繁荣的需要。18 世纪的工业革命,使工场手工业阶段过渡到机器大工业阶段,使现代企业管理取代了手工业的工场管理。伴随着经济的不断发展,企业的形式日益多样化,从早期的工业领域迅速扩展,形成了商业、金融、运输、建筑等多种企业形式。

二、企业的特征

(一)企业是社会的经济细胞

企业是经济的细胞,是经济发展的微观主体和基本载体。在整个国民经济体系中，企业始终是最基本、最活跃、最富有创造力的经济组织。马歇尔认为，世界历史的两大构成力量就是宗教和经济的力量，然而，宗教的动机却不如经济的动机那样普遍地影响人类生活。在一个物质利益追求至上的经济王国里，企业作为一个基本的经济细胞，将生产经营管理作为其主要活动，并且创造财富、提供就业，切实推动经济增长与不断创新。在理论界有这样一种说法，企业作为经济细胞体是个"点"，通过横向的市场联系而结成"面"，又通过国家的纵向管理而构成"体"，新经济体制的构造必须以企业这种经济细胞作为基础。

（二）企业是以营利为目标的经济组织

企业是发达商品经济即市场经济的一种基本单位，是以营利为目的的经济组织。这种经济组织存在和发展的前提，就是它是以获取利润为直接、基本的目的，利用生产、经营某种商品的手段，通过资本经营，追求资本增值和利润最大化。正如杜鲁克所说：企业的目标分为两类，一类为了生存，一类为了发展；生存也好，发展也罢，万变不离其宗，都是为了追求利润的最大化。一切企业运营的本质上都是资本的运营，所有企业家的根本职能、职责都是用好资本，让它带来更多利润并使自身增值。企业所从事的以营利为目的的经营活动具有连续性和固定性，必须通过有效利用资金、物资、机器设备和生产技术等资源使企业得以生存和发展，获取超出资本的利润并将其分配给投资者。企业牟利、逐利是正常的，这是它与各种非营利性组织的社会分工。正常的利润既是企业满足市场、服务社会的结果和回报，也是支持、促进社会各项事业发展的主要财力基础。

（三）企业负有一定的社会责任

对于企业的社会责任，世界银行给出的定义是：企业是与关键利益相关者的关系、价值观、遵纪守法以及尊重人、社区和环境有关的政策和实践的集合[ZW(]吴福顺：《企业社会责任：不是多余的概念——企业社会责任的渊源》，《WTO经济导刊》，2007年1月15日。[ZW)]。企业是社会经济发展到一定阶段的产物。企业承担社会责任，就要求在创造利润、对股东利益负责的同时，还要承担对员工、客户、供应商、金融机构、社区以及所在地政府的社会责任。商业道德、社会责任已经成为提高企业竞争力的重要因素，企业的发展不仅要关注经济指标，而且要关注人文指标、资源指标和环境指标。企业是社会的经济细胞，社会是企业的依托，是企业利润的源泉。联合国全球契约办公室执行主任乔戈·凯尔曾经下过这样的结论："我们的调查研究显示，越重视社会责任的企业，未来发展的空间和速度也就越大。"所以，长远地看，社会责任是企业的支撑力、是企业的生命线。目前，国外已经建立了SA 8000等一系列针对企业社会责任管理体系的国际认证标准。

现代企业所要承担的社会责任可以大致分为三类。其一是企业内部的社会责任，主要是指坚持以人为本，把维护职工的根本利益作为企业开展工作的出发点和落脚点，倾听职工的心声，尊重职工的意见和建议，保障职工的合法权益，不断改善工作条件、优化生活环境，以创建学习型组织和争做知识型员工等活动为载体，充分调动职工的积极性和创造性，形成推动企业发展的强大合力。其二是企业组织外的社会责任，指企业对相同与不同行业以及顾客的社会责任，表现为同业公平竞争，共同维护同业生产资源，对异业诚恳支持与协助，相辅共进，而所有的顾客，都是企业赖以生存和发展的重要因素，“得民心者得天下，失民心者失天下。”在顾客中的良好的信誉、影响力，会促进企业生产经营更好更快地发展。其三是企业的一般社会责任，企业是社会的重要组成单元，是社会的“经济细胞”。因此，企业要强化社会责任意识，增强社会责任感，勇于承担社会责任，诸如贫民救济、贫民市场创设、环境卫生改进、国家资源保护、公共娱乐供应等均在此列。企业通过履行社会责任，把企业改革的力度、发展的速度和社会可承受的程度统一起来，保持社会的生机和活力，谋求社会秩序的和谐与稳定。

三、现代企业的含义及分类

现代企业当然是相对于传统企业而言的。传统企业一般由个人或家族兴办、经营，规模较小，承担无限责任。传统企业的发展潜力有限，这是因为：首先，资本来源受限，个人或几个人的出资是有限的，只能靠利润进行再投资。其次，个人要对企业负无限责任。这是指当企业的资产不足以清偿企业的债务时，个人出资者就要用个人财产来偿还企业的债务。最后，传统企业受个人影响太大，企业的寿命往往有限。当个人出资者出现某些意外，企业往往也就关闭。所以说，传统企业的发展空间是有限的。

产销规模扩大化、组织结构复杂化、分工精密化、产品及市场多样化，乃是现代企业与传统企业的重大区别。现代企业的概念最早是由美国经济学家钱德勒提出来的。钱德勒指出：凡是进行大量生产和大量分销相结合的工业部门，必然会出现现代的大型工商企业，因为管理协调的“看得见的手”比市场协调的“看不见的手”更能促进经济的发展。由一组支薪的中高层经理人员所管理的多单位企业即可适当地称之为现代企业。同时，企业组织的庞大、业务关系的复杂、经营问题的增多，要求有更广博精深的专业管理知识，这就导致了“管理科学”的发展，它对于企业制度所做的深入探讨与研究，为现代企业制度的演进提供了有力的理论参考。

现代企业就是适应社会化大生产的需要，运用现代技术，从事满足社会需求的各种经济活动，并获得赢利，能够承担社会责任且引导企业成员共同成长的基本经济组织。现代企业涉及面广，种类繁多，大致可以从两个方面来进行分类：

一是按照企业的自然属性，二是按照企业的法律形式。

（一）按照现代企业的自然属性进行分类

1. 按照生产要素的集约程度划分。按照生产要素的集约程度划分，现代企业可以分为劳动密集型企业、资金密集型企业、技术密集型企业和知识密集型企业。

（1）劳动密集型企业。劳动密集型企业是指在生产经营过程中技术装备程度低，单位劳动占用资金或资本少，容纳劳动力较多的的企业。一般来说，纺织业、服务业、食品业、服装业、煤炭开采业等都是比较典型的劳动密集型产业。这种产业具有投资少，资金或资本周转快，能吸收较多劳动力就业等特点。

（2）资金密集型企业。资金密集型企业是产品成本中物化劳动消耗所占比例较大或资本有机构成较高的企业，它们通常技术装备程度高，使用大量机器设备进行生产经营活动。典型的资金密集型企业有钢铁生产企业、石油化工企业、汽车制造企业、重型机械企业、有色冶金企业等。资金密集型企业的主要特征是投资大，占用资金多，现代化技术装备程度高，容纳劳动力相对少，全员劳动生产率远在劳动密集型企业之上。

（3）技术密集型企业。技术密集型企业是指技术装备程度比较高，所需劳动力或手工操作的人数比较少的企业。这类企业多为新兴行业中的企业，如计算机企业、电子商务类企业、精密机械企业等。技术密集型企业具有自动化水平高、资金投入较多、劳动生产率高的特点，它是综合运用先进的、现代的科学技术成就的工业企业。随着社会生产力和科学技术的发展，各个国家在工业发展的进程中，都有一个从劳动密集型转为技术密集型的过程。

（4）知识密集型企业。知识密集型企业是指综合运用先进的、现代化的科学技术成就的工业企业，也有人称之为知识技术密集型企业。航空航天工业、大规模和超大规模集成电路工业、生物工程、激光技术等企业属于知识密集型企业。这类企业通常生产高精尖产品，中高级技术人员人数多，科学研究和产品开发所占的比重大。

2. 按照企业的经营内容和行业属性划分。按照企业的经营内容和行业属性划分，现代企业可以分为工业企业、农业企业、商业企业、交通运输企业、建筑安装企业、金融企业、旅游企业和饮食服务企业等各种类型。

3. 按照企业的规模划分。按照企业的规模划分，现代企业可以分为大型企业和中小型企业。

大型企业一般是指大规模集中经营的企业。这里的大规模，包含两层意义：一是指企业资产数额庞大，员工人数众多；二是指企业生产经营的规模和范围大。

我国对中小企业标准的划分有着明确的规定，相关法律法规是根据企业职工人数、销售额、资产总额等指标，并结合工业、建筑业、交通运输和邮政业、批发和零售业、住宿和餐饮业等不同行业的特点而确定的。

（二）按照企业的法律形式进行分类

按照财产的组织形式和所承担的法律责任不同，现代企业可以划分为独资企业、合伙企业和公司制企业。

1. 独资企业。独资企业是指符合国家法律法规的规定，由单一投资主体出资兴办，并归出资人所有，单独承担全部经营责任甚至无限连带责任的企业。独资企业有国有独资企业、法人独资企业和个人业主企业三种形式。其中，最重要的是个人业主企业，又可称为自然人企业，它一般不具备法人资格。独资企业是一种比较简单的企业法律形式，主要适用于零售业、手工业、农林业、服务业和家庭作坊等小型企业。

独资企业的主要优点是：①企业组织结构简单；②经营收益由投资人独享，企业的建立与解散程序简单易行，企业产权能够较自由地转让；③经营管理灵活自由，企业由投资人所有和控制，经营方面的外界制约因素少，具有充分的自主权，能够完全按照自己的意志和目标进行经营管理，决策迅速有效；④企业的收益纳入个人所得税核算，不必承担双重课税，纳税额可能低于公司制企业；⑤经营活动保密性强。独资企业的缺点在于：①企业主需以其个人财产对企业的营运和发生的债务负完全责任；②独资企业有限的经营所得、企业主有限的个人财产、企业主一人有限的工作精力和管理水平等，都制约着企业经营规模的扩大，难以经营需要大量投资的项目，不会成为现代社会企业组织的主导形式；③企业的寿命有限，企业的存在完全取决于企业主，一旦业主终止经营，如市场竞争失败或自然死亡（除非有子女继承），企业的生命就会由此终止。

2. 合伙企业。合伙企业是指依法设立，由两个或两个以上的出资人订立合伙协议，共同出资、联合经营、共享收益、共担风险，并对合伙企业债务承担无限连带责任的营利组织。合伙企业在一定程度上弥补了独资企业业主在资本、知识、能力等方面的缺陷。合伙企业也属于自然人企业的范畴，需要合伙人负无限连带责任；同时，合伙企业法中特别规定，合伙企业在其名称中不得使用“有限”或者“有限责任”字样。一般情况下，合伙制企业的规模也比较小，且限于一些特定的行业，如律师事务所、对冲基金、会计师事务所等。

与个人独资企业相比较，合伙企业的优点在于：①可以从众多的合伙人处筹集资本，合伙人共同偿还债务，减少了风险，使企业的筹资能力有所提高，有利于增加客户数量和业务种类；②企业盈亏由合伙人共担，并负有完全责任，有助于提高企业的信誉。合伙企业的缺点在于：①所有合伙人都对企业债务负有连带无限清偿责任，使那些并不能控制企业的合伙人面临很大的风险；②由于所有的合伙人都有权代表企业从事经济活动，重大决策都需要得到所有合伙人的同意，容易造成决策上的延误和差错；③如果合伙人中有人死亡或退出，或者接纳新的合伙人，都必须重新确立一种新的合伙关系，这便使企业在法律上具有复杂性，使企业的稳定性降低。

3. 公司制企业。公司制企业又称为公司，是现代市场经济中企业制度的主导形式。公司制企业是依照较严格的法定程序登记设立，由数人出资兴办，依法自主经营、自负盈亏，以营利为目的的企业法人。公司享有由股东投资形成的全部法人财产权，依法享有民事权利，承担民事责任。公司的股东作为出资者，按投入公司的资本额享有所有者的资产受益、重大决策和选择管理者等权利，并以其出资额或所持股份为限对公司债务承担有限责任。公司制企业不同于前两种形式的企业：公司制企业是法人企业，对债务承担有限责任；独资企业和合伙企业是自然人企业，对债务承担无限责任。公司制被称为现代企业制度。公司制企业的本质特征可概括为以下五个方面：

（1）产权特征。产权清晰是现代企业产权制度最重要的特征，也是整个现代企业制度的基础。公司制企业的所有权和控制权相分离，股东的所有权与股东出资形成的财产的实际控制权相互分离。股东通过由所有权派生的表决权制定和规范公司的法人治理结构，其股东会、董事会和执行机构之间权、责、利分明，并形成受法律保护的有效的制衡关系。

（2）法人特征。法人与自然人不同，是一种无生命的社会组织体。法人的实质，是一定社会组织在法律上的人格化。公司制企业作为企业法人，是具有国家法律规定的独立财产，有健全的组织机构、组织章程和固定场所，能够独立承担民事责任、享有民事权利、承担民事义务的经济组织。

（3）组织特征。在规模经济的引导和市场需求的拉动下，相对于独资企业和合伙企业而言，公司制企业规模日趋大型化，组织形式也由低级、简单相应地向高级、复杂发展和演化。根据系统性和灵活性相结合的原则，公司制企业通过采用不同程度的专业化和联合化形式适应企业内外部环境的需要，保证企业经营管理工作的高效率。

（4）技术特征。科学技术是知识形态的生产力，公司制企业为实现经营发展的目标，充分应用现代化、系统化的科学技术成果，其中也包括技术科学和社会科学的研究成果。

（5）管理特征。公司制企业建立了科学的企业领导体制和管理制度，形成了科学严密的管理体系和方法，能够调节所有者、经营者和职工之间的关系，形成激励和约束相结合的经营机制，体现了管理的系统性、综合性和有效性。

公司制企业的优点主要包括以下几个方面:①投资者(或称股东)只以出资额为限承担企业责任,降低了经营风险,这就是所谓有限责任;②可以发行股票,融资能力强,有利于扩大生产经营规模;③所有权转移方便;④企业的管理水平高;⑤所有权与经营权分离,专家管理,有利于提高效率,企业的发展也较稳定。

公司制企业也有一些缺点,主要是:①组建程序复杂,运营费用较高,有较多的法律法规进行限制;②公司要定期公布财务信息,商业秘密易于外泄,保密性较差;③公司的所有权与经营权分离,会产生经理人的越权问题;④公司所得税在一定情况下高于个人所得税,投资人在分红时还要缴纳个人所得税,造成双重纳税。

第二节 现代企业制度概述

一、现代企业制度的含义

(一)企业制度的定义

企业制度是以产权制度为基础的企业的组织和管理制度。从组织层面来看,它体现为企业各要素之间以技术为基础的知识联合;从产权层面来看,它是企业内各要素的所有权在企业所有权中的主导地位及其关系的制度安排。

构成企业制度的基本内容主要有三方面:一是企业的产权制度,它是界定和保护参与企业的个人和经济组织的财产权利的法律和规则;二是企业的组织制度,即企业组织形式的制度安排,它规定了企业内部的分工协调和权责分配的关系;三是企业的管理制度,是指企业在管理思想、管理组织、管理人才、管理方法、管理手段等方面的安排,是企业管理工作的依据。其中,产权制度是决定企业组织制度和管理制度的基础,组织制度和管理制度在一定程度上反映着企业财产权利的安排,三者共同构成了企业制度。

(二)现代企业制度的定义

现代企业制度是从19世纪现代市场经济中逐渐发展起来的。19世纪中期,英国和美国等相继颁布了公司法,规定公司对其债务只负有限责任。之后,这些国家的公司的业务不断发展,规模越来越大,股权也越来越分散,公司不得不聘请专职的管理人员对公司进行经营,因此,公司的所有权和经营权也逐渐分离,现代企业制度逐渐形成。

现代企业制度是社会化大生产和市场经济发展的产物,它是适应现代市场经济需要,以规范和完善的法人制度为主体,出资者和企业法人承担有限责任,实行法人治理结构,以公司制为主体的一种新型的企业制度。

二、现代企业制度的内容

(一)现代企业产权制度

公司制是现代企业制度的载体,现代企业产权制度即公司法人产权制度。在公司法人产权制度下,出资者的所有权和法人财产权实现了分离。公司拥有独立的法人财产权,以法人的名义享有对公司资产的占有、使用和依法处分的权利,并承担相应的民事责任。股东作为公司的出资人,享有投资收益权,可做出重大决策,选择经营者,但股东只能通过股东大会等合法形式表达要求和愿望,不能直接干预公司的生产和经营,也不能抽回自己的投资。公司法人产权制度使企业产权明晰化,公司可以作为独立的市场主体参与各类市场交易活动,是企业自主经营、自负盈亏的基础。在一定的范围内,法人财产权也受到股东所有权的制约和监督,以维护股东的权益并保证资产的增值等。

公司法人产权制度是现代企业制度的核心。

(二)现代企业法人治理制度

法人治理制度是现代企业制度的一项重要内容。独立的企业法人财产权要靠一定的治理结构来实现。在法人治理结构中,企业所有权和经营权相分离。法人治理结构的框架包括股东大会、董事会、监事会和经理层等。股东大会拥有公司的原始所有权,是公司的最高权力机构;董事会是由公司股东大会选举产生的公司的决策和管理机构,是公司治理结构的核心;监事会是公司内部的监督机构,对股东大会负责,作为出资人的代表行使监督的权力;经理层具体执行公司的各项事务。

股东大会对公司的重大事宜进行决策,董事会是公司的管理机构,监事会对董事会进行监督,这样就实现了决策权、执行权和监督权的三权分立。

(三)现代企业有限责任制度

企业有限责任制度是指企业出资人对企业债务只承担有限责任。有限责任公司和股份有限公司都采取有限责任制度,这两种公司形式是现代企业制度的主要形式。有限责任制度是相对于无限责任制度而言的,无限责任制度是指出资人对企业的债务承担无限连带责任,当企业财产不足以清偿债务时,就要用出资人的个人财产来偿还。这种制度对于出资人来讲,风险太大,不利于筹集资本进行大规模的生产。而有限责任制度规定出资人以出资额为限对公司债务承担责任,降低了出资人的风险,使公司有了较强的筹资能力。

有限责任制度有两层含义:一层含义是企业的出资者只以出资额为限承担企业的债务责任,不涉及出资者的其他财产;另一层含义是企业以全部法人财产承担企业的债务责任。有限责任制度可以保护投资者的利益,有利于社会资本的募集和企业的发展。

(四)现代企业管理制度

现代企业管理制度是对现代企业整个管理活动总的安排和部署。现代企业应该建立科学和规范的管理制度,可以从以下几个方面着手:

1. 现代企业人力资源管理。现代企业要从人员甄选录用、人员培训、人力资源配置管理、人员考核评议、员工激励、员工考勤管理和人事档案管理等诸多方面入手,将科学的管理思想和理论运用到实践中去;从以人为本的观念出发,系统地构建实用的人力资源管理体系;围绕网罗与凝聚、配置与任用、考核与评价、教育与培养、酬劳与激励等五项机能,有针对性地开展人事管理工作。这就会使企业网罗与使用的人才与企业今天和明天的事业发展需要相适应,既保证企业的发展,又使人才得到满足和成长。

2. 现代企业组织管理。科学完善的组织领导制度是现代企业制度的重要组成部分。现代企业组织制度的基本形式是公司制,其基本的领导体制是公司董事会领导下的总经理负责制。企业要按照现代组织制度的相关规定,透过日趋复杂多样的现代企业组织形态,全面、深入、清晰地识别和把握企业的基本组织模式,对现代企业整体及其各局部组织系统进行全面优化建构和运作;根据组织目标,设计和建立一套组织机构和职位系统;确定职权关系,把组织上下左右联系起来;与管理的其他职能相结合,以保证所设计和建立的组织结构有效地运转。不同的企业,企业的不同发展阶段,企业内不同的组织机构,其组织模式各不相同,相应的,其管理系统建构运作基本模式也不同。因此,全面优化构建、运作现代企业整体及其各局部组织系统,是全面优化协同建构现代管理系统的根本前提。

3. 现代企业财务管理。伴随着现代企业的构建,企业财务管理的内涵和外延及其功能地位也在发生深刻变化。现代企业财务管理是企业管理的中心,它是根据财经法规制度,按照财务管理的原则组织企业财务活动、处理企业财务关系的经济工作。在现代企业中,自主筹资和投资成为企业财务管理的重要内容之一。财务管理的地位迅速上升,已经提升到企业管理的中心地位。财务管理成本是企业的“晴雨表”,能够迅速反映企业的生产经营状况。在瞬息万变、具有高度风险性的市场经济环境中,要建立严格规范的现代企业会计制度,采用国际通用的会计假设、会计要素和会计恒等式等,规范企业的财务管理行为;要对企业财务管理目标进行准确定位,提高企业对财务环境的适应能力,使财务管理人员建立起适应知识经济时代的理财新观念,如信息观念、发展观念、风险观念等,不断提高企业的财务管理水平,以使现代企业在激烈的市场竞争中得以生存和发展。

4. 现代企业战略管理。现代企业处于一个科技、经济迅猛发展的时代，处于广泛分工、密切协作、社会关系空前复杂的时代。现代企业要能动地适应当今这个时代，必须系统地、全面地、前瞻性地分析问题并做出决策，即必须解决战略问题。企业经营战略是时代和商品经济发展的必然，是企业自身存在和发展的必要。通观中外，重视战略已经成为当今各国企业发展的趋势。现代企业要注重分析市场结构，洞察行业发展潜力，建立以价值为基础的战略体系。在市场细分的基础上建立企业的优势战略，着重培育最有价值的核心竞争力，对企业的长期发展作出规划，从战略的高度对企业进行一体化管理，进而有效地实现资本扩张经营与重组。

5. 现代企业信息管理。信息管理就是对信息资源进行开发、规划、组织、控制、集成和利用的一种战略管理。企业信息管理是企业管理的重要组成部分，它在现代企业经营中的重要性是不言而喻的。可以说，一个企业信息资源的开发利用和管理水平如何，直接决定着企业的命运。信息管理的意义主要表现在三个方面：一是不断开发信息资源，提供有效的信息服务；二是合理配置信息资源，提高资源利用效率；三是加快信息产业的发展，提高信息化水平。

6. 现代企业文化管理。企业文化是企业在实践中逐步形成的为全体员工所认同、遵守，带有本企业特色的价值观念、经营准则、经营作风、企业精神、道德规范和发展目标的总和。在知识经济时代，一个企业要想做大，要想成为行业里的佼佼者，必须重视企业文化管理。企业文化是社会文化与企业组织管理实践相融合的产物。企业文化的核心是价值观，表现为行为，即企业的凝聚力，员工对企业的忠诚度、责任感、自豪感、精神面貌和职业化行为规范。因此，文化的改变会带来行为方式的改变。优秀、健康的企业文化对内可以增加企业的凝聚力，对外可以增强企业的竞争力，从而能够提高效率，减少费用支出，提升品牌含金量，增加产品的价值。

三、现代企业制度的特征

现代企业制度是社会化大生产和市场经济相结合的产物。正确地把握现代企业制度的内涵和基本特征，对指导整个企业的改革具有重要的意义。现代企业制度是以企业法人制度为基础，以公司制度为主体，以企业产权制度为核心，以产权清晰、权责明确、政企分开、管理科学为条件而展开，由各项具体制度组成，用来处理企业基本经济关系的企业管理系统。

现代企业制度的特征表现在四个方面。

（一）产权清晰

产权清晰是现代企业制度特征的核心，即用法律来界定出资者和企业之间的关系。所谓产权关系，也就是财产的最终所有权属于谁，财产的法人所有权属于谁，所有权代表人是谁，并明确各自的权利、义务和责任，建立准确反映产权关系的财务会计制度。产权清晰包括两个方面的含义：一是产权在法律上的清晰，包括有具体的部门和机构代表国家对国有资产行使占有、使用、处置和收益等权利，以及国有资产的边界要"清晰"；二是产权在经济上的清晰，指产权在现实经济运行过程中是清晰的，它包括产权的最终所有者对产权具有极强的约束力，以及企业在运行过程中要真正实现自身责权利的内在统一。产权关系清晰化，既有利于保证出资者资产的保值增值，又赋予企业独立的法人地位，使企业切实成为享有民事权利、承担民事责任的法人实体。

（二）权责明确

现代企业制度的一个很重要的特征就是使企业法人有权有责。出资者的财产一旦投资于企业，就成为企业法人财产；产权关系明晰后，企业法人财产权也随之确立。企业拥有投资人投资及借贷形成的法人财产，并以其全部法人财产，依法享有民事权利、承担民事责任，自主经营，自负盈亏，照章纳税，以经济效益最大化为主要目标，按照市场需求组织生产和从事经营。同时，企业要对出资者负责，承担对投资者投资形成的法人财产保值增值的责任和义务，形成法人权责的统一。企业作为法人实体，与政府的行政主管部门不再保留行政隶属关系。

（三）政企分开

政企分开是指企业的经营管理职能与政府社会经济管理和行政管理职能分开。政府通过政策法规和经济手段等宏观措施调控市场，以保持经济的总量基本平衡，引导资源的优化配置，完善经济法规，健全社会保障制度。但政府不直接参与企业的生产经营活动，企业承担的社会职能分别由政府和社会组织承担。企业按照市场需求组织生产经营，市场机制对资源配置起基础性作用，一切生产要素包括劳动力、资金、生产资料和技术等都将进入市场，形成统一开放的市场体系，使企业真正成为自主经营、自负盈亏、自我约束、自我发展的市场主体。

（四）管理科学

现代企业作为独立的法人，必须建立一套适应市场的科学规范的管理体系。其含义有三：一是建立科学的组织管理制度。即通过规范的组织制度，使企业的权力机构、监督机构、决策机构和执行机构之间职责分明，相互制约。二是建立科学的内部管理制度，即建立科学的企业领导体制和管理制度，形成科学严密的管理体系和方法，调节所有者、经营者和职工之间的关系，形成激励和约束相结合的经营机制。三是建立企业规章，使运行机制规范化。完善的企业规章制度有利于保证生产和经营的安全有效，有利于避免用人单位的任意行事，有利于保护职工的合法权益，它对于提高企业劳动生产效率，促进企业和谐稳定的劳动关系具有重要的意义。

综上所述，产权清晰是法人制度所要解决的问题，权责明确是组织制度所要解决的问题，管理科学是管理制度所要解决的问题，而政企分开则是这三方面的基础和前提，体现在现代企业制度的各个环节。因此，现代企业制度的基本特征是一个有机整体，相互间有很强的关联性，既互为因果，又互为条件。只有各方面的特征都充分体现，才能解决企业的深层次问题，建立起市场经济下的现代企业制度。

第三节　企业制度的演进与现代企业理论的发展

考察企业制度的演进，要求对企业制度进行历史性的动态考察。现代企业制度是合乎经济发展规律演进的结果。随着人们对企业制度演进研究的逐步深入，这种研究对实践产生了重大而有意义的影响。

一、企业制度的演进

企业制度的演进经历了一个漫长的历史过程，从企业的产生，到公司制的出现，直至现代企业制度的诞生，企业制度的发展大致经历了三次革命。

（一）企业的产生

人类社会最早的生产组织是氏族和部落。到了原始社会末期，家庭成为重要的生产组织形式。原始社会解体后，奴隶主庄园经济和封建庄园经济相继成为社会的主导经济形式。原始社会末期至奴隶社会初期，商人阶层出现，人类历史上出现了第三次社会大分工，商品生产的主要单位是手工业作坊。15 世纪中叶前后，一些在长期经营中积累了大量资本的商人和手工业者购买了生产资料，把失去生产资料的手工业者和无地的农民集中起来进行生产，产生了手工工场。这就是最早的企业。企业出现后，有了人与人的合作营利行为，并产生了合伙制企业。

我们所称的古典企业制度就是业主制与合伙制的统称，也是当时占据统治地位的企业组织形式。业主制企业是由单个人如个体商人、手工业者等出资，完全归他们个人所有和控制的企业，在法律上被称为自然人企业。合伙制企业是由多个作为自然人的资本所有者共同投资、共同所有、共同经营、共同承担风险和分享收益的企业。合伙制企业也是人类社会最古老的企业组织形式之一，是极具灵活性和顽强生命力的一类企业组织形式。在中世纪后期的欧洲，合伙企业成为商人与出资人联合营利的重要工具与手段,合伙企业法律制度就发端于这一时期在地中海地区形成的商法。古典企业制度的特点主要是:①企业组织规模一般较小,只具有一种经济功能,经营单一的产品系列;②企业的资本所有权和经营管理权(包括技术主导权)合一;③作为科层组织,通常只包含两个层级,即作为管理者的资本家和雇用工人,前者直接指挥后者。

(二)公司制的出现

15世纪末的西欧,伴随着资本主义生产方式的确立,劳动力所有权获得了法律的认可,劳动者可以将劳动力作为商品出卖。圈地运动和庄园制的瓦解,导致大批自由民失去生产资料。他们除了出卖自己的劳动力以外,自由得一无所有。随着当时世界大航海时代的到来,欧洲国家的海外贸易进入了大发展时期,海外市场急剧扩大,商品供不应求,刺激了商品生产规模的扩大。在这样的时代背景下,一方面产生了大量的雇佣劳动者,另一方面则是出现了拥有与先进技术相结合的异质性物质资本并亟待扩大生产规模的资本家。传统企业无论在财产上还是在运作上都完全依附于投资者个人或联合的个人,使得企业的规模受个人或有限联合的个人财力的限制,投资的风险极大,也使得企业经营具有很大的随意性。随着经济的发展,社会呼唤着更先进的企业制度的出现。

中世纪在地中海沿岸诸城市出现的康孟达组织(Commenda)是依照相关商事契约进行商业合伙的形式,其特征是:一方出资而不参加营业活动,另一方则运用自己的设备条件等从事营业活动。康孟达最初盛行于海上贸易,由既想获得利益而又不愿亲身冒险的资本家出资,由航海者向海外运销货物,赢利则按出资额分配。发生亏损时,航海者承担无限责任,资本家只在出资范围内承担有限责任。后来,这种合伙形式逐渐发展到陆上贸易。15世纪至16世纪,英国政府特许成立垄断对外贸易的风险投资公司。风险投资公司起初采取合伙筹资,后来发展到入股筹资的形式。英国在1553年成立了莫斯科公司,它是第一家以合股形式从事海外贸易的特许公司。1581年英国成立了土耳其公司,1588年又成立了几内亚公司等。1600年,英国又成立了著名的东印度公司,它通过一定的组织形式,把一些愿意从事经营的股东纳入公司,实行了公司资本股份化和有限责任制度。这一制度标志着公司制度的出现。

(三)现代企业制度的诞生

现代企业制度本质上是一个包括丰富历史内涵的概念。伴随着以科技进步为标志的生产力的迅速发展和资本主义市场体系的不断完善,现代企业制度逐渐兴起。现代企业制度的特点主要是:①企业为适应技术知识和市场的要求,通常规模较大,具备多种经济功能,经营不同系列的产品,在不同地区经营;②企业中的中高级决策者不再兼有资本所有者的身份,而成为专门的“支薪经理”,企业资本所有权与经营管理权发生了分离;③企业科层组织包含两个以上的中间决策层级,中高级决策者形成了较复杂的分工决策体系,表现为经营管理组织。

19 世纪中叶以后,物质资本所有者的职能和权力发生了质的变化:一是物质资本的所有者逐渐丧失了企业经营管理权,成为资本市场上的"纯粹逐利者",退化为"消极货币";二是科技的不断进步和市场的不断扩大导致分工更加细化,管理型人力资本逐步从劳动力商品中分离出来,经理阶层开始出现,并逐步取得了企业管理的主导权。于是,以管理型人力资本为主导的现代企业制度逐渐形成。

伴随着市场的扩大和技术的进步以及公司立法的发展,在利润的驱使下,美国的公司走上了大规模扩张的历程,客观上需要建立管理层级制,以便管理各个经营单位并协调和监督它们的经营活动,中层管理因此走向职业化。中层管理的职业化,不仅为公司组织结构的规范打下了坚实的基础,而且为高层管理的职业化提供了后备人才。随着公司规模的进一步扩大,组织协调管理过程越来越复杂,对高层管理的要求也越来越高,但老一代企业家具有的管理企业的能力和素质不能满足公司发展的需求,股权的分散又使得他们不可能凭借股权来对公司施加足够的影响。因此,职业经理人员逐渐控制了公司的高层管理,公司经理人员基本上实现了职业化。有资料表明,20 世纪初,美国 200 家最大的非金融公司中有 84.9% 是由经理控制的。

现代企业制度的诞生,实现了公司组织结构的真正规范化。更重要的是,在股权分散的条件下,由职业经理人员控制公司,大大地提高了公司的运作效率。企业制度的演化历史表明,企业经营管理环节的不断变革和市场的不断完善,使各种生产要素得以最大限度地发挥作用,实现了产出的最大化,也使企业的组织形态和所有权安排不断改善。

二、现代企业理论的发展

(一)契约理论

追溯契约理论的发展历史,剖析各个时期契约理论的表现形态和特点,探究契约理论的制度因素和思想因素,可以清晰地展现契约理论演进和发展的概貌,有助于我们进一步了解和认识近现代契约理论。

1. 古代契约理论。对契约理论的探讨,离不开契约制度。

大约在公元前 1762 年颁布的《汉谟拉比法典》,是世界上迄今为止所发现的最古老且保存最完整的法典,该法典正文共有 282 个条款,其中直接规范契约关系的条款有 150 条,占 53% 以上。在远古时代,那些拥有资本和财产的人根据契约,将自己所拥有的资本和财产交付给他人使用,由他人用这些财产从事海上贸易或经营活动。一旦他人的此种贸易或经营活动成功,提供资本或财产的人即可从他人的贸易或经营活动中获得收益。

公元前451至450年,古罗马制定了《十二表法》,它的契约规范更接近大陆法系在理性主义支配下的概念化的立法方法,从而使契约上升为民事法律行为,具有明文规定的法律效力。在罗马法中,契约有两种形式,即财产共有契约和商事公司契约。其中,财产共有契约源于家族成员之间的遗产继承制度,而商事公司契约则同遗产继承无关。根据罗马法,当父亲死亡时,其子女对父亲的遗产享有继承权。继承遗产的子女们可以现实地分割遗产,也可以不分割遗产,而将他们所继承的遗产投入共同经营。如果继承人在继承遗产时做出了后一种决议,则该种遗产的共同经营即构成了一种联合体。该联合体实质上就是一种公司,此种公司本质上是一种契约,是父亲遗产继承人之间所达成的一种协议。只要继承人之间订立了此种协议,则他们彼此之间即承担将自己继承的遗产投入共同经营体的义务。此时,公司的财产并非独立于公司股东的财产,它实际上仅仅是公司股东之间的共有财产。此后,罗马法中的这种家族联合体制度逐渐扩大,不仅适用于继承人之间的协议,而且还适用于非继承人之间的协议,并最终适用于所有的财产协议。此时,罗马法中的公司制度还不是商事法中的公司制度,而仅仅是民法上的一种制度。此后,基于商事发展的需要,人们逐渐承认了特定事业的公司组织,这种组织实际上就是一种建立在双方合意和善意基础上的契约。前面曾经提到的在中世纪地中海沿岸诸城市出现的康孟达组织,也被认为是一种契约。

2. 近代契约理论。近代契约理论是现代法律制度体系的合法性基础,自然法思想、市场经济、民主政治和权利文化为它提供了制度化的基础。

在19世纪之前,各国的契约理论零散而不完整。英美契约法主要是以判例法的形式予以体现,法官对判例的解释是确定契约法的具体规范的唯一依据,而这种解释是不系统、不确定的。在资本主义条件下,社会经济生活已经发生了根本性的变化,简单商品经济条件下形成的契约规范,显然已不适应社会经济生活的需要。19世纪之后的法典化运动,促进了契约理论的逐步制度化和规范化,形成了一系列具体而实用的近代契约法规范。这为调整当时的社会关系提供了重要的法律依据。

1804年颁布的《法国民法典》和1807年颁布的《法国商法典》,都明确将公司界定为契约。在《法国民法典》中,契约的定义为:“契约为一种合意,依此合意,一人或数人对于其他一人或数人负担给付、作为或不作为的债务。”《法国商法典》第18条规定,公司契约由民法调整,由商事特别规则调整以及由当事人之间的协议调整。

英国1844年的股份公司法,第一次允许人们可以不经特许或国会的特别法令,而是通过股东自由订立契约的方式设立公司。到了1856年,公司法以公司章程的方式取代了公司设立契约,并且规定如下:“公司章程一旦注册登记,即对公司和其成员产生约束力,就像他们每个成员在此章程上分别签名或盖章那样,构成每个人都必须加以遵守的契约。”

公司契约理论在19世纪之所以被人们所主张,是因为该种理论可以更好地与意思自治原则相协调,在契约自由的名义下,它可以授权人们创设各种法律规则,并对它们进行修改。它使股份公司的设立遵行了自由设立的原则,而此种自由设立的原则被法国商法典所承认。商事实践已经创设了众多的公司契约模式,并为那些有利害关系的人提供了众多的契约条款,经济自由主义从中获益良多。

3. 现代契约理论。在经济学范畴中,要讨论企业的性质问题,无论如何都要追溯到罗纳德·科斯1937年的著名论文《论企业的性质》。科斯在那篇文章中,提出了一个相当严肃的问题,即:“企业为什么会存在”。古典理论认为,市场机制是一个拍卖机制——一个严格执行“价高者得”规则的“社会有机体”,因此,资源的配置和协作都能够通过价格机制得以解决。但在企业内部,这是一种一厢情愿的说法,“企业家协调者”(Entrepreneur Coordinator)进而在资源配置中扮演了更加重要的角色。在企业内部,价格机制随具体的企业类型的不同而不同程度地被僭越,例如,百货商店的柜台批租可能是通过拍卖机制实现的,一家棉纺织企业的厂房、设备甚至生产原料(如纱线)都可能是通过租赁获得的——表现在各个行业和各个企业之间对生产流程垂直整合的程度是很不同的。但不管怎样,“企业家协调者”在企业内部资源配置和协作过程中都居于主导地位,企业表现为一种产权关系。科斯对这一现象做出的解释是:

(1)运用价格机制是有成本的,包括价格的发现成本(信息成本)、谈判和签约成本(用一个工资合同取代就生产过程中的每个要素与其所有人分别签订的合同[ZW(]工资合同指一项要素(或其所有人)允诺在获得固定或比例补偿的前提下,有限地服从企业家指挥的协议。该合同的核心内容就是规定履行上述服从义务的限制条件。[ZW)]);

(2)出于成本(指短期合同中容易引起的监督成本)和风险的考虑,希望在产业链的某些环节与供应商签订长期合同;

(3)针对每个人不同的风险偏好,工资合同规定了关于作为风险溢价的工资报酬的一个分成方案;

(4)权力机关对公开市场交易和企业内部交易实行区别对待,包括销售税、配额机制和价格控制对企业创造和企业规模的促进作用。

新古典经济学的标准研究范式是寻求约束条件下一个最大化问题的解。“企业家协调者”对价格机制的替代（出于生产成本的考虑）并不必然导致计划经济对市场经济的全面替代，即由一家“国家公司”组织生产所有的商品，其中隐含的约束条件促使科斯提出了另一个关键性问题：“什么样的消极力量抵消了企业一味追求规模越大越好的垄断冲动”。他认为，随着企业规模的扩大，“企业家协调者”在企业内部调节资源配置和协作的成本会上升（包括因企业家工作效率的降低而造成的浪费），直到等于在公开市场上通过价格机制实现同样配置目标的成本，或者采用外包方式（将该类业务转交其他企业经营然后购买其产品）时所需支付的价格[ZW(]价格的存在暗示在外包双方之间仍然至少存在一项市场交易，但这项交易是不公开的，而且其交易对象也有所改变。[ZW)]。换言之，确定企业最优边界的约束条件是“管理报酬递减”规律[ZW(]在此我们忽略了科斯提出的另一个约束条件“要素价格递增”规律。关于这一点，由于他给出的理论依据显得相当模糊，我们将在后文从产权理论的角度进行考察。[ZW)]。而且外包方式对企业规模的约束往往要强于公开市场，因而实际上，均衡解通常都是一个小于公开市场交易成本的价格。为了说明这个出清价格是如何确定的，科斯列举了如下的例子。

假设有厂商 A 和厂商 B，A 向 B 购买某类产品作为其生产过程的中间品。A 和 B 的企业内部调节成本都要小于公开市场交易成本。就实际观察而言，B 所从事的会是（A 的）最终产品整个生产流程的若干环节，而不仅仅是其中的某个单一环节，因此，如果 A 希望彻底避免市场交易（包括公开的和不公开的），那么它必须接管 B 所掌握的所有生产环节。但因为我们假设在企业中普遍存在“管理报酬递减”规律，即 A 的边际成本会随其接管环节的增加不断上升，从而导致 B 的生产成本小于 A 接管后增加的相应成本，那么出清价格（向 B 购买中间品的协议价格）等于由 A 自己接管中间品生产流程的内部价格（成本），也等于 B 的生产成本加上 A，B 间不公开的市场交易成本——处于且仅处于这个价格水平上，自产和外包是等效的。

科斯最后指出，“管理报酬递减”规律背后还包含着深刻的技术含义。与科斯的企业理论一样，他的技术进步是两分法的——市场交易技术进步（如电话和电报技术的发明和改进）和生产管理技术进步，二者通过改变约束条件调整企业的最优边界。

1937 年以后，新制度经济学的发展始终没有跳出科斯当年的著作所给出的分析框架。企业性质和外包领域的研究重点开始转向分析企业内部“管理报酬递减”规律以及公开与非公开市场交易成本形成的原因与构成。对于“管理报酬递减”规律的进一步探索，导致了企业组织理论的诞生；对于交易成本的深入探究,孕育了产权理论和合同理论两朵经济学奇葩。如今,新制度经济学已经成为交易成本经济学、产权分析和合同理论的混合,从而将现代经济学的研究范围大大拓展,涵盖了企业理论、产业组织、劳动力市场、法律、比较经济分析甚至货币理论等多个经济学分支。

在理论的应用层面,另一位诺贝尔经济学奖得主道格拉斯·诺思作了杰出贡献。他通过对经济史的生动分析和解释,鲜明地揭示出:制度方法相对于新古典方法的一个重大优势,在于能够将对经济结构及其变迁的分析纳入一个一般框架(见图1-1)。

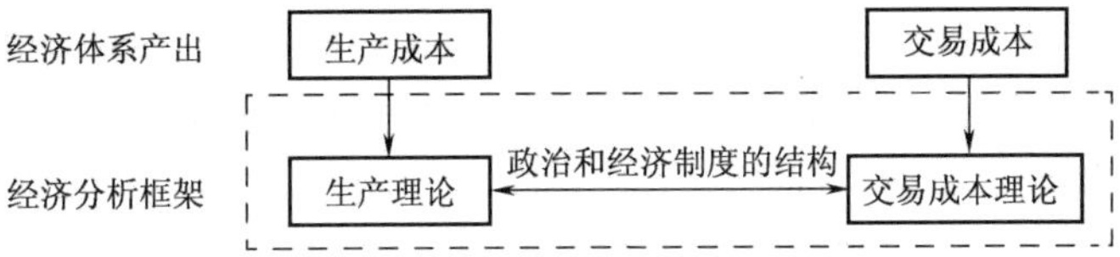

图1-1　诺思理论的一般框架

第一步,经济增长的源泉来自于专业化和劳动分工,增长带来的收益要靠市场交易来实现,这是一切经济理论的共识。以科斯为代表的新制度经济学家认识到市场交易是有成本的,科斯的交易成本是指运用价格机制的成本,而诺思的交易成本概念与其稍有不同,指的是订立和实施作为交易基础的合同的成本。

第二步,交易成本与生产成本通过制度结构联系起来。制度的定义,如果用诺思本人的话说,是委托—代理(包括委托人之间的,下同)关系的合同安排。用奥利弗·威廉姆森的话说,就是科层关系的合同安排,二者是同一的。制度(包括企业)的形成是委托人—代理人产权博弈的结果(在诺思的框架中,委托人、代理人唯一的区别在于后者把自己决策的一些控制权让渡给了前者)。

第三步,制度的内容是:①以规则和管制形式对行为施加的一系列约束;②检验行为是否偏离规则和管制的一系列程序;③一系列的道德和伦理行为规范。这三者分别对应三个基本经济假设:①个人在约束下追求最大化的假设;②存在着(诺思的)交易成本——这时,组织并不意味着其中的个人共同谋求最大化,而是每个人都有通过摆脱约束来谋得额外好处的意愿;③意识形态会改变最大化行为假设。

前面两个假设不难理解,关于第三个假设,在这里有必要简单地说明一下,因为在后文的框架中我们将继承这一假设。意识形态是指人们对于周围世界的解释机制,它既节约了人们做出合理决策时所必须拥有的信息数量,从另一个角度理解,也决定了在既定的信息数量下所面对的合同安排是否具有公正性。要之，委托—代理合同的公正性事关委托人和代理人的工作绩效。诺思认为，意识形态来自人们经历的特殊性，如果排除繁杂的地理特殊性，那么意识形态主要来源于职业特殊性，这和经济增长的来源——专业化和劳动分工是一致的。

上述逻辑的结论相当振奋人心：随着分工和专业化的提高，社会上各种意识形态的分化也会逐渐加剧，这就需要耗费更多的资源用于订立和实施合同[ZW(]这只是诺思制度理论框架的一部分，完整的结论如下：经济增长的收益要依靠市场交易实现，交易必然涉及合同，因而市场交易是有成本的。于是，为了最小化交易成本，就产生了各种政治和经济组织——一系列委托—代理的(包括委托人之间的)关系合同安排。对简单的政治和经济组织来说，当意识形态一致时，习俗已经足以解决组织的结构问题。但是，随着分工和专业化的提高，政治和经济组织的复杂性逐渐提高，社会上各种意识形态的分化也逐渐加剧，这就需要耗费更多的资源用于订立和实施合同。[ZW)]。这一点与卡尔·马克思在《德意志意识形态》中的结论惊人的一致：分工导致社会上人的“异化”，将最终使资本主义生产方式走向灭亡，为共产主义生产方式所代替——这其实是一个产权解。

最后一步是将上述分析框架应用于解释西方世界的兴起。这一漫长而细致的研究工作的最终成果可以归结为一句话，即经济增长所导致的政治和经济组织的成本上升及与它们相伴随的不稳定性，是决定西方经济结构与变迁(包括近现代的国家主义运动和社会主义运动)的根本原因[ZW(]就是这个有力的结论，为诺思赢得了1993年的诺贝尔经济学奖。[ZW)]。

诺思的经济史观背后，其实包含着大量的产权分析思想——他的委托人—代理人两分法暗示着一组产权安排，他所使用的精辟的关系合同概念指的是用于界定和转让产权的合同，他为分工导致社会上人的“异化”开出的药方其实是一个产权解。于是，在张五常、耶兰·巴泽尔等人那里，产权分析具有更加广泛的一般性，其理论框架如下(参考诺思的做法)：

首先，产权分析的基本单位是个人，组织的行为最终可以看成个人行为的整合。在张五常的分析框架中，资产权利表现为一组属性，这组属性往往被分割给若干技能各异的个人，以实现整体收益的最大化。那些未被分割的属性被分配给公共组织——我们这里指的是企业。

在产权理论中，交易成本是指权利的界定、转让、获取和保护所需要花费的成本，是造成存在公共属性的原因。

其次，制度可以还原为个人以及与之联系着的一组合同，合同用来界定和转让产权。

最后，由于信息成本的存在，产权的界定是不完全的，这引出了以下三个推论：

(1)没有界定的权利把一部分有价值的资源留在了公共领域，公共领域里全部资源的价值叫作“租”；

(2)随着新信息的获得，产权的界定表现为一个演进过程，资产的各种潜在有用性被技能各异的人们发现，并通过交换实现最大价值；

(3)理论上，产权界定的演进在寻租的边际成本等于该寻租者在其既有权利下能够得到的租的边际增量处达到均衡。建设性的结论是：“只有一种所有制形式确实能够使来自资产的净收入(从而它对于初始所有者)实现最大化。决定所有权最优配置的总的原则是：对资产平均收入的影响倾向于更大的一方，其得到剩余的份额也应当更大。”

由此可见，产权理论的核心概念是“公共领域”(Public Domain)，求解公共性问题的答案自然应当是博弈论的，而不是新古典的。正是因为公共性问题在商品世界中是普遍存在的，为了防止同一商品所有权的不同属性的所有人随意侵占公共领域里的价值，就产生了企业——用以对个人的行为施加限制。

(二)企业家理论

与契约理论把企业看作是一组合约的联结不同，企业家理论和管理者理论则把企业看作是一种人格化的组织，其关键特征在于权力的分配。从某种意义上讲，契约理论论述的是企业的需求，企业家理论论述的则是企业的供给。企业家理论是随着社会分工和商品经济的发展和企业组织的变化而演进的。

在西方经济学文献中，“企业家”一词最早见之于英国人理查德·康替龙(Richard Cantillon)的《商业性质概论》。康替龙所指的企业家，是指在一国内所有交换和流通中起着“中介”作用的人，而他们的收入又是“不确定”的。最主要的企业家是租地农场主。康替龙还依据收入不确定的原则，把在艺术和科学领域靠自身劳动为生的人也纳入企业家阶级。康替龙对企业家阶级和整个社会阶级的划分，反映了当时资本主义社会阶级关系的不成熟性以及土地所有权的作用远远大于资本权利的社会经济状况。但他实际上肯定了企业家在财富生产中的重要地位，并把企业家界定为不确定性的承担者、冒险者，因而把握住了企业家最普遍的特点，并为后世的经济学家所沿用。

此外，法国经济学家萨伊在对劳动进行具体分析时，也论述了企业家劳动的特点。他把劳动分为“研究关于产品的规律和自然趋势”“应用上述知识来实现一个有用的目的”“进行上述两步骤所提示的用手的工作”三个步骤，即“理论、应用和执行”。完成第一和第三个动作的是科学家和工人，完成第二个动作的人就是企业家，他们“或是农场主，或是工厂主，或是商人”。萨伊所说的企业家就是指运用科学、组织工人进行生产的人。他在企业家尚未成为独立的社会阶层的年代，就从经济范畴上对资本家和企业家作了界定。新古典学派创始人马歇尔从企业家作为“中间商人”出发，探讨了企业家的本质。他认为，企业家的作用是把生产要素在企业内组合成商品，并将商品以合适的渠道送达消费者手中，企业家是生产要素卖方与产品买方之间的中间人。马歇尔的著作对企业家的各种职能，从企业组织的领导协调者、中间商、创新者到不确定性承担者都做了清晰的论述。

伴随着科学技术的大发展，资本主义进入了新的阶段。在垄断组织在经济生活中占据主导地位的同时，熊彼特否定了马歇尔关于企业家具有多方面职能的论断。在他早期的成名作《经济发展理论》中，熊彼特提出，企业家的基本职能只有一个，那就是“创新”。熊彼特认为，只有当一种新发明被应用于经济活动时，才称为“创新”。只有敢于冒风险，并把新发明引入经济的企业家，才是创新者。企业家推动了资本主义的产生和兴衰演变，成为资产阶级产生和存续的基础。熊彼特关于创新在经济发展中的作用以及企业家作为创新的主体并居于主导地位的论述抓住了当代经济发展的主线。熊彼特的研究思路，为当代经济学家研究企业家理论开辟了新的路径，为把企业家理论纳入现代企业理论提供了理论前提。

（三）弗兰克·奈特的企业理论

弗兰克·奈特（Frank Knight）是现代企业理论的先驱。1921 年，他发表了《风险、不确定性和利润》一文，被德姆塞茨认为是自 1776 年现代经济学问世以来，直到 1970 年的近 200 年间，改变企业理论专业视野的两篇文章之一，另一篇是科斯的《企业的性质》。

与古典经济学家强调企业是一种分工协作的生产组织不同，弗兰克·奈特的企业理论比较独特。他认为，企业是一种由企业家提供的风险规避和解决不确定性的机制或结构。人们在有效控制他人的能力和决定应该做什么的智力上，在对自己的判断和权力的自信程度上，以及在根据个人主见进行行动、冒风险的倾向上存在着差异。这种差异性会导致企业这个机制或结构的出现，通过企业，自信和敢于冒风险的人通过保证多疑和胆小的人有一定的收入，以换取对实际结果的拥有，同时承担风险或对前者提供保险。也就是说，因为企业家对工人提供保障而承担了风险，企业家在企业内要求对工人保有权威以作补偿。奈特认为，企业家的判断力是具有决定性的。由于判断力内化于个体心理中，很难用明确的言语表达，企业家只有通过创建企业，才能实现企业家判断力的价值，企业家拥有所有权或权威是有效率的。

奈特认为，在不确定性的世界中，企业的逻辑起点是体现企业家的判断力。起初，企业家拥有较员工高的判断力，而且这些判断力是内化于企业家心中的，无法通过语言进行交流，企业家充当认知、领导的角色。但是，由于知识的分散性、场景性和路径依赖特征，企业家原先所具有的较高判断力或创新能力也具有时空性，它并不能确保企业家永远都比员工具有判断力这一优势。因此，一旦建立企业，随着知识的积累和环境的变化，企业家和员工都可能拥有创新能力。企业家和员工搜寻的新知识往往是默会知识和局部知识。权威或所有权使得企业家有权力选择适度的认知距离，在保持共同认知的基础上促使员工创新。而员工搜寻新知识的范围也受企业家权威的制约，过分偏离企业目标的创新可能被遏制。

弗兰克·奈特还区分了不确定性和风险，他认为，在一定程度上，企业的边界取决于它所面临的风险。只要一个企业家能通过借入资本或以其他方式扩大他的决策或估计范围，错误猜测和正确猜测彼此抵消的可能性就更大。在总的结果上，就可能取得一定程度的稳定性和可靠性。这样，不确定性就得以消除，理性活动就能得以进行。通过组合，把不确定性转变为可测度的风险，是企业扩张经营规模的动力。这将使得企业平均规模显著增长，现代经济生活的一个常见特征确实如此。

弗兰克·奈特还认为，在一定程度上，组织形式的演进同样是对风险的反应。更高形式的组织相对于较低形式的组织更加有利于保障其经营范围扩张和利益更加有效的统一。更高形式的组织包括了更多的个人决策、风险业务或情况，有利于减少风险；而后者则降低了与某人承担他人决策结果联系在一起的道德风险。弗兰克·奈特认为，贷给单个企业主的大量资本所面临的特殊风险，通过使这种形式的企业单位很难获得所需的财产资源，限制了它的经营范围。另一方面，随着合伙企业规模变得很大，其组织的无效率性、无法实现有效的利益统一以及由道德风险引致的巨大风险等限制了它进一步扩张，并导致了公司组织形式对它的取代。

虽然后来如科斯指出的那样：某些人有更好的判断能力和知识的事实并不意味着他们只能通过亲自参与生产才能从这种判断和知识中获得一份收入，他们可以通过与生产者订立合同来出卖自己的咨询服务，也就是说，知识、智力、判断力以及冒险倾向的人际差异并不能说明企业为什么出现。但是弗兰克·奈特关注企业与风险的关系，关注风险对于企业的含义，在这一点上无疑是正确的。奈特致力于理解企业为什么会存在，企业内部又如何运行，提出了在企业讨论中并不起主要作用的各种问题。更重要的是他开创了现代企业理论，这比科斯于1937 年对此问题做出经典性的贡献早了 16 年。德姆塞茨曾高度评价奈特对企业理论的贡献：奈特对企业理论的主要贡献之一，是把这一理论从传统价格理论中置于“黑匣子”的状态中解放出来，并给予详尽的考察。他怎样回答自己提出的问题,则属于细枝末节,都是微不足道的。

（四）企业家理论的新发展

美国经济学家卡森在综合各种企业家理论的基础上,引入了“企业家判断”这一概念,把企业家定义为对稀缺资源的协调做出判断性决策的人。卡森的著作建立起一个统一的企业家行为理论的分析框架,标志着西方企业家理论的新发展。

20世纪90年代以后,奥地利经济学派对企业家理论做了进一步的发展。其中,萨奥尔特提出了这样一个问题,即在一个交易成本为零的世界上,是否企业就不能产生呢?他设定了一个交易成本为零的非均衡世界,认为在那里企业的产生是可能的,这来自于市场中的企业家行为的推动,企业的独特本质并不依赖于他所分析的外生意义的交易成本的存在,而是一个服务于内生性的企业家目标。他认为,作为发起人的企业家必须依靠企业来雇佣专用性的要素所有者的劳动,以实现自己对利润机会的把握。也就是说,正是企业才能将其成员异质的和互补的企业家机敏集中在一起,从而可以为特定的目的而同步地激发各自的企业家发现。进而,也只有企业才能够进行以其他方式(包括市场机制)无法进行的协调,或者说,如果没有企业的作用,则许多基于市场的知识分工就无法实现并得到扩大。

奥地利经济学派企业理论研究的第二个方向,与第一个方向存在着一定的联系。华人奥地利经济学家托尼·于的企业理论将企业理解为一种处理协调问题的制度,企业家的发现和创新要求通过共享的程序(program)结构形成一个共同的诠释环境,在这个共享的结构内,并不排除其成员可能有彼此冲突的想法、竞争、不同的预期以及知识的分工。然而,企业作为一种共享的结构,能够建立一套企业家发起的共同的组织目标,以便于交流并减少上述问题。简言之,企业是一种有协调目的的经济制度。而福斯也从企业的协调观点出发,将企业看作是在一种不完全契约的结构下,通过共享的智力环境对局域性发现程序起到组织作用的实体,简言之,企业被视为一种认知和发现的实体。也就是说,企业被视为一种专门化于局部生产行为的解决问题的制度,能在特定的生产领域内组织发现程序,且能够以不同的方式整合这些发现程序。而威特则认为,有限理性限制了人们去追逐或实现企业家所能想象的全部行动计划,而个体由社会所塑造的认知框架则有助于弄清企业家众多的计划中哪一种行动计划最有必要得到关注,这就为他所谓的新的企业家理论提供了一个基础。在他那里,能够支撑企业家冒险的“商业概念”(能实现其企业家机敏的想法和观念)扮演了一个关键角色。基于“认知—领导能力”,企业家凭借企业内意会性的集体所共享的认知框架,成功地执行和保护其商业概念,而企业成员也得以获得协调和激励,并且能够尽可能地抑制机会主义。

企业家概念的确定，为现代企业理论的形成提供了重要的前提。企业家的激励约束问题与企业的性质和类型、企业的治理结构、企业的资本结构等这些现代企业理论所考察的基本问题密切相关。企业家理论已成为现代企业理论的重要组成部分。

案例

华立集团——一家从小手工作坊成长起来的现代企业集团

背景材料

华立集团的前身是当地的一家以编织为生、自给自足的小手工作坊，1971年研发生产了DD16型电表，进入了工业生产领域，实现了第一次企业重大成长突破。1975年研制成功中国第一代国标DD28型电表，成为行业新星。1982年通过行业仪表生产许可考核，进入工业化正规生产阶段，实现了企业经营管理规范化。1987年实行厂长负责制，大大改进了公司治理制度，1989年即成为中国电能表行业先进企业。1993年成为行业龙头，领跑电能表行业至今。1995成立华立集团有限公司，开始集团化经营。1996年兼并重庆电度表厂，开始跨区域收购发展。

得到当地政府的支持后，华立从1994年开始了产权制度改革，成立了杭州华立股份有限公司。该公司吸收整合了4个分厂的存量资产和80多家企业的现金投入。同时由员工出资，与从原企业共有资产中切出的一部分共同设立华立职工保障基金会一起，专门投资于新设立的公司。1996年，华立职工保障基金会更名为华立职工持股协会，成为集体资产的最高管理机构，并以该持股协会为投资主体，成立了华立集团有限公司，由此量化了员工收益，使员工与企业的利益关系得到有机结合。

但是人人持股、人人有份又变成了的“大股饭”；缺乏真正重视并推动企业发展的所有者，又出现了新的“大锅饭”，使华立集团失去了活力。于是，1999年开始第二次产权改革，推行骨干员工持股制度——由华立职工持股会和129名骨干员工作为自然人股东，共同投资发起设立浙江华立控股股份有限公司，所有股份均为普通股，其中法人股3 500万股，由职工持股会认购，占股份总数的51%；自然人持3 300万股，由129名自然人股东认购，占股份总数的48.53%。在骨干员工股份的分配上，原则上按个人承担岗位责任的大小确定若干档次的认股金额，根据自愿原则在上限内认购股份。在认股协议签字后，每人必须以现金形式缴纳全部股金的20%～40%，其余部分由出资人以个人资产（住房等固定资产）进行抵押贷款。通过第二次改制，职工持股会和129名骨干员工共同投资设立了产权清晰、管理规范的浙江华立控股股份有限公司。1999年该集团完成销售额15.6亿元，实现利润207亿元，出口创汇2 580万美元。20年间，其产值、利润年均以50%的速度增长。

随后，为了彻底打破公司长远发展的所有权制度限制，华立又开始了管理层收购。截至1999年12月底，华立职工持股协会总资产达15 157.10万元，净资产为10 991.11万元。2000年，华立职工持股协会所持有的浙江华立控股股份有限公司3 510万元股本被转让给自然人李以勤，总价3 510万元。同年，持股协会持有的华立集团有限公司88%的股权转让给浙江华立控股股份有限公司，转让款6 872.8万元。职工持股会解散，其所代表的集体资产出售后所获得的现金，一部分用于管理层激励，一部分注册成立“华立员工保障协会”，用于对员工（主要是退休老职工）的福利和保障。

2002年，华立完成了华立集团股权的彻底转换——最终股东全部成为自然人——以高层管理者为核心并包括创业元老和关键员工的团队，建立了完善的现代企业集团治理结构。华立集团从此成为一家纯粹的民营企业，其产权改革的历程也成为中国乡镇企业改革的典范。

在产权改革的过程中，华立一方面巩固其国内电工仪表领域主导厂商的地位，另一方面开始决策并实施新的相关产业发展战略，进一步拓宽企业在多领域的利润来源。

1995年前后，华立一口气投资了汽车配件、家电、餐饮、食品、卫星电视等12个产业，控股、参股的企业达23家。过快的多元化发展，使集团很快就感受到了压力。到了1995年下半年，资金流开始紧张，所有的企业总是盯着总部要钱，银行开始催债。华立集团董事局主席汪力成经过一番痛苦的反思，决定“壮士断腕”，以损失2亿多元为代价，一下子砍掉了除电能表及房地产业之外的10多家企业，专注于电表、电力自动化和房产等三项主业上。两年之后，华立一举拿下了电表品牌知名度和市场占有率两项第一，成为电表行业无可争议的霸主，终于平稳度过这次危机。这次危机过后，严格的风险控制开始伴随着汪力成，投资之前，总是做充分的调研。华立新涉足的项目都必须要有一个前提：华立具有核心竞争力——要么在资源垄断上具有优势，要么在核心技术上具有优势——否则就不投资。而且从此以后，华立开始变新建投资方式为收购兼并方式，并开始进入资本运作方式。

1996年，华立兼并了西南地区最大的电度表长——重庆电表厂，开始跨区域发展。1999年，通过人员、债务、资产全剥离，收购重庆上市公司ST川仪的净壳，在半年内摘掉了ST帽子，更名为重庆华立控股，迈出了资本经营第一步。2000年起，开始涉足医药行业。2000年5月，华立以控制资源为目的，作为其介入青蒿素产业的第一步。2001年11月，重庆华立控股收购湖南吉首制药厂，华立对外宣布已经控制了中国青蒿素原料产量的80%以上。此后，华立不惜重金，建设了全球第一个也是目前唯一一个青蒿的GAP种植基地、GMP的提炼和成药制剂制造基地，打造了一条从种子培育到青蒿种植，再到原料提取、成药制造、研究开发和国际营销的产业链。从2002年开始，华立集团分别收购、控股了昆明药业、武汉健民，通过收购整合，完成了医药产业从资源到品种再到营销网络的战略布局。2000年，华立集团在泰国建立电能表工厂，开始跨国经营。2001年跨国并购飞利浦位于美国的CDMA全球研发中心，成为中国第一家直接掌握移动通信核心芯片技术的企业。2010年10月11日，浙江华正新材料股份有限公司创立，为集团进入新材料领域，由收购重组转向IPO奠定了基础。

此外，集团还先后进入新能源、房地产、金融投资、国际贸易等领域，进一步实现多元化集团发展战略。同时，其核心产业成功转型为医药产业。

在组织结构上，华立不断优化自身。管理结构实行了减少决策环节的“扁平化”方式；通过部门公司化，实现了内部交易成本控制和收益的均衡。早在20世纪90年代初，华立便着力建立专门的企业销售公司。如今.已在全国主要省市建立起26个销售公司，形成了庞大的销售网络。同时，华立长期坚持拿出相当于当年销售额5%的资金投入科研；设立了具有法人资格的市场型企业——华立科技开发有限公司，设有实验工厂。科研人员向市场要开发课题，科技公司完成新品小试、中试和试销，成功后再转卖给集团公司。这样一来，新产品开发品种层出不穷，产品的市场适应性大大增强。这一系列具有远见卓识的举措，换来的是华立科研、生产、销售的良性互动，实现了多年的持续高速发展和经营方式由“橄榄型”向“哑铃型”过渡。同时加强的还有生产外包。从1999年，“华立”牌电能表70%的零部件来自于协作厂家，而自己则生产30%关键零部件。近年来，华立集团在电表市场需求转旺之时，在投入增加不多的情况下，产能得到迅速提高。这就是得益于这种生产外包形式。这种社会化大协作生产，实现了生产资源的优化配置，提高了企业的竞争力。

现在华立已发展成为以华立集团股份有限公司为母体，以医药为核心产业，以智能电网及新能源等资源性产业为战略投资产业的多元化投资发展企业集团，位列中国企业集团竞争力500强、全国民营企业500强，总资产与年营业收入双双超过百亿元人民币。控股昆明制药(600422)、武汉健民(600976)、华智控股(000607)共3家A股上市公司,参股开创国际(600097)1家A股上市公司。同时,华立已经在泰国、印度、阿根廷、约旦、坦桑尼亚、乌兹别克斯坦等国投资建立各类产业的生产基地,在美国、法国、俄罗斯、菲律宾以及非洲的多个国家设立业务机构,代理和销售的产品更是遍及五大洲120多个国家和地区。2006年,华立在泰国中部罗勇府投资开发了"中国工业园",开辟了中国企业"走出去"的新模式;2010年,华立又开始在印尼、柬埔寨布局,在舟山发展生物质可再生能源产业。目前,华立全球国际化经营的基本框架已经初步形成。

案例分析

华立的发展过程展示了相当一部分中国特色企业发展的特征。从一个最初的雨具生产作坊,能够发展到现在的大型企业集团,既有偶然性因素,更重要的还有时代的发展和自身的积极改革。

华立的第一次重大改革,即由雨具生产转为电度表生产,是有一定偶然性的。但是重要管理制度的不断改进,特别是厂长负责制的实行,管理制度的规范,使得企业的管理效率大大提高,促进了企业第一步的重要发展,使华立在行业内从一个新生小弟迅速成长为先进企业。

而随着企业规模的扩大,国有企业和集体企业普遍存在的所有者缺位问题越来越限制企业进一步发展。华立幸运地得到了政府的支持,较早开始了这方面的改革尝试,并能够坚持到底。从第一次改制的人人平等享有股权,到第二次的骨干成员持股和随后通过管理层收购彻底民营化,我们看到了不同的所有权结构的制度演进。全员平等持股带来了新的大锅饭问题,没有核心的所有人、所有股东地位完全平等且股权分散带来的是激励再次不足、企业内部约束力薄弱,不利于企业长远发展,况且还是在没有强大的外部约束力的情况下,这导致企业所有人仍然虚化,企业缺乏活力。而随后的骨干持股和管理层收购,彻底解决了所有者缺位问题,完成了传统集体企业向现代企业的转变,为公司其他制度的改进奠定了基础,保证了公司进一步发展壮大。而在组织制度和集团发展上,华立内部通过部门公司化,降低了内部监督激励成本,有效地约束了内部交易成本的不断扩大,同时,通过所有权控制和集团化管理,享受到了内部交易替代市场交易带来的收益,再加上扁平化的组织结构,实现了组织制度的优化。对外实行非核心业务分包制,带来了核心竞争力的提高和市场适应能力的提高,享受到了社会化协作生产的好处。但是,这种尝试在多元化发展的过程中,一开始就遭遇到了挫折,由于企业战略不清晰,盲目快速扩张,一度使企业集团面临倒闭的危险。好在华立及时地进行了调整。实行战略收缩后,加强了市场分析和战略管理,不仅使企业转危为安，而且通过兼并和资本运作，使企业得到了迅速的发展。

[PSSKT. EPS, BP]

1. 企业和现代企业如何定义？
2. 企业的特征包括哪几方面的内容？
3. 简述现代企业的分类。
4. 按照企业的财产构成和法律形式进行划分，企业有哪几种类型？
5. 构成企业制度的内容主要有哪些？
6. 简述现代企业管理制度包含的内容。
7. 现代企业制度的特征是什么？请分别简要阐述。
8. 企业制度的演化经历了哪几个阶段？

第二章

现代企业与产权制度

学习要点

- 了解产权及其起源、产权的含义、基本属性和功能。
- 理解产权制度的确立与现代企业产权制度的演变。
- 掌握现代企业产权制度的作用以及国有企业改革与现代企业产权制度的完善。

现代企业与现代企业产权是市场经济发展过程中相互关联的一组概念，它们相互影响，共同发展。市场经济与产权的双向选择，带来了产权认识的进一步深化。在产权深化的基础上，把产权与企业联系在一起，就成为市场经济发展的必然。而现代企业产权制度就是围绕着现代企业产权的一系列制度安排。在本章的学习中，读者会了解产权、市场与企业的相互关系，同时了解现代企业产权制度的确立和演变。本章最后还以国有企业为例，分析了如何完善现代企业产权制度。

第一节　现代企业与产权制度概述

一、市场、企业与产权的起源

(一) 产权的定义

在浩如烟海的产权经济学文献中，不同的产权经济学家有不同的产权定义。

阿尔钦认为:“产权是一个社会强制实施的选择一种经济品的使用的权利。”[ZW( ]阿尔钦:《产权:一个经典注释》,上海三联书店 1991 年版,第 166 页。[ZW)]

著名产权经济学家德姆塞茨对产权的定义是:“产权是一种社会工具,其重要性就是在于它能帮助一个人形成他与其他人进行交易时的合理预期。”“产权的一个主要功能是引导人们实现外部性较大的内在化的激励。”[ZW( ]德姆塞茨:《关于产权理论》,上海三联书店 1991 年版,第 97 页。[ZW)]

诺思也从与德姆塞茨基本一致的角度给出了产权的定义:“产权本质上是一种排他性权利”。[ZW( ]诺思:《经济史中的结构和变迁》,上海三联书店 1991 年版,第 21 页。[ZW)]

当代学者菲吕博腾和配杰威齐则特别强调:“产权不是指人对物的关系,而是由物的存在及关于它们的使用所引起的人们之间相互认可的行为关系,它是一系列用来确定每个人相对于稀缺资源使用时的地位的经济和社会关系。”[ZW( ]菲吕博腾,配杰威齐:《产权与经济理论:近期文献的一个综述》,上海三联书店 1991 年版,第 204 页。[ZW)]

从以上西方经济学者对于产权的经典定义中,我们可以看到这样一个趋势,那就是,随着产权研究的深入,西方经济学家对产权的定义或者说认识不断地趋于完善。最初只是将产权理解为人对物的独占权或者说简单的一种所有权,进而却进一步认识到产权不过体现的是一种人与人之间的行为关系。德姆塞茨的定义又进一步引入了交易的概念,说明产权的功能体现在两个方面:首先是交易,其次是内在激励。当然,我们可以把这两个方面理解为产权的作用在于激励和促进人们经济行为的发生,以达到一种预期的成果(或者说更优化的成果)。

借用菲吕博腾和配杰威齐的定义,我们可以发现:产权的这种内涵的分解使得人对物的排他性关系可以转移,这种转移带来了资源的转移和相关关系的确立。这个时候我们就会马上联想到市场与市场经济。市场是人们进行交易的场所,市场经济是利用市场来配置资源的一种经济形式。由此可见,产权是与市场经济相适应的范畴,产权关系到市场经济对资源配置的效率;同时,市场或者说市场经济也让产权有了用武之地。排除市场和产权到底谁决定谁的悖论,我们应该认识到这样的一个结论:无论如何,市场经济需要相应的产权,而产权的发展也需要市场经济,这是一种双向的选择。

(二)产权的起源

市场经济与产权的双向选择,带来了产权认识的进一步深化。但是,从更为本源的意义上说,我们还是没有能够解决产权的起源问题。因为这是涉及产权制度起源的根本性前提。只有解决或者说了解了产权的起源,才能进一步了解和认识产权制度的起源。

诺思从人口增长造成资源稀缺这一角度来探讨产权的起源。他认为，人类社会的发展经历了一个资源相对充裕到资源匮乏的转变。在资源相对充裕的时期，人类所能获取的产品是共同享有的。但由于人类自身的扩张，资源日益稀缺。当人口进一步繁衍到资源被充分利用的时候，人们开始为占有公共财产而展开竞争。竞争使资源获取的成本大大提高，为了享有对某一资源的使用权，就需要将他人的权利排除掉。这样，就有必要花费一定的成本去建立相应的产权，以维护排他性的占有资源的权利。诺思认为，从历史上看，产权的出现首先是不准外来者享用资源，然后是制定规则，对内部成员开发资源的程度进行限制。

德姆塞茨则从交易引发的价格变化来解释产权的起源。他以加拿大东部的印第安人在18世纪初建立的土地私有制为例进行论述。加拿大东部的印第安人最初的狩猎是为了自给自足，这种需求量足够小，因而不需要通过划分狩猎边界来排斥其他猎人。随着皮革贸易的发展，皮毛有了价值，狩猎的目的也发生了改变，由此而产生的最直接的影响就是狩猎范围的不断扩大。为了保证相互之间最大收益的实现，就需要建立相应的保障措施，以使这种收益长期化。因此，印第安人便产生了建立排他性产权的动机，这种产权制度的设立最终引发了狩猎土地产权制度的变迁。

综合前人的研究成果，我们会发现，产权的起源首先来自于资源的有限性与经济人理性这两大前提假设。因为从上面两种产权起源的理论分析中，我们可以发现一些共同点：

第一，产权的起源与资源稀缺有直接的联系。资源的相对缺乏导致人们对资源的争夺，而资源争夺的背后是对于资源的需求，这种需求从经济学意义上理解，就是对于利益的追逐以及经济资源最优化利用的需要，这就是经济人理性的内涵。一方面我们有无限的需求，一方面又是相对有限的资源，这就迫使人们考虑如何来界定资源的范畴，以保护既得利益者，同时排斥其他人的争夺。

第二，在没有一种合意的大多数人都接受的方法出现以前，资源是公共争夺的对象。这种无限制的争夺的最终结果是资源的滥用和资源的稀缺，因为不会有人去考虑保护资源甚至考虑资源的再生性问题。这从整体上说，就发生了资源的流失。为了避免这种恶性的后果，人们开始理性地对现有资源进行安排，这种安排就是对于个人与个人之间、个人与资源之间关系的界定，这种关系最终演化为产权。

（三）产权与企业产权

把产权与企业联系在一起，是市场经济发展的必然。西方经济学主要从企业的角度对产权进行讨论，因为现代社会中交易的主要行为者是企业，从企业的角度对产权进行讨论更有现实意义。我们知道,产权界定了个人与个人之间、个人与资源之间的关系,最为重要的是产权界定了交易中个人与个人之间的关系。简单地说,其实市场交易就是产权之间的界定与让渡。但是,随着市场的深化和经济的发展,我们会发现,原来的这种产权的交易会变得十分复杂,因为人们要频繁地与多个个体进行多次的产权界定与交易。这就催生出法人产权以及后续的企业产权和公司法人产权。这里我们重点介绍产权向企业产权的演进。

前面提到的个人与个人之间进行的频繁的市场交易,会有两个方面的问题:风险的控制和交易费用。奈特在 1921 年出版的《风险、不确定性和利润》一书中认为,决定人们选择和行为方式的主要约束条件,可以归结为风险以及与风险和不确定性相联系的冒险、投机行为的收益。人们普遍是厌恶风险的,为了尽量规避风险和不确定性导致的收益降低,个人之间会联合、形成企业,这样,风险便让渡给能够承担的企业家,这样的一种产权安排有效地降低了风险和不确定性。另一方面,个体之间的频繁交易会导致交易费用的显著提升,而交易费用的提升,最终会导致交易的效用下降。一般来说,不同的资源有不同的拥有者,当一个个体需要多种资源时,他就需要进行频繁的交易。如果将这些资源组合起来,形成一个产权的集合,交易者只要和这个集合发生一次交易就可以满足相应的需求。这就降低了交易费用,同时提升了市场的效率。这样的一个产权集合,其实就是企业。企业通过产权的让渡和组合将交易行为内生,以此来降低交易费用。这时,产权就演进为企业产权。企业取代个体,企业产权取代个体产权,是市场自然演进的结果。

二、产权和产权制度

(一)产权及其含义

在了解了产权的起源之后,结合现实经济的发展,我们认为:产权即对财产的权利(包括所有权、占有权、支配权和使用权),它是人们(主体)围绕或通过财产(客体)而形成的经济权利关系,维持这种经济权利关系的目的在于保证获取经济利益的权利。所以,就其直观形式来看,产权是人对物的关系;从本质上看,产权是产权主体之间的关系。

1. 产权的含义。要理解产权,我们还需要充分认识产权的含义。产权的含义主要包括以下三点:

第一,产权是对财产的权利,但是,它不同于财产所有权。财产所有权是指财产的所有者支配自己财产的权利,而产权则是以财产所有权为基础,包括与所有权相关联的由非所有者实施的实际支配权。

第二,产权以财产(客体)为载体。它首先体现社会经济活动主体与客体之间的某种经济利益关系,但又不单纯是人与物之间的关系,而是人与人之间的行为关系,即所有者的行为权利。

第三,产权包含了两个方面的内容。一方面是行使对物(即财产)的权利;另一方面,它的目的是为了进一步获取经济利益。

2. 产权的类型。按照产权主体的不同,我们可以把产权划分为如下几类:

(1)私有产权。私有产权即财产的归属主体是私人,并且行使所有权利的决策完全由私人做出。私有产权给予人们对体现在物品上的那些必然发生矛盾的各种用途进行选择的权利,即对物品的可能用途进行选择的排他性权利。在完备的私有产权条件下,行为人利用他的资源而采取的任何行动,都不可能影响任何其他人的私有财产的实际归属。

(2)法人产权。法人产权的主体是法人机构。法人是相对于自然人而言的法律概念。法人是法律认可的参加民事活动的组织机构,如公司、社团等。法人并不是人,而是组织。法人产权包含了社团产权、企业产权和公司产权。

(3)国有产权。国有产权是指产权归国家所拥有。国家是国有资产唯一的所有权主体,任何个人和组织不可代替。国有产权实质上是一国民众共同所有的财产的产权,由国家作为代表占有。

(二)产权的基本属性和功能

1. 产权的基本属性。产权主要具有以下几种基本属性:

(1)排他性。产权的排他性是指产权主体在行使对某一特定资源的一组权利时,排斥了任何其他产权主体对同一资源行使相同的权利。私有产权或个人产权的排他性是不言自明的,法人产权和国有产权也具有排他性。产权的某一主体对特定财产的特定权利是明晰的,该主体对该特定财产权利享有垄断性和对其他主体的排斥性,并且这种产权受法律和契约保护,不可侵犯。一旦确立了某种排他性产权,产权主体就可以在规则允许的范围内和不损害他人权益的条件下自由行使权利,并独立承担产权行使的后果,包括收益与成本。

(2)可分解性。产权的可分解性是指特定财产的各项权利可以分属于不同的主体。一项完整的产权包括所有权、占有权、支配权和使用权,这些权项既可以归属为同一主体,也可以分属不同主体。产权的可分解性保证了社会分工的形成,从而有利于专业化比较优势及规模经济的产生,这正是经济发展、社会进步的根源之一。

(3)有限性。产权的有限性包含两层含义。一是指任何产权主体之间对各自所拥有的产权必须具有明确的界限。如果不同产权主体之间对产权的拥有没有明确的界限,产权就无法行使,也就不具有排他性。产权明晰不仅是指不同产权主体之间的所有权要明晰,而且对同一财产所拥有的不同权利(占有、使用、处置)也要有明确的边界。二是指任何产权必须有限度,包括:每一个特定的财产都有一个特定的量,一个完整产权的每一项权能所带来的利益都是有限量的;同时,产权的每一项权能都是特定时点上的权利,受到一定时空的限制。

(4)可交易性。产权的可交易性是指产权在不同主体之间的交易和让渡。产权交易既包括把产权作为一个整体进行交易,也包括产权中某一项权项或几项权项的组合交易。产权的交易可以是永久性的让渡和转让,也可以是有限期的让渡和转让。产权的可交易性,促进了资源在全社会的自由流动,提高了资源配置的效率;另一方面,它也赋予了产权主体自由退出的权利,保护其利益免受损害。

(5)权力和利益的统一性。产权的权力和利益的统一性是指,拥有某种产权的主体对特定财产同时拥有行使特定权力和获取相应利益的权利,二者是相互依存、内在统一的。也就是说,每一项产权都是由权力和利益两项基本内容构成的。该特性表明,一旦某经济主体获得了产权,也就意味着他同时获得行使权力、履行责任的权利和获取相应利益的权利。

2. 产权的功能。产权主要有以下几项功能:

(1)激励功能。产权的激励功能是指因产权的确立而使产权主体产生积极行为的功能。在产权主体利益和责任界区明确的条件下,产权所有者可以使用产权来追求自身的利益,而且使这种利益不断内在化。所以,产权制度的任务之一就是使经济行为的外在性内化,从而产生强有力的刺激或激励功能。

(2)约束功能。产权的约束功能是指它对各种主体行为的约束。产权关系既是一种利益关系,又是一种责任关系,也就是说,在界定产权时,不仅要明确当事人的利益,也要明确当事人的责任,使他明确可以做什么,不可以做什么,做了不能做的或损害了他人的利益将承担什么责任。产权的约束力一方面来自产权的有限性,另一方面来自产权主体的自我约束。产权主体在谋取个人利益时,不能损害他人的产权,否则,必须对自己行为的后果承担责任。

(3)资源配置功能。产权的资源配置功能是指产权安排或产权结构对资源配置状态的形成和变化所发挥的重要影响,它产生于各种产权主体的利益最大化动机。在这种动机的作用下,通过产权的分解和交易,使得各种资源不断进入对其所有者更加有利的领域,并退出对其不利或利益较少的领域,从而实现资源配置效率的最大化。

(三)产权制度

产权是指对一切财产的权利,因此,从广义上来说,产权制度也就是关于一切产权关系的制度。

诺思指出:“制度是社会中的游戏规则,或者从更一般的意义上说,是人类设计的用以规范人们相互关系的强制性安排。制度构成了人们在政治的、社会的或经济交易中的激励机制。"因此，制度安排就在于"提供一种结构，使其成员的合作获得一些在结构外不可能获得的追加收入；或提供一种能影响法律或产权变迁的机制，以改变个人（或团体）可以合法竞争的方式。"从这个角度入手，我们会发现，制度是一种具有社会和法律意义的强制性安排。因此，我们也可以这样来理解产权制度，即一种产权规范一旦具有社会和法律的性质，它就取得了制度的形式，这就是产权制度。

对财产权利进行约束和规范的产权制度决定着人们在经济生活中竞争自由的程度和交易公平的程度，这种制度一方面是政府为竞争各方在财产使用、收益获得和处理财产的过程中提供规则保护，使财产主体在既定的权利范围内参与竞争的自由程度尽可能最大，同时也限制个人以剥削或侵犯他人财产权利的方式追求私利。这就为公平的交易提供了基础，这种基础来自于对产权主体所应承担的责任的界定。

所以，产权制度给出了产权在不同主体之间归属的界定，同时它还包含了保护这样一种产权主体界定的相关法律、习惯和规则。产权制度直接体现了产权主体之间的利益关系，决定了主体的权利边界和行为规范。同时，现存的产权制度安排也会像其他的社会经济制度一样，随着经济条件和经济关系的变化而不断发展。

三、现代产权制度的确立及其内在要求

（一）现代产权制度的确立

现代产权制度是与传统产权制度相比较而言的。总的来说，传统的产权制度是与传统经济社会发展形态相适应的，这种产权制度所对应或者说所适应的社会经济形态是自然经济或小商品经济形态，其微观基础是传统企业或称古典企业；而现代产权制度则是适应现代化社会大生产而产生的，以公司制企业为主体的企业法人产权为其微观基础。现代产权制度是为适应社会经济发展的需要而确立的。

现代产权制度具有以下几个主要特点：

1. 现代产权制度所规范的产权主体呈现多元性。首先，从产权概念本身来看，源于财产权利且不断细分的各种具体权利分属于不同的产权主体，并且相对独立。其次，在同一企业尤其是现代公司制企业中，存在不同所有制性质的产权主体，如私有产权的主体、公有产权的主体等。最后，从产权组织结构的多样性中也可以看到产权主体的多元性。在现代产权制度下，由于产权自身的多样性和产权主体的多元性，产权组织结构必然是多种多样的。比如，在公司产权中，

有股份有限公司、有限责任公司、股份合作制企业、无限责任公司等多种产权组织结构形式。

2. 以现代产权制度为基础的产权市场得到充分发展。现代产权制度的一个突出特点是,出现了一个有序流转和公平竞争的产权市场,使得相关要素能够进一步发挥市场的功能与效用。产权与市场本身就是一对相互促进的概念,在市场的发展中,产权市场也不断地发育和完善。以我国为例,目前,产权交易品种已基本覆盖了除上市公司流通股以外的其他大多数资本要素资源。2004 年,全国产权市场交易规模已达到 1 914 亿元,同期,国内沪、深两家证券交易所的融资额合计为 860 亿元。产权市场事实上已经成为中国资本市场体系的一个基础性平台。

3. 与现代产权制度相关的法律规范更加完善。在社会化大生产以及经济全球化的背景下,现代产权制度体系更加复杂,相关的交易流转以及制度形态都在不断发生变化。为了规范产权以及保护产权主体的利益,相关的法律法规必然会更加完善。近些年来,尤其是加入 WTO 以后,我国在产权保护制度建立和完善的过程中,不断加强和完善立法,使得各类产权均享有被保护的权利,切实建立起了对各类最终产权进行有效保护的法律制度和体系。

(二)现代产权制度的内在要求

现代产权制度及其确立需要做到以下几点:

第一,财产权利的划分要明晰。这里并不仅仅是说产权的主体要明晰,产权所包含的各项权利——所有权、占有权、使用权、支配权归谁拥有,也必须界定清晰。如果客观经济情况需要进一步细分产权,那么新的派生出来的产权类别也必须界定清楚,以避免关系混乱。同时,要保证产权主体的权利,维护市场正常的次序。

第二,在产权运作中,要明确产权主体的责任、权力和利益。产权主体的责任、权力和利益是一个内在统一体。也就是说,不仅要明确规定产权主体对财产能做什么,还应当包括他们不能做什么;同时,还要规定他们应尽的义务和责任。我国国有企业改革进程中,就是由于政府和企业责、权、利不明确,造成了企业缺乏活力以及大量国有资产的流失。

第三,要有强有力的产权保障制度。产权关系要真正发挥作用,需要通过法律使其制度化,成为具有强制力的约束规则,这样才可以降低产权关系确立和纠纷解决过程中的交易成本,提高产权制度的效率和公平性。改革开放以来,我国非公有经济迅速发展,但由于产权制度缺失和相关保障措施的弱化,使得假冒伪劣及侵害他人产权的事件屡有发生。现代产权制度要求建立严格、全面的产权法律体系,对一切合法的财产权利进行最有效的严格保护。

第四,产权的交易和流转要充分顺畅。产权主体有动力并有权按照自己的意愿来配置其权利,包括使用的方向、数量和权利的让渡等。这种权利的自由配置是产权激励功能的要求和体现,是市场机制产生效率的条件,同时也是现代产权制度的一项核心要素。此外,产权交易与流转的充分顺畅,还可以促进产权市场的发展与完善。

第二节　现代企业产权制度的确立与演变

一、现代企业产权制度

什么是现代企业产权制度?在理解这个概念之前,我们先回顾一下什么是企业产权。产权有三种类型:私有产权、法人产权和国有产权。在法律意义上,企业也是法人。所以,企业产权也就是企业作为法人所拥有的产权。任何法人,作为法律上的民事主体,都必须是独立的。那么,企业作为法人,也必须是独立的,它所拥有的产权也具有独立性和排他性,即它同一般的产权具有相同的特征。当然,企业产权的独立性并不等于资产产权的完整性,对资产的一组产权可以进行分解,其中任何一项或几项的组合都可以独立;企业单独拥有其中一项或几项,都可以说是拥有独立的产权。

在了解了企业产权之后,我们在这里按照产权制度的定义,给出现代企业产权制度的相应定义:现代企业产权制度就是围绕着现代企业产权的一系列制度安排。

当然,这是一个笼统的定义。具体来说,现代企业产权制度涵盖了两个方面的内容。第一,现代企业产权制度是现代产权制度的一个重要环节。在现代市场经济的语义下,市场、企业和产权是紧密结合在一起的一组概念。现代产权制度的构建和确立以及现代产权制度功能的体现,其重要的一个微观基础就是现代企业产权制度。第二,现代企业产权制度是现代企业制度的一个核心组成部分,它决定了现代企业组织架构的展开以及其他相关制度的建设。不同的企业产权制度决定了不同的企业制度。合伙制企业和公司制企业就是在不同的产权安排下所形成的不同的企业制度。

因此,现代企业产权制度主要包括三个方面:①企业产权归谁所有,属于何种所有制性质;②企业产权的所有者结构:是一个还是多个,是自然人还是法人组织;③企业产权的各种权能(包括狭义的所有权、占有权、支配权、使用权)可否分解、如何分解以及分解后的各种权能主体之间的责、权、利关系。

在当前,现代企业的主要组织形式是公司制企业,包括有限责任公司和股份有限公司。企业产权也相应地转化为公司法人产权。一般情况下,如无特指,现代企业产权制度主要是指公司法人产权制度,它是以公司的法人财产为基础,以出资者终极所有权、公司法人产权与公司经营权相互分离为特征,以股东会、董事会、执行机构作为法人治理结构来明确各自权力、责任和利益的企业产权制度。

(一)现代企业产权制度的主要特点

1. 产权清晰。产权清晰是现代企业产权制度最重要的特征,也是整个现代企业制度的基础。十四届三中全会通过的《中共中央关于建立社会主义市场经济体制的决定》把现代企业制度的本质概括为"产权清晰、权责明确、政企分开、管理科学"四个方面,其中,产权清晰是后三个方面的前提、基础和条件,是建立现代企业制度的关键所在。现代企业制度的根本活力在于它是一个产权清晰的经济主体,能够有效地配置资源,增强企业的经济活力。

2. 所有权和控制权相分离。在现代企业中,股东的所有权与股东出资形成的财产的实际控制权是相互分离的。一方面,从归属的意义上讲,公司法人财产属于出资者股东,当公司解散时,公司法人财产要进行清算,在依法偿还公司债务之后,所剩余的财产要按出资者的出资比例返还出资者;另一方面,一旦出资者的财产注入公司形成法人财产,出资者就不再拥有直接支配这一部分财产的权利,即使当公司经营不利,出资者也不能抽回资本,只能将其持有的资本依法转让,而公司则拥有对全部法人资产独立支配的权利,这就是法人财产权。公司可以依法对法人财产行使各种权能,同时以其全部法人财产承担民事责任,这种法人财产权是公司确立其法人地位的基础。

3. 权能明确的法人治理结构。公司的治理结构包括股东会、董事会和执行机构三大部分。股东会是公司的最高权力机构,拥有公司的最终控制权;董事会是公司的最高决策机构,负责对公司生产经营中的重大问题做出决策;执行机构即经理层受聘于董事会,受董事会的委托进行经营管理,处理公司的日常经营事务。在公司的法人治理结构中,股东会、董事会和执行机构之间权、责、利分明,并形成受法律保护的有效的制衡关系。正是这样一种有效的制衡关系,保证了公司制度的有效运行。

(二)现代企业产权制度的作用

现代企业产权制度的作用主要有以下几点:

第一,现代企业产权制度有助于确立企业法人产权的独立性,保证企业经营的稳定性。

企业所使用的现实资本作为法人产权,是与股权相分离的,也就是说,资产的真正所有者并不直接使用他所拥有的资产，而是将资产的直接使用权力让渡出去。企业资产集中到企业法人手中，形成真实资本以及独立的法人财产权；如果股东想要收回投放资本，也不能从法人企业手中直接收回资本，而只能通过相应的产权市场进行交易，而这样的产权交易并不影响企业的正常运营。比如，在一般情况下，上市公司股票的买卖并不影响上市公司的经营决策。因此，现代企业产权制度在保持企业产权独立性的同时，也使企业经营有着较为明显的稳定性。

第二，现代企业产权制度有助于增强企业的经营效率，提升企业的竞争力。

现代企业产权制度的一个突出特点就是产权权能的明晰，对产权实现过程中职责的分解、界定清晰，责任明确，形成了一组有效的制衡关系。这种权能的分离和责任的明晰化，同时促成了产权的权利与责任的相应落实。在资产所有者的授权下，经营者可以充分地独立进行经营决策，自由地运用企业产权，而这样一种运作又是在相应的监督和管理之下。因此，现代企业产权制度的这一特征，一方面有助于提高资产运营效率，另一方面也有助于分散资产经营风险。在经济全球化的竞争中，现代企业产权制度有效地回应了生产的社会化和市场经济发展过程中市场风险的增加而提出的挑战，企业的竞争力也得到了相应的提升。

第三，现代企业产权制度有利于活跃产权市场，促进资源配置的优化。

前面已经提到过，产权的一大功能就是促进资源的有效配置。现代企业产权制度可以进一步优化和完善产权的资源配置功能。通过产权的分解和交易，各种资源将不断进入对其所有者更加有利的领域，并退出对其不利或利益较少的领域，从而实现资源配置效率的最大化。这里有一个重要的前提，就是产权市场的活跃。在现代企业产权制度中，投资者主体、法人产权主体和经营者主体完全可以自主、随机地进入或退出，以不同的权能接受市场的评价和检验。现代企业产权制度有利于营造一个充分自由的产权交易市场，而活跃的产权市场则有助于进一步推动资源配置效率的优化。

第四，现代企业产权制度有助于进一步完善市场功能，促进经济发展。

现代企业产权制度一方面使市场微观主体有了经营活力，另一方面提高了市场配置资源的效率。在这两方面因素的作用下，现代企业产权制度可以进一步提升或者完善市场的功能。一方面，现代企业产权制度在资本组合上超越了单一产权主体的局限性，从企业资本出发，能够更快地实现资本数量的积聚和集中，迅速扩大生产能力，满足社会再生产的要求，实现规模经济的目标；另一方面，产权市场的完善，资源配置效率的提高以及经济要素的充分流动，使得市场机制本身的功能得以进一步强化。因此，正是现代企业产权制度的不断完善，使得市场经济的功能不断完善,而这必然会推动经济的进一步发展。

二、现代企业产权制度的演变

现代企业产权制度的演进大致分为以下三个阶段。

(一)单一业主制企业产权制度

单一业主制企业是一种自然人企业,指由业主个人(或家庭)出资经营,并独自承担无限责任。单一业主制企业的物质载体是小规模的企业组织,即通常所说的独资企业。在单一业主制企业中,出资人既是财产的唯一所有者,又是经营者。企业主可以按照自己的意志经营,并独自获得全部经营收益。

单一业主制的企业产权制度特征是:①产权主体以自然人为本位,资本所有者拥有对企业财产的全部权利,所有权与经营管理权高度统一。②企业业主以个人全部财产对企业经营的债务和亏损负无限责任,企业亏损或倒闭意味着业主倾家荡产。③企业业主的利益直接来源于企业的经营绩效,企业纳税后的收益全归业主个人所有。

在单一业主制企业的产权制度安排下,业主有充分的积极性去生产经营并实施有效监督,这对解决企业存在的偷懒、搭便车等行为是较为有效的,就企业效率而言也是最高的,但是,该产权制度的效率受制于企业规模的发展。

随着社会化生产规模的扩大,单一业主制企业的局限性逐步显现出来:一是当生产规模扩大、需要更多的资本时,通常会受到业主自有资金的限制,虽然可以借贷,但由于单一业主制企业的信用有限,可能需要提供更多的担保,因此,融资成本很高。二是随着企业规模的扩大,业主单独投资的经营风险也增大了,这种企业的“无限债务责任”也是单个业主所难以承受的。资本与风险的双重限制,迫使业主寻找新的企业产权制度。

(二)合伙制企业产权制度

当单个业主无力筹措更多资金以及承担更大风险的压力时,其最初的想法便是联合其他熟悉的业主共同经营,于是,合伙制企业便诞生了。相应的,合伙制企业产权制度也应运而生。合伙制企业也是一种自然人企业,是指两个以上的业主共同出资,共同经营,共享利益并共担无限责任的企业。

合伙制企业的企业产权制度特征是:合伙制企业的财产所有权、经营决策权归合伙人,其剩余收益通常根据合伙人的出资比例分享,与此相应,企业的经营风险也由合伙人按比例分担,同样的,合伙人对企业的债务也负有无限责任。

合伙制企业产权制度适应了企业规模扩大和分散市场风险的要求。但是,合伙制企业也存在一些重大缺陷,如企业缺少一个有效的决策机制,合伙人责任的无限性以及合伙人的合作关系对合伙企业延续的决定性影响等。这些缺陷加大了企业的经营风险与协调成本，限制了企业的扩张和发展，从而影响了企业的效率。

（三）公司制企业产权制度

上述两种产权制度安排有两个共同的特征：①产权占有主体是唯一的，占有关系是排他性的，因此，产权界定十分明确；②产权制度具有完整性，自然人主体享有对其财产的占有、使用、收益和处置的权利。这是一种相对简单的企业产权制度，相应的产权权能也很清晰。但是，这种简单的产权制度同时也潜藏着相应的缺陷，因为产权的排他性导致该种产权制度安排具有很强的自我封闭性。从经济资源在更大的社会范围内进行优化组合的角度看，这是一个巨大的缺陷：

第一，无论是单一业主制企业产权制度还是合伙制企业产权制度，它们都是单个（或者少数）产权的安排，这就导致资本实力和融资能力的有限性。这种资本自我扩张能力的有限性，在经济发展规模相对较小时不会明显表现出来。但是，当企业需要进一步扩张时，就会明显影响企业规模的扩大和市场的发展。

第二，上述产权制度中，经营权是所有权的直接派生物，产权所有者与产权的使用者是同一的。这种安排在企业发展的初期，可以有效地提高产权的效率。但是，当市场竞争不断加剧、市场风险不断加大时，这种产权制度安排会导致企业在市场中承担风险的能力和经营能力的不对称。

19 世纪中下叶，随着科学技术的飞速发展，生产日趋社会化，市场竞争日趋激烈，客观上要求企业必须具备雄厚的资本实力和抵御市场风险的能力。在这种情况下，公司制企业开始出现。公司制企业的产生和发展导致了产权的裂变，形成了公司出资人最终所有权和公司法人财产权并存的局面。它是一种完全不同于单一业主制企业和合伙制企业产权制度的产权安排，可以说这是企业产权制度的一次革命。

公司制企业产权制度的主要特征是：公司是由多个独立的投资主体形成的法人企业，它以公司法人产权为主体；公司制企业产权制度也就是我们之前分析过的公司法人产权制度，它是以公司的法人财产为基础，以出资者终极所有权、公司法人产权与公司经营权相互分离为特征，以股东会、董事会、执行机构作为法人治理结构来明确各自权力、责任和利益的企业产权制度，这也是目前最主要的现代企业产权制度。

当然，随着社会经济的发展，公司制企业产权制度即公司法人产权制度本身也在不断发展演进。公司制企业产权制度的演进出现了以下两大趋势：

第一，公司股权（即所有权）呈现不断分散的趋势。美国作为股份有限公司制度发展十分典型的国家，这种股权分散的趋势表现得十分突出。伯勒和米恩斯在《现代股份公司与私有财产》一书中，对美国20世纪20～30年代大公司股东情况的统计资料进行了研究。以1920年144家非金融公司为例，这些公司共拥有股东5 839 116人，其中股东人数在5 000人以下的仅有20个公司，3家最大公司的股东人数竟达20万～50万人。美国电话电报公司的股东数在短短的30年间，从1901年的1万人增长到1931年的64.2万人。在31家具有代表性的大公司中，全部股份公司估计股东总数由1990年的400万人增加到1928年的1 800万人。其中，员工持股的数量也不断增加，1927年中期，约有80万员工成为股东。大公司股票的分散过程进行得非常快。1929年，最大的铁路公司宾夕法尼亚铁路公司，最大的公用事业公司美国电话电报公司与美国联邦钢铁公司的股东名册显示，三大企业的最大股东所持有的股票还不到已发行股票的1%，分别只占各该公司的全体股票的0.34%，0.7%及0.9%。

第二次世界大战以后，股份公司所有权分散的趋势仍在继续，但同时，企业法人持股和机构法人持股的比例开始上升。到了20世纪90年代，日本法人持股已占上市公司股份的70%左右，美国机构法人持股比例也达50%以上。但是，就广泛、分散的投资者仍然是股份公司的主要出资者而言，现代大公司的产权结构仍具有分散化的特征。据资料显示，1996年，美国通用汽车公司股东人数在100万左右，机构投资者拥有约38%的股份，但5个最大的投资者仅拥有该公司9%的股份，其他50%以上的股份由分散的中小股东拥有。

第二，经营者控制的趋势越来越明显。面对不断扩大的生产规模与越来越复杂的社会分工的股权的分散化，由股东控股的企业制度开始面临新的挑战。首先是随着企业规模的进一步扩大，原有少数股东的控股份额逐步降低，直至失去了原先控股的地位；其次是大股东们为了减少投资风险，可能有意分散股权，而不是把自己的全部资本投入某一公司，从而出现了股东控股弱化的企业。

在股东控股弱化的同时，企业的经营层开始崛起。一方面，经营决策对专业知识的要求越来越高，这是人类追求专业化分工效益与规模效益的必然结果。当经营管理知识而非资本成为拥有企业经营决策权的关键因素时，少数大股东控股就失去了意义；另一方面，在现代公司制企业中，经营层掌控着企业的资产运作。他们能凭借自己的经营管理才能，对企业生产要素进行优化组合，支配和控制企业财产，参与企业剩余利润的分配（如高薪和股票期权）。这样，企业的实际控制权就慢慢地向经营者集中。

第三节 [WB]现代企业的发展与[DW]现代企业产权制度的完善

一、现代企业的发展与现代企业产权制度

决定现代企业发展的因素有很多,如企业家的能力、组织的优化、人力资源的运作、资本的成长等。但是,比较主要的因素,或者说,可以决定这些因素的核心因素,则莫过于企业的产权制度。企业产权制度是企业发展的前提和框架基础,而其他因素则是建立在企业产权制度这一基础之上的。企业的产权制度对于企业的发展有着根本性的决定作用。

(一)合理的产权制度是激励企业发展的决定性因素

产权的激励功能是产权制度功能的基础,更是企业发展的内在推动力。激励功能符合个人追求利益最大化的行为假设。我们知道,企业发展的目标是以相同条件下的较小成本获得最大收益,并且这种收益要能够有效持续;而收益的最终分配则由产权制度来决定。各个资本所有者有权得到与其资本作用相称的收益。通过这样的安排,合理的产权制度就给予企业资产所有者和经营者相应的产权激励。在其他条件一定的情况下,这种有效的制度安排能够促使企业的所有者和经营者朝着同一个目标——企业持续发展的目标共同努力。比如,现代比较流行的员工持股计划、企业年金制度等,都是建立在企业产权制度安排基础之上的激励机制。从这一意义上说,企业产权特别是收益权是否得以明确地界定并得到制度的有效保障,对产权主体的激励具有决定性的影响。

(二)合理的产权制度在企业发展中能发挥有效的约束功能

产权的约束功能主要在于规范产权主体的权利和义务上,而企业产权制度的约束功能在于规定了企业法人治理结构中各个层次的权利和义务。企业法人治理结构是企业的中枢,它掌控着企业整体的资源和运营。企业法人治理结构中股东、监事和经营者分属不同的权责体系,相互制约,共同运作。这就给企业发展提供很好的约束机制。没有规矩不成方圆,没有约束,前面所说的激励就是一种空中楼阁。

另外,企业中各个行为主体往往会采取机会主义的态度,其目的本身是谋求非生产利益,通过搭便车或隐瞒个人的不良行为来获取私利。因此,为了减少企业中谋取非生产性利益的活动,必须设定旨在监督和惩罚对企业不利的机会主义行为的制度。比如,经营者消极怠工导致企业赢利减少,这种赢利的减少马上

就会反映到他的企业年金和员工持股计划中。这种相互联系的约束机制,可以有效地监管相应的机会主义行为。所以,产权制度的约束功能十分重要,它不但有利于节约企业成本,更会限制搭便车等机会主义行为给他人造成的“负激励”效应,从而有利于提高团队合作效率。

(三)合理的产权制度是促进企业资源有效配置的重要因素

前面我们提到过产权的资源配置功能,通过产权的分解和交易,使得各种资源不断进入对其所有者更加有利的领域,并退出对其不利或利益较少的领域,从而实现了资源配置效率的最大化。合理的企业产权制度尤其是现代企业产权制度、企业所有权和经营权的分离以及企业法人财产权的确立,正是从企业制度的层面有效地促进各个不同产权主体的资源整合。这是第一个层次的资源配置。

此外,在企业的具体运营中,合理的企业产权制度促使企业的各项资产能够归属明确,尤其是企业的人力资源。因为有了前面的激励和约束的功能,企业人力资源就可以得到充分的利用。企业员工的知识和能力是决定企业发展的关键因素,合理的产权制度可以让员工具有公平感,有利于发挥其创新的才能。企业可以通过员工的创新不断增强核心竞争能力,节约成本,提高收益,最终提高企业整体效率。

总之,合理有效的产权制度通过相应的制度安排,有利于促进企业的激励与约束,优化相应的资源配置和组合,有效地规避企业发展中的不利因素,进而促进企业持续稳定的发展。近年来人们津津乐道的通用电气前总裁杰克·韦尔奇,似乎被视为通用电气持续成长的魅力来源。其实,真正决定通用电气持续发展的不是个人,而是它良好的企业制度(尤其是企业的产权制度),正是有了这样的制度,才可以让杰克·韦尔奇充分地施展他的个人魅力。

二、国有企业改革与现代企业产权制度的完善

合理的企业产权制度会促进企业的发展,那么,如何才能建立起合理的企业产权制度呢?或者说,怎样才能让现代企业产权制度与现代企业完美地结合呢?下面我们通过我国的国有企业改革来回答上述问题。

(一)我国国有企业产权制度改革的发展历程

到2015年9月,我国的国有企业产权制度改革可以分为四个主要阶段:

第一阶段(1978年到1987年),是企业产权制度改革的萌芽期。这时人们还没有企业产权的概念,改革的主要措施是扩大企业的自主权。十一届三中全会开始了我国经济体制改革的进程,涉及企业的改革就是国有企业管理方式的变革。1979年7月13日,国务院颁布了《关于扩大国营工业企业经营管理自主权的若干规定》,这是首次使用“企业经营管理自主权”的概念。之后,政府陆续

给企业下放了14项自主权,并实行了利改税等措施。从严格意义上说,这时的改革还仅仅是企业管理方式的改革,并不触及企业产权。所以,这一阶段只是国有企业产权制度改革的萌芽期。

第二阶段(1987年到1992年),是企业产权制度改革的前期。这一阶段的改革开始涉及企业的经营权,所以,开始涉及企业产权制度。企业经营权是企业对国家授予经营管理的财产享有使用和处分的权力,属于财产权的范畴。这一阶段的改革以承包合同制为主要手段,并开始强调改革必须从放权让利转移到转变经营机制上来。于是,落实企业的经营权开始在全国范围内展开,企业的所有权和经营权也开始了某种程度的分离。总的来说,这一阶段的改革还是属于简单的政策调整式改革,而且仍然没有认识到企业产权制度建设的重要性。

第三阶段(1992年到2003年),是企业产权制度改革的初期。1992年开始的第三阶段的国有企业改革从政策调整转向了制度创新,开始着眼于建立现代企业制度。1993年11月14日,十四届三中全会通过的《中共中央关于建立社会主义市场经济体制若干问题的决定》正式明确提出了要建立产权明晰的现代企业制度。从这一阶段开始,我国国有企业的改革开始从真正意义上进入了企业产权制度改革阶段。

第四阶段(2003年到2015年9月),是企业产权制度改革的中期。这一阶段,国有企业改革从单纯的企业重组和股份制改造进入到现代产权制度的构建,进入到现代企业产权制度建设的实质性阶段。十六届三中全会通过的《中共中央关于完善社会主义市场经济体制若干问题的决定》提出要建立健全现代产权制度,这是完善基本经济制度的内在要求,是构建现代企业制度的重要基础。这比产权明晰更进了一步,对产权制度的建立和完善提出了更高的要求。资本市场等产权市场的进一步发展和完善,特别是国有企业的上市和股份制改造的完成,标志着现代企业产权制度改革进入了进一步完善的时期。

从2015年9月开始,企业产权制度改革进入了一个全新的时期。2015年9月13日,中共中央、国务院公布《关于深化国有企业改革的指导意见》,这是深化国企改革的纲领性文件,为新一轮的国企改革指明了方向。根据文件要求,到2020年,我国要在国有企业改革重要领域和关键环节取得决定性成果,形成更加符合我国基本经济制度和社会主义市场经济发展要求的国有资产管理体制、现代企业制度、市场化经营机制,国有资本布局结构更趋合理,造就一大批德才兼备、善于经营、充满活力的优秀企业家,培育一大批具有创新能力和国际竞争力的国有骨干企业,国有经济活力、控制力、影响力和抗风险能力明显增强。

(二)目前我国国有企业产权制度建设中的缺失

1.产权主体缺位。产权主体的缺位是我国国有企业产权制度最为重要的缺陷。我们知道，产权或者产权制度的功能得以发挥，有一个最重要的前提，那就是产权主体的明确界定。如果产权主体无法明晰界定，或者产权主体对自己的产权无法进行有效的管理，那么任何产权都无法发挥相应的功能。现代企业制度的突出特点是以公司的法人财产为基础，以出资者终极所有权、公司法人产权与公司经营权相互分离为特征，以股东会、董事会、执行机构作为法人治理结构来明确各自的权力、责任和利益。股权、公司法人产权以及经营权都有对应的主体，同时，这些主体都可以有效地对应各自的权利和义务。无法清晰地界定和规范相应产权的归属，各产权主体就无法相应地享有权利和履行义务，这就是一种产权主体的缺位。

当前在我国，人们无法明确地将相关国有企业的各产权主体予以确指。名义上，国有企业的出资人主体是国家，当前的界定是各级国有资产管理委员会。但是，国有资产管理委员会不同于一般的机构或者组织，它是政府的一个部门，无法完全按照市场的规则履行相应的出资人的权利和义务。这就导致下一个层次即国有企业公司法人产权主体的缺位。由于出资人并不完全按照市场规则进行运作，国有企业的公司法人产权主体就是一个半市场化的产权主体。作为一个企业，这种半市场化的产权主体地位会导致企业的发展目标和市场化行为的缺失。所以，因政府同国有企业关系的复杂化而导致的产权主体的缺位，致使企业在运营中常常发生企业职能与政府职能混淆的问题。

2. 公司治理结构缺失。国有企业产权主体的缺位，直接导致了国有企业产权制度中公司治理结构的缺失。虽然在一系列国有企业改革中，我国的国有企业都建立起了相应的现代公司治理结构的框架。董事会、监事会、经营者一个都不少。但是，这是一种不完整或者说有缺失的公司治理结构。一方面，董事会其实就是国有资产管理委员会，造成公司运营中政府意志成为主导；另一方面，目前的国有企业都是归属于国有资产管理委员会领导，而企业经营者或者说管理层的生成则由政府主导。一般情况下，这种最高管理层的任命都是对应着相应的行政职务。在这样的情况下，公司治理结构的本来意义已经完全失效。在这样一种公司治理结构缺失的情况下，企业仅仅是政府的一个重要部门，而作为市场微观主体的职能却大大地弱化了。

3. 产权激励与约束机制的缺乏。国有企业产权主体的缺位、公司治理结构缺失进一步导致了国有企业产权制度中另外一个重要的缺陷——产权激励与约束机制的缺乏。第一，产权主体缺位，直接导致国有企业的产权失去了有效的激励与约束机制。产权主体缺位，导致权利与义务的不对等，一方面，企业缺乏发展的应有动力，另一方面，国有企业内部机会主义行为大行其道。第二，产权主体缺位和公司治理结构缺失，尤其是企业经营者生成机制的缺陷，直接导致国有企业激励与约束机制的弱化。企业的最高管理者是政府任命的具有行政职务的人员，这种任命本身就没有激励与约束机制。因为行政激励与约束同市场激励与约束是两种不同的概念，而企业的发展在很大程度上取决于企业管理者，这种管理者激励与约束的缺乏，进一步弱化了产权的激励与约束职能。所以，国有企业会发生很多责权利不统一的现象，这使得企业发展难以持续，造成国有资产大量流失。

（三）国有企业产权制度的完善

国有企业产权制度改革的实质不在于将股权多元化，而在于建立起真正的产权约束，从而为企业的发展服务。这是合理的企业产权制度的应有之意。面对当前国有企业改革中一些盲目和不切实际的产权制度改革，我们认为，应该从上面提到的国有企业产权改革中的缺陷入手，确立和完善合理的企业产权制度。

首先，要明确企业产权的市场主体地位。政府是市场经济秩序的维护者和公共产品的提供者，这就内在地决定了国有企业的目的和范围。如果说在计划经济时代国有企业还承担着稳定社会和巩固国家政权的目的的话，那么，在市场经济条件下，国有企业不再也不可能承担这种职能。因为如果这样，国有企业就更有可能成为少数利益集团以“维护全体人民利益”的名义向国家谋取自身特权的“人质”，如通过要求政府补贴、税收返还、维持国有垄断和准入限制的手段来获利。这些都会妨碍公平竞争市场秩序的建立，使少数垄断性国有企业的利益建立在牺牲整体经济的效率的基础之上。因此，在市场经济条件下，国有企业改革的根本逻辑在于防止国家机会主义行为，国家不能既当“裁判员”，又当“运动员”。除了极少数关系国家战略命脉的行业以外，国有资产要从竞争性行业转移到非营利的公共领域，从而使国有资产真正惠及全体人民。同时，国有企业出资应引进更多的非公有经济因素，在不削弱国有经济控制力的条件下，适当地淡化国有企业的政府职能。非公有战略投资者应该持有足以对公司董事会施加产权约束的股份份额，使得出资结构趋于市场化，以明确国有企业的公司法人产权主体。

其次，要构建合理的公司治理结构。这主要是指明确国家与企业之间以及企业内部两个层次的责任。从国家与企业之间的关系来看，要明确国家通过国有资产投资主体对企业中的国有资产行使所有者的权利，承担所有者的义务，即按投入企业的资本额，享有资本受益、重大决策和选择管理者等权利；企业则拥有包括国有投资主体在内的各类投资者投资形成的企业法人财产，并对其享有占有、使用、处置和收益的权利。就企业内部而言，要按照市场的规则来进行运作，这种运作应通过企业经营主体来实施，尽量避免政府的干预。要构建合理的公司治理结构，最为关键的因素是制定一个切实可行的企业管理层的生成制度。

企业高层管理人员的任免应该独立于政府,应该强化企业管理者的企业家地位和市场职责,弱化政府官员的功能定位。

最后,要构建有效的激励约束机制。国有企业要构建有效的产权激励与约束机制,必须使政企职责明确分开。政企分开具有两层含义:第一,政府的社会经济管理职能与国有资产管理职能分开。前者面对所有企业组织社会服务,制定方针政策,搞好宏观调控;后者管好、运作好经营性国有资产,使之保值和增值。第二,国有资产管理、监督职能要和国有资产经营职能分开。前者是制定方针、政策并进行监督,属于政府行为;后者是运作经营性国有资产,以营利为目的,是市场行为。只有真正实现政企分开,才能真正建立企业产权制度的激励与约束机制,强化企业的市场定位,有效地建立对管理层的市场化激励与约束机制。

案例

华生化工——所有权疑问带来的危机

背景材料

华生化工,1982年以2 000元起家,发展至今净资产超过30亿元,最高峰时年产值超过15亿元。但是在2006年,这个庞大的企业却深陷改制泥潭——两个董事会、两个厂长和一个政府工作组相互对峙,“集体所有”到底归谁所有?是企业的主要经营者还是职工?政府对集体企业的监督指导权的边界在哪里?

1982年,为了解决回城知青的工作问题,李隆铭带领几个年轻人,以2 000元的启动资金,用两口大锅、几根搅拌棍开启了华生化工的创业历程。

创业之初,华生化工没有任何国家投入成分,为一家集体所有制企业。到了20世纪90年代中期,华生化工已经是全国最大的涂料企业,也是上海市最大的集体所有制企业。在1996 ~ 1997年的鼎盛时期,华生化工的年产值高达15亿元。

1997年,上海市集体企业产权界定办公室界定,华生化工所有者权益全部为华生劳动群众所有。上海市国资办批复如下:华生原始创办资金中,上海物资集团总公司没有投入国有资本;发展中所获扶持性投入和享受免税等优惠政策所形成的资产,不属于国有资产性质;考虑到发展中确实得到物资集团总公司大力支持,在条件许可下,应以适当方式给予物资集团总公司经济补偿。

1997年7月，华生化工一次性将500万元补偿金汇入物资集团总公司开户行，至此，华生化工的产权明确：劳动群众集体所有。

1998年，华生开始第二次改制并形成了“集体+持股会+经营者”构成的有限责任公司的架构。新成立的上海华生化工有限公司将公司实际资产全部装入其中，原先的老华生化工公司改名为“上海古象涂料制造中心”，作为集体产权的代表方持有89.62%股权，其余由职工持股会和李隆铭个人分别持有8.49%和1.89%。职工持股会的股份按照工龄和职务，全部量化到公司职工。然而古象涂料制造中心所持的股份却一直未细分，仍被视为集体资产。此时虽然已经确立了华生化工有限公司的性质，并且确立了章程，成立了董事会、股东会，但规范的现代企业制度始终没有在华生生根。

2006年2月，在华生化工的厂部会议即董事会会议上，董事长兼厂长李隆铭拿出了一份《进一步明晰产权、深化改革的方案》，主要内容为：以经济补偿方式要职工退出职工持股会；奖励李隆铭0.94亿股；统筹集中上海市国资委2亿股；这次改革后，除李隆铭所持股份外，其余华生权益都属于“华生事业发展基金会”，此基金会实际上由李隆铭完全控制。

虽然当场包括张荣华在内的9名董事没有表达异议，但是疑窦已经产生，职工们不禁追问：改制之后，我们还是企业的主人吗？还是集体资产的所有者吗？华生基金会到底是什么性质？改制之前，职工对李隆铭是比较认可的；而当他提出涉嫌侵害职工利益的改制方案后，遭到了职工的强烈抵制。

2006年9月15日上午，李隆铭打电话要求被视为职工代表核心人物的张荣华去外滩的古象大楼开会。同时，总经理李建中（李隆铭之子）去工厂召集中层干部开会，宣布免去张荣华常务副厂长的职务。下午，职工临时召开“紧急职工代表大会”并产生“临时董事会”，决定罢免公司的创始人、老董事长，也是改制方案主导者的李隆铭。

矛盾顷刻间激化。到了2006年9月18日，矛盾进一步升级，由黄浦区国资委等政府部门组成的工作指导小组入驻公司，试图主导公司改制。而政府介入的理由是：华生化工有限公司有国资成分。政府的主要观点是：华生化工在历年发展中享受了减免税的优惠，这减免税基金不论是集体性质还是国有性质，都应该由政府行使投资者权利；华生化工的企业积累是“无主财产”，该“无主财产”中的一部分应该由政府行使投资者权利。

随着矛盾日益升级，工作指导小组干脆否认了2006年9月15日临时职工代表大会的权威，理由是华生化工现在已经是有限责任公司，只有股东大会有权罢免董事长，职工代表大会并无此权力。2006年10月31日下午，上海古象涂料制造中心的会议室坐得满满当当，345名职工中，285人到会，80%以上的职工都到场，他们以古象涂料制造中心这个集体企业职工代表大会的名义，表决罢免了李隆铭的厂长职务，并剥夺了他代表古象涂料制造中心持有华生化工有限公司89.62%股权的资格。大会选举张荣华为古象中心持有的华生化工89.62%股权的股东代表。

2006年11月17日，华生化工新一届股东会三位股东中，代表古象涂料制造中心的张荣华和代表职工持股会的叶正德出席，而自然人股东李隆铭拒绝出席。

随后，李隆铭在位于外滩的古象大楼，控制着财务、采购、销售等部分关键环节；而张荣华则在位于上海郊区的北新泾厂部控制着生产和车间。

黄浦区国资委认为，依据《中华人民共和国城镇集体所有制企业条例》第五十三条："政府有关行业管理部门，应当依据法律、法规的规定，在各自的职责范围内，负责本行业集体企业的行业指导和管理工作。"古象中心的监督管理权应由政府的集体资产管理部门行使。由此，2007年3月29日，职工民选产生的董事会被宣布为非法，黄浦区集体资产管理办公室发出通知，任命原黄浦区财政局局长吕耀良为古象中心经理兼法人代表。随后李隆铭与吕耀良进行了权力交接，吕耀良担任华生的董事长和法人代表。次日，区政府采取强制措施把民选董事会驱逐出企业办公大楼。

值得注意的是，1992年1月实施的《城镇集体所有制企业条例》规定："职工(代表)大会是集体企业的权力机构，由其选举和罢免企业管理人员，决定经营管理的重大问题"，"任何政府部门及其他单位不得干预集体企业的生产经营和民主管理"。

2007年3月30日，黄埔区国资委介入华生改制以后，陆续派驻了一些管理人员，自此，华生内部围绕三个董事会出现了三股力量，即华生的民主改制派、李隆铭为首的元老派、吕耀良为代表的国资派。最初元老派寄希望于国资派，但是随后几年华生的产品销售年年下滑，市场萎缩，元老派和民主改制派认为吕耀良在担任董事长期间并没有使华生步入稳定和发展状态，华生的发展要靠华生的原有人员。

2009年7月17日，华生公司召开董事会，罢免了董事长吕耀良。本来这次董事会有两个议题——退休职工的补偿问题，因工厂迁到奉贤的职工动迁问题。在会议中，有监事质疑吕耀良的工作并提出考虑其职务问题，引起了其他董事和监事的响应。最终，8名董事以6票赞同、1票弃权、吕耀良1票反对做出决议，罢免吕耀良董事长职务，提出由总经理李健中担任董事长。

然而，2009年7月17日华生董事会做出罢免董事长的决议并不能实施，包括华生职工持股会在内的绝大部分重要印章都掌握在吕耀良手中，如果不在相关文件上加盖公章，华生无法到工商局更改法人代表，这个决议也就是一纸空文。吕耀良不交出公章，这一点和李隆铭几乎如出一辙。

华生公司在最辉煌的1997年销售额达12亿元。2009年前后，销售人员基本处于放假状态，公司每年销售只有几千万元，仅是最高峰时的零头。作为一家业内知名企业，黄埔区国资委、华生的员工都希望华生公司能够稳定发展。然而，华生作为集体企业在改制过程中出现的矛盾和纠纷一直没有从根本上解决，并延续了三年之久，严重损害了公司的发展，华生面临前所未有的困局。

案例分析

产权制度是现代企业制度的核心制度，如何切实落实现代化的产权制度，是中国当代社会面临的一个重大问题。

在华生的发展过程中，可以明确地看出：李隆铭对于企业的发展是有巨大贡献的，在2006年改制方案宣布之前，他一直担任华生的大股东代表和管理负责人，应该说威望很高；对于一手把公司发展壮大的领路人，希望能够进一步明确细分企业的所有权，特别是古象涂料制造中心高达89.62%股份这个遗留问题，应该说对企业的长期发展也是有利的，但是作为集体企业，如何平衡原来所有者的企业的职工利益是很重要的一个方面，而2006年的改革方面恰恰缺乏对原来所有者产权的足够尊重和沟通，导致了后来的一系列后果。

而华生企业的职工，作为企业集体所有产权的最终受益人，当然可以维护自己的利益，但对经营者没能建立起明确有效的激励与约束机制，加上在公司治理制度方面的缺失，使得华生的领路人在古稀之年发起了第三次改制，希望扩大自己的利益。而在矛盾初次激化后，企业通过激烈的方式罢免了李隆铭，一方面确实从短期看维护了自己的所有者权利，另一方面也进一步激化了矛盾。

对于政府的国资委来讲，出于对相关法律的条文的解读，进而派驻工作组，任命公务员进入华生行使管理权，否认职代会的地位和权利，也有一定的不妥，而在随后的2009年，吕耀良被通过正式的程序罢免后，拒不交出印章，更是值得深思。

华生产权纷争带来的公司治理的完全失效，无疑损害了公司各方面制度的有效性。最终纷乱的几年后，华生付出了巨大的代价，所有相关的纷争方都没有实现自己利益的长期最大化。

（资料来源：21世纪网，网址：http://www.21cbh.com，新浪财经网，网址：http://finance.sina.com.cn）

[PSSKT. EPS, BP]

1. 什么是产权？

2. 简述产权与企业产权的关系。

3. 产权的基本属性和功能是什么？

4. 简述现代企业产权制度的确立和演变过程。

5. 在国有企业改革过程中，如何进一步完善现代企业产权制度？

第三章

现代企业与组织制度

学习要点

- 掌握组织、组织设计的基本概念。
- 了解现代企业组织结构的分类以及各种结构的特征。
- 掌握现代公司组织形式的种类。
- 了解我国有限责任公司及股份有限公司的概念、特征和组织机构设置。
- 理解企业组织变革的步骤和内容。

企业作为一个生态有机体,有着多种属性与复杂形态。随着企业的产生和发展以及领导体制的演变,企业组织形式也经历了一个发展变化的过程。在经济全球化的今天,企业的生存发展成功与否,与组织构架的设计、应用、改革息息相关。本章从不同的角度分析组织设计的要点,介绍现代企业组织结构以及现代公司组织形式的各种类型和各自的特征,并阐述组织变革在企业成长发展中的重要意义,向读者展示在不同环境下最有效地进行组织变革的方式。

第一节　现代企业组织设计

一、组织设计的定义

（一）组织的含义

组织的含义具有二重性，它是静态的实体组织与动态的组织过程的统一。作为静态的实体组织，组织是特定的群体为了达到共同目标，按照一定的原则，通过组织设计，使得相关资源合理有效地组合，并以特定结构运行的组织结构模式；作为动态的组织过程，组织就是通过设计和维持组织内部的结构和相互之间的关系，使人们为实现组织的目标在一定的时间和空间内进行协调工作的过程。

（二）组织设计的含义

管理学大师彼得·德鲁克曾经说过，“组织的目的，就是要使平凡的人做出不平凡的事。”在实际操作过程中，组织设计是实现组织目标过程中一个非常重要的环节，它是对组织为实现目标所必需的各种资源进行安排，确定适当的组织结构和组织运行的管理活动过程。它具有以下几个特点：

1. 组织设计是管理人员设立或变革组织结构的一种过程。
2. 组织设计的目的是确定组织结构。
3. 组织设计包括组织本身的内部结构设计和组织运行过程的设计。
4. 组织结构的内容包括组织战略、组织成员、技术和组织任务等。

二、组织设计的原则

传统的组织设计原则基于传统的组织理论而产生，比较权威的传统组织设计原则由古典管理学集大成者林德尔·厄威克在系统总结归纳泰勒、法约尔、韦伯等人观点的基础上，在其著作《管理的要素》一书中提出，即组织设计的八项原则：明确性原则、控制幅度原则、职责原则、协调原则、目标原则、相符原则、组织阶层原则以及专业化原则。

随着生产力发展水平的不断提高，传统的组织设计原则由于存在缺乏灵活性、控制方式单一、不利于激励组织成员等缺陷，其局限性逐渐凸显。在此过程中，五条基本的组织设计经典原则被理论家们提出，指导人们开展各项组织设计工作。

（一）劳动分工

组织设计中，最重要的原则就是劳动分工的原则。劳动分工是组织设计的一个重要的概念，通常是指人们在劳动中的社会分工，即各类社会成员在社会物质生产领域中专门从事不同的活动，个人则是专门从事某一部分活动而不是全部活动。劳动分工原则能成功地提高劳动生产率。关于劳动分工的经典阐述，可以参考亚当·斯密的《国富论》。俗话说"熟能生巧"，专门从事某一生产的人，可以在生产过程中不断创造并积累自己的生产知识，劳动者从事同一种劳动的时间较长，劳动者的劳动技能和劳动效率就会有不同程度的提高。随着劳动技能和劳动效率的提高，企业的效益和整个社会的经济的效率也得到提高——这是劳动分工的基本原理和分工带来的劳动效益。

劳动分工是推动社会生产力发展的一个重要因素。合理的劳动分工和劳动过程导致劳动效率的提高；反之，不合理的劳动分工和劳动过程导致劳动效率的下降。一般来说，社会分工越发达，生产的专业化程度越高，社会生产力也越高。

（二）统一指挥

根据统一指挥原理，组织的各级机构以及每一位员工应当只接受一个上级的命令和指挥，只向一个上级汇报并向其负责，同时上级指示从上到下逐级下达，不许发生越级指挥的现象，以减少混乱和推诿，避免对组织权力、纪律、秩序和稳定产生影响。

在组织设计的过程中贯彻统一指挥原则，在指令下达的界线内尽可能减少重复和冲突，防止职责的扩散，避免多头领导和多头指挥，有利于使组织最高管理部门的决策得以贯彻执行，提高管理工作的有效性，并有助于改善上级与下属之间的沟通，增进彼此的了解。华为总裁任正非在《华为基本法》中对此明确提出的"高层重大决策从贤不从众，真理往往掌握在少数人手里"也正是阐明了同样的道理。

（三）职权与职责

职权、职责的设计是组织设计中需要考虑的重要内容之一。

所谓职权，指的是为了实现组织目标而制定决策、发布命令的一种权力，是职务范围内的管理权限。它是管理职位所具有的内在的、固有的、特定的权力，与组织内的一定职位相关，而与任职者无关。管理者的职权可以分为直线职权、参谋职权和职能职权三种类型。

1. 直线职权。直线职权即组织内直线管理系统的管理人员所拥有的决策和行动的权力。它包含两层含义：一是权力关系，是上级指挥下属人员工作权力的命令关系；二是在组织职能的类型上，直线职权所实施的职能对实现组织目标做出直接贡献，是对组织负有直接责任的权力。

2. 参谋职权。参谋职权即向直线人员或其他参谋人员提出建议的的权力，它是咨询性、顾问性、指导性、服务性和建设性的。参谋职权不能直接发布命令，其任务仅限于提供建议，协助直线职权有效地实现组织目标。

直线职权与参谋职权是“命令与建议”关系，要合理利用和发挥两种职权，就要处理好两者之间的关系。

3. 职能职权。职能职权是指参谋人员所拥有的原来属于直线主管人员的决策与指挥的权力，这种职权是由直线主管人员将自己的一部分直线职权授予参谋人员或某个部门的主管人员而产生的。职能职权适用于管理活动复杂，仅仅依靠直线主管人员和参谋建议仍不易做出决策的情况，此时被授权的参谋人员也通常具备开展某项工作的专门知识和技能，以改善和提高管理效率。

与职权相对应的是职责，是指担当组织职位而必须履行的责任。职权与职责有着密切的关系，职权是履行职责的必要条件与手段，职责则是行使权力所要达到的目的和必须履行的义务。职权与职责平衡原则是一个重要的概念，也是组织设计中必须要考虑的一项重要内容，该原则强调了领导者给下属委派职权的同时，必须同时明确下属需承担的职责，既要限制职权超越职责，又要避免职权过小而职责无法承担的情况。

职权和权力也是两个容易混淆的概念。职权是一种权力，一种基于掌握职权的人在组织中所居职位的合法的权力，是与职务相伴随的。所谓权力，是指为了达到组织的目标而进行行动或指挥他人行动的能力。因此，职权是权力概念的一部分。

心理学家约翰・弗伦奇（John French）和伯特伦・雷文（Bertram Raven）等人提出，构成权力的基础按其权力来源的不同，可分为五种：

1. 强制权力。这种权力建立在惧怕的基础之上，是管理者给予下属批评、扣发工资奖金、降职乃至开除等惩罚性措施的权力。需要注意的是，管理者的强制权力必须在规定的范围内使用。

2. 奖赏权力。与强制性权力正好相反，领导可以奖赏员工，通过奖赏的方式来吸引下属，让下属愿意服从领导者的指挥，包括金钱、晋升、赞扬、理想的工作安排和其他任何令人愉悦的东西的权力等，这些都属于奖赏权力的范围。

3. 法定权力。法定权力比前两种权力覆盖面更广，代表一个人在正式层级中占据某一职位相应得到的一种法定的、正式的权力，他人服从是因为权力拥有者的职位。根据组织条例或制度的规定，每一职位都根据其责任具有相应的决策权和指挥权。

4. 专家权力。指由个人的专长、特殊技能或某些知识而产生的权力，也称专长权。现代企业发展越来越依赖技术因素，因此，专家权力也成为权力的主要来源之一。例如，会计师、软件工程师、保荐代表人以及医生等，都是因为在其所属的行业和领域的特殊影响力而获得了专家权力。

5. 感召权力。它的基础是对一个人所拥有的独特智谋或个人品质、魅力、经历、背景等特质的一种确认，是一种对于人格魅力的敬仰。感召权力也称为个人影响力，感召权力是领导力的核心权力。

以上五种权力，一般可以归为两大类：一类是职位权力，即与职位相关的权力，是一种外在的权力，这种权力是指由上级组织赋予并在法律或制度中明文规定的某一职位的正式权力，是不依任职者的变动而变动的，包括强制权力、奖赏权力和法定权力；另一类是个人权力，是与个人有关的权力，是一种内在的权力，这种权力是指由于领导者自身在品德、能力和经验等方面的某些特殊因素而具有的非正式权力，不是在职位上就能产生的，包括专家权力和感召权力。一个成功的领导者不仅要具有职位权力，还必须拥有个人权力。

（四）管理幅度

所谓管理幅度，亦称管理跨度，是指领导机关或领导者直接有效地领导和管理的下属部门或人员的数量。领导者要有效地领导下属，必须明确自己究竟能管辖多少下属。超过了一定的管理幅度，就有必要增加一个管理层次。管理幅度的大小是直接影响组织效率的重要因素之一，也是管理层次设计的关键制约因素之一。管理层次是组织内部管理指挥系统等级的数额。管理幅度和管理层次与组织结构密切相关，幅度一般决定了企业的管理宽度，层次一般决定了企业的管理深度。当一个组织的人数固定时，管理层次与管理幅度呈反比关系，较小的管理幅度意味着较多的管理层次，较大的管理幅度意味着较少的管理层次。

管理幅度大，管理层次少，组织结构呈现“扁平”形式；反之，管理幅度小，管理层次多，组织结构呈现“高耸”形式。在组织运行管理过程中，高耸结构和扁平结构各有其利弊。高耸结构的优点是分工细致明确，管理严密，沟通渠道多，上下级容易协调，便于严格监督和控制；缺点是管理层次多，上下级的意见沟通和交流受阻，上层管理者对下层管理者的控制变得困难，消耗时间和精力，决策传达的时效性和准确性差，并使各种费用开支相应增加，下级由于受到较多约束，容易产生不满。扁平结构的优点是管理层次少，沟通渠道少，信息流通快，管理费用低，利于密切上下级关系，缩短上下级距离，较大的管理幅度带给被管理者较大的自主性、积极性、创新性和满足感；缺点是上级不能严密监督下级的工作，上下级协调较差，管理幅度的加大也增加了同级间相互沟通的困难。

管理幅度是组织设计中的一个重要问题，过小或过大都是不恰当的。通常，影响企业管理幅度的因素会有很多，而且会因企业的具体情况不同而有别。主要集中在领导者及其下属的个人素质、组织管理信息沟通的通畅性、管理任务的复杂性、下属工作任务的相似性、组织所辖地域的相近性、组织文化的先进性、企业制度标准化与规范化和组织变革的速度等方面。因而，每个组织中的每一个管理者都必须根据自身的情况来确定适当的管理幅度。企业在进行组织设计时,必须把握好管理幅度的大小和管理层次的多少,以保证企业的有效管理和组织的高效运作。

英国著名历史学家、政治学家诺斯科特·帕金森(C. Northcote Parkinson)通过长期调查研究,于1958年出版了《帕金森定律》(Parkinson's Law)一书,阐述了机构人员膨胀的原因及后果,指出组织人数的增加并不依据工作量的增加或工作内容的复杂化。

书中列举了一个非常典型的例子:一个无法胜任工作的管理人员,有三条出路可供选择,第一是申请退职,把职位让给其他人;第二是增加同级别人员来协助自己工作;第三是给自己配备若干个助手。显而易见,第一条路必须放弃现有职权,个人的利益必然受到损失;第二条路会带来强有力的竞争对手,也会使个人的利益受到一定的威胁;只有第三条路不仅能分担工作的负担,而且还扩大了自己的权力范围,可以高高在上发号施令。以此类推,就形成了一个机构臃肿、人浮于事、效率低下的领导体系。

帕金森还用英国海军部人员的统计数字来加以证明:1914年皇家海军官兵14.6万人,而基地的行政官员、办事员3 249人;到了1928年,官兵降为10万人,但基地的行政官员、办事员却增加到4 558人,增加了40%。按照帕金森定律,在管理体系中,行政机构会不断增多,行政人员会不断膨胀,管理幅度加大,组织层次增多,但组织效率却越来越低下。因此,如何避免帕金森定律的副作用,是各级组织进行设计、变革时面临的重要问题。

(五)部门化

在组织设计过程中,部门化设计是非常关键的基础环节。部门化是指企业根据既定目标,以组织职能、目标任务等的相似性或关系紧密性为依据划分企业部门以及分部门,并配以管理人员协调指挥的管理措施。在进行组织部门化设计的过程中,要注意遵循以下原则:①因事设职和因人设职相结合的原则;②分工与协作相结合的原则;③精简高效的部门设计原则。

随着企业经营规模的扩大以及公司战略的不断调整,企业所选择的部门化方法往往反映了最有利于实现企业既定目标和各部门目标的要求。现代企业常用的部门划分方法主要有职能部门化、产品部门化、顾客部门化、地区部门化以及过程部门化等。

1. 职能部门化(见图3-1)。职能部门化按履行的职能对生产经营活动进行组合,是一种最普通的划分部门的方法。它是将相同或类似的工作活动归并在一起,作为一个职能部门。职能部门化可以在各种类型的组织中得到应用,如医院设立医疗诊治、教育教学、科学研究、行政管理等部门,证券公司设立投资银行部、研究所、经纪业务部、证券投资部等部门，酒店设立客房部、餐饮部等部门。

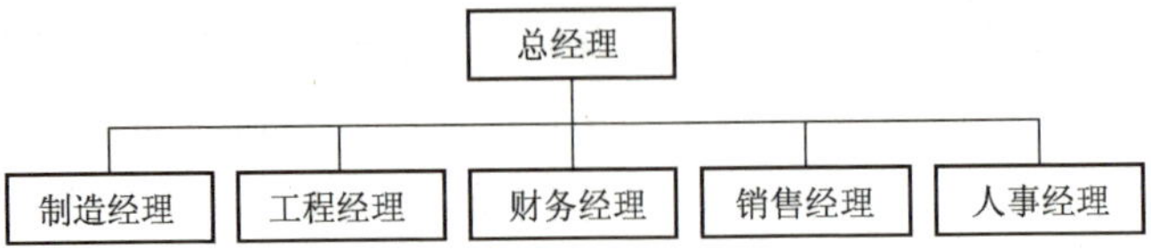

图 3－1　职能部门化

2. 产品部门化（见图 3－2）。在生产经营多种产品的现代大型企业中，按照产品组织业务活动、划分部门，已经成为一种重要的组织设计方法。产品部门化以产品为基础，将生产一种产品或产品系列所有必需的活动，如设计、制造、销售等工作组织在一起，置于同一产品部门内开展各项工作。该结构形态在设计中往往将一些共用的职能集中起来。

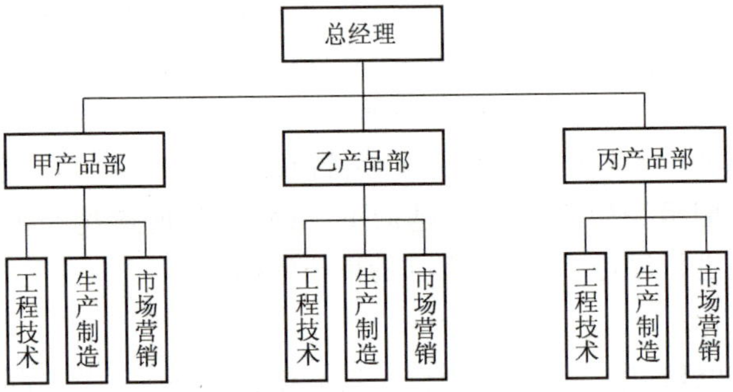

图 3－2　产品部门化

3. 顾客部门化。顾客部门化是按照企业服务的顾客的不同来组合工作人员。例如，一家银行可以根据服务对象是公司客户还是私人客户进行部门划分。

4. 地区部门化。地区部门化根据地理因素设立管理部门，组织活动。对于在地理上比较分散、规模比较庞大的企业尤其是跨国公司而言，按地区划分部门是一种比较普遍的方法，能够更有效地处理特定区域所产生的问题。

5. 过程部门化。过程部门化是以工作程序为基础，按照生产活动的不同工艺过程或设备来划分部门。该方法能保证工作活动的更有效流动，每一过程都要求不同的技能。过程部门化既可以在制造产品中，也可以在提供服务中加以应用。

三、影响企业组织设计的因素

组织设计是企业存在发展的要素，每个企业内外的各种变化因素都会对企业组织设计产生重要的影响。企业组织结构及其运行是围绕着组织整体战略进行的，同时存在于一定的环境中，并受制于一定的技术条件。此外，企业规模与其所处发展阶段、权力控制因素等也都要在组织设计过程中考虑周密，以保证企业稳定、高效地进行经营活动。

企业组织设计应主要考虑以下因素。

（一）战略因素

战略是实现企业目标的各种行动方案、经营方针和发展方向的总称，泛指指导或决定全局的策略。战略管理大师迈克尔·波特认为，战略的本质是抉择、权衡和各适其位。亨利·明茨伯格在1979年出版的《组织的结构》一书中曾明确提出，一个组织的战略决定着其任务、技术和环境，而这些方面的因素又决定着其本身的组织结构设计。

组织设计的最终结果必须能够支撑企业的战略发展要求，一旦战略形成，组织结构就应做出相应的调整，服从组织的战略。围绕不同的战略中心，就会有不同类型的组织结构与之相适应。此外，不同的战略要求企业开展不同的经营活动，也会影响管理职务的设计。

（二）环境因素

一家企业作为整个社会经济系统的一个组成部分，与其周围的社会经济子系统之间存在着各种不同的关系，因此，企业组织设计必然会受到外部环境变化的影响。

汤姆·伯恩斯（Tom Burns）和斯托克（G. M. Stalker）在1961年出版的《管理之革新》一书中，提出了组织结构与外部环境的密切关系。他们认为，所谓相对稳定的环境，即是在一个相对长的时期内处于相对不变状态的环境；而不稳定的环境是处于经常性快速变动状态的环境。在不同的环境中的两个单位，其组织结构也不尽相同，并且形成了两种不同的组织结构形式——机械式组织结构形式与有机式组织结构形式。这两种组织结构形式本书将在下一节详细介绍。

面对复杂多变的环境，企业必须迅速做出反应，因而需要适当调整组织设计，促进企业经营业务的创新和长远目标的实现。

（三）技术因素

科学技术是第一生产力，企业的生存和发展都离不开技术。企业的正常运行总是包含着将某些投入转变为产出的过程，该过程必须以一定的技术作为基础。

组织的活动需要利用一定的技术和反映一定技术水平的特殊手段来进行。技术以及技术设备的水平不仅影响组织活动的效果和效率，而且会作用于组织活动的内容划分和职务设置，会对工作人员的素质提出要求。

（四）企业规模与所处的发展阶段

企业的规模对其结构设计具有明显的影响作用。一般情况下，企业规模越大，分权程度越高，工作的专业化越强，标准化操作程序和制度也越健全。而企业的规模往往又与企业的发展阶段相互关联。美国著名管理学家伊查克·麦迪思在《企业生命周期》一书中，将企业生命周期划分为成长、盛年和老化三个阶段。相对于成长阶段和老化阶段而言，盛年阶段企业活动的内容复杂，员工人数增多，企业规章制度健全，经营规模会不断扩大，需要建立与之相适应的组织结构形态。

第二节　现代企业组织结构

组织结构是描述组织基本架构的体系，是对完成组织目标的人员、工作、技术和信息所做的制度性安排。它涉及组织管理幅度的确定、组织机构的设置、组织层次的划分、各部门之间的联系沟通方式等问题。建立一个结构合理、运转灵活的组织，是保证组织任务有效完成的最基本的前提条件，对于提高管理工作效率具有十分重要的意义。

组织结构包括了复杂性、正规化和集权化三个维度。复杂性所描述的是组织内部结构分化的程度。一个组织劳动分工越细致，管理幅度越大，组织层级越多，则这个组织的复杂性程度就越大。正规化是指组织依靠一定的规章制度、工作程序引导员工行为的程度。组织使用的规则条例越多，其组织结构就越正规化。集权化指的是组织内部决策权力分布的程度。决策权力高度集中在组织的上层，主要由高层管理人员制定决策、发布命令时，组织集权化程度较高；与之相对应，一些组织将更多的决策权力授予下层人员，该组织的集权化程度就较低，这个权力授予的过程就是分权。

随着企业的产生和发展以及领导体制的演变，企业组织结构形式也经历了一个发展变化的过程。目前，企业组织结构大体上可以分为机械式和有机式两大类，这两大类组织结构又可再细分为数种具体形式。

一、机械式组织结构

机械式组织结构也称官僚行政式组织结构，是综合使用传统组织设计原则的自然产物。它特别强调规则、条例和正规化的功能，具有严格的结构层次和固定的职责。这一结构坚持统一指挥的原则，保持一条正式的职权层级链，进行决策时往往采用集权的形式。随着组织层次的增加，组织的管理幅度趋于狭窄，形成了一种高耸的、非人格化的结构。

（一）直线制组织结构

直线制组织结构是一种由上级直接对下级下达命令的组织形式，它是一种最早也是最简单的组织形式（见图 3－3）。企业从上到下沿着指挥链实行垂直领导，不设专门的职能机构，每个下属只向一个上级负责，绝对服从这个上级的命令。

直线制组织结构的优点是管理结构简单，决策迅速，命令统一，指挥灵活，责任与权限分明。缺点是要求主管人员通晓企业的一切，掌握多种知识和技能，成为“全能式”人物，这在规模较大、业务复杂的企业中难以做到。因此，直线制只适用于企业规模小、生产技术简单的情况。

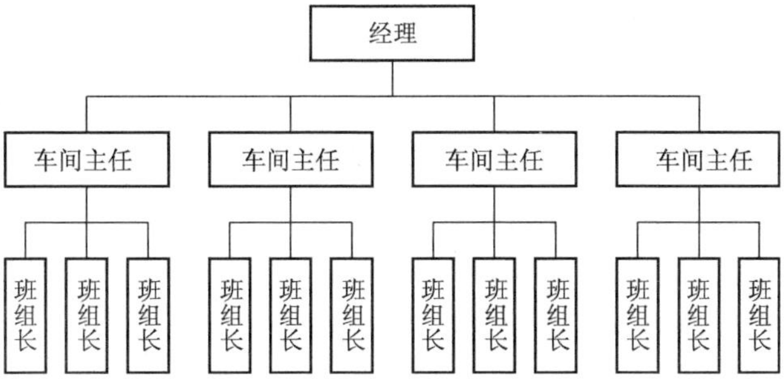

图 3－3　直线制组织结构

（二）职能制组织结构

规模较大的企业业务复杂，各项管理工作需要有专门的知识和技能，主管负责人独自进行全面有效的指挥很困难，需要在其之下设立各种职能机构。主管负责人将相应的职责和权力委托各职能机构执行，上级职能机构在自己的业务范围内有权向下级下达命令和指示；下级既要服从上级主管人员的指挥，也要听从上级各职能部门的指挥。这种结构形式是按职能实行专业分工的管理办法，故称为职能制结构（见图 3－4）。

职能制组织结构的优点是减少了主管负责人的管理工作负担，取代了直线制结构的全能式管理，并能充分发挥职能机构的专业管理作用，适应了现代企业规模扩大，生产技术发展和管理精细化、复杂化的特点。但其缺点也很明显，容易形成多头领导，不利于集中领导和统一指挥，使下级无所适从，影响工作的开展，因此，现代企业一般并不采用这种形式。

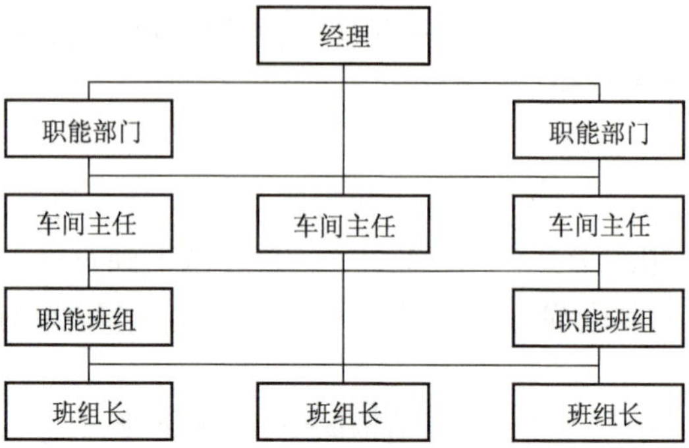

图 3 – 4　职能制组织结构

（三）直线职能制组织结构

直线职能制组织结构以直线制和职能制两种形式为基础，在直线制结构统一指挥的原则下，设置相应的职能部门，即参谋机构。在这种组织形式下，企业的管理人员分为两类，一类是直线指挥人员，对下属进行指挥，对该企业工作负全责；另一类是职能管理人员，是各级领导的参谋和助手（见图 3 – 5）。目前，这种组织结构形式被我国绝大多数企业采用。

直线职能制的优点是不但保证了直线统一指挥，而且充分发挥了专业职能机构的作用。它是适应现代企业规模大、管理分工专业性强的一种管理组织形式，综合了直线制和职能制两种结构形式的优点。但这种组织结构形式也有一定的缺点，如信息横向沟通困难，各职能部门工作容易重复，增加管理费用，导致效率降低等。

二、有机式组织结构

随着企业规模的不断扩大和经营业务向综合化方向发展，一些企业开始具有多种经济职能，机械式组织结构的缺点便越来越突出，因而组织结构形式开始向有机式转变。有机式组织结构又称为适应性组织结构，它将固定的官僚组织尽量精减，一般只保留采购、销售和财务等必须以公司整体形式出现才能完成的业务活动部门，它所关注的是人性化管理和团队合作，与机械式组织结构形成鲜明对比，具有低复杂性、低正规化和分权化等特征。

（一）事业部制组织结构

事业部制组织结构是欧美和日本大型企业所采用的典型的组织结构形式，

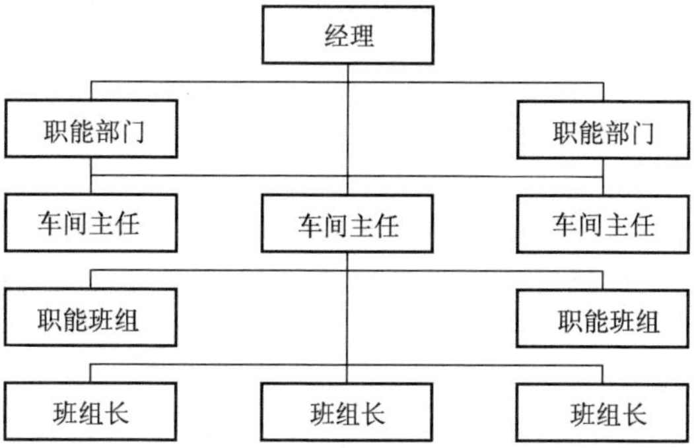

图 3-5　直线职能制组织结构图

最早由美国通用汽车公司总裁斯隆于 1924 年提出,也称为“斯隆模型”。由于事业部制是一种在企业内对具有相对独立的市场、独立的利益、独立的自主权的部门实行分权管理的一种组织结构形式,故又可称为“联邦分权制”。事业部制组织结构可以表现为母公司—分公司形态的组织结构,每个分公司都独立且自治,由分公司经理全权负责,实行单独核算,独立经营;母公司仅仅提供财务、法律、人事决策等支持,也履行有限的监督责任(见图 3-6)。事业部制组织结构适用于规模庞大、品种繁多、技术复杂的大型企业。需要注意的是,在各个分公司内部,还可能进一步包含着从机械式到有机式的各类组织结构。

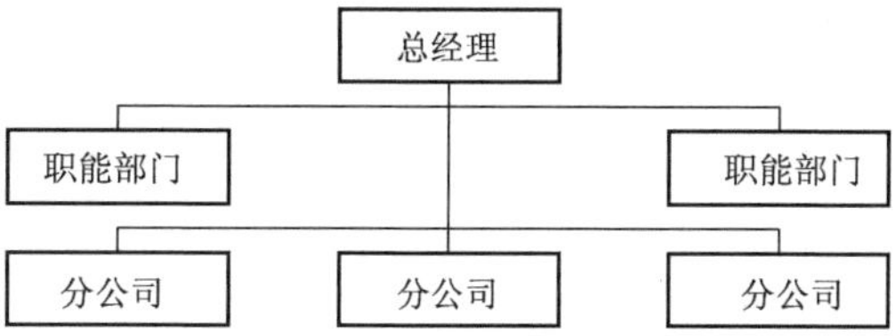

图 3-6　事业部制组织结构

事业部制的优点是:①总公司领导可以摆脱具体管理事务,从而集中精力进行长期管理决策;②责权利划分比较明确,实行独立核算,有利于调动经营管理人员的积极性,保证公司获得稳定的利润;③各事业部门独立生产经营,为培养和训练管理人员创造了有利条件。其缺点在于:①各事业部门内部都包含着一个完整的公司组织结构,人事安排、资源配置的冗余程度很高;②事业部间沟通困难,不利于整个企业协调运作、降低成本。

(二)矩阵制组织结构

矩阵制组织结构又称双重指挥结构,它将按职能划分的部门与按项目划分的小组结合起来，形成一个类似于数学中的“矩阵”，故而得名（见图3－7）。矩阵制组织结构是相对于机械式组织结构的“统一指挥”而产生出来的，它通过设置项目经理这一职位，以同时发挥职能制结构和直线制结构的优点。在矩阵制组织结构的企业中，除了公司的高层领导（包括部门经理和项目经理）外，所有员工都要接受两个上司即他们所属职能部门的部门经理以及他们正在工作的项目的项目经理的命令和监督。项目小组和项目经理也是临时组织和委任的，任务完成后就解散，相关人员又回到原部门工作。因此，这种组织结构非常适用于横向协作和攻关项目。

在矩阵制组织结构的运行过程中，必然会产生集权与分权的问题。集权主要体现在职能部门，职能部门经理拥有决策权，并负有评审和监督的责任。分权的问题一般的处理方法是，同一名员工既属于原来的职能部门，又参加项目小组的工作，有较大的自由，而由项目经理负责协调小组成员的活动，是为了更好地完成任务。

矩阵制组织结构的优点显而易见。它有利于促进各职能部门的横向业务联系，使得企业在同一时间完成一系列庞杂耗时的项目成为可能，可以围绕项目迅速集中资源优势，人力、物力也有较高的利用率，并通过专业化管理获得规模报酬而降低成本。但矩阵制组织结构也存在着明显的缺陷，那就是双重指挥结构会造成领导责任不清、决策延误，项目小组成员不固定、临时观念强，因此，该组织结构形式只可短期使用，用来完成专业涉及面广的临时性且较为复杂的重大工程项目或管理改革任务。

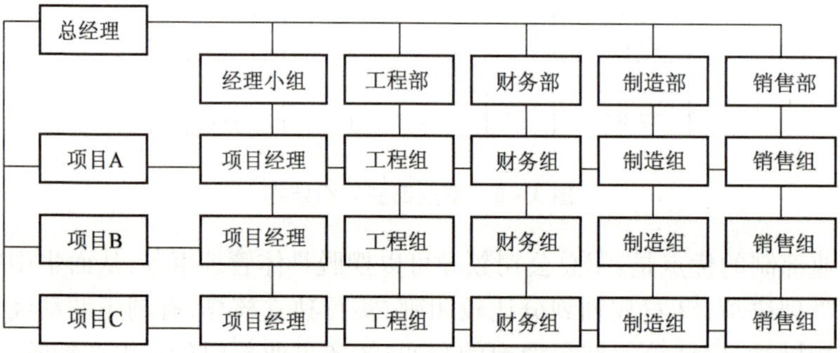

图3－7　矩阵制组织结构

（三）模拟分权制组织结构

随着组织规模的扩张和经营活动复杂程度的增加，集权的直线职能制结构已难以适应；又由于生产过程连续性程度高，不同领域的业务活动之间的协作关系紧密、整体性强，而企业无法分解成为几个独立的事业部门。在这样的情况下，模拟分权制组织结构应运而生。

模拟分权制组织结构是指人为地把企业划分成若干个"组织单位"，实行模拟事业部制独立经营、单独核算的一种管理组织模式，其目的是改善经营管理。模拟分权制不是真正的分权制度，而是介于直线职能制与事业部制之间的一种管理组织模式。各个"组织单位"具有各自的职能机构，负有"模拟性"的盈亏责任。它们组织本单位的生产、技术或经营活动，在自己的专业领域内享有较充分的自主权。在生产过程连续程度高的大型原材料工业企业如石油化工、钢铁等大型工业企业中，前一个"组织单位"生产的产品直接成为下一个"组织单位"的原料，它们之间按照企业内部的价格而不是市场价格进行产品交换和劳务结算，最后再将产品投入市场，实现真正的利润。

模拟分权制的优点是：①高层管理人员可以将部分权力授予"组织单位"，解决了企业规模过大而不易管理的问题，同时减轻了高层管理人员参与日常管理事务的负担，有利于他们将主要精力投入企业长远战略决策的制定，改善企业内部管理；②由于各"组织单位"还要承担盈亏责任，便于充分调动各单位工作的积极性和主动性。模拟分权制组织结构的缺点是模拟的生产单位职责不清，任务难以明确，成绩不易考核，各生产单位的领导者对企业总体情况掌握不够，影响信息的沟通和决策的制定。模拟分权制组织结构广泛适用于规模大、生产经营活动整体性强的大型企业，如大型化工企业、钢铁联合企业等。

（四）网络制组织结构

网络制组织结构作为一种高效的组织运行方式，是 20 世纪 90 年代初伴随着信息技术革命的到来而产生的一项组织创新。它只具有很小的中心组织，而将制造、销售及其他关键的经营活动都通过签订合同的形式外包给其他公司、组织或个人。

华人经济学家张五常曾经做出过著名的论断："企业是合同的纽结"。网络制组织结构企业的中心组织与其外包的组织就是一种以契约为结合基础的动态联结体，它们之间的关系是一种专业化的管理合同关系。这种专业化给企业提供了高度的灵活性，能够对市场环境的变化做出最为迅速的反应，也有利于按照比较优势进行国际化分工。尤其对于刚开业的制造业企业来说，是一种特别有效的手段。这些企业在资金、技术、规模上无法与大企业相抗衡，但是每一个独立的经营实体都能以各种方式借用外部的资源，对外部的资源优势进行重新组合，因而可以使风险和投入大大降低。实践中，网络制组织结构的全球性竞争力强大是它的一大优势，成功的案例也很多，如美国的耐克公司（Nike）等。但由于网络制组织结构的基本单元都是独立的经营单位，通常缺乏实际控制并且具有较高的不确定性,对于企业的中心组织来说,必须要熟练地维持和发展与各个外包组织的关系,避免合同缺陷,这就对中心组织的控制能力提出了相当大的挑战。

(五)立体多维制组织结构

立体多维制组织结构是在矩阵制组织结构的基础上发展起来的。美国的道科宁化学工业公司在1967年建立的管理结构被认为是立体多维制组织结构的典型。立体多维制组织结构包括三个方面的管理机构:按产品划分的事业部,即产品利润中心;按职能划分的专业参谋机构,即专业成本中心;按地区划分的专门机构,即地区利润中心。它从系统的观点出发,通过多维立体组织结构使这三方面的机构相互协调,紧密配合,及时沟通信息,共同研究经营问题,为实现组织的共同目标服务。这种组织结构可以为企业在不同产品、不同地区增强市场竞争力提供组织保证,适用于大规模生产、多种产品开发和跨地区经营的企业。

第三节 现代公司的组织形式

在现代经济生活中,公司是社会物质生产的主体,现代公司又以各种组织形式存在。公司在生产经营过程中能否取得成功,除了与公司所属行业、政策导向、市场需求、经营理念及员工素质等有关系以外,很大程度上还与公司组织形式有关。公司的组织形式即公司的存在方式,是企业的经济形式与法律形式的统一。认真研究并合理选择公司的组织形式,是建立与发展公司必需的基本条件。

一、从债务角度划分的公司组织形式

从债务角度对公司的组织形式进行分类,是实践中一种最主要的方式。按照这一方式,公司的主要组织形式包括以下五类。

(一)无限公司

无限公司又称无限责任公司,是最古老的公司形式。相对于有限责任公司而言,无限公司就是全体股东对公司债务承担连带无限责任的公司。其中,连带无限责任包含了无限公司股东对公司的债务负无限清偿责任和无限公司的全体股东对公司的债务负连带责任两层含义。股东对公司债务负无限责任,即股东必须以自己的全部个人财产作为清偿公司债务的保证;当公司的财产不足以清偿其债务时,无论股东出资财产为多少,债权人都有要求公司股东以其个人全部资产抵债的权利,直至偿付完毕。股东对公司债务负连带责任,即公司的全体股

东共同对公司债务负责，而且，每一个股东都承担着偿付公司全部债务的责任，债权人有权向公司任意股东或全体股东提出清偿债务的要求，直到债务全部清偿为止；股东之间的责任也是连带的，偿还公司债务超过出资额的股东，有权向本公司的其他股东追偿。

无限公司是典型的人合公司，公司的信用取决于股东个人的信用，对公司股东之间的个人信用要求较高，股东人数较资合公司少。无限公司的组织结构非常简单，不设立股东大会、董事会、监事会等机构，而是由公司的各个股东来行使决策权，直接参与公司的经营、管理等事务。无限公司必须由两个以上的股东出资组成，而且股东必须是自然人，不能是法人。公司在经营过程中如因股东退股致使只剩下一名股东，公司就应当解散，因为它已经变成一家独资企业。

由于股东对公司债务负无限连带责任，无限公司的信用较好，债权人利益能得到保障，公司组织手续也简单；但是，无限公司的规模受限制，股东承担的投资风险太大，也不能自由转让股份，公司资本不易筹集。

大陆法系国家一般将无限责任公司这种组织形式视为独立法人，而英美法系国家则认为无限公司股东负有无限连带责任，是一种合伙性质的契约关系，不承认这种企业组织形式为公司法人。我国《公司法》也未规定无限责任公司。

（二）有限责任公司

有限责任公司简称有限公司，是由符合法律规定的一定人数的股东出资组建，股东以其认缴的出资额为限对公司承担责任，公司以其全部财产对公司的债务承担责任的公司。与其他形式的公司相比，有限责任公司是最晚出现的一种公司组织形式。有限责任公司起源于 19 世纪下半叶的德国，1892 年 4 月德国颁布了《德国有限责任公司法》，使有限责任公司以立法的形式正式确立。由于有限责任公司结合了无限公司和股份有限公司的长处，此后，这种公司组织形式很快在世界各地发展起来，它与股份有限公司在许多方面有着相似之处，并与股份有限公司一起成为各国公司的主要组织形式。

与无限公司不同，有限责任公司的股东对公司债务的责任仅以自己的出资额为限，对公司的债权人不负直接责任。许多国家对有限责任公司的股东人数有着严格的规定，通常较无限公司、股份有限公司少。包括英国、法国、日本等国在内的大多数国家规定，有限责任公司的法定股东应在 2 人以上、50 人以下，如有限责任公司股东人数因股权转让、赠予、继承或法人股东分立等原因超过上限人数时，必须经政府授权部门批准或转为股份有限公司。

有限责任公司不对外公开发行股票，公司的资本也不必分为等额股份，股东的出资额由股东协商决定。股东持有的公司股票不能自由流通，只能在公司内部股东之间转让，只有在其他股东同意的情况下，才能向公司外部转让。有限责任公司虽然本质上属于资合公司,但与股份有限公司相比,也具有一定的人合性质。

有限责任公司的优点在于它的股东人数少,设立程序简单,股权集中,公司无须向社会公开公司营业状况,公司秘密不易泄露。这种组织形式的公司内部组织结构比较规范,设有股东会、董事会、总经理、监事会等机构。其缺点是由于不能公开发行股票,筹集资金有限,不利于资本大量集中,股东股权的转让也受到严格限制,资本流动性差,难以适应大规模生产经营活动的需要。

(三)股份有限公司

股份有限公司也称股份公司,是将其全部资本分为等额股份,股东以其认购的股份为限对公司承担责任,公司以其全部财产对公司的债务承担责任并可以向社会公开发行股票的公司。股份有限公司起源于17世纪初的英国和荷兰,其代表是成立于公元1600年的英国东印度公司和公元1602年的荷兰东印度公司。1807年《法国商法典》首次以法律的形式对股份有限公司作了规定。19世纪后半期,股份有限公司广泛流行于世界资本主义各国。目前,股份有限公司仍是世界上被采用最多的一种公司形式。

在股份有限公司中,全部的资本被划分为等额的股份,并通过向社会公开发行股票的方式募集资金,任何人只要缴纳了股款,购买了股票,就可以成为公司的股东,享有相应的权利,并承担相应的义务,没有资格限制。目前证券市场上发行和流通的股票都是由股份有限公司发行的。股份有限公司的股东人数不得少于法律规定的最低限额,如美国、法国、日本规定股东人数最少为7人,德国规定为5人;但是股东的人数没有上限规定,这有利于集中大量资本。股东的股份可以自由转让,但不能退股,具有充分的流通性。随着股票的转让和买卖,股权也被转让和买卖,股东权利和义务也相应地随之转移。

股份有限公司是典型的资合公司,它的信用基础不是股东的个人信用而是资本。股份有限公司实行财务公开原则,公司的账目、重大事项等必须向社会公开,以便公众了解并监督公司经营情况,保护股东和债权人的利益。股份有限公司的设立和解散有严格的法律程序,手续十分复杂。这种组织形式的公司依法设有股东会、董事会、监事会等机构,组织结构科学严密,分工明确,相互制约、相互配合,保证了公司正常的生产、经营和管理活动。

由于股份有限公司具有迅速聚集大量资本、分散投资者风险、有利于社会监督、设立程序规范等特点,已经成为现代市场经济中最重要的市场主体,被较多大中型企业采用。但是,股份有限公司仍然存在设立程序复杂、股东缺乏责任感、公司的商业秘密易泄露等缺点。

(四)两合公司

两合公司是由负无限责任的股东和负有限责任的股东共同组成的,无限责任股东对公司债务负无限连带责任，有限责任股东仅以其出资额为限，对公司债务承担有限责任。两合公司的股东应至少有1人为有限责任股东，1人为无限责任股东，这是两合公司成立的必要条件。其中，无限责任股东执行公司业务，对外代表公司，是公司的经营管理者；有限责任股东不能对外代表公司，是不参与公司经营管理的出资者；有限责任股东若要转让股份，须得到半数以上无限责任股东的同意。两合公司的历史比有限责任公司和股份有限公司都要久远，它起源于15世纪地中海沿岸的康孟达（Commenda）组织，基本上可以说是一种最早的公司形式。最早规范两合公司的国家是法国，其1673年的《商业条例》中即已出现两合公司的有关法律规定。

两合公司兼有无限公司和有限公司的特点，但以无限公司的特点为主。两合公司和无限公司都是由合伙制度演变、形成的公司形式，两合公司的法律地位与无限公司基本相同。两合公司是大陆法系国家所确认的一种公司形式，在我国是不允许设立两合公司的。两合公司同时具备无限责任公司以个人信用为基础和有限责任公司以股东资本为基础的双重性质，是人合兼资合性质的公司。这类公司的组织结构不甚完整，不设立董事会、监事会等机构。

两合公司虽然具有易于筹集资本，适合不同投资者的需要，利于资才合作，股东职责明确等优点，但是公司内两种形式的股东间凝聚力差，易被少数无限责任股东操纵，股份转让不灵活，公司财务不稳定。这类公司在现代已经很少被人采用。

（五）股份两合公司

在两合公司向股份有限公司发展的过程中，还出现了一种兼具股份有限公司与两合公司特点的股份两合公司。它也是无限责任股东和有限责任股东共同组成的公司，但与两合公司不同的是，其中有限责任部分的资本划分为若干等份，由各有限责任股东认购。

股份两合公司集中了股份有限公司和无限公司的优点，除了无限责任股东对公司的债务负有连带无限清偿责任以外，还对外发行股票，能有效地吸收有限责任股东，同时具备了提高公司信用以及集资方便两个优点。目前，世界上许多著名的大型公司如德国汉高、德国默克等都采用了股份两合公司的形式。

二、其他类别的公司组织形式

（一）以产权关系划分的公司组织形式

根据产权关系的不同，可以把公司划分为国有公司、私营公司和合营公司。

1. 国有公司。国有公司就是指财产完全属于国家所有的公司，包括由国家授权投资的机构,或者国家授权的部门单独投资设立的国有独资公司。国有公司是在国家统一计划指导下,由国家经营并实行独立核算的经济单位。

2. 私营公司。私营公司是指由自然人设立或由自然人控股,全部财产归私人所有的公司。

3. 合营公司。合营公司是指国有公司与私营企业或集体企业共同投资建立的公司。合营公司的财物和经营政策必须由投资双方或若干方共同决定,合营者具有共同控制权。

(二)以信用基础划分的公司组织形式

根据信用基础的不同,公司可以分为人合公司、资合公司和人合兼资合公司。

1. 人合公司。人合公司是指以股东的个人信用为基础而组建的公司。人合公司需要股东之间相互信任。无限责任公司就是最典型的人合公司。

2. 资合公司。资合公司的信用基础是公司资本,它的经营活动着重于公司的资产数额,股东之间不需要相互信任,甚至不需要认识。有限责任公司和股份有限公司均属于资合公司。

3. 人合兼资合公司。这类公司的经营活动兼有个人信用和资本信用两个方面,即以股东的个人信用和公司的资本共同作为基础。两合公司为最典型的人合兼资合公司。

(三)以公司资本构成划分的公司组织形式

以公司资本构成来划分,主要是西方国家公司法规定的公司组织形式,可分为国有公司、公营公司和民营公司。

1. 国有公司。国有公司就是指资本完全属于国家所有的公司,资本不划分为股份,是国家独资经营的公司。

2. 公营公司。公营公司是指由政府和公众共同投资经营且政府资本的比例超过公司资本总额50%以上的公司。

3. 民营公司。民营公司是指由政府和公众共同投资经营且私人资本的比例超过公司资本总额50%以上的公司。

三、我国《公司法》中规定的公司组织形式

我国现行《公司法》于2005年10月27日由第十届全国人民代表大会常务委员会第十八次会议修订通过,自2006年1月1日起施行。《公司法》的目的在于规范公司的组织和行为,保护公司、股东和债权人的合法权益,维护社会经济秩序,促进社会主义市场经济的发展。《公司法》所称公司是指依法在中国境内设立的有限责任公司和股份有限公司。

（一）有限责任公司

有限责任公司是指依据我国《公司法》规定设立，股东以其出资额为限对公司承担责任，公司以其全部资产对公司的债务承担责任的企业法人。

1. 有限责任公司的法律特征：

（1）股东人数的限制性。有限责任公司以资本联合为基础，同时也具有人合的性质，股东必须符合法定人数。各国对有限责任公司股东数的规定不尽相同。根据我国《公司法》第24条规定，有限责任公司由50个以下股东出资设立。

（2）股东责任的有限性。有限责任公司的每个股东仅以其所认缴的出资额为限对公司承担责任，对公司和债权人不负有直接责任。

（3）股东可以是自然人、法人或政府。自然人都可以成为有限责任公司的股东；法人作为有限责任公司的股东，地位与自然人相同；政府也可以作为有限责任公司的股东。

（4）公司注册资本有限制。根据《公司法》第26条的规定，有限责任公司注册资本的最低限额为人民币3万元，法律、行政法规对有限责任公司注册资本的最低限额有较高规定的，从其规定。一人有限责任公司注册资本的最低限额为人民币10万元，且股东应当一次足额缴纳公司章程规定的出资额。

2006年新《公司法》修改后，取消了按照公司经营内容区分最低注册资本额的规定，将有限责任公司的最低注册资本从10万至50万元统一降至3万元，并且规定公司全体股东的首次出资额不得低于注册资本的20%，也不得低于法定的注册资本最低限额，其余部分必须由股东自公司成立之日起2年内缴足，其中，投资公司可以在5年内缴足。

（5）不公开发行股票。有限责任公司不能向社会公开募集公司资本，不能公开发行股票。股东缴纳出资后，由法定的验资机构验资并出具证明（即股单）。股单与股票的区别在于它不是有价证券，而只是一种权利证书，不能在证券市场上进行买卖。

（6）股权转让受到限制。有限责任公司的股东之间要求有一定的信任关系，公司具有人合性质，因此，股东股权的转让受到一定的限制。根据《公司法》的规定，有限责任公司的股东之间可以相互转让其全部或者部分股权。但是股东向股东以外的人转让股权时，必须经其他股东过半数同意；不同意股权转让的股东应当购买该转让的股权，如果不购买即可视为同意转让。在同等条件下，其他股东有优先购买经股东同意转让的股权的权利。

（7）设立程序较简便。有限责任公司只采用发起设立方式，不对外发行股票，无须向社会公开经营状况和财务账目，与股份有限公司的设立程序相比较而言，较为简单灵活。

2. 有限责任公司的组织机构。有限责任公司组织机构比较完善、规范，设有股东会、董事会、监事会以及经理这几个机构(见图3－8)。股东会由全体股东组成，是公司的最高权力机关，依法行使各项职权；董事会是公司的代理人，受股东会的控制，按照公司章程及股东会决议行事；监事会是公司常设监察机构，执行监督职能，向股东负责；经理由董事会聘任，对董事会负责，全面主持公司的生产、经营、技术、行政管理的日常工作。股东人数较少或者规模较小的有限责任公司可以设一至二名监事，不设监事会；可以设一名执行董事，不设董事会；同时，执行董事可以兼任公司经理。

图3－8　有限责任公司组织机构简图

3. 一人有限公司和国有独资公司。有限责任公司包括一人有限责任公司以及国有独资公司。

(1)一人有限责任公司。随着市场经济的发展，我国新《公司法》修改后新增了一人有限责任公司形式。一人有限责任公司是指只有1个自然人股东或者1个法人股东的有限责任公司。一人有限责任公司的注册资本最低限额为人民币10万元。股东应当一次足额缴纳公司章程规定的出资额。一个自然人只能投资设立一个一人有限责任公司。一人有限责任公司不设股东会，可设监事会。

与个人独资企业相比，一人有限责任公司的发起人只需要承担注册资金的有限责任，而个人独资企业的投资者将承担无限责任。设立一人有限责任公司，有利于公民将资本融入市场投资创业，有利于刺激市场经济的发展和促进就业。一人有限责任公司管理成本低，设立程序和普通有限责任公司相比更加便捷。但设立一人有限责任公司时要注意将公司财产与个人财产严格分离，降低投资风险。

(2)国有独资公司。国有独资公司是指国家单独出资，由国务院或者地方人民政府授权本级人民政府国有资产监督管理机构履行出资人职责的有限责任公司。

国有独资公司的特征基本可以概括为两个方面：

一是国有独资公司是特殊的有限责任公司。国有独资公司符合有限责任公司的一般特征，资本不划分为等额股份，公司以其全部财产对公司债务承担责任,股东以其出资额为限对公司承担责任。国有独资公司的设立、生产经营、财务管理等规定均与一般有限责任公司相同或相近,但是在股东数量、公司章程、组织机构等多个方面还是与一般公司存在很大的区别,因此,国有独资公司是一种特殊的有限责任公司。

二是国有独资公司是特殊的一人公司。国有独资公司的股东只有一个,即国家。国家是国有独资公司唯一的法定投资主体和利益主体,只有国家授权投资的机构或国家授权的投资部门才享有股东权。国有独资公司是一种国有企业,是我国深化国有大中型企业改革的重要举措,也是国有企业经营管理制度改革的一项有效措施。

国有独资公司不设股东会,由国有资产监督管理机构行使股东会职权,决定公司的重大事项,但公司合并、分立、解散、增减注册资本和发行公司债券必须由国有资产监督管理机构决定。由于国有独资公司是由国家单独投资设立的,为了保护国有资产,就必须加大对国有独资公司的监督力度,确保监事会行使监督制约作用。国有独资公司设董事会,因国有资产监督管理机构可以授权公司董事会行使股东会的部分职权,故其职权范围较一般有限责任公司宽泛。国有独资公司设经理,经理是辅助董事会执行业务的人员,由董事会聘任或者解聘。

(二)股份有限公司

股份有限公司是根据《公司法》及有关法律规定的条件设立,其全部资本分为等额股份,股东以其所持股份金额为限对公司承担责任,公司以其全部资产对公司债务承担责任的企业法人。

1. 股份有限公司的主要法律特征:

(1)股份有限公司的全部资本平均分为若干股份,每股的金额相等,股东以其所认购股份数额对公司承担责任,公司以其全部资产对公司债务承担责任,股东权利的大小也与其所持有的股份多少相关。

(2)设立股份有限公司,股东人数必须达到法定人数,应当有 2 人以上 200 人以下为发起人,且其中须有半数以上的发起人在中国境内有住所。由于股份有限公司公开发行股票,向社会募集资本,故其股东人数只有下限没有上限。

(3)公司股份均分为公司全部资本的最小单位,体现为股票形式。股票是一种有价证券,是由公司签发的用以证明股东所持股份的凭证,它可以在股票市场上发行和流通。股份有限公司通过发行股票的方式向社会公众募集资本,股东所持有的股份可以依法自由转让,不受其他股东意志的制约。社会公众只要承认公司章程并购买其股份,就可以成为其股东。一般情况下,公司不得收购本公司股份。

(4)与有限责任公司相比,股份有限公司的设立条件及程序更为严格、复杂。股份有限公司可以通过发起人制订公司章程,采用发起方式设立,也可以通过向社会公众发行股份的募集方式设立。股份有限公司注册资本的最低限额为人民币500万元。由于发起人向社会公开募集股份与公众利益关系密切,必须公告招股说明书,并附有发起人制订的公司章程。

2.股份有限公司的组织机构。股份有限公司内部组织机构严密,设立股东大会、董事会、经理、监事会等机构,体现了所有权与经营权分离的原则。股东大会是公司的权力机构,行使公司重大事项的决策权,由全体股东组成,股东所持每1股份有1个表决权;董事会由股东大会选举产的董事组成,行使公司的经营管理权,是公司的执行机关和对外代表机关;监事会是依照公司法设立的对公司事务进行监督的专门机构,包括股东代表和适当比例的公司职工代表。股份有限公司向社会筹集资本,公司信用建立在资本的基础上,是最典型的资合公司。

3.上市公司组织机构的特别规定。我国《公司法》所称上市公司,是指其股票在证券交易所上市交易的股份有限公司。除了设置一般股份有限公司都具有的组织机构外,上市公司还设立独立董事及董事会秘书、证券事务代表等。

第四节　企业组织变革

随着社会的发展和时代的变迁,传统的组织结构面临着知识经济的严峻挑战,已经不能适应当今变化迅捷的经营环境,企业组织变革已成为大势所趋。

纵观企业发展的历史,比较大的组织变革发生过两次:第一次发生在19世纪末20世纪初,变革的内容是企业所有权与经营权的分离;第二次发生在20世纪20年代,变革的内容是企业组织的金字塔结构的正式形成。当前,企业正在面临第三次组织变革,其内容是企业组织由金字塔结构向网络式结构变迁。由于其意义重大,故有人称之为“第三次企业革命”。正如美国著名人力资源专家彼得·德鲁克教授所指出的那样,我们已经“跨入了一个组织、管理和策略变革的新纪元”。

一、组织变革的定义

组织变革的概念来自组织行为学,是指组织结构在合理设计并实施之后,随着企业外部和内部环境的变化,对组织结构中不适应的地方进行调整和修正,甚至是对整个组织进行重新架构的过程。因此,任何组织试图为改变原有状态所做的努力,都属于组织变革的范畴。

二、组织变革的动力

企业组织变革的动力主要来源于人们对变革的必要性及变革所能带来的益处的认识。企业作为一种客观存在,其组织方式是对外部环境和内部条件两方面客观存在的反映,因此,企业进行组织变革的动力不仅来自企业的外部环境,而且来自企业内部。当企业的内外部环境发生变化时,企业就要适应这种变化,进行组织的变革与发展。

(一)外部力量

外部力量是指:①政治、经济、社会等多个方面的一般因素,如政府的经济政策、发展战略,产业结构的调整,国民经济增长速度的变化等。②市场竞争,它也是组织变革的外部力量之一。经济全球化引发的竞争环境迫使许多企业改变原有生产经营方式,必须在组织行为上跟随市场领导者,以应付各种竞争或者提高竞争能力。③技术发展也会在一定程度上推动组织变革的进程。机械自动化、计算机技术等高新科技的应用,对企业原有的工作内容、方式和流程产生了广泛的影响,对组织结构、体制、管理等提出了变革的要求。

(二)内部力量

组织结构的变化会改变组织管理的程序和工作的流程,组织变革的一个重要推动力是内部力量:①技术资源条件的变化。如开发或引进一项新的技术,会使企业对整个制造工艺、生产流程进行调整,不同部门的协作关系也要相应地进行调整。所以,技术的研究与开发需要组织不断地进行变化,以与之相适应。②管理条件的变化。管理条件的变化会给企业组织带来深刻的变化,对企业组织结构的变革与发展具有直接影响。③组织发展的阶段,根据企业生命周期理论,处于不同发展阶段的企业对组织结构的要求不尽相同。④企业人员条件的变化。人员结构、素质的变化同样影响着组织结构、企业制度。⑤企业高层人员的变动或他们的主观认识发生变化时,也会使企业进行组织的变革与发展。

三、组织变革的模式

(一)三阶段变革模式

德国心理学家库尔特·勒温(Kurt Lewin)指出,组织变革包括三个步骤:解冻,改变,再冻结。勒温非常重视组织变革过程中人的心理机制,认为组织变革涉及组织成员一系列的态度发展或心理过程。解冻意味着发现和分析旧的习惯和传统存在的缺陷与问题,使组织成员产生变革的动机和迫切感,消除原有的态度和行为。改变就是现行的行为方式和组织结构向全新的行为方式和组织结构转变的过程,组织成员随之形成新的态度和行为。再冻结就是通过平衡驱动力和制约力，使新的状态稳定下来，强化组织成员新的态度和行为。

勒温的研究表明，当推动组织变革的力量和抑制组织变革的力量之间的平衡被打破时，也就形成了组织变革。不平衡状况“解冻”了原有模式；组织经过“改变”后，在新的、与以前不同的平衡水平上“再冻结”。通俗地说，组织变革就是一个由“稳定状态”变成“不稳定状态”，再转为“稳定状态”的过程。

（二）分权式变革模式

组织变革的研究和实验表明：缺乏领导的分权制策略，会导致组织出现畸形发展，陷入无政府状态，使上级主管的统一政策、规定难以得到有效贯彻；完全由最上层强行推行的改革会受到下级集团和成员的抵制，甚至有触犯众怒的危险；分享制可能把对改革的抵制压缩到最低限度，是比较有成效的组织改革策略。分权式即权力分享制的变革模式由以下6个阶段组成：

1. 压力和觉醒阶段。最高管理部门发出准确的信号，指明某些地方出现的问题和注意事项，从而对下级施加压力，敲响警钟，激起组织变革。

2. 干预和重定方针阶段。通过最高管理部门的直接介入，或委派局外人介入的方式，向现状挑战，冲破传统束缚，调整组织结构与管理方位。

3. 调查分析和识别阶段。整个组织自上而下共同调查分析和确定问题。

4. 干预和承诺阶段。局外人积极鼓励管理部门和非管理部门的人员发挥想象力，对所诊断的问题提出新的解决方案。

5. 实验和探索阶段。解决方案一开始不宜全面铺开，应先在整个组织各种不同的部门进行小规模的试点，以检验方案的可靠性。

6. 增援和接受阶段。从实验性改革的成功中，人们得到了奖励和鼓励。正是这样一种增援的力量，使组织的变革得到更广泛的认同。

（三）适应循环式模式

适应循环式模式是由美国麻省理工学院教授夏恩（Edgar H. Schein）提出的。这一过程包括以下6个步骤（见图3－9）。

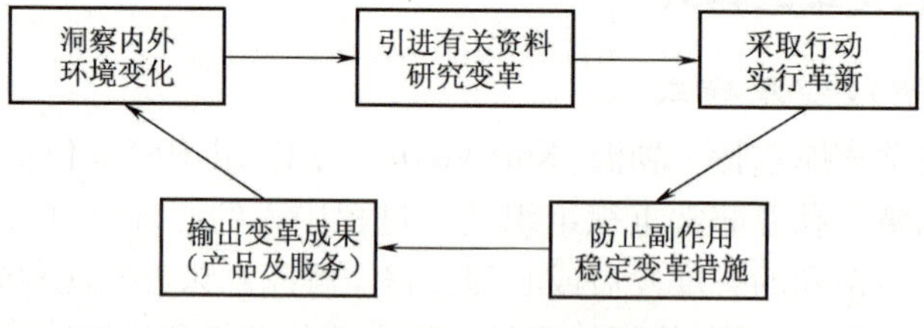

图3－9　适应循环式模式

1. 洞察内部环境和外部环境中产生的新变化。

2. 向组织的有关部门提供相关变化的确切信息。

3. 根据输入的信息改变组织内部的作业过程。

4. 减小或控制因组织变革而产生的不良副作用。

5. 输出变革所产生的新成果。

6. 经过反馈,进一步观察内部环境和外部环境的一致程度,评定组织变革的结果。

四、组织变革的阻力

所谓阻力,是人们反对变革、阻挠变革甚至对抗变革的制约力。变革的阻力可能来源于个体、群体,也可能来源于组织本身甚至外部环境。组织变革要改变那些不能适应企业内外部环境、影响企业发展的各种因素,如组织结构、管理模式、生产技术、企业文化等,这意味着打破传统,因此,必然要受到来自组织各方面的阻力。但是,组织的可持续发展不能因为阻力而停止,只有充分认识这些阻力的来源,探究阻力产生的原因,才能最终克服种种阻力,为解决组织变革中所遇到的问题和困难提供指导依据,顺利地实现组织变革。

(一)个体因素

人们往往会由于担心组织变革的后果而抵制变革。表现在:

第一,不确定性。变革是用模糊和不确定性代替已知的东西,都带有一定的风险。企业的员工需要从熟悉、稳定和具有安全感的工作任务转向不确定性较高的变革过程,面临职位、环境变革的员工会认为变革可能达不到预期的目标,担心变革的失败会威胁自身的安全。未来的不确定性,使他们在行动上表现出对组织变革的抵制。

第二,个人得失。企业变革的目标之一就是追求企业整体利益的最大化,这个过程会破坏原有的均衡,对组织内各个主体的权力和利益进行重新分配,这必然会危及一部分人既有的地位、收入和权势,因而,这部分人往往是组织变革的最大抵触者。此外,员工的个性特征、职业保障、信任关系等方面的因素也会阻碍企业组织变革的进程。

(二)组织因素

在组织变革过程中,组织惰性是形成变革阻力的主要因素。组织通常都具有其固有的机制来保持其稳定性,而在面临变革形势时缺乏灵活性,难以适应环境的要求或者内部变革的需求。造成组织惰性的情况较多,如组织内部体制不顺、决策程序不良、组织文化陈旧等都会使组织产生惰性。来自组织的阻力还存在于企业现行结构的束缚，变革对已有权力关系和资源分配格局造成的威胁和破坏，系统内部之间及与外部之间固有的联系等。

五、克服组织变革阻力的策略

组织变革的进程是动力与阻力动态平衡的结果。考虑到一味增大变革的推动力往往会刺激变革阻力的生成，因此，变革者除了增强变革动力以外，更应该着重在消除或减轻变革阻力方面做工作，可以采取以下措施：

第一，教育和沟通。加强对员工的教育和沟通能帮助他们了解变革的理由，这是克服组织变革阻力的有效途径。在变革实施之前，让员工认识到变革的紧迫性，让他们感觉到自己在计划变革中起着作用，为变革营造良好的氛围。在变革的实施过程中，变革的推进者可以通过沟通及时发现实施中产生的新情况、新问题，获得有效的反馈，从而有利于及时实施变革的各个步骤。

第二，参与和投入。研究表明，当有关人员参与了变革的设计决策时，抵制变革的情况就会显著减少。但是，这种方法耗费时间较长，在变革计划不充分时，可能带来不佳的决策，具有一定的风险。

第三，促进和支持。变革的推进者可以通过在变革的不同阶段因人而异地给予员工心理上、技术上一系列支持性措施，减少变革的阻力。

第四，群体动力。许多管理心理学家提出，运用“变革的群体动力学”，可以推动组织变革。可利用的因素包括个体对群体的归属感、群体的凝聚力、群体的共同目标、群体规范以及群体之间的协调一致与相互支持等。

第五，激励手段。在组织变革的过程中，应适当运用激励手段，以使员工感受到变革的好处和希望，消除他们的顾虑，形成积极向上、勇于变革的气氛。

第六，力场分析法。1951 年勒温首次提出力场分析法。他认为，对于一项变革，企业中既存在变革的驱动力，又存在变革的抑制力。变革推进者的任务，就是要通过决策改变这两种力量的对比，促进变革更顺利进行：一是增强驱动力，二是减弱抑制力，三是同时增强驱动力并减弱抑制力。在不消除阻力的情况下增强动力，可能加剧组织中的紧张状态，增强变革阻力；在增加动力的同时采取措施消除阻力，会更有利于加快变革的进程。

六、组织变革的内容

组织变革是一项系统工程，不仅要在组织层次上使组织与其所处的环境相适应，而且要在个体层次上修正人的态度和行为。组织变革的内容一般可以归纳为结构变革、技术变革和人员变革三个方面，它们从不同侧面反映了在日益激烈的企业竞争中企业自身的不断演变和完善，折射着各具特色的企业文化，推动着企业人力资源开发活动的不断深化。

通过改革组织结构以实现组织的变革称为结构变革。环境的变化要求组织结构也发生相应的变化，主要包括调整管理幅度和管理层次，职位及权责的重新分配，合并或者划分新的部门，绩效评估和奖惩制度的改变等。变革的推动者可对组织设计中的一个或多个关键要素进行改变，以达到变革组织结构的目的。美国通用电气公司就是一个很典型的例子。该公司原来共有职工 40 多万人，其中有经理头衔的 2.5 万人，高层经理 500 多人，副总裁 130 人，管理层次达 12 层，工资级别 29 级。经过减少管理层次，从 1981 年到 1992 年，部门精减 350 多人，共计裁员 13 万人，减少管理层次 7 个。结果，12 年中销售收入增长了 2.5 倍，税后净利翻了 3 番。

除了以组织结构作为变革重点，企业的技术也是组织变革的重要内容之一。美国一位研究组织结构的专家郝玛・巴拉密曾经说过："减少层次和压缩规模趋势源于降低成本的需要，当然它们也反映了信息和通信技术对管理的冲击。中层管理的作用是监督别人以及采集、分析、评价和传播组织上下和各层次的信息。但是，它的功能正随着电子邮件、声音邮件、共享数据库资源等技术的不断发展而减弱。"一个企业的技术水平标志着该企业将投入转化为产出的能力，变革推动者需要引进新设备、新工艺、新工具和新方法提高生产效率和质量，实现组织变革的目的。近年来，计算机以及网络的广泛应用，正在推动企业朝着信息复杂化和管理技术化的方向发展。

现代企业组织设计强调企业和职工的"双赢"，注重人的需求的满足，人的才能的发挥，人的价值的实现和人的生命质量的提升。概括地说，就是将"以人为本"作为企业发展的宗旨进行组织变革。人员的变革要通过改变员工的态度和行为，帮助组织中的个人和群体更有效地工作，为人才的创造性发挥和人的全面发展注入新的活力，使员工与企业共同成长。

企业的稳定是相对的，变革是绝对的。一个组织要有效变革，组织的精神、组织的价值观都应该与之相适应。以往变革多由现实引发，为了消除过度紧张与不稳定的状态，组织才进行变革。如今的价值观是鼓励创新、鼓励变革，现代的组织变革理论开始强调"超前变革"，即组织本身依据长远的愿景进行有计划、有系统的调整。企业在现有的稳定状态下，人为地制造预期的不稳定状态，以激发变革的驱动力，从而形成企业不断变革的机制，成为自我改进、自我超越的学习型组织。企业的组织变革重在落实，重在坚持。企业只有紧扣组织整体运作的各个环节，不断进行改造、变革，对不合适的人员结构、组织结构、工作标准、绩效评估、激励机制乃至财务运作方式等进行调整，才会找到更趋成熟和更为现代的组织方式，实现最有效的变革。

案例

英特尔全球架构再次变革

背景材料

2009年9月14日，刚刚拿下四年以来最好的经营业绩，英特尔就迫不及待地掀起了一场涉及多名高管的大变革。

9月14日，英特尔宣布了旨在加强该公司开发和生产微处理器能力的重组计划。公告称，公司的主流产品部门将整合为一个名为英特尔架构集团（以下简称IAG）的新部门，由马宏升和浦大卫来领导，他们当时都是英特尔全球执行副总裁。其中，前者负责商业及日常事务运营，后者负责产品研发及架构。

另外，将旗下技术与全球制造业合并，由技术与制造集团（以下简称TMG）统筹，主抓制造方面的运营，由首席行政官布莱恩特率队。另外，英特尔最为核心的原微处理及芯片研发业务、微观构建业务、SOC业务及无线业务将分别由5名高管掌管，不归属于上述两大集团。

新成立的英特尔架构集团旗下又分PC客户端（包括笔记本电脑与台式机）、数据中心（云计算等）、视觉计算（高端虚拟业务）、超移动事业、嵌入式与通信以及数字家庭6大业务部门。

这次变动使得公司的功能更加明晰，而且人员安排也更合理。英特尔表示，公司CEO欧德宁的努力“将更多地分配到公司战略及公司增长规划上面去”。英特尔上一次大重组出现在2005年，此前“双位一体”在英特尔已延续了30年。该模式是指在英特尔公司的管理架构中，众多核心岗位都由两名领导者兼任。在英特尔，除了CEO、COO等职位外，其他很多重要管理职位都实行这一模式。这种高效的分工协作结构已被复制到全球许多区域市场。但是，2005年英特尔受到技术勃发的AMD公司最激烈的冲击，英特尔疲于应付。但是，之前一直延续的双位一体，却要讲求管理的互补分工与平衡，它在一定程度上制约了英特尔变革的效率。那时，就连英特尔最高层也抱怨说，公司之前有点官僚气。比如，2006年，英特尔全球副总裁兼中国大区总经理杨叙就在上海表示，他不喜欢老是坐在屋子里开会讨论。面对AMD在新架构与多核市场攻城拔寨的冲击，英特尔必须快速决策、实施应对。事实上，直到杨叙重新在中国区独立掌握营销，公司才真正扭转了被动局面。

当时,欧德宁将全球产品部门分为数字家庭、数字企业、数字医疗、移动、全球渠道平台5大事业部。由于刚刚提出“平台”概念,英特尔细分了产品平台,每一个平台由专门的小组负责。欧德宁曾为此表示:“新组织结构将可以帮助公司更好地预测和把握市场需求,各运营部门可以自主合理地分配计算与通信资源,使英特尔的整个结构与我们的平台产品战略保持一致。”

重组后的5年,英特尔适应了平台化策略,各项业务齐头并进。数字家庭、数字企业、数字医疗、移动、市场及营销事业部五大业务的负责人均可直接向英特尔CEO保罗·欧德宁汇报。

表面看,它是根据市场需求而作的划分,实际上,它却是适应技术、产品丰富之特点,便于快速定义的平台;无论市场如何变化,英特尔总能像玩魔方一样,旋转出你要的东西。

从管理角度看,5大业务就是典型的扁平化策略,各事业部负责人都可以直接向最高层汇报,这可以保证,在每条战线,英特尔最高层都能以最快速度获得前线动向,及时做出调整。

调整提高了效率。经过2006年艰难的调整,2007年第二季度,英特尔的净利润比上年同期增长44%;第三季度增长了43%;第四季度则再度提升51%,达到23亿美元。2008年全球经济危机到来,英特尔成为率先走出经济危机的公司。2009年第三季度,英特尔实现营收94亿美元,比上一季度增长17%,创造了英特尔30年来最大环比增幅。也正是在这种情况下,英特尔再次进行了全球架构调整。

此前也有小调整,由于设在中国上海的全球渠道平台事业部与其他各业务部之间,在产品定义、市场营销等方面多有重叠,2007年,该事业部被降格,成为销售与市场事业部的子业务部,英特尔原全球副总裁萧慕廉还为此离职而去。2009年第一季末,英特尔正式解散渠道平台事业部。2008年英特尔还撤销了亏损的通信部门,把手机芯片业务并入移动部门,将原有的笔记本业务和通信业务融合在一起。

而2009年新的组织架构调整,则又需要英特尔回归2005年之前一直延续的“双位一体”。因为它已对业务重新作了定义,进一步淡化了处理器产品尤其是速度时代的特征,强化了新的应用。

在架构集团下,PC客户端业务带有传统特征,但“数据中心、视觉计算、超移动事业、嵌入式与通信以及数字家庭”6大业务,全部基于互联网与通信的应用。其中,数据中心直接定义为云计算,这是英特尔首次以业务部形式明确进军该领域,而超移动、嵌入式与通信等显然是移动互联网与通信的融合。

这是遭遇多年边缘化困局之后,英特尔向互联网与通信领域的全面进军。

架构集团由CMO(首席营销官)主掌运营,将更偏重应用导向,即根据用户使用模式定义产品。而此前的局面是,由于AMD技术创新更快,英特尔被迫追随对手节奏,疲惫地跟着讲双核、多核以及处理器新架构,忽视了实际应用才是根本这一理念。

这一次重组让英特尔变得更加集中,业务的合并也反映了越来越多的芯片之间的架构和技术变得相似起来。新组建的IAG兼管产品方案与营销,凸显出市场应用与营销为王的导向,这与IBM多年前的组织架构变革有异曲同工之妙。

分析人士曾担心在业绩回升的情形下实施这次变革,有可能让正值复苏之际的英特尔面临新的挑战。但是据IHS iSuppli发布的2010年的全球微处理器市场统计报告,在经历了2009年6%的营收下滑后,2010年全球微处理器市场营收同比增长25%,达到400亿美元;英特尔在该市场中的份额达到了81%,相比2009年的80.6%上升了0.4个百分点;排在第二位的AMD 2010年所占份额为11.4%,相比2009年的12.2%下降了0.8个百分点。到了2011年第二季度,英特尔在全球处理器市场的领先优势继续扩大,市场份额达到81.8%;同时AMD的市场份额下降到10.4%。

案例分析

对于一个拥有40多年历史的行业领先企业来说,在4年多的时间里两次对组织架构进行重大重组,是十分罕见的。如果回顾一下英特尔历史上的几次重大选择,就能清晰了解英特尔不断适应市场进行改革的企业特征。

事实上,第一个双极型RAM(随机存储器)、第一个静态RAM和第一个DRAM是都是英特尔发明的,而且,这三项重要的发明都在CPU发明之前研发出来。存储器业务是英特尔早期的主营业务,而处理器业务反倒是副业。当时尽管苹果的AppleⅡ电脑风靡于市,IBM PC也早已初露锋芒,个人电脑市场已经显现出巨大的市场潜力,但有什么理由能让英特尔放弃带来滚滚现金的存储器业务呢?

直到1984年,日本半导体企业为了争夺存储器市场而低价倾销,做工精良和低于成本价格的日货一下子把英特尔逼到了亏损绝境。1985年,在连续数个季度亏损的情况下,英特尔终于壮士断腕,做出了放弃存储器业务、专注于处理器业务的重大决定。到1992年,英特尔从一个濒临破产的企业一跃而成为全球最大的半导体企业。

这是英特尔历史上第一个战略转折点。格鲁夫认为,在企业发展过程中,总会遇到若干关键点,抓住了这一战略转折点,企业发展就会10倍速地上升,否则,将会飞速下降。

1997 年,英特尔花 7 亿美元从 DEC 手中买下嵌入式处理器StrongARM,1999 年又以大约 16 亿美元的现金收购了数字信号处理器厂商——DSP 通信公司,英特尔开始在通信领域布局。在 2004 年春季的 IDF(英特尔开发商大会)上,英特尔提出扩展摩尔定律,试图将 PC 市场的成功复制到通信市场。此举标志着英特尔开始大举进攻移动终端领域。由于沿用传统的手机技术架构,作为后来者的英特尔在手机市场没有讨到任何便宜。

在这一关键的战略转折点上,英特尔于 2005 年 1 月对组织架构进行了重大重组,按照市场将全球产品部门细分为数字企业、数字医疗、数字家庭、移动、渠道产品(后撤销)等 5 大平台事业部以及软件与方案(后更名为软件与服务)事业部。之后,投资 100 多亿美元的通信业务被忍痛"甩卖"。经过这次阵痛,英特尔不仅迅速地夺回了并行计算的优势,而且在其软件与服务部门的协同下,使自身的这些比较优势日益显著。

从 2009 年全球架构调整再次使英特尔走向领先地位这一过程便可看出,随着产业和市场的发展与变化不断进行改革,是英特尔保持领先的法宝之一。

(资料来源:搜狐新闻:http://news.sohu.com/;中国计算机行业网:http://www.ciw.com.cn/)

[PSSKT.EPS,BP]

1. 什么是组织设计?
2. 简述组织设计的基本原则。
3. 什么是有机式组织结构?它主要有哪几种类型?
4. 从债务的角度考察,公司有哪几种组织形式?
5. 简述我国《公司法》中规定的公司组织形式的法律特征和组织结构。
6. 组织变革的步骤有哪几种模式?各包括哪些阶段?
7. 组织变革会遇到哪些阻力?如何应对这些阻力?

第四章

现代企业与公司治理

学习要点

- 掌握公司治理的概念和特征。
- 了解公司治理的内部结构及外部结构。
- 了解主要的公司治理模式的区别。
- 掌握委托—代理的概念。
- 掌握信息不对称、逆向选择和道德风险的概念。

公司治理是现代企业制度中非常重要的组成部分。20 世纪 80 年代以来，西方许多著名公司的倒闭更是掀起了研究公司治理问题的热潮。我国正处于改革开放的进程中，探讨公司治理问题对我国企业有着非常现实的意义。本章主要分三部分介绍公司治理问题，第一节介绍公司治理的基本概念和内外部治理结构，第二节主要介绍主要国家的公司治理模式，第三节则主要讲述公司治理的核心问题——委托—代理问题。

第一节　公司治理概述

一、公司治理的基本概念

公司治理的出现始于企业经营权和所有权的分离，其核心问题就是这二者分离导致所有者和经营者利益不一致而产生的委托—代理关系。亚当·斯密在《国富论》中曾经论述过:“股份公司的董事由于是在管理他人的财富而缺乏经济利益的激励。在钱财的处理上,股份公司的董事为他人尽力,而私人合伙公司的成员则是为自己打算。所以,要想让股份公司的董事们监视钱财用途,像私人合伙公司那样刻意周到,是很难做到的。”1932 年,经济学家伯利和米恩斯出版了《现代公司和私人产权》一书,他们认为,由于现代公司的所有权与经营权已实现了分离,管理者的行为偏离股东利益的情况就可能会出现。到了 20 世纪 80 年代,由于西方特别是英国有较多的著名公司相继倒闭,学术界对公司治理问题的研究开始大量涌现。2001 年,美国安然公司财务造假被揭露并最终破产的事件,再次引发了学术界对公司治理问题的大量研究。

公司治理概念的出现要晚于人们进行的公司治理的实践活动。一般认为,最早提出公司治理类似概念的是威廉姆森(Williamson,1975),他当时提出的“治理结构”(Governance Structure)的概念,已经比较接近公司治理的含义。

公司治理,英文为 Corporate Governance,国内理论界有人将之翻译为“公司治理”,有人将之翻译为“公司治理结构”或“公司治理机制”。其实,不管如何翻译,最关键的还是对公司治理含义的概括。尽管国内外学者对公司治理问题进行了比较深入的研究,但对其含义并未达成一致。这里仅介绍几种代表性的观点:

经济学家吴敬琏教授认为:“所谓公司治理结构,是指由所有者、董事会和高级经理人员三者组成的一系列的制衡关系。在这种结构之中,上述三者之间形成一定的制约关系。通过这一结构,所有者将自己的资产交由公司董事会托管;公司董事会是公司的最高决策机构,拥有对高级经理人员的聘用、奖惩以及解雇权;高级经理人员受雇于董事会,组成在董事会领导下的执行机构,在董事会的授权范围内经营企业。”[ZW(]吴敬琏:《现代公司与企业改革》,天津人民出版社 1994 年版。[ZW)]

钱颖一教授认为,公司治理是处理股东、贷款人、管理人员和职工等不同利益相关者之间的关系,以实现经济目标的一整套制度安排。它包括:如何配置和行使控制权,如何监督和评估董事会、经理人员和职工,如何设计和实施激励机制。良好的公司治理结构能够利用这些制度安排的互补性质,并选择一种结构来降低代理人成本。

科克伦和沃特克在《公司治理——文献回顾》一文中指出:“公司治理问题包括高级管理阶层、股东、董事会和公司其他利害相关者的相互作用中产生的具体问题。构成公司治理问题的核心是谁从公司决策和高级管理阶层的行动中受益,谁应该从公司决策和高级管理阶层的行动中受益。当在‘是什么’和‘应该是什么’之间存在不一致时,公司的治理问题就会出现。”可见,“是什么”和“应该是什么”的问题在公司治理中就是“谁获利”和“谁应该获利”的问题,当各利益集团之间“谁获利”和“谁应该获利”之间不一致时,研究公司治理的问题就显得必要。

张维迎教授指出,公司治理结构狭义地讲,是指有关公司董事会的功能、结构、股东的权利等方面的制度安排;广义地讲,是指有关公司控制权与剩余索取权的一整套法律、文化和制度性安排。这些安排决定公司的目标,谁在什么状态下实施控制,如何控制,风险和收益如何在企业成员之间分配等一些问题。公司治理结构具体由一系列的契约所规定,这种契约分为正式契约和非正式契约两种。非正式契约是指由文化、社会习惯等形成的行为规范。正式契约包括适用于所有企业的“通用契约”,如公司法、破产法、劳动法、公平竞争法、证券法、信托法、企业兼并条例等。正式契约还包括适用于单个企业的“特殊契约”,如公司章程、管理制度、授权方法、晋升办法等一系列具体的规定或合约。

林毅夫教授认为,所谓公司治理结构,是指所有者对一个企业的经营管理进行监督和控制的一整套制度安排。公司治理结构中最基本的成分是通过竞争的市场所实现的间接控制或外部治理结构,而人们通常所关注的公司治理结构实际上指的是公司的直接控制或内部治理结构。后者虽然是必要的和重要的,但与一个充分竞争的市场机制相比,它只是派生的制度安排,其目的是借助于各种可供利用的制度安排和组织形态,最大限度地减少信息不对称的可能性,保护所有者的利益。另外,在当代西方发达市场经济国家,在外部治理结构存在的前提下,公司不仅具有多种所有制形式混合的特点,公司的内部治理结构也是多样化的。

以上各种观点从不同的角度对公司治理进行了阐释。综合上述观点,我们可以从以下几点来理解公司治理:

第一,公司治理源于所有权和控制权的分离,主要职能是配置剩余索取权和控制权。两权分离是现代企业的基本特征,作为公司财产的终极所有者,股东享有剩余财产所有权和公司控制权,以出资额为限承担风险。而管理者受股东的委托,行使法人代理权,获得相应的报酬。经营者代表股东经营企业,承担经营责任,分享剩余收益。

第二,公司治理是一种契约关系。公司治理的各方实际上都是通过契约关系联系在一起的。股东和董事会之间、董事会和经理人员之间都是一种委托—代理关系。委托—代理的双方通过契约合同的形式来明确双方的权利和责任。

第三,公司治理是一种制度安排。公司治理需要建立适应所有权和经营权两权分离的制度安排,公司法对公司治理结构进行一般的规定,公司章程对本公司的治理进行具体的规定,包括股权的确立、各权力机构的权限、议事程序、表决方式以及信任托管、委托—代理关系的产生和取消等。公司治理需要按照公司法和公司章程的规定办事,公司需要在科学的制度安排下运转。

第四,公司治理是一种权力制衡机制。在公司内部,股东、董事会和经理阶层在各自的范围内行使职权,承担相应的责任,享有相应的利益。他们彼此之间相互独立又彼此制约,相互监督,谁都不能恣意妄为。正是这种相互制衡的机制,使得公司能够正常运行。

二、公司的内部治理机制

公司内部治理机制分为股东会、董事会、监事会和经理层,其特征是财产所有权、经营决策权、监督权与执行权四权分立,纵向授权,层层负责。股东大会拥有财产所有权即最终控制权,董事会拥有经营决策权即实际控制权,监事会拥有监督权,经理拥有经营权,从而在公司内部形成一种权力、责任和利益相互分立又相互制衡的机制。

(一)股东会

股东是公司资本的出资者,是公司股份的拥有者。也就是说,股东是公司的最终所有者,对公司资产拥有最终控制权和剩余索取权。股东既可以是自然人,也可以是法人。股东有优先股东和普通股东之分。优先股东是不在册股东,他们享有在平时获得定息和清盘时获得补偿的优先权。普通股东是在册股东,人们一般意义上讲的股东就是指普通股东。股东按其持有股票的数量享有一定的权利,并承担相应的义务,这就是股东权利。股东的基本权利主要有:对公司剩余的索取权,召集股东大会的请求权,在审议董事会关于修改公司章程、出售财产、审查财务报表时的投票权,对董事的选举权和渎职的起诉权以及对公司经营活动的知情权和监察权,等等。股东的基本义务是:缴纳股金的义务,在出资额限度内承担责任的义务以及依照法律和公司章程规定行使权利的义务。股东大会是由全体股东组成的、公司必备的、表达公司意思的最高法定权力机关,一般来说,股东可以通过定期召开的股东大会行使权利,也可以召开临时股东大会行使权利。根据我国《公司法》第 101 条的规定,公司的股东大会通常每年召开一次,但有下列情形之一的,应当在两个月内召开临时股东大会:

1. 董事人数不足本法规定的人数或者公司章程所定人数的 2/3 时;
2. 公司未弥补的亏损达股本总额 1/3 时;
3. 持有公司股份 10% 以上的股东请求时;
4. 董事会认为必要时;
5. 监事会提议召开时。

在我国,对于股东大会的权利,《公司法》也有明确的规定。根据《公司法》第 38 条,股东大会行使下列职权:

1. 决定公司的经营方针和投资计划;

2. 选举和更换非由职工代表担任的董事、监事,决定有关董事、监事的报酬事项;

3. 审议批准董事会的报告;

4. 审议批准监事会或者监事的报告;

5. 审议批准公司的年度财务预算方案、决算方案;

6. 审议批准公司的利润分配方案和弥补亏损方案;

7. 对公司增加或者减少注册资本作出决议;

8. 对发行公司债券作出决议;

9. 对公司合并、分立、变更公司形式、解散和清算等事项作出决议;

10. 修改公司章程;

11. 公司章程规定的其他职权。

对上面所列事项,股东以书面形式一致表示同意的,可以不召开股东会议,直接做出决定,并由全体股东在决定文件上签名、盖章。

(二)董事会

在公司内部治理结构中,董事是股东的受托人,受股东大会的信任、委托,承担受托责任。董事有执行董事和非执行董事,前者是公司内部的管理人员,后者是公司外部人员。在法人股东占主导地位时,法人股东会派出自己的代表担当持股公司的董事。

董事会的主要职责是决定公司长期战略,监督和评价公司管理工作,以及任免高级管理人员。由于董事会在现代公司治理中处于核心地位,因而加强董事会建设,进行董事会管理创新,提高董事会效能,对于完善公司治理结构,提高公司绩效具有十分重要的意义。根据我国的《公司法》第 47 条,董事会对股东会负责,行使下列职权:

1. 召集股东会会议,并向股东会报告工作;

2. 执行股东会的决议;

3. 决定公司的经营计划和投资方案;

4. 制订公司的年度财务预算方案、决算方案;

5. 制订公司的利润分配方案和弥补亏损方案;

6. 制订公司增加或者减少注册资本以及发行公司债券的方案;

7. 制订公司合并、分立、变更公司形式、解散的方案;

8. 决定公司内部管理机构的设置;

9. 决定聘任或者解聘公司经理及其报酬事项,并根据经理的提名,决定聘任或者解聘公司副经理、财务负责人及其报酬事项;

10. 制定公司的基本管理制度；

11. 公司章程规定的其他职权。

（三）监事会

监事会是公司的监督、监察机关。它代表股东，通过对董事会和经理人员工作的监督，保证公司利益和股东利益的最终实现。作为独立的专门行使公司监督权的机构，监事会的监督重点是决策的正当性，即企业的“正当经营”。实践中，监事会通常着重对员工工资及福利、利润分配及重大投资、资本结构和经营内容的重大调整等特定决策进行监督，特定决策的范围和内涵应在公司章程或监事会章程中明确规定。因而，监事会的作用更多的是对公司管理者进行公司管理的过程进行监督。当监事会成为一种独立的监督机构之后，现代公司治理结构就形成了股东大会、董事会、监事会“三权分立”的治理模式，这种模式体现了公司权力、责任、义务和利益之间的相互制衡关系。

根据我国的《公司法》第 54 条的规定，监事会、不设监事会的公司的监事行使下列职权：

1. 检查公司财务；

2. 对董事、高级管理人员执行公司职务的行为进行监督，对违反法律、行政法规、公司章程或者股东会决议的董事、高级管理人员提出罢免的建议；

3. 当董事、高级管理人员的行为损害公司的利益时，要求董事、高级管理人员予以纠正；

4. 提议召开临时股东会会议，在董事会不履行本法规定的召集和主持股东会会议职责时召集和主持股东会会议；

5. 向股东会会议提出提案；

6. 依照本法第 152 条的规定，对董事、高级管理人员提起诉讼；

7. 公司章程规定的其他职权。

（四）经理

公司治理结构中的经理人员实际上是以总经理为代表的公司高层管理人员。经理人员的聘任和解聘由公司董事会负责，经理人员作为董事会的指定代理人，拥有管理权和代理权。管理权是指经理人员对公司生产经营的管理权，代理权是指经理人员在诉讼方面之外的公司商业代理权。经理人员和董事会之间是委托—代理关系。董事会接受股东大会的信任委托聘请经理人员，并把公司资产委托给经理人员经营；经理人员接受董事会的委托，对公司资产行使经营管理权，并对董事会负责。

根据我国《公司法》第 50 条的规定，经理对董事会负责，行使下列职权：

1. 主持公司的生产经营管理工作,组织实施董事会决议;

2. 组织实施公司年度经营计划和投资方案;

3. 拟订公司内部管理机构设置方案;

4. 拟订公司的基本管理制度;

5. 制定公司的具体规章;

6. 提请聘任或者解聘公司副经理、财务负责人;

7. 决定聘任或者解聘除应由董事会决定聘任或者解聘以外的管理人员;

8. 董事会授予的其他职权。

从《公司法》规定的经理的职责可以看出,经理须对董事会负责,受董事会的制约。然而,在现代实际经济运行中,由于董事会的主要职能已从经营管理向战略决策和监督方面转变以及股东大会和董事会作用机制的残缺,公司高层经理人员实际拥有的权力比《公司法》中规定的要大得多。随着知识经济社会的来临和作为人力资本典型代表的职业经理人队伍的崛起,在"经理中心主义"治理理念的鼓动下,公司经理权力不断扩张和强化,以至于出现了经理权滥用的现象。尤其是随着上市公司规模的不断扩大,一种世界性的、不可逆转的公司权力中心由董事会向经理转移的现象正在显现。在公司权力体系中,董事会的权力实际上被架空,"经理中心主义"正在代替"董事会中心主义",而成为一种全新的治理理念。经理登上了公司权力的顶层,在世界范围内,经理控制型公司越来越普遍。

三、公司的外部治理机制

有效的公司治理不仅依赖于健全的公司内部治理结构,而且依赖于良好的外部治理环境和外在制度安排,其中涉及债权人、机构投资者、中介机构和自律组织、经理人市场、公司雇员、供应商、客户和政府等利害相关者。

(一)债权人

公司融资的渠道主要有股权融资和债权融资。公司债权主要通过以下三条渠道形成:商业银行贷款、公司债券和商业活动中的赊欠。债权人是公司借入资本即债权的所有者。从理论上说,由于债权人要承担本息到期无法收回或不能全部收回的风险,因此,债权人和股东一样,在公司治理上,有权对公司行使监督权。债权人可以通过给予或拒绝贷款、信贷合同条款安排、信贷资金使用监管、参加债务人公司的董事会等渠道起到实施公司治理的目的,尤其是当公司经营不善时,债权人可以提请法院启动破产程序,此时,企业的控制权即向债权人转移。

(二)机构投资者

在成熟的资本市场，机构投资者对其所投资的企业往往能施加重要影响。当一个或少数几个大股东持有公司的股份达到一定比例（如10%～20%）时，他们就有动力去收集信息并监督经理人员，从而避免了中小股东中普遍存在的“搭便车”现象。机构投资者是上市公司的大股东，往往能够通过拥有足够的投票权对经理人员施加压力，甚至可以通过代理权竞争和接管、罢免经理人员，有效解决代理问题。

（三）经理人市场

经理人市场是一种从外部监督公司管理层的重要机制。对于上市公司的管理层而言，经理人市场上职业经理人的供需情况以及经理市场的完善与否，直接关系到其被替代或后继者选择的可能性。经理人市场主要从以下两个方面对经营者产生约束作用：一是经理人市场本身是企业选择经营者的重要来源，在经营不善时，现任经营者就存在被替换的可能性，这种来自于外部乃至企业内部潜在经营者的竞争将会迫使现任经营者努力工作；二是市场的信号显示和传递机制会把企业的业绩与经营者的人力资本价值对应起来，促使经营者为提升自己的人力资本价值而全力以赴地改善公司业绩。因此，成熟的经理人市场的存在，能有效促使经理人勤勉工作，激励经理人不断创新，注重为公司创造价值。

（四）雇员

雇员是公司的人力资产。一般情况下，雇员的知识和经验具有一定的专用性。这种专用性将使雇员难以随便地更换公司，随便地更换发挥自身特长的场所。这有利于将雇员的个人命运与公司的命运紧密联系起来，进而起到监督作用。

（五）产品市场

消费者通过产品市场对企业经营活动进行监督。消费者不仅拥有对企业产品的知情权，而且可以按照自己效用最大化的原则选择商品和服务。能够赢得消费者的企业会获得丰厚的利润，从而使股东受益，使经营者受到赞赏。不能够赢得消费者的企业，也必将被市场所淘汰。

（六）中介机构

要强化公司外部治理机制的有效性，就必须减少委托人和代理人之间的信息不对称，提高上市公司的透明度。投资者通过上市公司披露的财务报告和其他信息，了解上市公司财务状况、经营成果和管理层的经营业绩，以此做出投资决策。以管理层为主导编制的财务报告等要取得公众的信任，就必须接受各类中介机构如会计师事务所、律师事务所、资产评估机构以及投资银行等的审核，并出具鉴证意见。因此，各类中介机构，尤其是对上市公司财务会计信息进行独立审计的会计师事务所以及在上市公司新股发行中承担主承销责任的投资银行能否充分履行诚信义务,保证财务信息的真实可靠,对提高上市公司治理水平具有重要意义。

(七)政府

政府要运用经济、法律等政策和手段调控国民经济运行,维护正常的交易秩序,并站在公正的立场上,调解不同所有者、经营者、管理者、劳动者之间以及相互之间的矛盾和冲突。由于公司是吸纳就业的主要单位,大部分公司运营状况的波动会影响社会的就业状况;同时,公司也是政府税收收入的重要来源,公司的赢利状况会影响政府的税收收入。所以,政府有很大的动力对公司进行监督。

第二节　公司治理模式

一、美国的公司治理模式

(一)美国公司所有权的特征

美国现代公司是在自由资本主义制度基础上发展起来的,因此具有与自由资本主义经济制度相适应的特点。资本所有者在最初的形成阶段是以独立的人格形式存在的,资本所有者首先是具体的自然人,公司也是由自然人股东组成的。因此,在19世纪中期美国现代股份制度形成之后的一段时期内,确保私人财产的不可侵犯性是美国公司法律制度发展历史的基本原则。这是美国"股东至上"理念和法律体系的历史根源。

美国公司所有权的基本特征是所有权结构的分散性。这种分散性首先表现在个人持股的比重较大。个人持股的方式有直接持股和间接持股两种,个人既可以以个人的名义直接购买股票实现直接持股,也可以通过把私人财产委托给金融中介机构实现间接持股。1929年,在美国最大的200家非金融公司中,公司股东在2万人以下的占47%;到了1974年,这一比例下降到4.5%。而在1929年,在最大的200家非金融公司中,只有1.5%的公司的股东人数在20万至50万人之间;到了1974年,这一比例提高到了10.5%。

虽然以养老基金、保险公司和共同基金等为代表的机构投资者持股比例不断提高,上述这一趋势在20世纪80年代以后发展更加迅速。目前,在美国大公司中,机构投资者持有的股份已超过50%,但是,机构投资者在每个公司投资的比例一般不超过该公司股票总额的1%。

从美国公司的发展史来看,形成分散的所有权结构有其历史必然性,其原因主要有以下四个方面：

第一，对私人经济权力集中的恐惧和民主政治，形成了美国分散的金融体制；

第二，美国限制商业银行持有公司股票，以确保商业银行的安全；

第三，对机构投资者的限制，使机构投资者的投资分散化，并且在公司治理中扮演“消极”的角色；

第四，严格的反垄断传统限制了公司之间相互持股。

（二）美国公司治理模式的特点

1. 公司的股东构成呈现出明显的股权分散化特点。由于美国股市比较发达，各种机构投资者所占的比重越来越大。根据经济合作与发展组织的统计资料，1996 年美国公司的资本中，个人占 49%，而机构投资者占 51%。

2. 外部治理机制发达。占主要地位的机构投资者一般追求低风险的投资策略，所以，当它们发现公司业绩不佳时，更多地采用“用脚投票”的方式调整投资策略，降低风险。同时，为了分散风险，机构投资者会持有多家公司的股票，它们一般对直接参与公司管理不感兴趣。机构投资者在股票市场上频繁地调整其持有的股票的结构，客观上给公司造成了外部压力。因为当机构投资者大量抛售股票时，会促使职业兼并人趁机收购公司股票，一旦达到控股地位，便会改组公司，现有经理人员就会被解聘。因而，经理人员为保住自己的职位，不得不努力工作。

3. 董事会除受公司股东会控制以外，更主要的控制是来自于市场。传统的美国公司法认为，公司是私法上的自治组织，公司的成员就是公司的股东，他们是公司的最终所有者，也是公司利益的最终享有者，因而，公司股东会成为公司的最高权力机构理所当然。除股东会外，公司权力机构还包括董事会，董事会并没有独立于股东会之外的权力，董事会只不过是股东会的代理人，并受股东会控制。同时，为了防止董事会与经理层之间的勾结，董事会中必须有一定比例的外部独立董事。

4. 经理把股东利益放在第一位。在英美国家，70% 以上的经理人认为股东的利益是第一位的，经理的责任就是尽可能地使股东财富最大化。

5. 没有监事或监事会制度。监事会职能由独立审计员和独立董事来承担。独立董事监督经理人员的行为，同时还依靠社会机构如股票交易委员会监督经理人员的行为。公司还聘请独立审计员和独立会计师，通过财务审计来约束经理人员，从而构成双重的约束机制。

（三）美国公司治理存在的问题及变化

美国这种“股东至上”的市场导向型公司治理模式，在一定的历史时期对公司治理起到了应有的作用,但也逐渐暴露出了一些问题。主要表现在两个方面:一是持股的短期性使得股票交易十分频繁,造成公司接管与兼并事件频频发生,股票价格的波动太大,与企业的赢利水平关联不强,利用股票市场对公司进行控制难以奏效;二是由于股票流动性大、周转率高,出现严重的持股短期化,经理人员面对主要股东的分红压力,只能偏重于追求短期赢利,对资本投资、研究与开发不太重视。

伴随着问题的存在,美国的公司也不断地进行着理念和制度的演进,这些变化主要表现在:

1.“股东至上”的理念被打破。公司治理中股东本位理念的动摇,表现在美国20世纪30年代有关“公司的社会责任”的大争论中。坚持股东本位一方的代表人物哥伦比亚大学法学院伯尔利教授认为,商事公司存在的唯一目的就是为股东赚钱,否则,现在以公司形式动员和聚集的经济力量就会轻易地、低效率地转移到经营者之手,公司的经营管理人员只可能也应该只是股东的受托人;而以哈佛大学法学院多德教授为代表的学者认为,不仅公司要对社会承担责任,而且控制公司经营活动的经营者也应对社会承担责任。从立法实践上看,从20世纪80年代到1996年,美国已有29个州修改了公司法,要求公司经理必须为公司的利害相关者服务,而不仅仅是为公司股东服务。

2.政府和法律对公司控制权加强了干预。美国证券交易委员会1992年规定:①增大关于公司执行人员的报酬与津贴的披露程度,要求董事会报酬委员会在其年度代理声明中公开说明怎样确定以及为什么这样确定执行人员的报酬水平。②强化机构股东的作用。③尝试加强商业银行的作用,允许商业银行从事证券交易活动。

3.扩大董事会职责的范围。董事会职责包括两个方面:一是作为股东的监督人,监督公司的经营者;二是作为股东财产的受托人,对股东承担义务。在股东本位动摇的同时,公司法学理论界和司法判例越来越倾向于在公司经理服务于股东利益最大化的过程中,要对公司雇员、债权人、消费者、政府等利害关系者承担义务。

4.大股东对经营者的控制加强。由于各类机构取代了个人股东而成为公司的主要持股人,现代英美公司中,各类机构股东不可能像昔日分散的小股东那样远离决策层,而是积极参与公司决策,使公司治理发生了新的变化,这就使股东、董事会以及经营层之间的相互依赖、相互制衡的关系得到了强化,机构股东能够对董事会进行有力的控制,公司经营者的行为受到了有效的监督和制约,与此同时,经理层也能在董事会的监督下进行经营。

二、日本的公司治理模式

（一）日本企业的所有权结构

日本公司所有权结构的最大特点是法人持股。这里的“法人”是指在法律上具有自然人特性，为完成某些事业而组成的集合体。数据显示，1949～1990年，日本上市公司的个人股东持股比例从69.1%下降到23.1%，而法人股东的持股比例从28.1%上升到72.1%。1990年，在法人持股中，金融机构和事业法人的持股比例分别为46.9%和25.2%。可见，日本企业法人持股比例相当大，银行对企业的控制地位尤其明显。

日本法人持股分为单向持股和相互持股两种形态：

单向持股一般在系列化的企业之间进行。所谓的“系列化”，是指大企业与子公司和关联公司的垂直控制关系。日本大企业通过向中小企业发包、订货的方式，形成了核心企业、子公司和关联公司之间长期和紧密的交易关系。核心企业对众多的子公司和关联公司在资金、技术、人才、联合开发等多方面予以支持和帮助。作为回报条件，子公司要保证提供高质量、低成本的产品、零部件和服务。为了保证这种长期交易关系能够维持下去，核心企业往往通过持股方式把中小企业纳入自己的系列。

相互持股是企业集团内各成员企业相互持有对方股份的资本结合方式。日本企业之间广泛的相互持股起始于战后经济民主化时期。当时，原财阀集团总公司被解散，控股公司被取缔。为了防止旧财阀企业重新集结起来，《禁止垄断法》严格限制企业法人之间相互持股。但是，由于财阀解散不彻底，而且国际形势的变化使美国对日政策有所调整，为旧财阀系企业以产权的方式重新结合创造了条件。同时，围绕一些新兴产业出现了一些新的企业集团，这些企业集团最主要的特征，是通过法人持股和相互持股的方式结合起来。法人相互持股的股权结构对日本企业经营的积极影响体现在：①法人持股弱化了股东对企业经营的影响，强化了企业经营者的独立地位；②形成了以追求长远利益为核心的企业经营目标；③提高了企业留利水平，增强了企业资本积累能力；④法人相互持股是以资本为纽带集合形成企业集团的主要方式，并在此基础上形成了企业之间的合作竞争关系。

日本参与持股的法人分为两大类：一是以银行为核心的金融法人，包括城市银行、保险公司、信托投资公司等；二是事业法人，也就是生产性企业、流通企业和服务性企业。

（二）日本的公司治理结构

1. 股东大会。根据日本商法的规定，董事会的选举产生、股息支付、董事的报酬等重大决策必须由股东大会讨论通过。在日本,出席股东大会的股东人数少,开会时间短,股东大会形同虚设。个人股东根本无法在股东大会上对提案产生任何影响,而相互持股的法人也不想干预经营者的行为。因此,日本企业经营者的决策很容易获得股东大会通过,经营者拥有很大的控制权和决策权。

2. 主银行监督和企业内部监督相结合的监督体系。主银行对公司起监督与控制作用的基础在于主银行对企业资金流动的密切关注,这使其能及早发现财务问题并采取行动。譬如,事先通知相关企业采取对策;如果公司业绩仍然恶化,主银行就通过股东大会、董事会更换经理人员;主银行也可以向相关企业派驻人员,包括董事等。借助于这些手段,主银行就成了相关公司的一个重要而有效的监督者。而企业集团内部监督主要是通过"经理会"完成对关联公司的监督。"经理会"是企业集团内部核心企业在相互持股融资基础上形成的一种非正式的组织,主要职能是交流情报、沟通信息、协调意见。

3. 董事会。按照日本商法的规定,代表公司的应当是董事代表。董事代表是日本公司中最有权力的群体,其权力范围包括经营中的一切决策活动和执行活动。董事会是公司的决策机关,董事代表是执行机关,决策和执行合为一体。董事会中有威望的人才能当上董事代表,董事等级顺序是会长、社长、副社长、专务董事、常务董事和一般董事。美国董事会中除董事长之外,其他董事会成员都是平等的。日本公司的董事会也分外部董事和内部董事。

4. 监事会。日本的董事会不像美国的董事会那样具有较强的监督功能,所以需要建立独立的机构来监督董事代表。在监督方面,日本更接近大陆法系的国家。1982 年商法修正案规定,股东大会必须选出 1 名以上的监事督管理部门的工作。监事享有广泛的监督权力,但他们不得干预董事决策和企业日常工作。为了保证监事的独立性和监督行为的公正性,监事不得兼任公司或子公司的董事、经理或其他职员。在股东大会选聘和解聘监事时,该监事有出席股东大会并陈述自己意见的权利。为了避免给人以监事从属于董事的感觉,1982 年修改后的商法改变了过去将监事报酬与董事报酬一起处理的做法,改为由公司章程单独规定或由股东大会决定。

5. 职工主权型企业。由于日本企业职工工资中有分享利润的成分,所以许多学者认为,日本企业是"职工主权型",还有一些学者认为日本企业员工参与公司治理。日本企业实行终身雇用制和年功序列制。终身雇用制是指这样一种惯例,即企业即使在面临经营困难的情况下,也绝不随意解雇或临时解雇其正式录用的员工。正式员工是指在高中、大学应届毕业生中招收的长期员工,暂时录用的临时工、合同工、计时工及外单位派来的外来人员等均不在正式职工之列。

年功序列制是指正式职工每隔一定时间工资提高一次，职位也每隔一定时间晋升一次的惯例。但是，新入社的职工在经过一段时间的工资、奖金、职位同步提高之后，就要根据工作成绩和能力考核逐渐拉开工资、奖金和职位，在职工之间展开十分激烈的晋升竞争。

（三）主银行制的特征

主银行制是日本企业制度的一个核心组成部分。日本的法律没有明文规定主银行制度，但主银行制的确已经成为日本金融界和企业界的惯例。主银行制的特征主要有以下几个方面：

第一，主银行是客户企业的大股东。日本银行一般不持有与自己没有业务或交易关系的公司的股份。

第二，向客户企业提供系列贷款。银行贷款一直是日本公司重要的融资来源。主银行既向企业提供短期贷款，也提供长期贷款。

第三，向客户企业派遣董事或经理。主银行向客户企业派遣人员可以分为两种情况：一是在正常情况下以大股东的身份派遣董事或者经理到客户企业，这些派遣人员在企业可以发挥信息交流和监督的作用。二是在企业出现问题时，主银行派遣人员接管公司。许多高级银行职员退休之后，被银行安排到客户企业中去担任要职，特别是做客户企业的外部董事。

第四，管理客户企业的结算账户。主银行几乎都是所属企业的结算银行，由主银行负责企业的账户管理、现金支付和结算。当一家公司向其供货方开出一张期票时，常常将其主银行作为兑付该期票的银行。通过观察每天进行的支付和结算活动，主银行能够掌握客户企业的经营状况，这就为主银行控制和监督客户公司提供了条件。

三、德国的公司治理模式

（一）德国公司的股权结构

在德国，最大的股东是公司、创业家族和银行等，所有权集中程度比较高，资本市场的流通性较差。德国的银行是全能银行，可以持有工商企业的股票。以1996年为例，在德国上市公司的股权结构中，以银行为代表的金融机构的持股比重为20.9%。而且，银行持股的大部分是由德国3家最大的银行持有，其中德意志银行影响最大。

（二）银行的主导地位

银行对企业的贷款性质使得银行成为一个重要的利益相关者，银行在德国公司治理中具有主导地位。主要表现在：①在贷款公司中拥有权益。②派遣银行职员进入客户公司监事会。据德国垄断委员会统计，在100家最大的股份公司中,银行在75家派驻了代表,有些还是监事会主席,银行代表占股东代表的22.5%,而银行在44家股份公司中占有的股份低于5%,其中,在至少19家中基本上没有什么股份。③代理由其保管股票的股东行使表决权。④是客户公司各种金融服务的唯一提供者。这种机制有利于银行随时了解公司的财务状况,解决了信息不对称所带来的监督难的问题,同时还有利于银行在公司濒临破产或者陷入财务危机时有针对性地采取措施。由此可见,德国银行在公司治理中的作用要大于日本银行在公司治理中的作用,这与权威部门较为宽松的态度有关。

(三)银行主导的双层结构

德国公司治理结构的一个重要特点是双重委员会制度,即有监察委员会(监事会)和管理理事会。监事会是公司的最高权力机关,其成员分别由职工委员会和股东大会推选的代表组成,根据企业规模和职工人数的多少,监事会中职工代表可占到1/3到1/2的席位。监事会成员不能充当董事会成员,不得参与公司的实际管理,监事会应以公司整体利益为标准,监督并控制管理理事会及其成员的行为。管理理事会成员由监事会选举产生,管理理事会在监事会的监督下,专负公司经营之责。

第三节　委托—代理问题

一、委托—代理的概念

现代企业制度的本质特征即为企业所有权与经营权的分离。企业的技术和规模经济发展的结果,使得企业最终只有靠向众多分散的投资者融资才能满足自身巨大的资金需求。股权的分散化造成企业的权力从股东向拥有专业技能的高层管理人员转移,从而导致企业的所有权与经营权分离。在所有权与经营权相分离的情况下,企业的实际控制权事实上掌握在高层经理人员手中,从而在企业内部形成了"内部人控制"的局面。马克·J.洛(Mark J. Roe)将这种局面称为"强管理者,弱所有者"(Strong Managers, Weak Owners)。伯利和米恩斯最早阐述了这种"内部人控制"的问题,即委托—代理问题。

从经济学意义上考察,最早提出委托—代理概念的是罗斯,他将委托—代理概念表述为"如果当事人双方,其代理人一方代表委托人一方的利益行使某些决策权,则代理关系就随之产生。"[ZW(]Ross. The economic theory of agency: the principal's problem. American Economic Review, 1994(63)[ZW)]詹森和麦克林的定义是：委托—代理是“一个人或一些人（委托人）委托其他人（代理人）根据委托人的利益从事某些活动，并相应地授予代理人某些决策权的契约关系。”在这一契约关系中，人们把能够主动设计契约形式的当事人称为委托人，而把被动地在接受或拒绝契约形式中进行选择的人称为代理人。现在，人们普遍接受詹森和麦克林的解释。尽管他们的解释与罗斯的解释比较接近，但两种解释仍然有一个明显的区别：詹森和麦克林强调的是，委托—代理关系是一种契约关系。

经济学意义上的委托—代理概念和法律上的概念有所不同。在法律上的委托—代理关系指的是，如果甲乙两人达成一个协议，甲将做某事的权利交给乙，就形成了委托—代理关系，其本质是委托人（Principal）要为代理人（Agent）的行为承担责任。代理人对委托人的责任有：①没有许可不能再代理；②不能把自己放在与委托人利益冲突的地位；③保密责任和诚信责任。委托人对代理人的责任有：①补偿责任；②免除法律责任；③留置权等。经济学意义上的委托—代理关系则要广泛得多，只要一方的行为影响另一方，就存在委托—代理关系。

二、委托—代理关系的几个特征

第一，委托人和代理人之间的关系表现为一种经济利益关系。代理人代表委托人的利益去从事某些活动，委托人则必须设计一定的报酬机制去激励代理人为其服务。代理人在报酬机制下选择有利于自己的行为，追求自己利益的最大化。一般来说，在“经济人”的前提假设下，两者之间的目标函数并不一致，都会追求自己利益的最大化。很明显，委托—代理关系首先表现为一种经济利益关系。

第二，委托—代理关系是一种不完备的契约关系。委托人和代理人之间并不是一种简单的合作关系，而是一种经济契约关系。这种契约关系可以是显性契约，也可以是隐性契约。在这里，显性契约是指有书面协议或法律协议的合约，合约严格规定了委托人和代理人的协作和利益关系；隐性契约是指约定俗成的一些规则，包括各种成文或不成文的惯例。

根据科斯的交易费用理论，在交易费用为零的情况下，不需要有企业的存在，交易费用为零的情况只会出现在完全竞争市场和信息完全充分的情况。在现实经济中，这一理想情况并不存在，信息不可能完全充分，委托人不可能清楚地掌握代理人的所有信息和未来可能出现的情况，也无法制定面面俱到的完备合同。所以，我们说委托—代理关系是一种不完备的契约关系。

第三，委托人和代理人之间存在着信息不对称。一般来说，在企业中，委托人对代理人的行为不可能完全掌握，经常处于信息劣势；而代理人则经常处于信息优势。特别是在股权较分散的股份制企业中，这种情况更加普遍。

三、代理成本

（一）代理成本的产生

关于代理成本，从代理人角度看，主要表现在这样两个方面：

第一，一般来说，代理人有着不同于委托人的利益和目标。因为利润是属于股东的，而为获取利润所作出努力的成本却是代理人的。因此，他们的效用函数与股东的效用函数是不同的。

第二，代理人对自己的知识和才能，对掌握的机遇和做出的努力拥有私人信息，这些是委托人不花成本就不能知道的。由于代理人在这里被假定具有机会主义行为，所以，他们既可能在订立合同前谎报自己的才能，又可能在订立合同后偷懒，或不提供只有他们才知道的重要信息。因此，在委托—代理关系中就会有所谓代理成本或激励问题产生。

（二）代理成本的组成

根据詹森和麦克林的研究，广义的代理成本由委托人的监督成本、代理人的担保成本和剩余损失三部分组成。

1. 委托人的监督成本。委托人的监督成本是指委托人计量或观察代理人行为的成本，以及对代理人实施控制的成本。例如，为了监督和考核国有企业代理人的行为及业绩，从中央政府到地方政府，不仅成立了国有资产管理部门对国有企业经理进行监督与管理，还设立了审计机关对国有企业的经济活动进行定期审计，此外，各级政府的党委组织部门和纪委也对国有企业经理进行监控。同时，公司法还要求国有独资公司必须设立董事会和监事会。对于国有企业法人来说，其承担的委托人的监督成本主要是接待和应对国有资产管理部门或上级单位、审计机关、党委或纪委等部门的各种检查、考核、审计以及制作各种报批、检查材料等支出，这些费用通常都计入企业法人的管理费用。对于私人产权的企业来说，其外部监督机构主要是出资者的家庭或某一家族，对于非公司制的企业来说，经营者往往就是出资者或者其中一位，企业法人承担的监督成本相对于国有企业要低得多。对于公司制的私人企业来说，如果聘请了职业经理人，企业法人可能会设立相应的董事会和监事会，董事会和监事会的费用也计入企业的管理费用。

2. 代理人的担保成本。代理人的担保成本又称守约成本，即代理人实施自我约束，以保证为委托人利益尽职勤勉的成本。例如，经理聘请知名会计师进行财务报表审计的费用；企业对各级经理的权限进行约束的成本；以及对企业的销售收款、采购付款、投资、贷款、担保等业务设立相应的控制流程，实施相应的控制程序的成本，如对不相容的岗位实施职责分离，对重大事项实施多人会签或层层审批等制度等，这些成本通常也计入企业的管理费用。由于私人企业委托—代理关系简单，委托人的监督意识强，私人企业代理人的守约成本很低。

3. 剩余损失。所谓剩余损失，是指委托人因代理人代行决策而产生的一种价值损失，它等于企业完全由委托人经营时的收益与交由代理人经营时的收益的差额。剩余损失又分为显性损失和隐性损失两种。显性损失主要是指在职消费，以及由于决策失误或者内部控制缺陷而造成的营业外支出；隐性损失指由于经理人的偷懒，企业生产技术水平不高或营销手段落后，引起企业市场份额萎缩所造成的价值损失。这种隐性损失难以直接计量和观察，一般只能通过替代变量来表示，如销售收入或资产周转率的降低等指标。

四、信息不对称

信息不对称问题是全面了解委托—代理问题的一个很重要的方面。从20 世纪50 年代起，信息不对称问题就已经受到经济学家的关注并开始被系统地加以研究。芝加哥大学的斯蒂格勒教授就是凭借其《信息经济学》获得了 1982 年诺贝尔经济学奖。近些年来，信息经济理论的研究一直是经济学研究的热点问题。

信息不对称问题是产生委托—代理问题的关键。简单地说，信息不对称就是交易双方中存在一方知道而另一方不知道的信息。在现实的经济生活中，信息不对称的情况大量存在，如在商品交易时，商品的卖方了解产品的质量而买方并不是很清楚；购买商业健康保险时，投保人和被保险人了解自己的健康信息要多于保险公司；企业里的员工非常清楚自己的能力而经理人并不是很清楚；上市公司中，经理人较股东要更清楚企业的运作情况。

信息不对称会导致逆向选择和道德风险两类问题。信息不对称可以分为事前信息不对称和事后信息不对称。诸如产品的质量信息这类信息不对称存在于交易发生之前，这类信息不对称称为事前信息不对称，又称为隐藏信息（Hidden Information）。企业的员工在签订雇用合约以后，他的工作的努力程度等信息并不被企业的所有者掌握，这一类信息不对称称为事后信息不对称，又称为隐藏行动（Hidden Action）。事前信息非对称导致逆向选择问题，事后信息非对称导致道德风险问题。

（一）逆向选择

逆向选择最经典的案例是由阿克罗夫（Akerlof）提出的旧车市场，又称柠檬市场。这一案例讲述了在旧车市场上发生的“劣币驱逐良币”的现象。在旧车市场上，只有车主掌握所出售的旧车的质量信息，而买主则并不了解旧车的质量。假设质量好的旧车的值 2 万美元，质量差的旧车值 1 万美元，好车和坏车的比例各为1/2。买主在买一辆旧车时,如果他只知道好车和坏车的比例,那么他愿意支付的价格是1.5万美元。在这一价位,质量好的旧车的车主是不愿意出售旧车的,因此,价值在1.5万美元以上的旧车则会退出旧车市场。于是,买主知道他出1.5万美元事实上是买不到价值1.5万美元的旧车的,最终,他只愿意支付1万美元去买一辆旧车。由此可见,质量好的旧车反而卖不出去,市场上最后只剩下了质量最差的旧车。

现实生活中比较典型的逆向选择的情况还发生在保险市场。以疾病保险为例。假设投保人的患病概率为r,$r\in[0,1]$,不同的投保人有不同的患病概率,而保险公司并不能掌握这一信息,所以无法根据每个投保人的患病概率制定不同的费率。保险公司获得的只能是统计出来的平均的患病概率$\bar{r}$,从而根据这个平均的概率制定针对所有投保人的统一费率。这样,一些患病概率低的投保人在投保时会因为保费太高而选择不投保,而这些患病概率低的投保人退出以后,剩下的投保人的平均患病概率会上升,保险公司则不得不提高保费。如此一来,剩下的都是患病概率非常高的投保人。这就是保险市场上的逆向选择,可以用图4-1来表示。

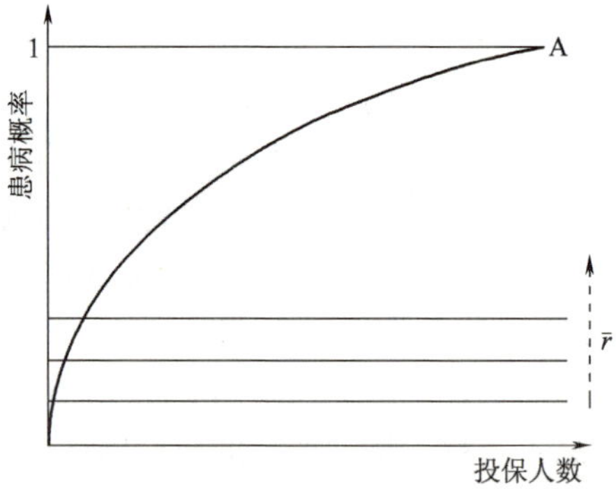

图4-1　保险市场上的逆向选择

随着低患病率的投保人退出,剩下的潜在投保人的平均患病率不断提高,最终到达图4-1中的A点。此时,只有已经患病的人才会来投保,保险公司也无利可图。当然,现实中,保险公司不可能在这一条件下经营。

近些年来,经济学家在研究由信息不对称引起的逆向选择问题的对策上取得了许多成果。2001年诺贝尔经济学奖得主斯宾塞(Spence)和斯蒂格利茨(Stiglitz)在这方面都有重要的贡献。下面我们介绍几种比较重要的解决逆向选择的机制:

1. 信息传递。信息传递由斯宾塞提出。根据斯宾塞的理论,信息较充分的一方可以通过保证、承诺等方式传递一些重要信息,从而防止逆向选择的发生。以前面提到的旧车市场为例,旧车的车主如果卖的是好车,则他可以做出承诺,如在交易后的1年内提供免费的保修服务。因为好车不需要经常维修,这种承诺并不会增加卖主太多的成本。反观质量差的旧车,由于出售后经常需要维修,卖主并不愿意做出在交易后1年内免费保修的承诺,否则会得不偿失。所以,通过这种方式,买者能够通过卖主是否愿意做出此类承诺来判断车辆的质量,逆向选择可以有效地避免。

2. 信息甄别。信息甄别由斯蒂格利茨提出。所谓信息甄别,是指处于信息劣势的一方,设计出多个合同供信息优势一方选择,通过对方的选择来甄别他的信息。在委托—代理关系中,代理人知道自己的"类型",委托人不知道。为了获取代理人的"类型"信息,委托人提供多个合同供代理人选择;代理人则根据自己的"类型",选择一个适合自己的合同。委托人从代理人的选择中得到有关代理人"类型"的信息。比如,劳动力市场上应聘者与用人单位之间,用人单位可提供多个岗位供应聘者选择,不同岗位有不同的要求、任务以及待遇,应聘者根据自身条件选择一个最适合自己的岗位,用人单位则从应聘者的选择中了解其能力。同样,以前面的保险市场为例,保险公司可以设计几种保险合同,如规定投保之后,如果2年内被检查出患有癌症,则1分钱不赔。这样,已经患癌症的人就不会买保险,没有患癌症的人则会投保。一般来说,2年以后才患癌症的概率很难推算,这样信息不对称就不会那么严重。所以,保险公司可以提供1年、2年及3年等之内患癌症不赔的各类保单,并对每一种类型保单的收费标准做出相应的调整。这就是一种信息甄别机制。

3. 信用机制。除了信息传递和信心甄别以外,还可以通过信用机制来解决信息不对称问题。实际上,在信息不对称的情况下,我们之所以会相信别人,很重要的原因就是我们认为他讲信誉。例如,在旧车市场,可以是私人交易,也可以通过旧车经销商购买。一般来说,经销商比个人更注重信誉,而经销商的价格一般要稍贵。同样,日常生活中我们购买消费品时,经常更倾向于名牌产品,因为名牌本身就是一种高质量信息的传递,这也是企业都通过宣传"驰名商标"、"通过××认证"等体现自己良好商誉的信息来吸引消费者的原因。信用机制也是一种能够有效解决信息不对称问题的机制。

(二)道德风险

事后的信息不对称会引起道德风险。从不对称信息的内容来看,不对称的信息可以是代理人的行动,也可以是一些代理人知道而委托人不知道的信息。道德风险在现实中普遍存在,患者到医院去看病,在检查之后,医生掌握了患者的信息,而患者并不清楚自己的状况,也无法判断医生所进行的治疗和所开药物的疗效,所以就有可能发生医生开的处方其实是并不需要的治疗和药物,或者是用便宜的药就可以治好而医生却开了很贵的药这类现象,这些情况在现实中都是存在的。

在企业所有者和企业经理人之间的委托—代理关系中,在签订雇用合约之前,作为委托人的企业所有者无法预测经理人的行为;在雇佣关系确定之后,委托人无法掌握代理人的所有行动,由于代理人和委托人的目标函数并不完全一致,作为代理人的经理人就有可能为了实现自己利益的最大化而做出有损委托人利益的事情,从而发生败德行为。这就是我们所说的道德风险。

案例

奥林巴斯财务造假20年

背景材料

2011年11月8日,上任仅两周的奥林巴斯CEO高山修一在闪光灯下鞠躬九十度向投资人致歉,首次承认在财务方面存在"非常不恰当的"行为,并把主要责任推在前董事长兼总裁菊川刚、负责财务的副总裁森久志、审计师山田秀雄这三个人身上。

奥林巴斯创立于1919年,1920年在日本第一次成功地将显微镜商品化;在癌症防治领域起着极其重要作用的内窥镜,也是1950年由奥林巴斯在世界上首次开发的。迄今为止,奥林巴斯株式会社已成为日本乃至世界精密、光学技术的代表企业之一,涉足领域包括医疗、生命科学、影像和产业机械。

20世纪日本泡沫经济时期,奥林巴斯曾经把主营业务之外的闲散资金投向一路飙升的股市。但到了90年代初,泡沫破裂,股市跳水,奥林巴斯也未能幸免,其所购的有价证券等金融商品出现了大幅贬值,损失达千亿日元规模。据估算,当时奥林巴斯的总资产不过1 300亿至1 900亿日元(约17至24亿美元)。损失一旦曝光,将严重影响其自有资本,管理层还将被问责。

奥林巴斯所采用的做假方式其实是一种惯用的财务处理手法。首先,它通过海外子公司将资金转移到貌似毫无关联的投资基金,再由投资基金以原价购回已经出现亏损的有价证券或金融商品,从而把账做平。这与安然将债务、坏账转移到分支公司的暗箱操作方法如出一辙。

但毕竟这些亏损是实际产生了的。为了填补黑洞,奥林巴斯要设法将资金转出。与奥林巴斯有深交的经营顾问公司在2005年左右让一些休眠公司重新开始营业，再在2008年以完全不合常理的高价卖给奥林巴斯。报道指出，奥林巴斯在2006年至2008年的3年间，以总计9.57亿美元的价格收购了与自身主营业务关联度不高的3家非上市公司，这3家公司的年营业额均不到0.2亿美元。2008年，又以约22亿美元的价钱收购英国医疗器械公司Gyrus Group，奥林巴斯向财务顾问支付了超过收购金额30%——约6.87亿美元——的费用。

奥林巴斯的造假手法并不算高明，但事实直到20年后的今天才被掀开。在此期间，它通过并购等方式，将投资亏损转移至账外——这无异于用欺骗的手段侵吞了投资人的金钱。

查出的造假金额可能高达17亿美元，日本警方（东京警视厅）、日本证券交易监察委员会、英国重大欺诈案件调查局、美国联邦调查局及美国司法部先后介入调查，奥林巴斯公司的股价在随后短短一个多月的时间内跌去近3/4，市值缩水额最高时超过70亿美元。一些海外投资银行、会计事务所及审计公司也可能在其中充当了不光彩的角色。

就像安然案的水落石出源于其报表上的疑点——高收入和高利润下过低的资产回报，奥林巴斯的财务报表也泄露了天机。它的诸多疑点在于，其现金流很大，这证明它能赚钱，但其自有资本在这5年间却是在不断减少。钱一定是被用到什么地方去了，但财务报表却不能明确解释资金的流向。

一家名为《FACTA》的日本小众月刊杂志在2011年7月将此事率先报道出来，但是没有任何媒体跟进。这篇报道引起了时任奥林巴斯总裁兼CEO的英国人——伍德福德的警觉，并逐步意识到自己危险的处境。

伍德福德在奥林巴斯欧洲分公司工作了30年，担任高管期间成功使它扭亏为盈。2011年奥林巴斯全球利润中的约40%是由这个分公司贡献的。在2011年2月10日的董事会上，他被推选为总裁兼COO，6月29日的董事会议上又被提拔为CEO。作为日本企业中为数不多的外籍掌门人，伍德福德的上任还被看作是奥林巴斯推进国际化的重要之举。伍德福德是个讲求原则的人，当他向菊川刚等人打听此事，屡屡被搪塞。对方只是告诉他："这不是什么要紧的事。"当他问自己的下属、负责财务的副总裁森久志这是怎么一回事时，得到的答复却是："我只为菊川工作。"伍德福德似乎被架空了，这里并没有他的亲信，而公司内部无人肯对此进行解释。他开始委托普华永道暗中调查，并将报告中的种种疑点发送邮件给公司董事会各个成员，得到的却是一轮静默。

9月29日，伍德福德提出希望菊川刚引咎辞职，后者虽当时表示了同意，接着却来了个反手一击。10月14日早上9点，奥林巴斯召开临时董事会。包括外部独立董事在内的15名董事会成员中有13人出席，除去有利害关系的伍德福德本人之外，其余12人全票通过了解雇CEO的决议。伍德福德也许对此早已有觉察，三天前他向菊川刚发出了一封电子邮件，将公司的可疑交易一一罗列并再次向菊川刚和森久志提出希望他们辞职的要求。这封邮件同时被抄送给全体董事会成员、会计师事务所及律师。然而，在清楚知道公司可能存在可疑交易的情况下，奥林巴斯的董事们选择了“效忠”菊川刚，而把跳出来揭发这一切的伍德福德“灭掉”。

从正式上任到被解雇，伍德福德在CEO的位子上只待了半个月。在离开日本之前，他将实情对相熟的英国《金融时报》记者和盘托出。于是在菊川刚对外宣称“解雇伍德福德是因为其独断专行的行事风格及始终不能理解日本文化”的第二天，人们看到了另一重要当事人对事件完全不同的解读。奥林巴斯可能财务造假成了舆论焦点。在11月8日发布会上向投资者鞠躬致歉的高山修一声称在发布会前一天才得知造假的消息，但在此多天以前，伍德福德质疑Gyrus交易费用时，前者还曾斩钉截铁地表示“收购交易没有任何问题”。

这一次丑闻的爆发，不仅动摇了外界对整体日本企业的投资信心，也让这家有着92年历史和4万名职工，在全球医用内窥镜领域占据垄断地位的日本光学器材公司前景堪忧。但因为三井住友金融集团和三菱UFJ金融集团都表示会对其予以支持，奥林巴斯暂时还不会像安然那么惨，这个日本老牌公司还不至于轻易垮掉。

东京证券交易所在2012年1月20日决定维持日本奥林巴斯光学工业公司的上市资格，但以损害市场信赖度为由，要其缴纳1 000万日元(约合13万美元)上市违约金。虽然奥林巴斯躲过了被退市这一劫，但无论如何，无数投资人已经成为这场骗局最大的牺牲者。

日本东京地方检察厅特搜部在2012年2月16日以涉嫌违反《金融商品交易法》为由，逮捕了奥林巴斯公司前董事长兼总裁菊川刚、前副总裁森久志、前监察董事山田秀雄以及其他4名公司高管。此外，与奥林巴斯关系密切且收取了巨额报酬的某证券公司董事中川昭夫、某投资关联公司总裁横尾宣政、董事羽田拓容、小野裕史4人也一并被拘捕。3月初，日本东京检察部门就奥林巴斯17亿美元财务欺诈丑闻，以欺诈等罪名起诉了该公司6名关键人物，如果罪名成立，被告将被判处10年监禁，并罚款12.5万美元。日本证券交易监管委员会也已经要求政府金融服务局对奥林巴斯罚款120万美元，理由是财报造假。奥林巴斯被列入监管观察名单，必须在未来3年内定期提交改正报告。

案例分析

安然帝国轰然倒塌10年后，相似的一幕又在地球的另一端日本上演。这一次,主角变成了奥林巴斯。这场骗局的关键似乎不在于它做假账的技巧——这些技巧很老套,而是它阻止别人窥探的手段。

美国著名经济学家保罗·克鲁格曼曾总结说,安然公司的崩溃不只是一个公司垮台的问题,它是一个制度的瓦解。现代公司治理中的种种原则在奥林巴斯这个案例中似乎都失效了。外部独立董事未发挥作用,高管层串通一气,股东利益则被置于一旁。

安然事情败露之前已有很多知情者,都保持了沉默。不率先捅破马蜂窝,成了一种明哲保身的良方。而奥林巴斯事件中,在清楚知道公司可能存在可疑交易的情况下,奥林巴斯的董事们选择了"效忠"菊川刚,而把跳出来揭发这一切的伍德福德"灭掉"。

在日本,奥林巴斯的造假案可能不是个案。《FACTA》主编阿部重夫认为,"日本会计制度的缺陷"给企业的不法行为提供了温床,"像奥林巴斯这样隐瞒了20年的公司或许是特例,但隐藏了10年、8年的公司肯定还有。"

在安然事件爆发的3年前,参与其并购交易的普华永道、高盛、瑞士信贷第一波士顿银行及麦肯锡也曾对它混乱的财务情况有所了解。或许是觉得大客户惹不起,或许是因为即便不揭发也并不触犯法律,他们当中没有任何人站出来充当揭发者的角色。

为奥林巴斯提供审计业务的毕马威和安永,虽然都对其部分业务提出过质疑——前者甚至一度要求奥林巴斯就收购交易提供相关证明材料并给予合适的解释,否则不予签署财务报表。遗憾的是,它们都没有站出来揭发到底。

用一个并不高明甚至可以说老旧的伎俩,将18亿美元的损失隐瞒长达20年之久,除了制度的不健全、高管层的同流合污之外,构成利益共同体的多家第三方公司或暗地助推,或坐视不理,也是其得逞的原因之一。

奥林巴斯此次的财务丑闻,不只是给奥林巴斯的企业信用造成了在短期内难以修复的危机,还再度重创了日本企业的信用体系。欧美政府对于日本大企业的董事会监管和经营的透明度产生了新的担忧。

1997年,日本山一证券公司因造假退市并倒闭。2004年,日本嘉娜宝公司也因为业绩造假被迫退市并关门歇业。东京证券交易所此次没有将之退市,引来不少争议。有市场人士指出,奥林巴斯长年隐瞒巨额损失性质恶劣,公司财报也破绽百出,继续维持其上市资格,有损日本股市在投资者心中的信誉。

(资料来源:新浪财经:http://finance.sina.com.cn/)

[PSSKT. EPS,BP]

1. 公司治理的概念是什么？现代公司治理的特征如何？

2. 公司治理的内部结构由哪几个部分组成？请简述各部分的职能。

3. 请简单比较美国公司治理模式与日本公司治理模式的差别。

4. 委托—代理的概念是什么？

5. 代理成本由哪几部分构成？

6. 在信息不对称的情况下，怎样解决逆向选择问题？

第五章

现代股份制企业的公司治理

学习要点

- 理解公司治理和股权结构的关系。
- 了解董事会的设置。
- 掌握独立董事制度概念。
- 了解如何完善我国的公司治理。

公司治理和公司的股权结构有着密不可分的关系，不同的公司股权结构，决定着不同的公司治理模式。我国股份制企业尤其是上市公司的治理存在诸多问题，需要从多方面进行完善。在上市公司中设立独立董事制度是为了防止公司治理中的内部人控制问题，避免公司管理层对股东利益造成损害。

第一节 股权结构与公司治理

一、股权结构

(一)股权结构的定义

顾名思义，股权结构就是公司股权总额中股东持有股权的结构组合。这种结构组合至少有质和量两方面的含义：从质的方面看，它是不同所有者持股主体的构成，按持股主体的所有制进行划分，可以分为国家股、法人股和个人股；从量的方面看，股权结构是各股东的投资比例，即在股本总额中各股东投资所体现的结构比例，反映了股权的集中或分散程度。

不同所有制的持股主体中，国家股是代表国家投资的部门或机构以国有资产形式向公司投资所形成的股份；法人股是企业法人依法以其可支配的财产向公司投资而形成的股份，或者是具有法人资格的事业单位和社会团体以国家允许用于经营的资产向公司投资而形成的股份；个人股是社会个人或公司内部职工以个人合法财产投入公司而形成的股份。

从股权结构的量的方面考虑，按照股东的持股比例，股东可以分为控股股东和非控股股东。控股又可以分为绝对控股和相对控股。绝对控股股东对公司拥有绝对控制权，一般要求拥有的股份在50%以上；相对控股是指股东出资额或者持有股份的比例虽然不足50%，但依其出资额或者持有的股份所享有的表决权已足以对股东会、股东大会的决议产生重大影响，如果股权比较分散，一般要达到30%以上。一个股份制公司究竟会采用哪种股权结构，受到各国政治、文化、历史和资本市场发展程度等多方面因素的影响。

对股权结构论粗略地进行划分，可以分为股权集中论、股权分散论和股权相对集中论。股权集中论的基本观点是股权集中更有利于公司的监督和控制，因为经理人员的利益和股东的利益很难一致；股权分散论认为外部接管市场的存在或者产品市场上的激烈竞争会有效约束公司管理层的非效率行为，从而支持股权分散模式；股权相对集中论则认为相对控股股东的存在对提高公司绩效具有正面作用。

（二）股权集中度指标

为了全面而精确地描述股权的分布状况，需要引进量化指标。常用的衡量股权集中度的指标有以下几个：

1. Herfindahl 指数。Herfindahl 指数是股权结构的一个衡量指标，简称为 H 指数。H 指数用前 n 位股东持股比例的平方和来反映股权的集中度。计算公式为

$$H_n = \sum M_i^2$$

式中，n 是指前 n 个大股东，如果计算前5位股东的 H 指数，则 $n=5$；M_i 是第 i 位股东的持股比例。

假设公司不是由一个股东垄断，则 $0<S_i<1$。M_i 平方和的值可以凸显股权分布的差异。H 指数越大，表示股权集中度越高。

2. CR_n 指数。CR（Concentration Ratio）指数是股权集中度指标，用股东持股比例之和表示，通常用 CR_n 表示前 n 个大股东的持股比例之和。CR_n 指数的计算公式为

$$CR_n = \sum [DD(]n[]i = 1[DD)]M_i$$

式中，n 表示公司的前 n 个大股东，n 的取值一般在 3 到 10 之间；M_i 是第 i 个股东的持股比例。显而易见，CR_n 的值越大，表示公司的股权集中度越高；反之，公司的股权集中度越低。

3. Z 指数。Z 指数作为股权集中度的衡量指标，主要用于反映最大股东对公司运作和股价市场表现的影响程度。Z 指数是指第一大股东与第二大股东持股比例的比值，计算公式为

$$Z = M_1 / M_2$$

Z 指数越大，最大股东与第二大股东的力量差异就越大，最大股东优势也越明显。

4. 洛伦茨曲线和基尼系数。洛伦茨曲线最早是用于测定收入分配平均程度的曲线，基尼系数（Gini Coefficient）是 20 世纪初意大利经济学家基尼根据洛伦茨曲线提出的判断分配平等程度的指标。在研究公司股权的分布和集中程度时，也可以运用洛伦茨曲线和基尼系数进行判定。如图 5－1 所示。

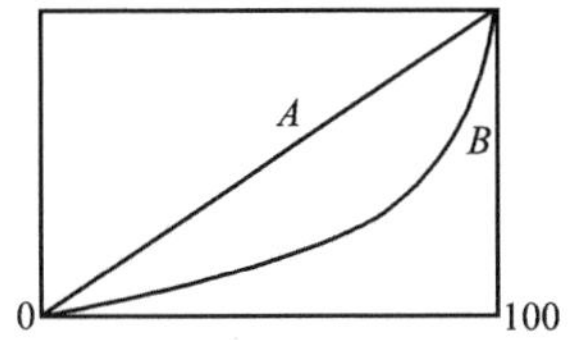

图 5－1　股权分布曲线

图 5－1 中，横轴表示股东累计数的百分比，纵轴表示相应的股东持股的比例。图中的对角线是一条绝对平均线，表示每个股东的持股比例完全相等，当然，这种情况一般很少出现。

股权分布曲线一般会向右下方偏离绝对平均线。曲线偏离对角线的距离越大，表明公司的股权集中度越高。根据洛伦茨曲线，基尼系数（G）可以表示为 $G = A/(A + B)$。图 5－1 中，A 为对角线和洛伦茨曲线之间的距离，$A + B$ 为直角三角形的面积。G 的取值范围在 0 和 1 之间。$G = 0$，表示股权分布绝对平均，每个股东拥有相同的股份；$G = 1$，表示股份完全集中的 1 个股东手中。通常情况下，G 的取值不会为 0 或 1，而是处于两者之间。G 值越大，表示股权集中度越大。

二、股权结构和公司治理

从狭义的角度看，公司治理（或称公司内部治理）是为了适应公司所有权和控制权的分离而对公司管理层所采取的一种有效的约束和监督机制，目的是保证股东利益的最大化，防止管理者对所有者利益的背离和侵害。

股权结构和公司治理有着密不可分的关系,在一定程度上,股权结构决定着公司治理的模式,适度的股权结构安排对于提升公司治理效率非常重要。公司治理的三种主要模式是以英美为代表的外部控制主导型模式,以德日为代表的内部控制主导型模式,以韩国和我国台湾地区为代表的家族控制型模式。外部控制主导型模式又称为市场导向型公司治理模式,其特点是公司股权高度分散,企业融资以股权融资为主,资产负债率较低,公司内部治理机关由股东大会、董事会和 CEO 组成,不设监事会;内部控制主导型模式又称为网络导向型公司治理模式,其特点是股权比较集中,大股东控制公司。商业银行一般是公司主要股东,公司股东主要通过一个能信赖的中介组织或股东当中行使股东权力的人或组织,代替他们控制与监督公司经理行为,从而达到参与公司控制与监督的目的;家族控制型模式就是一个家族或几个联系紧密的家族拥有企业并直接或间接地经营企业,其特点是企业所有权或股权、经营管理权主要掌握在家族成员手中,企业决策家长化,这种模式在东亚和东南亚国家较为普遍。

单纯从经济成本的角度考虑,股权结构安排中有两种重要的成本,即风险成本和治理成本。风险成本是指投资者对某企业进行投资可能产生的损失,治理成本包括构造治理结构本身发生的成本和治理活动的组织协调成本(李维安,1999)。这两种成本和股权的集中度有密切的关系。公司的股权集中度越低,股权越分散,平均每个股东的风险成本就越小,但股权分散会导致所有权和经营权的分离,股东对公司的监督的动力不足,代理成本增加,公司的治理成本也会相应增加。当公司股权的集中度较高时,拥有较多股权的股东在自身利益的驱动下,会有动力去监督公司经理层的经营行为,公司的治理成本会有所降低。但股权过度集中在一个或几个股东手中,风险成本又会增加。适度的股权结构应该在风险成本和治理成本相交的最低点上。

(一)股权结构和监督机制

既然公司中存在着委托—代理关系,就要求所有者对经理人员的行为进行监督。股权结构的不同,对监督机制的影响也不同。

当公司股权高度集中,存在绝对控股股东时,不管是绝对控股股东直接担任经理人,还是绝对控股股东招聘经理人,小股东对经理人都没有办法进行有效的监督,可能会发生控股大股东与经营者勾结在一起侵害中小股东利益的情况。而当公司股权过于分散时,每个股东所占公司总股本的份额很小,每个股东都没有动力去监督经理人,往往会由于存在“搭便车”的现象,导致“内部人控制”局面的发生。如果公司股权的集中度适中,公司中存在几个相对控股股东,相对控股股东就有动力去监督经理人;另一方面,几个相对控股股东和经理人合谋的情形也较难发生,在这种情况下,容易实现有效监督。

(二)股权结构和激励机制

在股权高度集中,存在绝对控股股东的情形下,绝对控股股东或者任命经理人,或者直接担当经理人,股东自己的利益和经理人的利益相一致,这就实现了激励相容。

在股权极度分散的情况下,公司股东一般不直接经营公司,经营者由职业经理人充当。由于经理人和股东追求的效用函数不同,便会出现利益相背离的情形。在这种情况下,设计合理的激励机制非常重要。

在股权相对集中的情况下,如果存在相对控股股东,相对控股股东直接担当经理人或推选经理人,经营者的目标和所有者的目标基本一致,经营者有动力提高公司业绩。但同时,也是相对控股股东的经理人也可能存在机会主义行为,会为了私人利益而损坏公司的利益。

(三)股权结构和外部接管市场

外部接管市场指的是公司的收购和兼并,被收购和兼并的公司往往是业绩较差的公司。收购和兼并是一项重要的公司治理机制,可以激励公司经理人员努力工作,提高公司业绩,以免成为并购者的猎物。但公司的经营业绩受到多方面因素的影响,经理人的努力程度只是其中的一个方面。即使经理人尽职尽责工作,公司业绩不佳的情况也会出现,兼并和收购情况也就会不断发生。那么,股权结构对外部接管市场有什么影响呢?

当公司股权较为集中时,公司中有绝对控股股东,他们对收购持抵制态度,对公司的收购和兼并会较为困难。即使能够收购成功,标购者需要支付的成本溢价也较高。

当公司股权极度分散时,由于存在"搭便车"现象,小股东对公司经理人员监督的积极性不高,一般只是"用脚投票",收购和兼并往往会比较容易。

(四)不同类型的股东和公司治理

公司有不同类型的股东。在我国上市公司中,按投资主体划分,公司股份可分为国家股、法人股、公众股和外资股。

国家股是代表国家的投资部门或机构以国有资产向股份公司投资形成的股份。我国国家股资金来源分为以下三部分:一是现有国有企业整体改组为股份公司所拥有的净资产,二是现阶段有权代表国家投资的政府部门向新组建股份公司的投资,三是经授权代表国家投资的投资公司、资产经营公司、经济实体性总公司等机构向新组建股份公司的投资。

法人股是指企业法人或具有法人资格的事业单位和社会团体以其依法可经营的资产向股份公司投资所形成的股份。法人股有两种形式:一种是企业法人股,另一种是非企业法人股。企业法人股是具有法人资格的企业把其拥有的法人资产投资于股份公司形成的股份，非企业法人股是具有法人资格的事业单位或社会团体以依法可经营的资产向股份公司投资所形成的股份。

公众股是指公民个人以其合法财产向股份公司投资形成的股份。

外资股是国外及我国港澳台地区投资者向股份公司投资形成的股份。

在一家公司当中，国家股、法人股、公众股和外资股的持股比例不同，对公司的治理会产生很大的影响。国有股股东控制公司容易产生内部人控制的问题，而法人股股东的积极性相对更高一些，如果持股比例足够大，就能够对公司治理产生积极影响。

第二节　董事会的设置

一、董事会的设立

董事会是公司的执行机构，也是必备的常设机构。董事是公司中负责业务决策和行使经营管理权的人，包括自然人和法人。

有限责任公司一般都应设立董事会。如果公司已经设立股东会，根据公司自身情况，可以不设董事会。设立股东会的公司，董事会成员由股东会选举产生。而国有独资公司董事会的董事由国家授权投资的机构或者国家授权的部门委派或更换，董事会成员中还应有公司职工民主选举的职工代表。

在股份有限公司中，依照法律规定，董事会是必须由公司设置，由股东选举的董事组成的常设机构。董事会对内管理公司事务，对外以公司名义进行活动。董事会由股东选举的董事组成，直接对股东会负责。

从体制上看，董事会是会议制形式的机关。董事会行使职权的具体形式是董事会会议。董事会会议由董事长召集并主持，可以分为定期会议和临时会议两种。定期会议是公司法和公司章程规定的每年定期召开的会议，会议召开的次数和具体时间由公司章程规定。临时会议是在必要情况下临时召集召开的董事会议。定期会议召开以前10日要通知全体董事。

董事会会议要有法定的最低人数参加才能形成有效的董事会决议。我国《公司法》规定，股份有限公司董事会会议要有董事人数1/3以上出席才有效。有限责任公司中的法定最低人数由公司章程规定。当董事之间出现争执时，一般按照少数服从多数的原则予以解决；但如果少数董事所持观点是正确的，可通过股东大会进行解决，或者通过仲裁甚至诉讼方式加以解决。

二、董事

董事是公司财产的受托人和公司的特别代理人,董事的集合构成公司的董事会,董事通过董事会行使职权。股东或非股东都可以担任董事。董事有一定的任期。董事代表股东对公司进行管理,董事要向股东负责,向股东汇报工作,接受股东的监督。董事必须代表股东的利益,反映股东的意志,执行股东大会的决议。

董事可分为全职董事、外部董事、专家董事等。全职董事又称为常驻董事,是公司的内部董事,他们一般有丰富的企业管理实践经验,在公司中担任要职,直接参与公司的经营和管理;外部董事是与内部董事相对而言的,外部董事只是拥有董事这样一个身份,他们与公司没有业务和职业上的联系;专家董事又称为独立董事,在我国的上市公司中,一般聘请高校、科研单位或国家机关的专家学者担任独立董事,他们与公司没有利益关系,可以较好地维护中小股东的利益。

世界各国公司法对董事的人数规定不一。我国《公司法》规定,有限责任公司应设董事 3 ~ 13 人,不设董事会而只设执行董事的,董事的人数为 1 名。国有独资公司董事为 3 ~ 9 人,股份有限公司董事为 5 ~ 19 人。美国一些大公司规定董事人数为 35 人左右。日本、法国等国家规定,公司董事至少为 3 人。法国还规定董事最多不超过 12 人。公司董事人数太多或太少都不利于公司的管理。人数太少会缺乏民主,容易造成独裁;人数太多,则会导致董事会机构臃肿,效率低下。

各个国家对董事的任期也都有不同规定。美国规定董事任期为 1 年;日本《商法》规定,董事任期不超过两年;董事任期较长的德国、比利时、瑞士等国家,董事的任期可达到五六年。我国《公司法》规定,董事每届任期不超过 3 年,具体的任期由公司章程规定,董事可以连选连任。董事在任期届满以前,股东大会不得无故解除其职务;但当董事的行为违法或者违反公司章程时,可以解除董事的职务,并追究其责任。

董事的职权包括经营决策权、代表权和管理权。经营决策权是指对公司的经营计划、投资方案、内部管理机构的设置和高级经理人员的任命等做出决策。代表权和管理权是代表股东对公司生产经营各方面的事务进行统一的管理和指挥。

三、董事长

董事长是董事会从董事中选举产生的,是公司的法定代表人,代表公司执行公司业务。董事长首先必须是董事,因此,董事任期一到,董事长的任期自然就到了。董事长可以辞任,但并不必然失去董事的职位。在董事长任期的任何时间,董事会都能以董事会决议的方式解任董事长。我国《公司法》规定,董事会设董事长 1 人,可以设副董事长 1 至 2 人,董事长和副董事长以超过董事会人数的一半选举产生。

作为公司的法定代表人和董事会的负责人,董事长具有以下权力:

第一,公司代表权。董事长作为公司的法定代表人,有权代表公司进行业务经营活动和诉讼,代表公司签署公司股票、公司债券的发行。只有在董事与公司发生交易或者诉讼时,才由监事代表公司进行上述事宜。

第二,召集和主持董事会权。我国《公司法》规定,董事长有主持股东大会的权力,召集和主持董事会的权力,检查董事会决议的实施情况的权力等。

第三,业务执行权。董事长有管理各个董事业务执行的权力。在董事会休会期间,董事长有按照法律、公司章程和股东会决议代行董事会职权的权力。

第三节　独立董事制度

一、独立董事的概念

独立董事又称为独立非执行董事。美国法学研究所公布的《公司治理原则》将独立董事定义为与公司没有重要关系的董事。没有重要关系,是指独立董事不是公司的雇员,不是公司的供货商或经销商,也不是为公司提供法律、会计、审计及管理咨询等服务的人员。独立董事是独立于公司管理层,不存在与公司有任何可能严重影响其做出独立判断的交易和关系的非全日制工作的董事。除了董事身份外,独立董事与公司没有其他的联系。外部董事和非执行董事和独立董事的概念有些相近,但外部董事和非执行董事不是独立董事,因为外部董事或非执行董事和公司的关系不一定是独立的,他们可能是公司退休的高级经理,可能是经销商的代表,也可能是股东的亲戚等,他们和公司是存在关联的。

二、独立董事制度的缘起

独立董事制度首创于美国。美国长期以来有私人持有股票的传统,企业的股权较为分散,所有权和控制权分离。中小股东由于缺乏专业知识和信息,几乎没有办法对董事会实施有效的监督。董事会有可能大权独揽,其决策可能只代表大股东或者部分股东,而损害数量众多的中小股东的利益。而且,在英美法系国家,公司治理模式是单轨制,在股东大会下只设董事会,而董事会的成员同时兼任公司的高层管理人员。这就容易形成内部人控制的局面,对董事会的监管处于盲区。在这种情况下,1977 年,美国纽约证券交易所经美国证券交易委员会(SEC)批准,要求上市公司必须在 1978 年 6 月 30 日前在公司内设立一个全部由独立董事组成的审计委员会。

同美国相比较,英国在公司治理结构中引入独立董事制度的时间较晚。1991 年,英国在 Cadbury Report 中,明确提出董事会至少应该有 3 名非执行董事,其中两名必须是独立董事[ZW( ]鲁桐:《独立董事制度的发展及其在中国的实践》,《世界经济》,2002 年第 6 期。[ZW)]。独立董事制度被引入到公司治理结构中,这是一项重要的制度创新。

单轨制和二元公司治理模式的区别由图 5－2 可以看出。

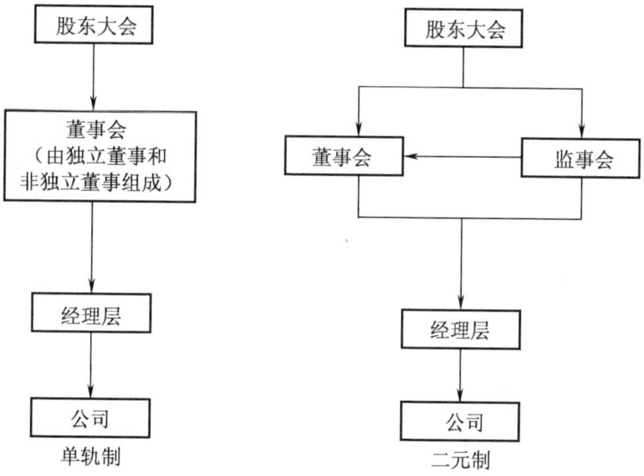

图 5－2　单轨制和二元公司治理模式

独立董事制度的引入和英美国家单轨制的公司治理模式有很大关系。在单轨制下,董事会既是决策机构,又是监督机构,需要设立独立董事执行监督的功能,以保护股东权益不被管理层侵害。独立董事制度包括一系列制度安排,如对独立董事独立性的规定,独立董事资格的认定,推选和任免程序的规定,独立董事会议召开的规定,独立董事的风险和防范等。

后来,独立董事制度在英美国家得到了广泛推广。20 世纪 90 年代,独立董事制度的作用开始显现出来。20 世纪 90 年代初,美国通用汽车公司连续两年亏损,亏损金额达到 100 多亿美元,这时,独立董事制度发挥了作用,公司撤换了 3 名高层执行董事,重组了董事会。

三、独立董事制度的局限性

第一,独立董事的独立性容易受到怀疑。2001 年发生的安然事件,独立董事难逃其责。安然公司曾是美国最大的能源公司,在 2000 年《财富》世界 500 强中排名第 16 位。2001 年 12 月安然公司提交破产申请,承认隐瞒了 5.86 亿美元的亏损,这和董事会尤其是独立董事组成的财务及审计委员会的失职有很大的关系。安然公司 8 名独立董事其实并不独立,在审计委员会的两名董事和财务委员会的 1 名董事和公司的管理人员有着紧密的利益关系。

独立董事制度的有些缺陷是内生的、固有的,很难得到根除。亚当·斯密在《国民财富的性质和原因研究》中指出:“作为别人的钱而非自己的钱的经营者,我们不可能希望这类公司的董事像私人合伙中的合伙人通常照看自己的钱财一样十分小心地照看别人的钱财。”在这种情况下,引入并没有剩余索取权的独立董事,要他监督同样是作为代理人的内部董事(经理层),其实是勉为其难。在公司治理结构中,剩余索取权和控制权应该是相对应的。但在独立董事制度中,剩余索取权和控制权并不对应,拥有控制权的独立董事并不拥有剩余索取权,也并不承担风险,即他们的权力与责任、风险并不对称,其控制权还是一种“廉价投票权”。这不但难以解决股份公司内部的各种代理问题,而且有可能会产生新的代理问题,从而引发更大的道德风险。具体来说,有可能造成股东委托的独立董事(一级代理)与董事会委托的经理层(二级代理)共谋,损害承担风险和应该拥有剩余索取权和控制权的股东的利益。

第二,独立董事和管理层之间的冲突不可避免。在公司业绩下滑时,独立董事和公司内部董事在罢免首席执行官(CEO)的看法上往往意见不同。公司业绩持续不佳时,独立董事往往倾向于罢免 CEO;而内部董事由于同时也是公司的高层管理人员,和 CEO 之间的关系比独立董事亲密得多,他们不会轻易同意罢免 CEO。

在推选 CEO 时,独立董事从维护自己良好的声誉出发,倾向于选择最合适的人选,不管人选是内部人或者外部人;而内部董事则倾向于在内部人中选择。独立董事能够影响 CEO 的任免,而 CEO 也能影响独立董事的选择。CEO 可能会参与独立董事的提名,还可能会导致独立董事人数减少。

第三,独立董事的激励问题。独立董事实际上是剩余所有权的代理人,和股东之间同样存在代理中的激励问题。独立董事是否努力和尽职工作,要看他们是否撤换不称职的 CEO 和执行董事,是否以自己丰富的经验和专业知识帮助公司制定经营决策和长远发展计划等[ZW( ]Coles 和 Hesterly, Independent of the chairman and board composition: Firm choice and shareholder value. Journal f Management. 2002, vol. 26, No. 2, pp. 195 – 214. [ZW)]。在独立董事和 CEO 之间发生争执时,独立董事往往不是正面反对 CEO,而是采取主动辞职的方式逃离董事会。在很多情况下,独立董事并不能尽职尽力地维护股东的利益,这和对独立董事的激励有很大关系。目前,独立董事的收入一般是固定的年薪,对独立董事的激励不充分。有的公司尝试采用期权和股权的方式鼓励独立董事,但如果独立董事从公司得到的收益足够多,独立董事为保住职位,避免与 CEO 产生争执,也有可能出现不尽职的行为。所以,独立董事的激励问题是个棘手的问题,需要找到合适的平衡点。

四、独立董事制度在我国

我国是典型的大陆法系国家,公司治理模式是二元制,即股东大会下设董事会和监事会。但从我国上市公司十几年的实践来看,监事会实际上是一个花瓶,并没有真正起到监督的作用,内部人控制的现象非常严重,上市公司在大股东操纵下出现的"圈钱"、财务欺诈、违规关联交易、大股东侵害中小股东利益的现象比比皆是(邵少敏,2005)[ZW(]邵少敏:《我国独立董事制度研究》,立信会计出版社 2005 年 6 月版,第 181 页。[ZW)]。针对这种情况,有的学者提出,可以尝试引进英美国家的独立董事制度,以缓解内部人控制问题。

2001 年,中国证监会发布了《关于在上市公司建立独立董事制度的指导意见》(以下简称《指导意见》),上海证券交易所也推出了《上海证券交易所上市公司治理指引》和《上市公司治理准则》等一系列法规。《指导意见》要求我国上市公司正式全面执行独立董事制度,在 2003 年 6 月 30 日以前,独立董事要占全体董事的 1/3 以上,这是对我国公司治理结构改革的一次重要尝试。

(一)独立董事制度的作用

1. 独立董事可以为公司做顾问和咨询工作。我国很多上市公司聘请的独立董事中,既有高校的学者和政府官员,也有某个行业的专家。如果聘请的是退休的税务官员,就可以为企业提供税收方面的咨询。这些独立董事一般学识渊博,对经济形势的判断可能更为准确,他们也熟悉国家的法律法规,可以为公司提供咨询。目前,我国上市公司独立董事所起的主要作用就是智囊团和咨询专家的作用。

2. 设立独立董事制度,可以使上市公司的外部监督得到加强。《指导意见》中规定了独立董事的权力。上市公司在进行关联交易、内部分配及资产重组等活动时,需要独立董事签字同意。无形之中,公司的外部监督功能得到了加强。

3. 设立独立董事制度，使内部人控制的现象得以削弱。作为外部人，独立董事能站在比较客观的立场看待和评价公司的重大问题，可使内部人控制问题得到一定程度的缓解。

(二)独立董事制度亟待解决的问题

为了使独立董事制度在我国上市公司中更好地发挥作用，要处理好以下几个方面的问题。

第一，明确独立董事和监事会的权限。我国公司治理结构包括股东大会、董事会、监事会和经理层。在上市公司中，还设立了独立董事制度。我国《公司法》赋予监事会法定的监督职责，但没有规定独立董事的监督权限，所以，在实践当中，有可能会发生二者权限冲突或者二者互相推诿责任的情况，这就需要明确二者各自的权限。

英美国家的公司治理结构中不存在监事会，独立董事被赋予的权限较大。在我国的上市公司中，监事会依然在履行监督职责，独立董事的权限应该在董事会的职权范围之内。监事会和独立董事在本质上都是为了维护公司的利益，二者不应该有根本的利害冲突。只要独立董事在《公司法》规定的董事会的职权范围内行事，就应该不会与监事会发生冲突。

第二，确立独立董事的资格认定机制。既然是独立董事，在资格认定上首先就要保证其独立性。董事的独立性是指董事与公司不存在利益关系。独立董事在资格认定上要排除以下与公司存在种种关系的人：曾在公司工作并离开公司时间不长的人，公司大股东的亲属，为公司提供法律、财务等方面咨询的人，公司的供应商，等等。

在独立董事的资格认定上，单纯要求独立性还不够。独立董事最好是某个方面的专家，这样的专家视野宽阔、学识渊博，可以为企业提供咨询。在美国，担任独立董事的人员包括退休的企业总裁、退休的国家公务员和大学的教授等。他们视野宽广，可以为公司的战略发展提出宝贵意见。

第三，明确独立董事的责任，即为谁负责的问题。独立董事要为公司利益负责。公司利益是指公司的整体利益，既包括大股东的利益，也包括中小股东的利益；大股东的利益不能凌驾于中小股东的利益之上。独立董事认为可能损害中小股东利益的事项，应当向董事会或股东大会发表独立意见。

第四节　我国企业的公司治理

一、我国股份制公司治理的现状和问题

我国股份制企业的公司治理尤其是上市公司的公司治理存在着很多问题。概括起来,包括以下几方面。

第一,股权过于集中,上市公司股权结构不合理。我国大部分上市公司的前身是国有独资企业,由集团公司分拆资产而包装上市。作为初始发起人,这些国有集团公司控制了上市公司绝大部分股权,导致上市公司股权结构的"一股独大"现象。由于绝大部分国有股和法人股不能上市流通,导致流通股在上市公司总股本中所占的比例相对较低。

由于公司大股东拥有公司的绝对或相对控制权,中小股东的投票变得没有多大意义,中小股东也就失去了监督大股东的有效方式及动力,中小股东的权益也很难在司法程序上得到有力的支持。

第二,董事会的设置和管理存在诸多问题,具体表现在:

首先,董事会的独立性无法得到保障。由于公司股权集中,董事受制于大股东,董事会缺乏最起码的独立性。在我国的上市公司中,80%以上的公司内部董事的人数都超过了董事总人数的一半,独立董事的数量最多占董事总人数的1/3,上市公司设立独立董事仅仅是为了满足《关于在上市公司建立董事制度的指导意见》中的有关规定。公司董事会在很大程度上掌握在内部人手中,董事会的功能无法得到发挥。

其次,在上市公司中,独立董事制度发挥的作用非常有限。设立独立董事的本意是与大股东抗衡,保障上市公司董事会的独立性,进而保护中小股东的利益。但我国的很多上市公司中,独立董事形同虚设,成了花瓶董事。有的人同时担任几家上市公司的独立董事,很难有足够的时间和精力关心董事会的事务。另外,在很多公司中,独立董事的独立性也无法得到保证。

再次,专门委员会制度极不完善。对于上市公司这种规模较大的股份制企业来说,每年仅仅召开几次董事会会议远远不够。在英美国家,上市公司是通过设立专门委员会来满足专业化运作的需求。2002年,中国证监会和原国家经贸委联合发布了《公司治理准则》,要求上市公司设立战略、审计等专门委员会。但目前仍有半数上市公司的董事会没有下设专门委员会。有的上市公司虽然设立了专门委员会,但实际操作不成熟,很难发挥其应有的功效。而且,在专门委员会中,独立董事所占的比例极小。

最后,董事的考核和激励机制有待完善。目前,我国大多数的上市公司会在年报中披露对高级管理人员的业绩考评制度,但仍然缺乏对董事业绩的考核和评价体系。董事是董事会的构成主体,董事会的核心功能是战略决策,董事的责

任感和业绩水平关系到公司的长期发展，所以，建立和完善科学的对董事的评价体系非常重要。

在我国的上市公司中，董事的激励机制也很不健全。在大多数发达国家，上市公司会建立由外部董事和独立董事组成的薪酬委员会，来评定公司CEO、执行董事和其他高级管理人员的工作绩效，并依此决定他们薪酬的奖励部分。而在我国的上市公司中，董事的激励机制不健全，董事的利益和公司的利益缺乏直接的联系，这对公司的长期良性发展不利。所以，要完善董事的激励机制。

第三，监事会未能充分发挥监督作用。在规范公司法人治理结构方面，我国公司法以股东价值为导向，比较重视董事会的作用，但却忽视了监事会的作用。监事会在完善公司治理结构方面起到的作用较小，很重要的一个原因是监事会往往无法可依。如监事会没有控制权和决策权，发现问题时没有能力去制约和纠正董事或经理的违规行为。所以，监事会没有真正发挥监督的作用。

第四，法律环境不完善。我国的法律法规相对滞后，未能做到与时俱进。公司法、证券法、破产法、信息披露及会计准则等一系列法律法规的规定和目前公司内外部运行的环境不相符，已经在事实上影响了公司治理结构的完善。

第五，政府不合理的干预和管制。我国的公司特别是国有控股公司，往往会受到政府的干预和管制。国有控股公司的投资者关系问题、管理层激励机制和关联交易等问题，都会在不同程度上受到政府管制的影响。政府对公司的不合理干预是现实存在，如有的地方政府会直接干预公司的运营，政府对国有银行对企业的贷款施加压力，等等。

解决我国公司治理存在的诸多问题是一个长期的过程，需要政府、企业等多方面力量的协作。

二、我国公司治理的完善

针对我国公司治理中存在的问题，可以从改善公司内部治理环境和外部治理环境入手，对我国的公司治理进行完善。

（一）改善公司内部治理环境

1. 改变“一股独大”的绝对控制地位，优化股权结构。我国的上市公司接二连三地发生违规现象，根本原因在于“一股独大”的畸形股权结构。改变国有股的绝对统治地位非常必要，可以通过国有股配售、推进国有股流通和推进国有股向法人股转化等方式促进国有股减持。只有改变了国有股“一股独大”的局面，才能使公司治理正常化。

2. 加快董事会职能的完善。要增加独立董事的数量，并确保独立董事的独立性。在董事会下设专业委员会，包括财务审计委员会、报酬与提名专业委员会、发展战略委员会和投融资委员会等；委员会的负责人应多用独立董事；设立专业委员会可以使分工细化，权责分明。

3. 明确监事会的职权，提高监事会的独立性。监事会是公司内部的重要监督机构。我国2005年颁布的新公司法赋予了监事会更多也更明确的职权，例如，检查公司财务；对董事、高级管理人员执行公司职务的行为进行监督；对违反法律、行政法规、公司章程或者股东会决议的董事、高级管理人员提出罢免的建议；向股东会会议提出提案；如果发现异常，可以对公司经营进行调查；等等。所以，新公司法健全了原公司法的监督机制，强化了监事会的监督职能。由于新公司法进一步丰富、明确了监事会的职权及权利，监事会具备了充分发挥其监督作用的基础。但是，监事会是否以及能否发挥其职权，在根本上取决于其是否具有独立性。为保障监事会的独立性，可以进一步完善监事会的构成，如吸引债权人、机构投资者加入监事会，同时通过增加独立监事等方式强化监事会的独立性。

4. 改革公司的激励机制。积极推进经理人持股，实行年薪制和股票期权相结合的激励形式。股票期权这种形式可以促使董事、监事及经理人更多地考虑公司的长远利益，避免短期行为。目前我国缺乏推行经理人期权的制度环境，缺乏具体的法律指导，资本市场也还缺乏有效性。因此，需要建立相关的法律法规，进一步完善资本市场。

（二）改善公司的外部治理环境

1. 完善公司的信息披露制度，加强证券监管，发挥证券市场的价格发现功能。完善的信息披露制度可以最大限度地减少经营者与股东之间的信息不对称，保障外部投资者公平获取信息的权利，这是通过发挥证券市场的功能来促进上市公司治理的基础条件，也是证券监管部门保护投资者特别是中小投资者利益的核心任务。因此，要促进我国现有会计制度的国际化和信息披露规则的完善，为规范市场主体的信息披露行为制定完善的游戏规则；要大力加强证券监管，规范上市公司的信息披露行为，严厉打击操纵市场、内幕交易和虚假陈述等违法犯罪行为，促进市场秩序的根本性好转；要做好投资者教育工作，引导投资者进行理性投资，抑制过度投机行为，以实现证券市场的价格发现功能。

在一个公开、公平的证券市场上，一个公司股票价格的波动会反映公司的经营状况和未来的赢利能力，由此可以对上市公司形成准确的评价，这种准确的评价必然会激励经营者更好地经营和管理公司，提高公司的业绩。

2. 对政府的职能进行正确定位。在公司治理中，政府应该有一个正确的定位，尤其是要尽量减少对公司的管制和干预。为了更好地完善公司治理，政府应该做的工作包括以下两个方面：一是理顺委托人和代理人之间的委托—代理关系，降低代理成本；二是为公司治理结构优化创造良好的外部环境，承担企业无法内部化、外溢性强的功能，如社会保障体系的建立、市场运作制度环境的建立与维护、法律制度的完善、产权的界定、公共产品的生产等。

3. 加强银行在公司治理中的作用。银行是我国企业最主要的资金来源渠道。银行仅作为企业的债权人，可以通过向企业发放贷款以及企业破产状态下控制权的转移来实现其影响，此外，还可以尝试建立银行直接参与公司治理的渠道，如派代表进入董事会、进行债转股等。

4. 培育经理人才市场。目前，我国企业尤其是国有企业中，经理人员大多仍沿用以前的任命制度，这存在着很多弊端。要提高经理人员素质，使高素质的企业家人才脱颖而出，关键在于培育经理人才市场，建立合理的人才选拔任用机制。建立经理人才市场可以为股份制企业提供良好的外部环境，更好地完善我国企业的公司治理。

案例

中航油事件

背景材料

2004 年 11 月 30 号，中国航油（新加坡）股份有限公司（英文为 China Aviation Oil，下称中航油，母公司则称中国航油集团）发布了一个令世界震惊的消息：这家新加坡上市公司因石油衍生产品交易，总计亏损 5.5 亿美元。净资产不过 1.45 亿美元的中航油（新加坡）因之严重资不抵债，已向新加坡最高法院申请破产保护。

中航油成立于 1993 年，由中央直属大型国企中国航空油料控股公司控股，总部和注册地均位于新加坡。公司成立之初经营十分困难，一度濒临破产。1997 年亚洲金融危机，陈久霖带着一名助手和 21.9 万美元来到新加坡，接管中航油集团所属海外子公司。陈久霖建议母公司让地处世界油料市场中心之一的中航油开展航油进口业务，把公司业务从过去单纯的航油运输转变为航油采购、进口和运输的复合结构。此后，中航油一举扭亏为盈，从单一的进口航油采购业务逐步扩展到国际石油贸易业务，并很快垄断了中国国内航空油品市场的采购权。

2001年,中航油在新加坡交易所主板成功上市,建立了符合标准的治理机制,筹资6 000多万美元,成为中国首家利用海外自有资产在国外上市的中资企业。短短几年间,其净资产增长了890倍,股价也一路上扬,市值增长了4倍,一时成为资本市场的明星。中航油公司经营的成功为其赢来了一连串声誉:新加坡国立大学将其作为MBA的教学案例;2002年公司获新交所"最具透明度的上市公司"奖,并且是唯一入选的中资公司;公司总裁陈久霖被《世界经济论坛》评选为"亚洲经济新领袖",在国际市场上颇具人望。

20世纪90年代末,中航油即已进入石油期货市场,也曾多有赢利。2001年11月中航油(新加坡)上市,招股书上已经将石油衍生品交易列为业务之一。2002年年报显示,中航油(新加坡)凭投机交易获得相当利润。2003年4月,中航油(新加坡)的母公司中国航油集团也成为第二批国家批准有资格进入境外期货交易的企业。

2003年下半年,中航油(新加坡)开始进入石油期权交易市场。当年底,公司的盘位是空头200万桶,而且赚了钱。但从此时起,中航油已然涉身险地,因为这已经是明目张胆的投机而非套期保值。因为2001年6月由中国证监会、国家经贸委、外经贸部、国家工商总局和国家外汇管理局联合颁布的《国有企业境外期货套期保值业务管理办法》(下称《办法》)已经对投机交易有明确的禁止规定。

亏损在2004年一季度显现。由于Gerard Rigby和Abdallah Kharma在头3个月继续卖空,而石油价格一路上涨,到3月28日,公司已经出现580万美元账面亏损。这是一个不小的数目。

此时如果及时止损,对于中航油来说,损失并不太大。但此时正是中航油(新加坡)年度财务报告公布的前夜,公司更处于股价持续攀升的火热局面。陈久霖当天召开了由2名交易员和7人风险管理委员会成员参加的会议,讨论解决方案,但久议难决。次日,风险管理委员会主任Cindy Chong和交易员Gerard Rigby本人前往陈久霖办公室,提出了展期的方案。陈久霖接受了这一建言。由是,中航油在期权交易中的盘位大增。

两天之后,中航油(新加坡)公布了2003年年报,全年赢利3 289万美元,股价冲至1.76新元高位。然而,油价没有停止上涨的步伐。到了2004年6月,公司因期权交易导致的账面亏损扩大至3 000万美元。

这一回,在又一次风险控制委员会的会议中,陈久霖再次显示出"魄力",同意把所购期权的到期时间全部后挪至2005年和2006年。这种做法已远远超过《办法》中只允许炒12个月的上限,交易量被进一步放大。或许,此时的陈久霖已经意识到风险,但亏盘已经太大,加上他精心策划的从三位印尼商人手中收购新加坡石油公司20%股份事宜即将签约，陈久霖需要公司在账面上有更好的表现。

从7月到9月，随着油价的上升，中航油（新加坡）唯有继续加大卖空量，整个交易已成狂赌。到了2004年10月，陈久霖发现中航油持有的期权总交易量已达到5 200万桶之巨，是公司每年实际进口量的3倍左右。而随着油价大幅上升，公司需要支付的保证金也在急剧上升。2004年10月10日，中航油账面亏损达到1.8亿美元。就在这个月，中航油便因现金流耗尽而身陷绝地。然而，陈久霖仍未考虑收手。他正式向总部在北京的集团公司做了汇报，请求资金支持。报告递交后，身为集团副总裁的陈久霖曾回到北京汇报情况。

10月20日，中国航油集团提前实施了本准备在年底进行的股份减持，将所持75%股份中的15%折价配售给部分机构投资者。此次配售筹得1.08亿美元，悉数贷给上市公司用于补仓。之后，市场油价继续攀升，集团公司派出高层人员前往新加坡现场了解情况并指示运作。10月26日，中航油（新加坡）在期权交易中最大的对手日本三井能源风险管理公司正式发出违约函，催缴保证金。此后的两天中，中航油（新加坡）因被迫在WTI轻油55.43美元的历史高价位上实行部分斩仓，第一次将账面亏损转为实际亏损1.32亿美元。11月8日，公司再度被逼斩仓，又亏损1亿美元。

此时，中航油（新加坡）既未索性斩仓止损，亦未披露真实情况。面对越来越难以把握的局面，中国航油集团管理层着手向主管机关国资委请示。国资委认为不应对单个企业违规操作招致的风险进行无原则救助，明确由企业自己对自己的行为负责。至11月25日，即高调的三季度财报公布后第13天，中航油（新加坡）的实际亏损已经达到3.81亿美元。相比1.45亿美元的净资产，已经技术性破产。

直至此时，中航油（新加坡）仍未正式公告真相。11月29日，中航油（新加坡）申请停牌。翌日，公司正式向市场公告已亏3.9亿、潜亏1.6亿美元的消息，并向法院申请债务重组。

中航油（新加坡）爆仓之后，很多人怀疑公司内部根本就没有风险控制体系。其实，体系在形式上一直存在。中航油的《风险管理手册》由安永会计师事务所制定，与其他国际石油公司操作规定基本一致。公司内部也有风险管理委员会，由7人组成，包括4名专职人员，一名运作部主任、一名财务部主任和一名财务经理，均为新加坡公司员工。根据安永的设计，风险控制的基本结构是交易员—风险管理委员会—内审部交叉检查—CEO（总裁）—董事会，层层上报。每名交易员亏损20万美元时，交易员要向风险管理委员会汇报；亏损达37.5万美元时，向CEO汇报；亏损50万美元时，必须斩仓。

出事前，公司拥有非常漂亮的治理结构。但是，这些形式上的治理结构和风险控制却失效了。根据披露的资料，中航油公司从事石油衍生品期货交易而致亏损并不是违规操作，是经过董事会以及相关部门批准的。而最后应来自集团母公司的控制也没有起到应有的作用。

2005年8月，中航油与新加坡金融管理局就支付民事罚款一事签订了协议，中航油同意向后者支付800万元新币罚款。2006年3月，中航油重组后复牌。2006年3月21日，新加坡初级法庭对中航油新加坡公司原总裁陈久霖做出一审判决。陈久霖涉及6项指控，被处以33.5万新元罚款、4年零3个月监禁。6项指控为：制作虚假的2004年度年中财务报表、违背公司法规定的董事职责、在2004年第三季度的财务报表中故意隐瞒巨额亏损、不向新交所汇报公司实际亏损、欺骗德意志银行和诱使集团公司出售股票。原中航油前财务总监林中山被判罚15万新元（约合人民币75万元）及两年监禁；中航油前董事顾炎飞、董事主席荚长斌及非执行董事李永吉分别被罚款15万、40万、15万新元。2007年2月，国资委在京宣布了关于中航油巨亏事件的处理决定：原中国航空油料集团公司（简称中国航油集团）总经理荚长斌被责令辞职，原中国航油集团副总经理、中国航油（新加坡）有限公司（简称中航油）总经理陈久霖被“双开”。2009年1月20日，陈久霖刑满回国。2010年6月，媒体曝光，陈久霖已更名陈九霖，任中国葛洲坝集团国际工程有限公司副总经理，是该公司8位副总之一，分管人力资源。

案例分析

中航油公司问题暴露之前，该公司有一个非常漂亮的治理结构，但它却没能阻止中航油公司走向深渊的脚步，在多次可以减少损失的关口失去了应有的作用。

在成熟的市场经济国家，公司法都规定，董事要尽善管义务，主要包括三个方面：一是对公司要忠诚，二是要维护公司资产，三是审慎行使议决权；如果不能尽到这些义务，就要承担赔偿责任。如英国规定，董事作为公司受托人，只要参与引致渎职、疏忽或违反信托的行为，即使公司章程规定可以免责，也要承担责任。许多国家还规定，公司和一般股东均可以向法院起诉，要求未尽义务的董事承担赔偿责任。

相比较而言，我国公司法对董事责任的规定则比较原则。公司法规定，董事会决议违反法律、行政法规或者公司章程，致使公司遭受严重损失的，参与决议的董事要对公司负有赔偿责任。但是，我国公司法对于董事未能真正履行善管义务、疏忽或进行关联交易而形成的损失，却没有明确规定董事的赔偿责任。

从中航油公司的情况看，既然该公司从事石油衍生品期货交易是经过董事会批准的，公司的风险管理是授权给董事会的，那么毫无疑问，董事没有尽到善管义务，尤其是在决策时没有尽到谨慎义务。尽管按照新加坡市场的游戏规则，董事未尽义务也要承担赔偿责任，而且他们也确实为此付出了代价（免职或赔偿），但是，为什么他们还要“以身试法”呢？恐怕这与该公司的中资（尤其是国有公司）性质密切相关。

在目前的国企中，存在着一种与现代企业制度不匹配、不融合的企业文化，导致公司即使形式上建立了法人治理结构，实质上仍由不受制约的意志决策运作大事，或者是“一把手”说了算，或者是其他形式，它令现代企业得以存续的国际公认与公用的游戏规则流于摆设。长期形成的“长官制”和出现问题寻求政府救济的思维习惯，使得相当一部分人虽身在海外，思维却仍然停留在国内的传统做法上，甚至进入中资公司的海外董事也被这种思维“同化”了。像中航油公司前财务总监林中山，他是被处罚的董事中唯一的新加坡人。但林中山最终还是在“坚守专业职责”和“保住饭碗”之间选择了后者。

按照现代企业治理结构的要求，上市公司从事高风险投资，往往设有专门委员会进行风险控制。表面上，中航油也设有类似机构，并对期货交易员规定有止损数额，如果真按照纸面规章执行，其损失总额将锁定在数百万美元。但在个人意志说了算的企业文化之下，权力掌控者的赌博冲动根本不受制衡与遏制，令制度黯然失色。

“内部人控制”的中航油，公司总裁权力至上，不受任何制衡，监事会也成为装饰性的“花瓶”。母公司派来党委书记和财务经理，被陈久霖以种种理由隔离于公司业务之外，或转派到下属公司，致使党委书记在新加坡两年多，竟一直不知道陈久霖从事场外期货投机交易。在中航油这样的国有企业里，陈久霖一手遮天，股东会、董事会、监事会、经理层四种身份一肩挑，根本谈不上分工与配合，不存在制衡与监管，完全是个人意志一统天下。所有的内部、外部监督控制机制形同虚设。正是制衡机制的缺失，为豪赌提供了制度土壤。

（资料来源：新浪财经：http://finance.sina.com.cn）

[PSSKT. EPS,BP]

1. 什么叫股权结构?

2. 公司治理和股权结构存在什么关系?

3. 独立董事制度的局限性是什么?

4. 独立董事制度在中国有什么特点?

5. 我国公司治理中存在哪些问题?

第六章

现代企业制度与国有企业

学习要点

- 掌握国有企业的概念。
- 了解国有企业建立现代企业制度的意义。
- 了解我国国有企业改革取得的成就。
- 了解我国国有企业制度创新的内容。

世界上几乎所有的国家都有国有企业。一般来说,国有企业主要集中在电力、交通、邮政通信等公共事业部门和石油、钢铁等基础产业部门。我国传统国有企业是在计划经济体制下建立起来的,存在着政企不分、产权不清等诸多弊端,越来越不适应现代化大生产的需要。我国国有企业的改革刻不容缓。现代企业制度是国有企业改革发展的基本方向,实现这一目标的根本措施就是深化国有企业改革,实现国有企业制度创新。

第一节　我国传统国有企业制度的特征

一、国有企业的概念

从根本上讲,国有企业就是财产所有权归国家所有的企业。但各国在具体实践中赋予国有企业的概念要复杂得多。具体到划分国有企业的标准，各个国家也不一样。1980年，《欧洲共同体法规指南》这样规定国有企业：政府当局可以凭借它对企业的所有权、控制权或管理权，对其直接或间接地施加支配性的影响。有一些国家，如巴西、芬兰、瑞典及墨西哥等，把国有资本占51%以上的企业归为国有企业，但这种划分只是为了操作上的方便，因为实际上有许多企业虽然国家所占的股份不足51%，但国家实际上已经实现了控股。在日本，国有企业被定义为国家所有的提供公共服务产品的企业。

一般来说，国有企业不把利润最大化作为其唯一的目标，它需要满足人们的公共需要，弥补市场机制失灵。国有企业主要分布在需要提供公共产品和服务的行业、涉及国家安全的行业和自然垄断行业等。

在我国，国有企业是我国社会主义公有制经济的主体。在我国传统的计划经济体制下，国有企业的全部生产资料归国家所有，是国家独资企业，由国家直接或间接经营。因此，长期以来，我国国有企业被称为国营企业。后来，进行经济体制改革的过程中，将国有企业的所有权和经营权分开，实行了承包制和租赁制。再后来，民间资本、外国资本也参与到国有企业中来，国营的概念开始名不副实。1986年出台的《民法通则》开始采用“全民所有制企业”的叫法。1988年，我国还正式颁布了《中华人民共和国全民所有制工业企业法》。1993年，第八届全国人民代表大会第一次会议修改了《宪法》，正式采用“国有经济”和“国有企业”的称谓。现在，人们一般把新中国成立以后至改革开放以前这段时间存在的国有企业称为传统国有企业，以示和现代意义上的国有企业的区别。

二、我国传统国有企业的形成和体制背景

我国传统国有企业的最初形成主要有四种途径：一是新中国成立以前，革命根据地有一批公有的军工企业，它们服务于贸易，新中国成立后自动成为国有企业；二是新中国成立后没收的官僚资本，这些官僚资本企业成为国有企业的主要来源（当时官僚资本有150多亿元，占当时国家经营资本的80%以上）；三是没收的敌伪工业，包括帝国主义在中国的企业、伪满和汪伪政权的企业；四是民族资本的社会主义改造，到1956年底，有17亿民族资本转化为国有企业的资产。

新中国成立以后至改革开放以前这一段时间，我国实行的是高度集权的计划经济，计划经济体制是国有企业赖以生存和发展的外部环境。

我国高度集中的计划经济体制的形成是多种因素综合作用的结果，高度集中的计划经济有其理论和现实基础。新中国成立之初，我国的工业基础非常薄弱。1949年，我国工业在国民收入中所占的比重仅为12.6%，而发达国家国民收入中工业所占的比重一般为50%左右。为尽快提高国家的工业化水平，政府

选择了优先发展重工业的发展战略。重工业是资本密集型的行业,且回收周期较长,而新中国成立之初国家的经济发展水平很低,资金严重缺乏。为了解决这一矛盾,政府只有对资源、产品和价格等实行严格计划,保证资源大部分流向重工业部门。新中国成立以后,党和国家领导人进行制度选择的理论依据是科学社会主义创始人的理论。当时的马克思列宁主义者对社会主义的构想是:“在公有制条件下,商品会消亡。社会对劳动和资源按计划直接配置,代替市场机制,保证国民经济按计划、按比例协调发展。”而在当时,苏联是世界上第一个社会主义国家。于是,苏联模式是唯一一个可以借鉴和模仿的模式。传统的国有企业便和计划经济体制紧密地联系起来并成为一体。

三、我国传统国有企业的特征

高度集中的计划经济体制决定了我国国有企业独有的特征。新中国成立后,国家对国有企业实行高度集权的行政管理,企业的生产活动服从于国家的统一领导和统一计划,企业的产品归国家所有,企业按照规定向国家缴纳利润和税金,职工由国家统一计划和分配,工资标准和工资制度由国家统一规定。概括起来,传统国有企业的特征有以下几点:

第一,企业产权关系不明确。国有企业在所有权归属上是全民所有,但实际上人人都感觉不到自己是企业的主人,对企业的状况也不关心。企业内的所有者代表也不明确。中央政府、地方政府还有各经济管理部门好像都是企业的所有者代表,对企业行使所有者的权利,使得企业无所适从。而到该承担责任的时候,又没有明确的承担者。现代产权经济学告诉我们,产权关系不明,自然就缺乏建立企业的基本前提。

第二,传统国有企业不是真正意义上的企业,没有财产所有权和独立的经济利益。一般认为,企业是在技术和市场约束条件下追求利润最大化的一种独立的经济组织。而传统国有企业面对的不是市场,企业的生产经营活动决策权完全集中在上级行政机构手中,企业在产、供、销方面没有丝毫自主权,不能正常地进行自主经营活动,而只是被动地接受上级部门下达的生产任务。所以,传统国有企业不是独立的经济组织,不具有独立的法人地位和独立的行为能力,而是国家行政机关的附属物,是执行国家计划的工具,是一种行政组织而非经济组织,也谈不上自主经营和自负盈亏。

第三,软化的财务和投资约束。在传统的国有企业中,原材料价格、销售价格由国家统一规定,利润全部上缴,亏损由国家承担,这就造成财务约束软化,资源浪费严重,而且干好干坏对企业的管理层和职工没什么两样,缺乏激励和动力机制。同时,企业也没有独立的财务核算的能力,对企业的投资由国家安排进行,企业的投资约束软化。

第四,集中型的利益分配方式。在我国传统的国有企业中,利益分配权完全集中在国家手中,职工的工资和等级由国家统一规定,这就造成了一种吃“大锅饭”的局面,使职工工作缺乏积极性和创造性,企业效率低下。

第五,传统的国有企业资产不具有流动性,无法进行优化配置。国家是国有企业唯一的股东,国家财政是唯一的注资渠道。传统国有企业既排斥其他股东的进入,也使国有资本无法流动和重组。经营性资产只有在流动中才能实现优化配置,把资本投入到可以实现增值或保值的领域中。但在国有企业中,资本一旦投入进去,就不可能退出。于是,便出现了国有企业资产运作效率低下和国有企业有生无死的局面。

第六,在传统的国有企业内,企业的所有者代表缺位,无法形成动力和约束机制。政府是国有企业的所有者,而政府在企业内并没有所有者代表,且政府管理着成千上万个国有企业,心有余而力不足。这就使得企业缺乏监督,没有追求经济效益的动力。厂长的身份也模糊不清,不知道是代表所有者还是代表经营者。

传统国有企业的上述种种弊端,严重地阻碍了国有企业的发展,产生了很多消极影响。为了消除国有企业存在的这些障碍,党的十一届三中全会以来,我国进行了一系列改革,并取得了一定的成效。

第二节　国有企业改革和现代企业制度

一、国有企业改革的基本方向

现代企业制度是社会化大生产和市场经济发展的产物,是适应市场经济发展需要,以法人制度为基础,出资者和企业法人承担有限责任,实行法人治理结构,以公司制为主体的企业制度。所以,建立现代企业制度是我国国有企业改革的基本方向,是深化我国国有企业改革的根本途径。

第一,建立现代企业制度,有利于实现政府和企业分开,即政企分开。国家作为企业的出资者,享有股东应该享有的权利(即选择企业管理者、参与重大决策和资产受益等权利),但不参与企业的具体经营活动。实现政企分开,使企业作为自主经营、自负盈亏的独立市场主体参与市场竞争,不再受制于政府。

第二,建立现代企业制度,有利于规范经营者的行为,实现国有资本的保值和增值。现代企业制度的内容包括现代法人治理结构,法人组织结构的框架包括股东大会、董事会、监事会和经理层等。股东大会拥有公司的原始所有权,是公司的最高权力机构；董事会是由公司股东大会选择产生的公司的决策和管理机构，是公司治理结构的核心；监事会是公司内部的监督机构，对股东大会负责，作为出资人的代表行使监督的权力；经理层具体执行公司的各项事务，对董事会负责。公司内部科学的组织管理机构使企业形成了强有力的内部约束机制，也使经营者的行为规范化，有利于实现资本的保值和增值。

第三，建立现代企业制度，实行有限责任制度，有利于国有企业更进一步发展。有限责任制度是指企业出资人对企业债务只承担有限责任。有限责任公司和股份有限公司都采取有限责任制度，这两种公司形式是现代企业制度的主要形式。有限责任制度是相对于无限责任制度而言的，无限责任制度是指出资人对企业的债务承担无限连带责任，当企业的财产不足以清偿债务时，就要用出资人的个人财产来偿还。这种制度对于出资人而言，风险太大，不利于筹集资本进行大规模的生产。而有限责任制度规定出资人以出资额为限对公司债务承担责任，这就降低了出资人的风险，使公司具有较强的筹资能力，有利于社会资本的募集和企业的发展。

国有企业本身的信誉较好，实行有限责任制度，可以通过吸收社会上的闲散资金或引进外资扩大企业的经营规模，促进国有企业进一步发展。

第四，建立现代企业制度，有利于国有企业参与国际竞争，走向世界。现代企业制度是以公司制为载体，国有企业按照公司制的规范进行运作，便于进入国际市场参与国际贸易、投资和融资等活动。

二、国有企业改革的发展过程

（一）放权让利（1978～1987 年）

1978 年召开的党的十一届三中全会，开始对我国的计划经济体制进行改革。此后，国有企业的改革开始成为整个经济体制改革的中心环节。这一阶段改革的特点是放权让利。企业在完成国家的生产计划以后，有权根据自己的生产能力和市场需求生产计划外的产品，按计划价格自销，利润由企业按规定留成。实行放权让利的改革以后，企业的资产经营自主权有了扩大，收益有所增加。放权让利改革的目的是激励企业和劳动者的生产积极性，改变生产效率低下的局面，但这种改革对计划经济体制没有任何实质性影响，是一种体制外的改革，企业制度也不可能发生深层次的变化。

（二）承包经营责任制（1987～1992 年）

承包经营责任制是国家把国有企业资产委托给企业经营的一种形式，它是以公有制为基础，将所有权和经营权相分离，并以承包合同的形式规定国家和企业的责、权、利关系。随着以首钢为代表的试点承包制企业率先取得了较大的成功,1987 年,中央决定在全国范围内实行承包经营责任制。1988 年,为了规范国有企业的承包经营责任制,国务院公布了《全民所有制工业企业承包经营责任制暂行条例》,以“包死基数、确保上缴、超收多留、歉收自补”的原则处理国家和企业之间的分配关系,承包期一般为 3 年。

承包制实行以后,其弊端逐渐显现出来。由于承包有一定的期限,一方面,企业的短视行为严重;另一方面,也存在着企业亏损虚拟化和企业抗干扰能力弱化的问题。1992 年,承包企业的兑现率明显下降;1993 年,亏损企业占到企业总数的 31.8%,利润指标已无法兑现。这使得国有企业改革的压力日愈加大。

(三)建立现代企业制度,国退民进,抓大放小(1992 ~2003 年)

无论是放权让利还是承包经营,都是在保持既定体制和所有制不变的基础上进行的改革,从本质上看,都是一种表层式的体制外改革。

1992 年以来,我国开始逐步确立社会主义市场经济体制改革的目标。1993 年 11 月,党的十四届三中全会通过了《中共中央关于建立社会主义市场经济体制若干问题的决定》,明确国有企业改革的方向是建立产权清晰、权责明确、政企分开、管理科学的现代企业制度。建立现代企业制度的核心是确立国有企业新的产权制度,使企业拥有法人财产权,成为自主经营、自负盈亏的法人实体。

1993 年和 1994 年,国务院先后出台了《股票发行与交易管理条例》和《股份有限公司境外募集股份及上市的特别规定》。这两大文件的出台具有重要的意义。从此以后,中国开始有了上市公司与股票市场。

1996 年 6 月,国务院原则上同意了《关于在若干城市进行企业“优化资本结构”试点的请示》,从那时开始,国有企业改革的一个重要特征是国企人员下岗再就业。企业内部开始逐步推行公司化制度,开始建立董事会、党委会、监事会与总经理等法人治理机制。

1999 年,为了进一步推进改革,国家推行了九大措施:一是吸收一定外来资金组建有限责任公司;二是改建为股份合作制;三是鼓励跨行业、跨地区兼并;四是在不变更企业所有制的前提下,允许企业通过出租、承包方式开展经营活动;五是通过公开竞价,有偿转让企业股份;六是鼓励中小型企业引资嫁接改造;七是对长期亏损、扭亏无望的企业依法实施破产;八是将管理混乱、经营不好的企业委托实力较强的企业进行托管;九是原有企业经营管理情况好的,可继续保持原有企业模式,同时加强管理,提高企业效益。

从 2000 年开始,国有企业产权制度改革的进程开始加快。地方中小型国有企业首当其冲。这些企业大都负债累累,亏损严重,依靠银行贷款度日,对地方财政和银行造成了很大压力。而进行企业改革,对三方都有好处。此后,国企改革不断向前推进。

现代企业制度是市场经济的微观基础，它会使我国传统的国有企业实现制度上的创新。所以，这一阶段的国有企业改革已开始深入到国有企业体制自身，本质上是一种体制内的改革。当然，改革的难度也远远超过了前面几个阶段的改革。

（四）国进民退，垄断加剧（2003 年至 2015 年 9 月）

2003 年国资委组建，以集团化重组方式控股国有企业开始在国有企业改革中发挥主导作用。从 2005 年开始的 6 年时间里，国企纷纷实现了股份制改造和上市融资，经营方式越来越灵活，而企业的控制权仍然有效地掌握在国资委手中。国企的经营状况和财务状况迅速好转，成为竞争中强势的一方。无论是产业的重要性、集中度还是规模，都是重量级的，甚至在世界 500 强中也越来越多地占据重要地位。可以说，前后两个阶段国企判若两人，旧貌变新颜。

2008 年下半年，为了应对由美国“次贷”引发的金融危机引起的我国外需不足，国家开始全力扩大内需，重点是基础设施和民生工程，两年内新增投资 4 万亿元人民币。由此，政府对国企的支持也由后台（金融）走到了前台（财政），由间接变成了直接。国企大举进入钢铁、采矿、汽车、医药、房地产等高利润行业，成为有市场定价权的企业“大鳄”。与此同时，充实的外汇储备以及“走出去”战略也引导着企业，使之在国际投融资市场上变得更加活跃。

这一阶段国企改革的成效，从经济角度看，政企分开得比较彻底。股份化和上市之后，国有企业事实上已经独立，政企不再连体，没有必要再提政企分开；但另一方面，通过人事任免权灵活操控国企，成了国资委行使所有权的重要渠道，国企老总可以平行调动到党政部门或提拔重用，或者反向“空降”。从这个角度看，政企结合得更紧密了。

因为有了上市这一新的融资平台，还因为获得了扩张性财政的巨大投入和订单，使得国有企业如虎添翼，更为强大，垄断地位日见巩固。手中握有上市融资、财政支持、准入门槛三把尚方宝剑，尽可以脚踩“圈内”“圈外”两只船。现在国有企业强大之势大有不可逆转之势。

从目前的国企状况和格局来看，大型国有垄断集团占主导地位，它们银企结合，内外双向扩张；行政化是大型国企的显著特征，政企之间调动、升迁的通道已经打开，官商结合的机制及其预期、动机等还会进一步改变国有企业的行为模式。对企业来说，能否取得行政垄断地位或得到地方政府的支持，能否取得财政投入或信贷额度的调配，最为关键。对经理人来说，权衡利益和级别的结果，得到行政上的升迁是其首先追求的目标。

（五）顶层设计面世，深化国企改革（2015 年 9 月以后）

从 2012 年末至 2013 年初起，国资委、发改委、财政部和人社部等部门开始酝酿国资改革的顶层设计，逐步形成“1 + N”的顶层设计思路。顶层设计中的“1”为深化改革的纲领性文件，“N”为若干项具体的配套文件。2015 年 9 月 13 日，中共中央、国务院公布《关于深化国有企业改革的指导意见》，表明国企改革的顶层设计正式面世，这是深化国企改革的纲领性文件，为新一轮的国企改革指明了方向。由顶层设计牵头，部委分工协作、省市呼应的局面已经形成，中国国企改革从此进入主次分明、上下结合、全面深化的新阶段。

根据纲领性文件的要求，国企分为商业类与公益类，分类推进改革；国资监管由“管企业”转向“管资本”；改组、组建国有资本投资、运营公司；创造条件实现集团公司整体上市；混合所有制改革不设时间表，不搞拉郎配；员工持股坚持试点先行；国企高管实行差异化薪酬；企业负责人薪酬等要及时准确披露；到 2020 年，国企红利上缴比例提高至 130%。

为了实现深化改革的目标，纲领性文件规定了国企改革必须遵循的五项基本原则：必须坚持和完善基本经济制度；坚持社会主义市场经济改革方向；坚持增强活力和强化监管相结合；坚持党对国有企业的领导；坚持积极稳妥统筹推进。

三、国有企业改革的成果

我国国有企业改革的难度很大，因为改革不仅仅是企业内部的改革，还有企业经营外部环境的变化。尽管如此，30 多年来，国有企业改革已经取得了显著的成就，具体表现在以下几大方面。

第一，到 2000 年年底，国有企业“三年脱困”的目标基本实现。

1997 年，党的十五大和十五届一中全会提出，用三年左右的时间，使大多数国有大中型亏损企业摆脱困境。当时，国有及国有控股大中型亏损企业已达到 6599 家。

为了完成国有企业脱困的目标，国家加大了企业兼并破产力度，同时还实施了债权转股权、技术改造贷款贴息等政策。在这 6 599 家亏损企业中，近 40% 是通过兼并、破产、关闭的方式脱困的，为此，银行承担了 1 900 亿元的呆坏账；另外，债权转股权的金额也可谓巨大，到 2000 年 12 月，已确认实施债转股的企业有 580 家，债转股总金额为 4 050 亿元，这些债转股企业的资产负债率由以前的 70% 以上下降到 50% 以下。这些措施，直接促进了企业扭亏脱困。到 2000 年底，亏损企业减少了 66.5%。这些亏损企业，有的关闭破产，有的被兼并改制，还有的转亏为盈，三年脱困的目标基本得到实现。

第二，财政和国有企业的关系发生了很大变化，国有企业的预算约束开始硬化。

进行国有企业制度改革以来，我国财政对企业亏损的补贴额大幅度减少。20 世纪 90 年代初，我国财政向亏损企业的补贴占到我国财政收入的 20%，而到了 2002 年，财政向亏损企业的补贴占财政收入的比例已下降到不到 2%。这些补贴主要包括对军工企业的补贴和对水、气、交通等类企业的补贴。对于竞争性行业，国家已经没有任何补贴。另外，财政也不再向国有企业注资。

国有银行的商业化改革也使得银行和企业之间的关系发生了变化。银行向企业贷款要看企业是否符合条件，而不是看企业的所有制类型。这从根本上改变了国有企业外部经济环境，促使企业预算约束硬化。

第三，初步建立起现代企业制度，企业的经营机制进一步转换。

1993 年 11 月，党的十四届三中全会通过了《中共中央关于建立社会主义市场经济体制若干问题的决定》，《决定》指出：进一步转换国有企业经营机制，建立适应市场经济要求，产权清晰、权责明确、政企分开、管理科学的现代企业制度。1994 年，国务院决定选择 100 家国有大中型企业进行建立现代企业制度试点。在这以后，全国各地区也根据自身实际情况确定了一些试点企业，并按照建立现代企业制度的基本要求，稳步推进现代企业制度试点工作。

2006 年，国有企业集团基本上完成了向股份制企业的转变，在国有企业的公司治理方面，董事会制度、问责制度、管理层激励制度等开始逐步建立。石油石化、冶金、发电、汽车、煤炭、电信、民航、海运、银行等行业中的大型、特大型国有企业先后开始在境内外上市。股份制改革加快了国有大型企业的发展，提高了企业的市场竞争力。

2006 年 10 月，《国有控股上市公司（境内）实施股权激励试行办法》正式发布，这意味着 A 股市场上符合条件的国有控股上市公司对管理层的股权激励制度得以确立。这对于改善上市公司治理结构具有极为深远的意义。

第四，大力推进国有企业的战略性重组，努力培养大公司和企业集团。

1991 年，国家开始进行企业集团试点工作。到了 1997 年，企业集团试点企业达到 120 家。1998 年，我国原来的中国石油化工总公司和中国石油天然气总公司被重组为中国石油化工集团公司和中国石油天然气集团公司。这两家企业集团实力雄厚，资产总额均在 4 000 亿元以上，通过重组，实现了上下游、内外贸和产供销的一体化，使得我国石油石化行业的国际竞争力得到了很大提高。1999 年，我国又组建了军工十大集团和有色金属三大集团。到 2002 年，我国电信业已组成了中国电信、中国网通、中国移动、中国联通、中国铁通和中国卫星通信六大集团公司，它们共同支撑起中国的电信运营市场，电信业“5 + 1”的格局开始形成。

根据国家统计局的数据，截至 2006 年年底，我国共有企业集团 2 856 家，其中，国有及国有控股企业集团 1 364 家，占全部企业集团的 47.8%；集体控股企业集团 347 家，占全部企业集团的 12.1%；其他类型控股的企业集团 1 145 家，占全部企业集团的 40.1%。通过组建企业集团，企业的经济效益显著提高，国有资本也实现了保值增值。2006 年，国有及国有控股企业集团的年末股东权益总计为 89 635 亿元，资本保值增值率为 115.2%。

第五，逐步实现政企分开。

2001 年 2 月，原国家经贸委管理的 9 个国家专业局（国家国内贸易局、国家煤炭工业局、国家机械工业局、国家冶金工业局、国家石油和化学工业局、国家轻工业局、国家纺织工业局、国家建筑材料工业局、国家有色金属工业局）被撤销，这标志着专业部门管理国有企业的状况得到了彻底改变。为实现政企分开，国家还采取了一系列深化改革的措施，如把一些重点企业下放到地方管理，解除政府、军队、政法机关和企业之间的行政隶属关系，取消国有企业的行政级别等。企业同政府分开后，不再沿用政府机关的行政级别管理。

2003 年 3 月，国务院成立了国有资产监督管理委员会（简称国资委），这意味着国有资产出资人代表得以最终确定。随后，一些省市也相继成立了地方的国资委。国资委被明确为经政府授权履行国有资产出资人职责，负责监督企业国有资产的政府特设机构。国资委的建立，解决了国有企业出资人的问题。此前，国有资产监管职能分散在政府多个部门，权利、义务和责任不统一，缺乏明确的责任主体。国资委的职责是当好国有资产的"老板"和监管人，而不是具体经营某一家国有企业。国资委的成立，有利于从管理企业向资本运营转变，进而解决政企不分、产权责任不清等问题。

第六，逐步建立经营者激励约束机制，以市场化的方式选聘企业管理者。

20 世纪 90 年代，国有企业开始试行年薪制。1997 年 3 月，原劳动部在《关于"九五"时期企业工资工作的主要目标和政策措施》中，提出要在具备条件的国有企业中积极稳妥地推行年薪制。年薪一般包括基本薪酬和效益薪酬两个部分，基本薪酬是根据企业规模和企业职工的平均工资确定，效益薪酬则与企业的经济效益挂钩。2006 年，国资委、财政部等部门还制定了《国有控股上市公司实施股权激励的试行办法》，以指导和规范国有控股境内外上市公司实施股权激励制度。

2006 年，国资委组织 25 家中央企业分三次公开招聘企业高级经营管理者。许多中央企业通过把党管干部原则和市场化选人用人相结合，使市场化方式选用的各级经营管理人才的比例达到 30%。如北京市在 26 家企业试行董事会聘任经理层成员，并在 22 家企业通过内部竞聘和公开招聘，选聘了 32 位企业负责人。现在，国有企业公开招聘高级管理人员的现象越来越普遍。

第七,2003 年后企业效益大幅改善。

2003~2010 年,中央企业资产总额由 8.09 万亿元增长到 24.3 万亿元,年均增长 17%;营业收入由 3.36 万亿元上升为 16.7 万亿元,年均增长 25.7%。以央企为代表的国有企业 7 年来的业绩增长令人瞩目。据财政部公布的数据,2010 年国有企业实现利润高达 1.98 万亿元。

四、国有企业改革过程中存在的问题

迄今为止,我国国有企业改革已有 30 个年头,也已经取得了显著的成效。但是,在国有企业改革的过程中,依然存在很多问题,主要是:

第一,改制后的国有企业,产权问题还没有得到彻底解决,企业的经营自主权依然无法得到切实保障。在公司制改革前,国家注重表层的放权让利,没有涉及体制的改革,企业无法进行自主经营。在公司制改革过程中,国家希望通过建立法人治理结构,使企业真正成为市场竞争的主体。但由于政府改革不到位,还没有一个部门完全代表国家行使所有者权利,而地方政府及行业部门又部分享有所有者的一些权利,如收益权、资产处分权和人事任免权等,这些地方政府和部门会从自身利益出发去行使他们的权利,而使企业无法真正实现自主经营,形成行政干预与企业决策并存,人事上组织部门任命和董事会招聘并存的局面。企业的经营自主权依然无法得到保证,也谈不上真正成为市场竞争的主体。

第二,公司制改革过程中形成了"内部人"控制的局面。我国对国有企业的管理,实行的是国家统一所有,政府分级监管的体制。地方政府不是国有企业真正的所有者,导致所有者"缺位",国家很难有效监督企业.这使得企业管理者为牟取个人或小集团利益而产生损害出资人(国家)利益的行为,形成了"内部人"控制的局面。具体表现在:国有资产被看作是"无主"资产,由经营者任意支配,经营者不对资产的保值和增值负任何责任,还造成大量国有资产的流失。

第三,股权多元化程度很低,普遍存在"一股独大"问题。我国的公司制企业大多是由原来的国有独资企业演变而来的,尽管近年来经过公司制改造的国有企业开始向股权多元化方向发展,但投资主体多元化的进展缓慢,现状也难以令人满意,离规范的公司制企业的要求相去甚远。据有关资料统计,2000 年单一投资主体的国有独资工商企业(公司)仍达 1 415 万个,约占国有工商企业总数的 3/4 左右。而且,在已经实现了股权多元化的国有控股公司中,又普遍存在"一股独大"的现象。2000 年,在 3.2 万个国有控股工商企业中,国有股占总股本的平均比重高达 63.5%。在这种背景下,2001 年,国家出台了上市公司国有股减持的方案。这一改革的基本思路无疑是正确的,但由于我国上市公司和股市的先天性毛病和非规范运作等问题,这一改革措施碰到了诸多问题,不得不放

缓改革的步伐。

第四,国有企业高负债问题。资产负债率过高,已成为国有企业改革中的障碍,不解决这个问题,国有企业改革就难以迈出实质性的步伐。众多的国有企业处于亏损状态,不得不靠借债来维持经营。越是经营困难,越向银行借贷;越向银行借贷,企业的债务负担越重,从而形成恶性循环。

第五,改制后的企业在管理上未摆脱原有的模式。一些改制后的企业特别是国有独资企业,只是换了一个“壳”,管理内容没有发生变化,基本上还是原来的人马、原来的工作和管理方法。

第六,政企分开的问题依然没有彻底解决。在微观经济上,政府对企业的管理依然过多。在企业的日常经营活动中,政府在重大项目的立项、审批和企业领导人的任免等关键问题上还起着很大作用。另外,由于各级政府都想方设法保护所属企业,使得企业的破产和兼并工作很难进行。

第七,国企挤压市场空间。很多国有企业依托自身的行业垄断优势和国家的政策扶持,在主营业务领域获取高额回报,同时又凭借强大的资金、政策、资源等优势,向一般竞争性领域扩张,央企在这方面最为典型,比如房地产行业,120多家央企中有80多家涉及。统计数据表明,在国民经济95个大类中,国有经济涉及94个行业。其中,在396个国民经济行业中,国有经济涉足380个行业,行业分布面达96%。国有企业既不肯从一般性竞争行业退出,与民争利,同时又在一些公用事业和重要工业领域设置或明或暗的准入障碍,致使民间资本没有机会涉足。

第八,国企缴纳红利低,容纳社会就业人数少。以2007年国务院26号文件为标志,国资委下辖的央企在3年试点期间需上缴5%~10%的红利,这个比例远低于法国国有企业上缴国家税后利润50%的比例,瑞典、丹麦、韩国等国的国有企业,利润上缴比例也达1/3甚至2/3。另外,国有企业创造的就业岗位不多,根据国务院2010年12月25日公布的第二次全国经济普查主要数据,在工业企业法人单位从业人员中,国有及国有独资公司仅占9.2%,远低于私营企业44.4%,港、澳、台商投资企业10.7%,外商投资企业11.7%的比例。

第九,国企发展不均衡,亏损面较大。国企发展严重不平衡,少部分国企赢利相当大,而另外还有较大比重的国企仍在亏损。以2009年为例,3家赢利最多的企业——中国移动、中国石油和中国石化为全部央企贡献了44%的利润,占全部国有企业利润总额的1/5以上,抬高了国企整体赢利水平。同时,即使在近几年的高速增长期,国有企业中仍有大量的亏损企业,2007~2008年,国有企业的亏损面接近30%,其中,一级企业的亏损面高达45%以上。

形成上述问题的原因是多方面的,但制度方面的原因是根本原因。一方面,旧体制的惯性和遗留问题延缓了改革的步伐;另一方面,在“摸着石头过河”的探索过程中,各项政策、法规尚不完善,而旧的习惯、观念又使改革流于形式。因此,要实现建立现代企业制度这一制度创新,还有许多问题需要努力探讨。

第三节　国有企业制度创新和现代企业制度

国有企业在我国国民经济中发挥着基础性作用,在国家税收、人员就业、基础设施建设以及技术创新等方面也起着主导作用。党的十六大报告提出“改革国有资产管理体制是深化经济体制改革的重大任务”,拉开了国有企业制度全面深化改革的序幕。只有对传统的国有企业深化改革并进行制度创新,才能使国有企业真正成为自主经营、自负盈亏、自我发展、自我约束的市场经济主体,才能彻底根除计划经济体制遗留下来的诸多弊端。

一、国有企业制度创新

(一)企业制度创新理论

1921 年,熊彼特在其著作《经济发展理论》中首次提出了创新的概念。此后,创新理论得到了不断丰富和发展。目前,创新理论已形成两大分支:一是创新与技术经济的结合,形成了以索洛、阿罗为代表的技术创新经济学;二是创新与产权制度的结合,形成了以科斯、诺斯为代表的制度创新经济学。企业制度作为制度的形态之一,可以用制度创新理论来规范企业制度创新问题。

诺斯将制度定义为一系列被制定出来的规则、服务程序和道德、伦理的行为规范,具体包括企业的组织方式、产权结构、管理体制及市场规则等①。T. W. 舒尔茨认为,制度是管束人们行为的一系列规则和某些服务的供给者,是应经济增长的需求而产生的;需求的不同,也会导致制度安排的不同。

制度创新的原动力来源于变革现存制度可以使创新者获得潜在利益。许多外在性变化促进了利益的形成,而这些潜在的外部利益无法在现有的制度框架结构内实现,有些人为了获取潜在利益,就会率先变革现存制度,形成新的制度安排。

制度创新包括诱致性制度创新和强制性制度创新两种。诱致性制度创新是人们在追求潜在利益的驱动下,打破了原有的制度均衡,促成了制度创新,这种

① 诺斯:《制度变迁理论纲要》,《改革》,1995 年第 3 期,第 52 - 56 页。

创新不需要外部力量的强制作用,是由经济系统内生的制度创新;强制性制度创新是外生于经济系统的,由政府强制性的法律和命令引起的制度创新。这两种制度创新不能机械地分开,两者可能同时发生,只是其中会有一种表现得更为明显。

企业制度是以产权制度为基础的企业组织和管理制度,是关于企业组织、运行、管理等一系列行为的规范和模式。企业制度由企业产权制度、企业组织制度和企业领导制度等部分组成,其中,产权制度是其核心和基础,决定了企业的组织制度和领导制度。

科斯、诺斯等关于企业制度创新的论述主要包括:

1. 企业产权制度的创新是企业制度创新的根本所在,因为企业的产权制度和相应的治理结构安排是企业制度的核心。产权制度创新表现为企业产权关系的变化和相应的治理结构的变化。

2. 利润是制度创新的原动力。新的企业制度可能存在潜在利润,如降低企业的制度成本,或者节约交易费用等。

3. 企业制度创新有可能是诱致性制度创新,也有可能是强制性制度创新。一般情况下,竞争性企业制度倾向于诱致性制度创新,寡头性企业制度倾向于强制性制度创新。

概括起来,企业制度创新的核心是企业产权制度的创新,企业的组织制度、管理方式和领导制度等是企业创新的要素。企业制度创新的目的是使企业更好地适应生产和经营环境发展变化的需要。产权制度创新是指企业产权结构的调整和产权关系的变化,它是产权的各项权能在不同的产权主体之间进行的重新组合和分配,以期更好地发挥产权的各项功能,最大限度地提高资源的使用效率。产权关系包括企业资产的控制权、收益权和处置权等。产权制度创新的目的是为了使产权关系明晰化、产权结构多元化和出资者承担有限责任。企业制度的发展经历了三个过程,即单个业主制、合伙制和公司制,这也是企业制度三次大的创新。从更广义的层次看,企业制度创新还包括与企业有关的国家宏观制度的创新,如国家法律制度的创新和政策的创新等。企业制度创新是企业最大的创新,是对原有企业制度的否定和扬弃,而不仅仅是一些修修补补。企业制度创新是其他一切创新的基础。

(二)我国国有企业制度创新的内容

要真正实现国有企业建立现代企业制度的目标,必须对国有企业进行根本性的制度创新。国有企业制度创新包含丰富的内容,重点是以下几个方面:

第一,对国有企业进行战略性重组。除了一些关系国计民生的行业如基础设施部门、城市交通业、保障国家安全的部门等,其他的竞争性部门和行业,国有经济应该逐步退出，让更多的非国有经济参与进来，这就需要对国有企业进行重组。对国有企业进行重组的方式是多样化的，可以发行股票直接融资（如对一些经营状况良好的企业，可以通过在国内外发行股票进行融资，这样，一方面可以使投资主体多元化，另一方面还可以弥补国内银行资金的不足）；可以采取售股变现的方式取得现金用于急需的方面，这也会促进非国有经济主体的参与；优势企业可以收购兼并一些经营状况不佳的企业，然后进行重组；对于一些负债过高和资不抵债的企业，可以进行债务重组，或者进行股权—债权的置换，或者拍卖银行债权；对濒临破产的国有企业，可以进行破产清算，使其有效资产流向经营状况良好的企业。

第二，在产权安排上，要明确所有权主体，同时建立有限责任制度。在现行体制下，对国有企业资产管理实行的是国家统一所有、政府分级监管、企业自主经营的体制。国家统一所有，就是所有资产由国家统一行使所有权；政府分级监管，就是由各级政府对国有企业进行监督和管理，各级政府享有资产收益权、处分权和人事任命权等权利。这种产权安排使得产权关系不明晰，不利于地方政府发挥积极性，并会出现所有者缺位、多头代理、无人负责的现象。在瑞典，政府拥有的企业被称为公共企业（Public Enterprise），公共企业分为国家所有、地方政府所有和地方市镇所有；在日本，政府拥有的企业称为公营企业，资产分别归中央政府和地方政府所有；在美国，联邦政府有自己的企业，州县政府也有自己的企业。在我国，如果将国有企业由分级监管发展为分级所有，根据“谁投资、谁管理和谁收益”的原则确定国企产权归属问题，会有利于明确所有权主体，解决所有者缺位问题。建立有限责任制度，不管哪一级政府拥有企业，政府均可依法享有股东的权利，并承担有限的责任，从而改变过去政府为企业承担无限责任的情况。

第三，优化产权结构，改变国有股一股独大的问题，实现国有企业投资主体的多元化。国有股减持是优化产权结构的重要手段。国有股减持在操作过程中存在着几个难点。首先，国有股的持有主体不明晰。国有股是政府系统拥有的股权，而政府系统是个笼统的概念，到底是哪一级政府或者政府的哪一个部门，很难判定。其次，在国有股出售的过程中，要确定谁充当卖者，卖出的决策由谁做出，卖出后的资金的如何处理。而且，国有股减持的数量和减持的过程也需要慎重把握。最后，在国有股减持的过程中，为了保证国家利益不受损害，可以借鉴西方国家采取的措施，保证国家在持股比例较低的企业中的权益。这些措施包括设立优先股制度，对一定的股份设立优先选择权或者限定外资所占的最高比例等。

第四，建立健全社会保障体系，卸掉国有企业的社会包袱。我国传统国有企业承担了过重的社会责任，每个企业内部都是一个小社会，这是国企改革中的一大障碍，阻碍了国有企业的正常改革进程。国家要尽快完善医疗、养老、失业等一系列社会保障制度，卸下国有企业的包袱，使其轻装上阵，成为市场竞争的主体力量。

第五，建立相对成熟的外部竞争市场环境。竞争对于增强企业活力和提高企业经营绩效的作用十分明显。我国电信和银行业都是很好的例子，这些行业引入竞争机制以后，企业的赢利能力得到了很大提高。我国应通过立法，不断引入竞争机制，改善竞争环境，允许非国有资本进入垄断行业，不断推动我国国有企业的市场化改革。

二、建立现代企业制度

建立现代企业制度，需要深化国有企业改革，明晰企业产权关系，实现企业制度创新，使国有企业真正成为市场竞争的主体。

第一，建立企业所有权和法人财产权"两权分离"的产权制度。在我国传统国有企业中，企业不享有法人财产权，政府以所有者自居，对企业加以干预，企业无法实现自主经营。为实现"两权分离"，可由国家投资公司代表政府作为出资人进行投资，并代表政府享有资产收益、选择管理者和重大决策的权利。但资本一旦投入企业，就成为法人财产，出资人成为股东，股东不能抽回投资，也不能对企业的经营直接进行干预。

第二，推行以公司制主体的企业组织制度。公司制是现代企业制度的载体。根据我国公司法的规定，公司主要分为三种形式：有限责任公司、国有独资公司和股份有限公司。其中，有限责任公司和股份有限公司是我国企业的主体形式。在推行公司制的过程中，对于少数经营情况较好且符合国家产业政策的企业，可以直接将其改组为国家控股或参股的股份有限公司，并推进上市；对于占绝大部分的竞争性行业的企业，可以改组为国家参股的有限责任公司；还有极少数特殊行业，需要建立国有独资公司。国有独资公司是一种比较特殊的公司形式，容易产生预算约束软化，职工容易产生吃"大锅饭"的心态，积极性不高，导致企业效率低下。这种公司只能在极少数行业出现，搞的太多，会使国有企业公司制改革流于形式；对于某些符合条件的企业，还可以与外商建立中外合资企业。这样既可以引入国外的资本，还可以引入国外的先进技术和管理经验。

第三，在企业内建立董事会—经理的管理制度。我国国有企业内的管理形式主要是厂长（经理）负责制，在这种机制中，决策与执行决策的人员职能划分不清，缺乏约束和监督机制。按照现代企业制度的要求，公司内应该建立股东大会、董事会、监事会和经理层分层次的组织管理结构。这当中还要处理好同党代会、纪检会和职代会的关系，有些企业在改革过程中，要把其中的人员安排到股东会、董事会和监事会当中去，并将他们原先的职能做出相应的调整。

第四,设计合理的收入分配制度。不能把工作年限作为工资收入的主要标准,而要突出员工的岗位、职责和贡献。可以按照岗位定基本工资,提倡竞争上岗,工资能升能降,奖金占工资构成的一定部分,与个人工作业绩挂钩。对于公司经营者,年薪可分为基本年薪和绩效年薪。基本年薪可遵循国家的宏观指导,绩效年薪与公司的经营业绩挂钩,公司的经营业绩主要由企业的利润和资产的保值增值来体现。合理公平的收入分配制度,可以激发员工和经营者工作的积极性和创造力。

第五,建立企业家市场,培养中国职业企业家队伍。我国大部分国有企业的领导者都不是职业企业家,国企领导和政府官员之间的界限比较模糊。在现代企业里,企业家是一个企业的灵魂和核心,对于企业长远发展具有重要意义。目前,中国严重缺乏优秀的职业企业家,能够胜任国有资产代表的合适人选少之又少,通过各种途径培养中国职业企业家非常必要。

国有企业建立现代企业制度,不可能一蹴而就,应该克服困难,积累经验,逐步推进。在改制之前,各企业应该有条理、有步骤地核实企业的资产,理顺企业的债权债务关系,界定企业的产权关系,为平稳地向现代企业制度转变创造条件。

三、深化国有企业改革

2003 年,党的十六届三中全会《关于完善社会主义市场经济体制若干问题的决定》指出:建立健全国有资产管理和监督体制,深化国有企业改革;建立归属清晰、权责明确、保护严格、流转顺畅的现代产权制度;完善公司法人治理结构;加快推进和完善垄断行业改革。

我国深化国有企业改革应该从以下几个方面入手:

第一,推进国有企业调整重组,培育有国际竞争力的大公司和企业集团。加入 WTO 虽然给中国带来了机遇,但也给中国带来了更多更大的挑战。中国企业的国际竞争力较弱,面临着走不出去的困境,所以,要进一步发挥国有企业在整个国民经济中的主导作用,培育出一批具有国际竞争力的企业集团。国家已经提出明确要求,到 2010 年,国务院国资委履行出资人职责的中央企业要由现在的 159 家减少到 80 ~ 100 家。要依法推进国有企业强强联合,积极推动应用技术研究院所与相关生产企业的重组,提高企业的规模效应,形成合理的产业集中度,加快培育一批拥有自主知识产权和知名品牌、国际竞争力较强的特大型企业集团。

第二,推进国有大型企业股份制改革,实现投资主体多元化。对垄断行业,要放宽市场准入,引入竞争机制。除了涉及国家安全的行业、必须由国家垄断经营的企业和专门从事国有资产经营管理的公司外，国有大型企业要加快引入其他类型的资本，实现投资主体的多元化。投资主体多元化有利于投资主体之间的相互监督和约束，也有利于转换企业的经营机制。国有企业实现投资主体多元化的途径包括：实行国有资产的分级所有，鼓励法人之间相互持股，促进国有股权的流动，实行经营者持股和员工持股，等等。

第三，完善公司法人治理结构，做到管理科学化，进一步推进政企分开。公司的股东大会、董事会、监事会和经理层要各尽其职，各负其责。公司要形成所有权、决策权、监督权和经营权相互分离和相互制衡的制度。

第四，加强对经理人员的激励和监督。激励机制主要涉及经理人员的薪酬如何设计的问题。一般而言，薪酬中都会包括年薪和奖金，年薪是基本的报酬，奖金则与经营业绩挂钩。在深化改革的过程中，可以加入股票或股票期权的奖励报酬形式，用股票作为奖励，可以把经营者的业绩同自身的股权收益挂钩，激励经营者努力工作；用股票期权作为奖励，可以激励经营人员注重公司的长期发展，避免短期行为。

对经营者的监督包括外部监督和内部监督。外部监督主要通过公司控制权市场、经理人才市场和产品市场来实现。我国公司公司治理结构缺乏有效的外部监控机制，无法给经营者形成外部压力。完善资本市场，加快培养经理人才市场、加强产品市场的竞争非常必要。内部监督主要要确保监事会和董事会发挥功能和作用。

第五，继续推进中小企业产权制度改革。中小企业产权制度改革，就是在保证国有资产不会流失的情况下，将国有产权从企业中退出，有偿转化为非国有企业。典型的操作方式是采用股份制，要求经营者持股和员工持股。中小企业产权制度改革主要是为了解决国有企业数量仍然过多，国家管不了也管不好的问题。

第六，鼓励国有企业引进国外先进技术和自主创新。技术创新和技术进步是推进经济发展、衡量企业竞争力的重要标志。一方面，国有企业要积极引进国外先进技术，通过模仿创新和二次创新提高技术水平；另一方面，要加大科技开发的投入和力度，促进企业自主创新。

第七，完善国企定位，增加社会职能。经过30年的改革和战略性调整，国有企业基本上从政府部门的附属物转变为自主经营、自负盈亏、自我发展的独立市场主体。今后应探索建立符合中国国情的现代国有企业制度，并要用商业目标以外的社会职能来衡量国有企业的绩效。如：在实现经济发展方式转变、实现战略性新兴产业发展的关键突破等方面发挥有效功能，在改善市场运行秩序和产业组织结构方面发挥积极作用等。在市场经济条件下，国有企业的功能只能是干预经济和弥补市场缺陷，不能与非国有企业一样，以追逐商业利润为主要目标。

第八，调整国有经济布局，收缩国有经济战线。国家的目标是国有经济应对关系国家安全和国民经济命脉的重要行业和关键领域保持绝对控制力，国资委对此也对这些行业或领域给出了明确的说法，即军工、电网电力、石油石化、电信、煤炭、民航、航运七大行业。因此，作为国有企业改革的一个重要方面，应该大力推进国有经济布局调整，收缩国有经济战线，改变当前国进民退、与民争利的状况。

第九，完善国有企业分红制度，将国有资本经营预算与公共财政预算相衔接。全体纳税人出资举办的国有企业应该将一定比例的净利润上缴国家，这个比例应该逐步与世界其他国家看齐。国务院已经扩大了红利征收范围并将征收比例上调5%，这将为国有资本经营预算与公共财政预算相衔接提供条件。一方面，可以提高国企留存收益的投资效率；另一方面，可以改善公共财政资源的整体配置，让社会公众间接分享国企收益。2010 年中央国有资本经营预算支出为440 亿元，其中“调入公共财政预算用于社会保障等民生支出10 亿元”。——虽然数额相对较少，但已传递出非常积极的信号。

案例

正奇金融——联想式国企改造样本

背景材料

经过两年多转让、摘牌和改制的运作，正奇安徽金融控股有限公司（以下简称“正奇金融”）从原安徽合肥国资系统成员企业，变身为联想控股旗下金融板块一员，如今管理资产规模已经突破百亿元，成为集融资担保、小额贷款、典当、融资租赁、夹层投资和资产管理等业务于一身的“类金融超市”。正奇金融业务实现高速增长，两年业务规模增长3 倍；合肥市换来20 多亿元的增量资金。联想控股在金融服务领域获得新的业务突破口。可以说，正奇金融的国企改制创造了双赢局面。

一、“类金融超市”初具雏形

正奇金融的前身是合肥市国有资产控股公司旗下的安徽创新融资担保有限

公司、合肥市国正小额贷款有限公司和安徽省金丰典当有限公司这三家金融公司。三家公司注册资本金合计6.94亿元,净资产8.5亿元。2012年10月,合肥市委市政府将这三家公司的资产打包转让,面向全国公开招标。在众多意向方中,联想控股最终成功摘牌。

当时,联想控股注册成立正奇金融,以完成对这3家公司的收购。经过两年多的积极运营,正奇金融在原有3家公司的基础上又扩充了4家子公司,分别是安徽正奇融资租赁有限公司、安徽志道投资有限公司、深圳市诚正小额贷款有限公司和安徽正奇资产管理有限公司,业务在原来的融资担保、小额贷款、典当的基础上,又扩展了融资租赁、夹层投资和资产管理等业务;用金融业的眼光来看,已经成为“类金融超市”——可以根据中小企业的发展阶段,配套一体化的融资配套方案。与改制前的财务数据相比,正奇金融近年来的发展可以用飞速来形容。截至2014年年末,正奇金融总资产达67.92亿元,净资产27.46亿元,累计缴纳税收2.7亿元。管理资产规模达108亿元,其中,融资担保业务在保余额达到40.31亿元,发放各类贷款余额41.71亿元。

二、多家上市公司受益

正奇金融的国企改制架构设计可谓十分大胆。合肥国资放弃了全部股权,但看似出乎常理的改制架构设计,实际上却带来了双方共赢的结果。

正奇金融从事的是完全竞争的金融领域,在原来的体制中,三家企业想要获得政府的巨额资本支持是有困难的,这也导致之前正奇的业务有一定的瓶颈,但如今这个瓶颈已经被打破了,团队的作战能力也被完全激活了。据中国证券报不完全统计,合肥当地绝大多数中小企业都是或者曾经是正奇金融的客户,这其中既包括科大讯飞、洽洽食品、安利股份、皖通科技、荃银高科等上市公司,也包括老乡鸡、万朗磁塑等处于高速发展中的公司。

从联想控股的角度看,收购奇正金融夯实了其金融板块业务。联想控股希望通过自身的品牌、管理、文化和资源等多方面的优势,实现被投企业的价值成长和快速发展,成为行业里的领先企业。作为一家投资控股型公司,联想控股目前拥有战略投资和资产管理两大平台。其资产管理的版图,已经覆盖了从天使(联想之星)到VC(君联资本),再到PE(弘毅投资)的一条完整投资链;而其战略投资则结合中国市场化改革、居民收入增长、新型城镇化等机遇进行布局,未来将以金融服务、现代服务(包括消费性服务、互联网、医疗服务、生产性服务)、现代农业与食品等方向为投资重点。

三、战略扩张布局

2014年9月,正奇金融“走出安徽”战略落下第一子,正奇金融在深圳前海注册的深圳市诚正小额贷款有限公司开业,诚正小贷将定位于全国性布局。成立诚正小贷,是联想控股“2014—2016 年成为上市的控股公司”大战略指导下,正奇金融区域扩张的重要组成部分。未来,正奇金融还会进军上海。

联想控股作为单一大股东,正在整合和串联正奇金融的业务,这也是业务庞杂的正奇金融未来的重要看点。收购之前,创新担保、国正小贷、金丰典当这 3 家公司彼此之间是没有业务协同的,而现在正奇金融作为目前这 7 家公司的母公司,能够完全实现协同式的发展。在此背景下,正奇金融正在打造类金融行业信息化建设的标杆工程。

案例分析

正奇金融国企改制的成功之秘诀就在于把市场法则发挥得淋漓尽致。具体而言:

第一,联想控股在 100% 收购创新担保、国正小贷和金凤典当 3 家国有企业,并正式设立正奇金融后,要求正奇金融的员工在认可联想的基本价值观基础上,先得确立正奇金融每一个人的主人地位,无论是高层管理者还是员工都是企业的主人。在国有企业中,每个人都是计划命令的被动接受者及执行者,在这种情况下,国有企业要想走入市场,并在市场竞争中取胜,当然是不可能的。所以,正奇金融的设立就是要确立企业每一个人的主人或主体地位,从根本上破解国有企业永远无法解决的难题。只有确立了主人地位,这些正奇金融的人才能以主人的心态来做这家公司,才能把公司的利益与个人的利益结合在一起,以此充分发挥每一个人的积极性与能动性。

第二,联想控股对认可联想文化并有能力的管理层给予充分授权。在联想控股管理层看来,他们以 100% 股权收购 3 家国有公司设立正奇金融,只是要搭建一个好的平台,给企业创造一个好的机制,帮助企业树立一个长远的发展目标,但联想控股本身并不是业务的经营者与管理者,整个正奇金融还得依靠本身的管理团队来负责整个企业战略的制定及执行,并对企业的成果负责。正奇金融管理团队才是整个公司运作的核心。为了做到这点,联想控股的管理层先寻找认同联想价值理念、有能力把正奇金融做好做强的主事人,并对他充分授权。这样,正奇金融的管理团队一方面能够充分利用联想的价值观及文化来全面转换原有企业员工的观念,利用联想控股的各种资源来做强做大企业,另一方面也能够把原有的企业及地方的各种资源整合成新企业增长之动力。

第三,正奇金融建立起市场化的激励约束机制或薪酬制度。在国有企业,并没有市场化的薪酬制度。个人的薪酬多少或是以年限和资历、或是以关系、或是以权力来定,它实际上与个人业绩没有多少关系,做好做坏一个样。在这种情况下,企业的员工根本没有动力来创造其业绩,反之还会出现"劣币驱逐良币",造成业绩差的员工越来越多。联想控股设立正奇金融后,首先是帮助正奇金融梳理了整个的职位体系,从总裁开始,到副总裁、各部门负责人、总监,再到每一个职位的员工,让每一级对应一个基本的薪酬。在基本薪酬基础上看个人业绩表现,以此来决定个人年底工资水平。这是从短期激励看,既能够看到个人对工作的努力程度,也能够检验个人工作能力的大小,干好干坏完全不一样。同时,联想控股管理层帮助正奇金融建立了一套中长期激励机制。在企业每年的利润中专门提成一部分,然后把这些提成的部分,根据员工3年的业绩每3年再发放一次。这样,个人的业绩又与正奇金融的中长期发展结合起来,促使员工更多地考虑未来的投入,而不是仅满足于短期行为。正奇金融建立了一套市场化的激励机制,充分调动了企业内每一个人的积极性,形成了企业内部的有效竞争,使得正奇金融得以健康快速发展。

第四,市场化主体的分散化决策及企业有效的市场竞争都是建立在一定的约束条件基础上的,而市场主体的约束条件不同,其决策的选择及资源配置的方式也会有很大不同。原先创新担保、国正小贷、金风典当等企业发展不起来,这不仅在于这些国有企业的运作机制失灵、无效率,也在于这三家企业的市场竞争能力有限,比如资本金不足、市场规模小、运作机制不流畅等。但是,当联想控股以100%的股权收购这三家公司并设立正奇金融之后,这三家公司的约束条件就完全改变了。三家公司以前的注册资本金是7.5亿元,收购后突然上升到15亿元,增加了1倍。后来再增加5亿元,注册资本达到了20亿元。同时,联想控股给正奇金融提供30亿元的信用担保。这样,不仅打造了一个类金融业发展的新平台,也完全突破了市场上其他类金融企业难以超越的瓶颈。与其他的类金融企业相比,正奇金融已经站在一个完全不同的平台上,市场竞争能力得到空前的增强。

第五,增强金融信用。联想控股设立正奇金融之后,为国内类金融市场化解信用不足问题探索出了一条新的路径。因为联想控股是一个国际品牌,设立正奇金融也就意味着联想控股对正奇金融的信用承诺及担保,这就从一定程度上解决了国内类金融企业信用不足的问题,降低了正奇金融的交易成本,提高企业经济效率。

(资料来源:傅嘉《正奇金融——联想式国企改造样本》,《中国证券报》,2015年1月28日。)

[PSSKT1. EPS,BP]

1. 我国传统国有企业的特征是什么?
2. 我国国有企业改革取得了哪些成就?
3. 我国国有企业制度创新需要处理好哪些问题?
4. 如何建立现代企业制度?
5. 深化国有企业改革应从哪几方面着手?

第七章

现代家族企业制度

学习要点

- 掌握家族企业的基本概念与特征。
- 了解家族企业的演变过程。
- 分析家族企业制度的产权与控制权问题。
- 考察中国家族企业的优点与缺陷。

家族企业是一种早期的企业形态。从一般意义上说，它通常是指所有权和经营权没有分离的，特定的，由家族通过血缘关系控制的一类企业。在我国经济改革过程中起最大推进作用的民营与私营企业，大多数由家族所有与经营。在欧美国家，包括福特汽车公司、美国制铝公司、海湾石油公司、埃克森公司、大通曼哈顿银行和杜邦化学公司在内的企业仍然是家族企业。在东南亚地区，从闻名于世的"亚洲奇迹"中，我们也处处看到了家族企业的崛起。丰田、松下、现代、三星等国际著名的家族企业集团在国家经济起飞与发展的过程中都做出了巨大贡献。

家族企业的鲜明特征在于家族企业的所有权一般属于由血缘、亲缘和婚姻关系联系起来的家族成员。企业的经营权、控制权和决策权与继承权控制在内部少数成员中。其优点在于，有利于创业时期的资本集聚，减少了企业的信息费用，提高了企业的忠诚度和凝聚力，减小了管理过程中的交易费用。但是，很显然，家族企业也有着与生俱来的各种缺点。

深刻了解家族企业的治理结构特征，可以帮助我们了解中国经济的活力与不足之所在,为我国今后的经济改革和现代企业制度的深化提供一定的理论与实践基础。

第一节　家族企业的演变

一、家族企业的定义

家族是一个常见的社会非正规组织。在西方文化中,家族是以婚姻为核心的联结直系亲属的最小居住团体;在中国的传统文化中,家族是由父系族谱关系所延续的血缘团体。从西方人的角度看,任何不同个人之间的社会关系都可以用契约来加以规定,而且婚姻关系本身也是一种非常重要的契约关系。在西方家族关系中,个人与家族是相对独立的个体,个体的行为无须受到太多家族因素的约束。但是,在中国,家族是依赖父系族谱关系而存在的,这也就意味着子女对其父亲家族的财产拥有不可否认的获取权;一个父亲必须依照习俗将财产均分给诸子,而不能按照父亲个人的意愿随意分配。在很大的程度上,家族是我们研究社会经济问题最基本的概念之一。一般看来,家族是在核心家庭基础上形成的以血缘关系为纽带结合而成的血缘集团,也可以说是血亲家庭的延伸和扩大;每一个有血缘关系的男性都自然属于该家庭的成员。随着时代的变迁,女性在家族之中的地位也得到了提高。

尽管家族企业是最早的企业形态,但是,学术界对家族企业尚不能提供一个众所接受的定义。各个学者从不同的侧重点出发,对家族企业给出了许多不同的定义。主要原因在于,家族企业在全球的范围内有各式各样的形态,并没有一种统一的产权格局和治理方式。

美国著名企业史学家小艾尔弗雷德·D.钱德勒是最早给家族企业下定义的学者。依照他的标准,传统的个人企业即两权合一的企业是家族企业;即使是合伙关系,只要资本股权为少数个人或家族所掌握,这种企业仍要归于家族企业的范畴。此外,“企业创始者及其最亲密的合伙人和家族一直掌有大部分股权。他们与经理人员维持紧密的私人关系,且保留高阶层管理的主要决策权(特别是在有关财务政策、资源分配和高层人员的选拔方面)的现代工商企业可称之为企业家式的或家族式的企业。”他认为,家族企业不仅仅存在于两权合一的古典企业之中,即使在一些两权分离的“现代企业”里,只要个人或家族掌握着企业的财务政策、资源分配与经理选拔权等最高决策权,与经理人员保持着亲密的私人关系,就应该也算作家族企业。

哈佛大学唐纳利教授认为,家族企业的显著特点是,同一家族至少有两代参与这家公司的经营管理,并且这种两代衔接的结果使公司的政策和家族的利益与目标有相互影响的关系。满足下列7个条件中的某一个或数个条件,即可构成家族企业:①家族关系是决定管理继承的主要因素;②现任企业主持人或前任企业主持人的妻子、儿女为现任董事会的主要成员;③企业目前的价值观念与家族成员的价值观念是同一的;④尽管家族参与经营,但其属员的行动都反映了企业的信誉与荣誉;⑤家族成员以非财务的理由,认为其有义务持有这家公司的股票;⑥家族成员在公司的地位影响到他在家族中的地位;⑦家族企业的成员与公司的关系决定了他一生的荣誉。

二、家族企业的产生

家族企业始于18世纪英国工业革命时代,200多年来,家族企业已呈现多样化的发展模式。而今,全世界每天都有成千上万的家族企业生生灭灭。家族企业在全球经济活动中始终扮演着重要的角色。据克林·盖尔西克等人的研究,由家庭所有或经营的企业在全世界企业中至少占65%~80%,世界500强企业中有40%由家庭所有或经营。在美国,家族企业创造了美国生产总值的一半,雇用的劳动力也占一半;在欧洲,家庭公司支配着中小规模的公司,并在一些国家占较大公司的大多数;在亚洲多数国家,家庭公司大都占据了主导地位;在拉美地区,由家族建立和控制的大型企业在绝大多数产业部门中都占主导地位。

(一)欧美的家族企业

家族企业最早可以追溯到中世纪的欧洲。那时地中海沿岸各城市海运繁荣,都市兴旺,商业较为发达。个体商人在中世纪社会经济中占有十分重要的地位。商人们一般都要把自己所经营的商号传给自己的亲属、子女。亲属、子女们在得到祖传产业后要分家析产,但又不愿歇业,于是便共同继承、共同经营先辈所经营的商业企业,共享赢利,共担亏损,从而形成了家庭营业团体或家族企业。16世纪,欧洲开始出现了一些在家族合伙企业基础上扩大的、高度集中的公司形式。

从18世纪中期到19世纪40年代,是英国工业革命时期。随着机器的使用代替了手工工具,手工工场逐渐向机器大工厂过渡,当然这一过程是缓慢的。在这一时期,手工工场和机器化大工厂同时并存,成为古典企业的早期形态。这些手工工场和机器化大工厂多数是小规模的家族企业,组织形式仍然是个人业主制或合伙制,血缘关系在这些企业的运营中具有高度的重要性。家族成员除了能够提供供应资本的信用网络外,还可以向新企业提供劳动力和市场信息。这些小规模的家族企业绝大多数负有无限责任,“在人们眼中,无限责任绝不是一种障碍，它向那些可能会对新的制造感兴趣的人体现了信用，因为它表明所有者是其企业的后盾。”但是，无限责任制度增大了投资的风险，也限制了人们对新兴产业的投资，从而使得有着漫长历史但使用范围一直较小的股份公司日益成为工业组织的支配形式。英国与美国政府从19世纪60年代起陆续制定了股份公司法。由于有了法律上的保证，股份公司开始快速发展，古典家族企业逐渐进化为近代家族企业。为了加速资本化，积累更多的资金，家族企业加快了扩张和兼并的步伐。自19世纪80年代以来，企业兼并变得越来越普遍，并导致在各个主要行业都出现了家族垄断企业，如铁路业的哈里曼家族、钢铁业的卡内基家族、石油业的洛克菲勒家族及金融业的摩根家族等，这些家族企业都是在19世纪后半期的市场竞争中逐步膨胀起来的垄断势力。

美国《商业周刊》的一次调查显示，在标准普尔500指数的成分股公司当中，有177家属于家族企业——创始人或其家庭成员在企业管理中扮演重要角色的企业。美洲大学教授安德森和坦波大学教授里布在美国《财经杂志》上共同发表的文章中也作了类似的阐述。他们根据长期的调查研究，得出的结论是：美国家族企业的生命力要比非家族企业旺盛得多。

无论是经营还是管理，美国家族企业都比那些谈不上血脉相继的竞争对手更胜一筹。按10年平均值计算，美国家族企业的股票投资回报率为15.6%，而非家族企业的股票投资回报率只有11.2%；在资产回报率、年度收入增幅两项重要指标当中，家族企业分别达到了5.4%和23.4%，非家族企业则分别为4.1%和10.8%。

这里我们以美国家族企业的演变为例，说明欧美家族企业的发展进程。

1. 初创阶段（1865年前）。在这一阶段，家族企业的主要特点是：①企业的规模较小，其中规模最小的是美国第四古老的家族企业——Barker农场，其全职雇员只有1名；②从事的产业以农场和机械制造业为主，服务业占较小的比重，且主要集中在墓地服务以及零售业；③由于资金、技术等原因，一般是由两个或者两个以上的合伙人共同出资或投入技术等资源，每个合伙人对企业的控制权相当，他们共同控制企业，共同行使经营管理权。

2. 起飞阶段（1865～1913年）。这一阶段家族企业的主要特点是：①家族企业开始形成垄断地位，代表性的公司如开创汽车时代的福特汽车公司（Ford家族，1903年）、世界上最大的私有公司Cargill公司（Cargill/Macmillan家族，1865年）；②媒体产业得到家族的关注，代表性的公司如McGraw－Hill出版集团（McGraw－Hill家族，1909年），Kohler出版集团（Kohler家族，1873年）以及《华盛顿邮报》（Graham家族，1877年）；③当企业规模不断扩大，实力较为雄厚时，合伙公司的一方便努力占有更多的股份，通过购买整个公司股份的方式获得对公司的绝对控制权，把创业伙伴排挤出去，使原来的合伙企业成为自己家族的企业，并在家族成员内部进行分配，使控制权在家庭成员内部多元化。例如，1906年，亨利·福特以17.5万美元的价格买下了麦肯森255份股票（占公司总股份的1/4）。这样一来，福特所持的股份上升到了58.55%，成为公司第一大股东。1919年，亨利·福特假意辞去公司总裁职务，引起股东恐慌，福特又借机收回了公司所有的股票。这样，福特汽车公司便完全掌握在福特家族手中了。福特把公司42%的股票给了儿子爱德赛，3%分给了妻子克拉拉，其余55%则留给了自己。

在这一段时期，美国家族企业迅速扩大，同时产生了两个方面的严重弊端：第一，造成产业过度集中。例如，1889年美国92.5%的火药生产被杜邦家族所垄断；1890年摩根家族拥有全美1/6的铁路轨道线路；1900年组建的美国钢铁公司控制了美国50%的钢铁产量，此外，它还控制了国际收割机公司，而该公司又控制了全美85%的农用设备市场。第二，家族企业通过操纵商业活动谋取私利。如杜邦家族为陆军部长塔夫脱的竞选捐助了2万美元；从1905年7月～1906年7月，美国陆军向杜邦公司订购了近600万磅的火药，杜邦公司将每磅成本0.32美元的火药以0.70美元的价格卖给政府。

3. 调整阶段（1914～1945年）。调整阶段主要的标志是：①家族托拉斯开始受到反托拉斯法的监控；②美国20世纪20年代经理革命的成功；③美国对小股民保护的力度开始加强。这些因素的共同作用，导致美国家族企业股权开始趋向多元化与分散化。

20世纪前20年间，由于反托拉斯法的执行力度日益加大，家族企业的垄断经营开始招致压力。例如，摩根由于受到反托拉斯法的巨大压力，被迫于1914年从其下属的30家公司的董事会中退出。在1929年股市崩溃事件的国会听证会上，摩根被指责在设立家族控股公司的过程中，利用股份编织了一张巨大的政治与商业权力关系网。这项指责直接导致了美国商业银行与投资银行必须分离的Glass－Steagal法案的迅速通过。由于反托拉斯的措施不断增强，美国许多大家族纷纷隐姓埋名，成立家族信托基金，其中最著名的是卡耐基家族于1925年设立的纽约卡耐基基金会以及洛克菲勒家族1929年设立的洛克菲勒基金会。这种压力导致美国家族企业力求通过上市套现，进而使之股权分散化，这就削弱了美国家族企业的控制权。

1920年，美国家族企业在经历了广泛的“经理革命”之后，企业主逐步把经营权交给职业经理人，所有权和经营权开始分离，企业成为由专业管理层经营管理的股份公司。其原因在于：市场扩大和新技术大量应用于生产，导致企业规模膨胀，随之而来的管理的复杂化和专业化，这使企业主无法亲自承担经营管理工作，也使得高层管理人员获得了家族企业的部分控制权。这在一定程度上加速了家族企业股权多元化的进程。

在家族企业开始被迫寻求公开上市以后，美国并没有像亚洲或其他国家与地区的家族企业那样，出现通过股市剥削外部中小股东的现象，原因在于美国证券监管法在全球最为完善，条款极具刚性。美国证券交易委员会可以利用宪法赋予的无限制权力传召美国境内与案件相关的任何当事人，且当事人不得拒绝，这就有力地保护了小股民的利益。此外，美国法律还赋予小股民集体诉讼的权力，只要一人胜诉，所获利益便归于全体股民。美国政府还对家族企业上市可能出现的漏洞及时加以堵塞，这极大地削弱了美国家族性上市公司的股权集中度，控制了家族对外部中小股东的剥削。

4. 快速发展阶段(1946 年至今)。20 世纪上半叶对家族企业的及时治理，使得美国成为世界上股权最分散的少数几个国家之一。1968 年颁布的《帕特曼报告》以 5% 作为一家企业的临界控制权。1978 年，美国参议院的调查报告甚至认为，只要控制一家公司 1% 或 2% 的股票，就足够对该公司的董事会和战略目标形成巨大影响。在这一时期，由于第二次世界大战后美国全球霸主地位的确立，美国家族企业在金融业和媒体产业获得了极大的发展。如 1954 年成立的 Viacom 公司和 1959 年成立的美国金融集团，在短短的几十年内便崛起成为规模巨大的跨国公司。此外，1945 年美国政府将 3/4 的 R & D 投入资金拨给了私人。1958 年美国《小企业投资法案》的通过，直接导致美国家族或个人掀起了新一轮创新热潮，再加上美国 1981 年创业投资数量的快速上升，使得美国家族性高科技公司成为家族企业的生力军。

美国家族企业漫长的演变过程有几个鲜明的特征。美国《家族企业》杂志发现，100 多家美国最古老的家族企业的共同规律是：①保持小规模。美国最古老的家族企业中 50% 雇员少于 15 人。②不公开上市。在这些家族企业看来，公开上市只能筹集部分热钱而已，反而容易引起收购专家的注意。③避免在大都市地区注册。④家族要始终控制企业的所有权。

(二)东南亚的华人家族企业

东南亚华人家族企业主要是由从中国东南沿海各省移民到东南亚各地的华人逐渐发展起来的。东南亚华人经济在第二次世界大战前已成为当地民族经济的一个组成部分。大量移民东南亚各国的华人中，大部分是出洋逃难谋生的人。其中，有生活无望的农民，破产的地主、作坊主、手工业者及小商小贩，也有被英、荷殖民者拐卖出洋的“契约”苦力。他们从小商贩和零售商开始，逐步发展成为中间商、代理商，继而成为进出口商、加工企业主等，初步实现了华人经济的原始资本积累。这一华人经济的历史形成过程经历了 1 个多世纪的时间。广大华人凭借自己勤劳、节俭、诚信忠厚的品德在异乡极为艰难的政治和社会环境中成长并壮大起来，最终使华人经济成为其居住国国民经济的重要组成部分。

东南亚华人的经济成就是有目共睹的，他们拥有的巨额财富远远超过了他们的人口比例。在印度尼西亚，华人只占人口总数的2.1%，却至少拥有70%～75%的私人资本；在菲律宾，华人总数不到1%，但控制着35%左右的销售额；在马来西亚，占人口37%的华人控有属于当地人资本的60%～70%；在泰国，占总人口8.5%的华人拥有商业部门总投资的90%，制造业总投资的90%，银行与金融业总投资的50%。跨国的海外华人经济圈已经成为世界第三大经济势力。如果把海外华人看作一个整体，则其经济实力仅次于美国和日本。

家族企业是战后东南亚地区本土资本形成和积累的主要组织形式，也是推动经济增长的重要动力源泉。东南亚华人家族企业的产生，经历了从旧的、以土地为经济基础的血缘共同体向新的、以资本和劳动收入为经济基础的血缘共同体的转变。东南亚华人家族企业迅速发展的一个重要标志是企业集团的崛起。东南亚华人家族企业集团是指在东南亚当地形成和发展起来的，由华人资本家或家族企业起步，发展到一定阶段后，变成由家族或者家族与合伙人控制的股份公司，再通过控股等方式，将母公司与子公司、关联公司组织起来形成的多元化经营的企业群体。特别是进入20世纪90年代以后，“以个人、家族为中心的企业集团”在东南亚各地逐渐兴起，事业不断扩大。其中，我国台湾、香港地区和东南亚的“华人企业”令世界产业界惊叹不已。

由于受儒家文化影响，在华人经济中，家族企业的存在更为明显。这里以在东南亚经济中占很大成分的华人企业为例。就所有权而言，家族式企业最为普遍，整个企业为一个家族所拥有与控制；合伙经营的企业也相当普遍，经营伙伴一般都是亲戚或朋友，包括彼此了解的同事在内。如印尼沙林集团为林绍良家族，泛印集团为李莫明兄弟。泰国最大的华泰集团，虽非一个家族，也是由两三个家族共同拥有，使公司受到高度控制。当然，华人财团之间既相互独立，又相互渗透、相互入股，有的通过“联姻”等方式加强合作，使之具有超越家族“村落”的文化色彩。林绍良在金融业上同李文正合作；在地产方面，徐清华则是他的伙伴。这种互相渗透，使华人财团之间形成了庞大的关系网。近年来，东南亚地区国家的政府尤其是新加坡和马来西亚政府，极力鼓励旧的独资或合伙企业转注册为家族式或合伙式的有限公司，但所有权不受影响。

近几十年来，随着东南亚经济的崛起，东南亚各国政府普遍推行经济自由化政策，放宽经济管制，促使东南亚华人企业集团的经济实力逐渐增强。新加坡的丰隆集团、印度尼西亚的力宝集团等就是其中的代表。其主要特征是：①企业集团采用家族控股和家族经营的方式。不仅集团的大部分股份掌握在主要家族成员手中,而且企业集团的核心领导层和决策管理层也由家族成员组成,他们控制着家族企业的所有权和经营权。②企业集团与当地政府的关系密切。东南亚华人企业集团的形成与发展得益于政府的政策扶持。私人资本与国家资本相互渗透和联合,资本的结合具有一定的政治色彩。③东南亚华人企业集团资金的筹集倾向于企业内部资金积累以及通过商业银行进行债务融资或关系融资,尽量避免采取易使控制权分散的股权融资形式。④华人企业集团的经营形态正从"家族封闭式"走向开放。特别是东南亚金融危机之后,华人企业集团纷纷进行重组和调整,其经营模式正逐渐接近欧美企业集团。

(三)我国的家族企业

我国的家族企业是经历4个阶段逐步发展起来的:第一阶段,1978~1987年。1978年党的十一届三中全会以后,私营企业开始萌芽。第二阶段,1988~1991年。1988年国家颁布了《私营企业暂行条例》,私营企业开始得到了立法保护。第三阶段,1992~1996年。1992年春,邓小平同志到南方视察,并发表了重要讲话,鼓励发展私营企业。第四阶段,1997年至今。党的十五大肯定了非公经济是社会主义市场经济的重要组成部分,私营企业开始进入了稳步发展阶段。到20世纪90年代后期,民营企业的工业产值已占我国工业总产值的半壁江山。

经过20多年的发展,我国的私营经济已成为社会主义市场经济的重要组成部分。2003年底,我国私营企业达到300.55万户,比2001年增加97.7万户,增长了48.16%。从1993年到2003年10年间,私营企业增长了33倍多,年均增长28.87%;注册资本由1993年底的681亿元增加到2003年年底的35 305亿元,增长了52倍,年均增长48.41%;从业人员由1993年底的372万人增加到2003年年底的4 299万人,增长了近12倍,年均增长27.72%;私营企业产值由1989年的422亿元增加到2003年的20083亿元,增长了48倍,年均增长47.15%。

私营企业一般都是以家族形式发展起来的。在我国的私营经济中,家族企业占90%左右,家族企业已成为我国经济发展新的增长点,显示了强大的生命力。

我国的家族企业具有以下特征:

首先,家族企业所有人既有极大的动力控制成本,又有很大的压力促使非家族人员创造财富。在所有权与经营权合一的家族企业中,家族企业的总经理既要通过人情投入以感动人、打动人,又要通过严密的层层监督,达到控制成本的目的。

其次,家族企业是家庭和企业的重合体,企业事务往往融合在家庭这一载体上。中国社会是以人情为主,以个人为核心的不断泛化的关系社会。所以,家族企业往往形成以家长为中心,以家族成员为主的与企业外部的复杂的关系网络。

再次,家族企业中,家族成员之间的关系具有历史渊源,可以追溯到孩提时代,甚至可以跨越几代人。因此,在家族企业中,家族成员之间的关系除了同事关系、上下级关系之外,还有一种亲情关系,如血缘、婚姻、亲缘等关系。

最后,家族企业的封闭性较强,人才、资金、信息等都有很强的封闭性。家族企业成立之初的资金绝大部分来自于家族内部,管理人员甚至工人都来自于家族内部。

中国传统社会是以"家"为基本单位的农业自然经济社会,"家庭"是这种社会的细胞,也是最重要、最基本的社会组织。为了维护"家"的利益和声誉,实现永续存在的发达兴旺,产生并形成了几千年一贯的宗法式的"家族主义"文化。这种文化的基本特征是:以父系单系家长权威为轴心,形成父慈子孝、兄友弟恭、夫义妇顺的家族亲情关系以及上下尊卑、亲疏远近的等级旧秩序。

在中国传统文化中,每个家族成员都依附于家,都对家的利益、声誉和兴旺负有责任,并且对家的责任胜过所有其他的责任。在家族群体里,人与人之间产生全面而强烈的信任关系,一旦超出这个圈子,与"圈外人"交往时,信任感便会逐渐减弱乃至消失。这种传统文化体现了强烈的人际等级意识和族类意识,内具亲和力和凝聚力,外具排异性和分散性。几千年中国传统的这种"家文化",至今仍然影响甚至决定着不少中国人的行为取向、价值观念和人文性格。在"家文化"的熏陶下,民营企业因循家族管理是再自然不过的事了。显然,"家文化"正是民营企业采取家族化管理模式的肥沃"土壤"。

传统的家族制度、家族文化的影响和渗透,是家族企业普遍存在的伦理基础;而交易费用的节约、组织成本的降低,则是家族企业存在的理性选择。由于这些原因,家族企业在我国仍会长期存在,并将保持其旺盛的生命力。这种制度安排有其存在的经济合理性,主要体现在:

第一,创业优势显著。在创业初期,凭借家族成员之间特有的血缘关系、类似血缘关系、亲缘关系和相关的社会网络资源,可以以较低的成本迅速集聚人才,全心投入,团结奋斗,甚至可以不计报酬,能够在很短的一个时期内获得竞争优势,较快地完成原始资本的积累。对于企业的运作而言,关系是比地理区位、物质资源、货币资本更为稀缺的资源。在家族企业中,每一个家族成员都会贡献出自己的关系资源,这种稀缺的、难以替代的关系资源成为家族企业创业优势的源泉。这样的创业优势,使得家族企业只需承担较低的协调成本、激励成本和监控成本,可以避免现代企业中惊人的浪费和机会的丧失。

第二,企业高效运作。家族企业的运作成本相对较低,能够实现低成本扩张。其原因在于:一是能够降低生产成本。家族管理模式由于减少了工资,引入了家族网络的融资,有利于降低前期的生产成本。二是能够降低协调成本。家族化经营的协调成本也比较低，企业的内部矛盾和冲突可以通过内部协商解决，避免了由于引入第三方的监督而造成的成本过高的情况发生。三是能够降低代理成本。家族成员之间由于特有的血缘、亲缘和地缘关系，彼此间的信任及了解程度较高，信息不对称情况较弱，企业具有强烈的凝聚力，家族企业成员之间的心理契约成本较低，这就大大减少了企业的监控成本。同时，由于所有权与经营权的完全统一，使得企业的总代理成本较非家族企业低。

第三，较强的灵活性和抗风险能力。家族企业在西方发达资本主义国家的企业发展史上也曾有过辉煌的时期。只要对两者进行比较，就会发现两者产生的背景颇为相似，即都是市场经济发展的初级阶段。以家族血缘关系为基础建立起来的企业组织内部结构简单，管理层次较少，企业成员间具有较高的信任与合作能力；而通过家族血缘关系形成的私人关系网络又可以使企业减少交易费用，减少不确定性和风险。在一个法治不健全的社会里，交易中的风险及不确定性相当大，家族血缘关系网络往往被视为一种具有明显比较优势的廉价组织资源。为了减少风险和不确定性，人们在交易过程中会尽量利用熟悉的关系，这就使能够及时动员的关系资源成为一种关系型的专用资产。因此，与其他组织形式相比，家族企业具有较高的灵活性和较强的抗风险能力。

第四，两权合一在一定程度上是家族企业的内在优势。由于产权高度集中于少数几个人，客观上使所有者卷入企业生产经营活动的程度很深，所有者有足够的动机和条件确保企业是在为自己的最大利益运作。在这种产权关系下，出资者与经理的工作统一于雇主式企业家一人身上，因而不存在对经理的激励和监督问题，也不存在出资者与经理在企业目标上的冲突，这就有效地节约了企业的组织管理费用；再加上家族制企业强调下属对上级的服从，决策执行贯彻容易，其决策也就快速而富有效率，能快速和灵活地反映市场的需求。

第五，强烈的内部凝聚力。在家族企业中，家族成员有着诸多的共同利益，彼此之间具有天然的自我约束、自我牺牲精神，从而可以使企业减少大量的监督管理费用，大大提高企业的效率。家族企业的资源配置过程主要不是依靠供求关系、法律制度或行政指令，而是靠亲缘关系、伦理规范和文化认同，这就使家族成员可以从许多方面对家族所拥有的小企业乃至整个小企业集群的整体目标和利益产生认同。这种互补机制的存在，使得企业内部更具有亲和力，家族成员无须通过纯经济计较或契约，就能保持对其自身与企业目标和利益的一致性。当企业陷入危机时，企业能表现出较强的内部凝聚力，员工会付出更多的劳动而不计较报酬，与企业共渡难关。

在中国现阶段的经济发展水平上，家族制企业是中国绝大多数民营企业的“理性”选择，它适应了这个阶段我国民营企业生产、技术、资金和市场等方面的特点，是一种合理的制度安排。一项对中国私营企业的调查表明：在抽样调查的样本中，已婚企业主的配偶有50.5%在本企业做管理工作，其中9.8%负责购销；成年子女有20.3%在本企业做管理工作，其中13%既负责购销又负责管理。在被调查的所有管理者中，26.7%由投资者担任，16.8%由企业主或主要投资者的亲戚担任，5%由其邻居或同乡担任。这还没有包括诸如同学、朋友以及其他关系的成员。但是，应当看到，这种合理性是在某个特定的历史阶段、一定的社会关系和文化背景下发挥作用的，当这些条件开始发生变化时，其存在合理性就会随之发生变化。

第二节　家族企业与公司治理

一、家族企业治理的一般特征

一般来说，现代家族企业可以分为以下几种类型：

第一，由一位所有者为投资核心。多表现为家长式投资，如父亲或母亲出资组建家族企业，父亲或母亲自然而然地担任主要领导的职责，子女们则在某企业岗位上任职。父亲或母亲的权威和子女的同心协力，是家族式企业得到成功的关键。

第二，由兄弟姐妹共同投资。企业由某一位或兄弟姐妹中推选出的一位担任企业的主要领导职务；兄弟姐妹根据个人特长，分别在管理岗位上任职。兄弟姐妹中有威信者掌握企业大权，往往会使企业由大到小，走向成功。

第三，由堂、表亲或姻亲等亲属共同投资。这是一种大家庭式的家族企业，它由某人或多人共同投资，由投资额大或较有成就的亲戚担任企业的主要负责人，其他人则分别负责各自分管的工作。这类企业由于组合的范围大，社会关系广泛，在市场竞争中占有优势。

第四，由夫妻共同投资。这是夫妻老婆店式的家族企业模式。在这类企业中，夫主外、妻主内的现象更加突出。一般是丈夫当经理，妻子出任财务内当家，企业往往管理得井井有条。

第五，由家族投资经营管理为主。这类企业以家族成员为主，但不拘泥于亲情，量才录用，并请无血缘关系的外聘人员担任较高层次的领导，家族中的其他成员担任的管理岗位层次比外聘人员低。

二、家族企业的产权结构

家族企业在发展壮大的同时，也不断从内部产生对其自身的瓦解力量。第二次世界大战后，稳定的政治经济环境和第三次科技革命带来的生产力的提高，为世界经济发展提供了有利的条件。伴随着经济的快速发展，企业的规模的不断扩大，几百亿、上千亿美元资产的大公司比比皆是。这种超大规模的垄断企业在19世纪30年代是不可能出现的，这就使得任何一个个人或家族要想实现对多数股或绝对多数股的控制变得越来越困难。为了企业的发展，家族不得不稀释股权。据调查，美国从1929年到1976年，在大约一半以上的公司中，私人家族的持股比例下降了约75%以上；在4/5的公司中，私人家族的持股比例下降了50%多。福特家族1929年拥有福特汽车公司100%的股份，1976年持股比例则降至40.3%；梅隆家族1929年持有海湾公司80%的股份，1976年则降至7.6%；洛克菲勒家族1929年持有美孚石油公司14.5%的股份，1976年降至0.9%；杜邦家族1929年持有通用汽车公司32.6%的股份，1976年持股比例下降到8%以下。

根据世界银行对东亚9个国家和地区的2980家公司股权结构进行的调研，有2/3的公司股权较为集中，其中大部分大股东是家族。以拥有企业20%股权即形成对企业的控制为标准，在韩国，家族控制了企业总数的48.4%，我国台湾地区为48.2%，马来西亚则是67.2%，我国香港地区为66.7%，印度尼西亚为71.5%，泰国为61.6%，新加坡为55.4%，菲律宾为44.6%。

我国现有私营企业的产权制度多属自然产权制度，其特征是产权占有主体的唯一性和占有关系的排他性。其原因在于私营企业的创业者大多具有根深蒂固的业主观念，希望完全地、绝对地控制企业，不愿意吸收外来资本，这就必然导致企业产权的封闭化。根据储小平的调查结果（如表7－1所示），在被调查的私营企业中，业主个人独自拥有的约占59%，由企业主和其他家庭成员共同拥有的占14.3%，而与员工共同持有的还不到1%。

表7－1　我国家族企业的资产所有权状况（%）

企业主独自拥有	企业主与其他家庭成员共同拥有	企业主、家庭成员和亲戚共同拥有	企业主、家人和朋友共同拥有	企业主与员工共同拥有
58.93	14.3	3.6	12.5	0.6

资料来源：储小平：《家族企业与社会资本的融合》，经济科学出版社2004年版。

三、家族企业的治理方式

在家族企业的初创期，企业以家族的利益为中心，以家庭的积累资金为主要资本，由创业者和其他家庭成员共同经营。这一阶段的家族企业是以家族为核心，企业有着一般厂商所没有的凝聚力和向心力。企业规模小，人员少，经营单一,结构简单,企业的员工都来自于家族内部,创业者身兼数职。由于管理层次少,易于沟通,成员间具有较高的信任与合作能力。因此,尽管家族成员文化水平不高,缺乏专门管理知识,但基本上还能够胜任管理工作。在这个阶段,家族企业的所有权与经营权完全统一,管理人员少且都是创业者及其家人。

在企业成长的过程中,随着家族企业规模的扩大,家族企业中的组织成员结构也将以男性血缘为核心,依血缘、姻缘、地缘等关系,由亲及疏、由近及远地向外扩张。随后,家族企业的各种问题也接踵而至。最先面临的是家族企业内部成员的权力与利益纷争。利益纷争有可能来自于兄弟姐妹们之间的争权夺利,也有可能来自创业合伙人对利益分配的不满。当掌权人有足够的能力、魄力和权威性时,可以通过沟通、协调等方式化解这种矛盾,但并不会影响所有权与经营权的分离;如果这种纷争无法化解,则极有可能通过将所有权在家族成员内分解来解决权力和利益之争。随着创业者及其兄弟姐妹的子女长大成人,这些子女纷纷加入家族企业,参与家族企业的经营管理。此时,家族企业创业者也开始将所有权在创业者夫妻和创业者子女间进行分配。

随着家族企业规模的不断扩张,其内部的人事关系日趋复杂,企业所面对的市场竞争也更加激烈,这时企业必须面对新的问题:一是由于家族内成员的管理技术知识有限,家族企业内部缺少专业性的管理人才和技术人才;二是资金短缺,这是制约企业发展的另一个问题。当家族企业无法满足扩大规模的资金需求时,就会通过出让企业的所有权筹集资金、吸引人才,满足内部管理和业务发展的需要。在这一阶段,尽管家族成员仍然控制着的企业所有权,但其所有权还是出现了多元化的格局。与此同时,来自家族外的高级管理人才和技术人才也不断增多,并开始占据部分高层管理职位。

在企业走向成熟的阶段,随着企业公开化和社会化程度的不断提高,家族企业的组织结构也变得比较复杂。家族企业开始立足于自身的产权与运营特征,逐步吸纳现代公司的先进理念和操作手段,有条不紊地建立起分工明确、决策科学的治理机制。在家族企业中,创业者和非家族高级管理人员会分享董事长、总经理等职务:或者创业者仍担任董事长与总经理职务,而所聘请的专业管理人员则担任主要经营负责人的角色;或者创业者成为董事长而专业管理人员成为总经理。此时,家族企业的治理结构更加依赖非家族成员的专业技能。在家族拥有企业财产所有权和对企业经营发展最高决策权的同时,会充分发挥职业经理人的积极性和主动性,家族成员一般不干涉企业的日常经营业务。

四、家族企业的决策机制

当家族企业还处在家族完全拥有企业所有权阶段时,家族企业内部是以

“家族理事会”为最高权力机构。此时，由于家族企业存在“家长”的权威，会导致其他相关机构权力的弱化，而“家长”的权力则会过于强化。出于对自己财产保值和增值的需要，“家长”具有极大的动力进行各方面的决策活动。家族核心控制人会面对具体问题及时调整企业的重大决策。当企业核心决策人（家长）的决策与市场需求的变化方向大致相符时，企业核心决策人的决策会迅速得到执行，给企业带来收益；但是，如果“家长”不（再）具有企业家能力，对企业经营方向发生战略性决策失误并一意孤行，家族企业就会面临巨大的风险。这是因为，此时即使包括家族成员在内的所有其他企业主体都已经意识到危机的存在，由于不具有挑战和制衡“家长”权威的能力，他们也只能听命于此，或者选择被动离开。

因此，当企业核心决策人不（再）具有企业家才能，而他的核心决策地位又得到来自不对称亲缘权威关系的无限强化时，家族企业的可持续发展就将是一个问题。从表 7－2 中可以看出，在家族企业中，企业重大的经营决策主要是由企业主单独或由企业主与主要管理者共同做出的。尽管单独由企业主决定的比例有所下降，但仍占 80% 以上，决策权与管理权高度集中在企业主手中。董事会决策虽然占有一定比例，但董事会并非真正由股东选出；董事会的成员主要由家族成员组成，而且董事会的决议对企业主来说一般只有参考意义，决策当然容易出现失误。家族企业尤其是采取家长式领导作风的企业，所有重大决策都由企业领导人自己做出，主观性和随意性较强，有很多企业主仅仅靠自己的感性认识和传统经验作决策。尽管这种决策机制能够提高决策效率，但决策正确与否主要取决于决策者的素质和能力。从中国私营企业研究课题组的调查结果可以看出，尽管近年来我国私营企业主的文化水平有所提高，特别是到了 2002 年，拥有大学文凭的企业主已占 3.5%，其中甚至有 4.9% 的人接受了研究生教育，但从总体上来看，我国家族企业主的文化层次和素质仍然较低。

表 7－2　历次调查中私营企业的权力结构—重大经营决策（%）

年份	1993	1995	1997	2000
业主决定	63.6	54.4	58.8	43.7
业主与主要管理者共同决定	20.7	25.6	29.7	29.1
董事会决定	15.2	19.7	11.0	26.3
业主与其他组织共同决定	0.5	0.3	0.3	0.5
职业经理人决定	–	–	0.2	0.4

资料来源：张厚义：《中国私营企业发展报告（2002）》，社会文献出版社 2000 年版。

五、家族企业的传承方式

接班与继承问题是家族企业面临的最主要的问题。在美国,39.4%的家族企业在未来5年将直接面临领导权更替。在那些已选定接班人的家族企业中,84.5%选择的是40岁左右受过大学教育的家族成员。在挑选家族企业接班人方面,71.7%的家族企业并没有制定明确的资格认定政策,25.1%被选定的接班人没有在家族企业以外工作的经历。在那些制定家族企业接班人资格认定政策的企业中,38%的企业要求接班人具有在家族企业以外至少工作3年的经历。在家族企业所有权的继承方面,美国家族企业主要有两种分割方式:①按照家族成员对家族企业发展的贡献来进行所有权的分割,大部分家族企业采取的是这种方式;②在符合条件的继承人之间平均分割所有权。近年来,这两种分割方式有均衡化的趋势:1997年,采取第1种方式的比率达到52%,是第2种方式的2倍;2002年,采取第1种方式的比率大幅度下降到了38%,仅高于第2种方式9个百分点。对家族企业不感兴趣的家族成员越来越多,他们通常不要企业所有权。对这些家族成员的补偿,主要按照其应得股份的市场价格来确定:52.3%的家族企业选择完全按照家族成员所拥有股份的市场价值给予补偿,24.8%的家族企业选择在家族成员间竞价支付,10.5%的家族企业按照家族成员的需要给予相应补偿,6.6%的家族企业按照高于市场的价格支付补偿金,5.8%的家族企业则按照低于市场的价格支付补偿金。

根据国外的调查,家族企业的平均寿命只有24年(等于创始人的平均工作年限),只有30%的家族企业传到第二代,仅有13%的家族企业被第三代人继承。由此可见,继承人的正确选择对家族企业的延续至关重要。

我国家族企业起步较晚,权力交接或继承问题还未或很少涉及。但随着时间的推移,创业者或者已经去世,或者已经到了垂暮之年,这一问题迟早会到来。中国家族企业在交接班问题上比较常见的有两种选择:一个是子承父业式,延续家族式管理;二是聘请职业经理人,实行现代企业制度。我国社会现在的信用环境尚不成熟,相关法律也不完善,家族企业聘请职业经理人存在较大的风险。事实证明,在选择接班人时,我国的家族企业绝大多数偏向于前者。在子承父业式中,仍然存在着两种不同的模式:一种是子女直接进入经营决策层,通过辅助管理逐步完成交接,如重庆力帆老总尹明善;另一种是选定了自己的子女,但是着眼点更加成熟和长远,一般要求未来的继任者接受全面的西方先进科学文化及管理专业教育,并在基层摸爬滚打中逐步成长起来,通过自己不懈的努力做出业绩,以赢得信任和企业上下的拥护与支持。第二种情况有利于提高接班人对于企业价值的认知,并降低了他们采取冒险经营行为的可能性。所以,这种模式对于规范接班人未来的行为并在一定程度上确保接班计划的成功具有良好的效果。

第三节　家族企业管理制度的优化

一、欧美家族企业管理的经验

（一）高度的家族控制权

控制权是家族企业的两大要件（家族控制与家族所有）之一。家族企业控制权的基础是家族所拥有的企业股权。欧美家族企业在产权方面经历了从与他人共同持有公司股份到家族独自持有公司股份，再到家族放松企业股权这样一个演变过程。目前，家族成员仍然是家族企业的最大股东，一般对该公司有着明显的控股权。欧美家族企业股权结构呈现出以下特征：一是家族企业股权的开放程度较高。股权分散首先是所有权和经营权分离的结果。随着家族企业规模的扩大，或者由于家族企业创业者的下一代兴趣和能力的原因，大多数家族企业都倾向于聘请专业管理人员来管理企业，这种方式的结果很容易导致家族企业股权的相对分散。为了防止职业经理人的道德风险，给予经理人期权、股票奖励和刺激，是很多企业共用的激励手段。这些企业希望通过将经理人的利益和企业利益相联系的做法，解决道德风险问题。因此，在欧美众多的家族企业中，有许多并非完全意义上由某个家族统治，而是靠多数股份掌握着对公司的控制权。当然控制的程度并不相同。以意大利与美国为例，意大利的家族控制更偏重于所有权方面。在股东与董事的指标方面，意大利的家族控制强于美国，意大利家族股东数超过 2 人的比例在 90% 以上，而美国才刚刚超过 50% 。

（二）较高的职业化管理程度

虽然家族企业一般要掌握企业的所有权和控制权，但是，家族控制不等于家族经营和家族管理，二者可以分离。从理论上说，通过相应的制度安排，将经营权交给家族以外的成员，实行两权分离，有利于家族企业摆脱家族企业的局限性，从而将企业做大做强。从实践来看，欧美的家族企业所有权和经营权分离相对比较普遍，而且两权分离的效果比较明显，成就了许多大规模的家族企业。曾经在世界 500 强中排名第一的沃尔玛就是家族企业。

（三）资本多元化

欧美的家族企业已接受了越来越多的社会资本，成为有限责任公司或股份有限公司。企业所有者（股东）只对企业的债务承担有限责任，资本所有权与经营权相分离。但是,这些由某一家族控制的企业仍由某一家族成员直接经营或者委托经营。这一类型的企业既属于现代企业,又与传统类型的独资企业有着某些相似之处。

(四)重视国内市场

美国的家族企业主要着眼于国内市场,64%的家族企业没有任何来自其他国家或地区的销售收入,9.1%的家族企业海外销售收入占总销售收入的比重在1%~50%之间,只有1.6%的家族企业海外销售收入占总销售收入的比重超过50%。因此,美国家族企业在回答未来面临的挑战时,将来自国内市场的竞争列为最关键性的挑战(14.3%),高于第二位的管理因素(12.8%)以及第三位的经济衰退(12.3%)。

二、海外华人家族企业的成功与制度创新

海外华人家族企业治理模式所具备的优势主要体现在以下两个方面:

第一,产权明晰,控制权与剩余索取权获得最为理想的对应。家族企业的产权明晰实质上包含三个层次:一是企业内部产权明晰,二是企业中家族股东与非家族股东之间产权明晰,三是家庭内部产权明晰。海外华人家族企业一般都是由个人或家族成员一手创办发展起来的,资产来源与归属的划分简单明了。因此,从以上三个层次来看,前两个层次的产权一般是明晰的,但第三个层次的产权是否明晰还有疑问,不过,一般还是基本符合产权明晰标准的。这就使得资产所有者在企业中的权力和责任相当明确,家族企业中的责权利得到了较好的结合。企业所有权与剩余索取权都集中在家族手中,家族企业的创业者既是资本家又是企业家,两者合二为一。而作为"企业家控制的企业",华人家族企业最根本的优越性在于能够保证利润最大化成为企业的首要目标。而"现代企业"由于两权分离而导致的利润最大化目标的偏离或最大化目标的非唯一性,往往是困扰许多企业的难题。在结构比较简单、权力相对统一集中的古典特征的华人家族企业中,几乎不存在这样的问题。

第二,股权公开化和社会化程度逐步增强。20世纪90年代以来,由华人家族企业第一代或第二代建立起来的对企业发展必不可少的与政府关系密切的这一优势,在家族第二代或第三代控制企业领导权后不断失去。这种情况迫使家族企业不断提高股权公开化和社会化程度,通过扩大股东基础和合作伙伴的形式促进企业稳定发展。部分华人家族企业在第二代或第三代终因内讧而导致企业分裂、解散的惨痛教训,迫使一些华人家族企业通过股权公开化和社会化的形式来谋求企业的长远发展。此外,近年来,东南亚各国推行的贸易自由化政策削弱了对本国民族产业的保护,使国际垄断资本纷纷涌入。为了增强与国际垄断

资本竞争与合作的实力，华人家族企业也不得不采取股权公开化和社会化的举措。

东南亚华人家族企业的治理模式在仍以家族治理为主的情况下，经营管理权与控制权已开始逐渐分离。改善家长式领导，强化制度管理，股权进一步公开化和社会化，企业外部股东、合资者、合作者对企业的制约和监督不断强化，已经是明显的演化趋势。

三、我国家族企业管理的问题与缺陷

第一，家族式民营企业的产权界定不清晰。家族企业的产权相对于企业内部成员个人来说，往往是一种模糊的产权界定。这种模糊源于当代中国私有资本的特殊性质，即大部分中国私有资本在产权主体上带有强烈的血缘、亲缘、地缘关系。随着企业的发展，家族亲缘关系受到经济利益关系的冲击而松动，家庭或家族成员的忠诚会被资本权利所侵蚀而出现叛逆。“经济人”的本能，即使在父子之间、夫妻之间、兄弟姐妹之间也不例外。企业的产权只要不在自然人之间界定清楚，其排他性就不严格，就会因为谁都想多分这块日益做大的蛋糕而影响家族成员的积极性，也迟早会提出单个成员之间重新界定产权的要求。

第二，企业组织形式以有限责任公司为主，但往往名不符实。据“中国私营企业研究”课题组编的《我国私营企业调查报告》，有限责任公司已成为我国家族企业主要的组织形式，但其中约有 117 个家族企业实际上是一个人投资，登记为何种类型的企业，完全取决于企业经营的需要。有限责任公司在相当程度上成为企业主规避制度风险和改变企业自身形象的一种摆设，并没有真正建立健全企业治理结构。部分家族企业虽然设立了“三会”，但董事会其实更多的是“家庭会议”，监事会成员由于缺乏监督和制约机制形同虚设，企业“三会”实际上处于家族成员的主导和控制之下。

第三，融资渠道单一。企业创业和发展资金基本上来源于业主家庭或家族。我国家族企业所需的创业资金和发展资金基本上都是自给型的。企业最初的创业资金主要是靠业主或家庭筹集，后续的发展资金基本上也是靠企业的自我积累。与家族企业初创时期相比，目前家族企业的资金来源虽然有所变化，但劳动所得和向亲友借款依然是资金来源的主要渠道。据浙江省工商业联合会对浙江省 120 名非公有制代表人士的调查，企业资金来源主要是原来劳动所得的占 31%，排在资金来源的第一位。

第四，封闭化管理与任人唯亲。家族企业高度集中的封闭化管理规则以及任人唯亲的用人原则，使企业难以有效地吸收和集成外部的职业管理资源，企业的管理效率无法提高，制约了企业的持续扩张。企业的所有者并非一定就是优

秀的管理者，仅靠企业所有者做出的经营决策难免带有经验性和很大的随意性。家族企业的管理人员一般是从家族内部选择，很少从企业外部引进优秀管理人才，而家族成员中有相当一部分人缺乏管理能力，这就势必导致企业的管理水平低下，难以适应企业发展的要求。

四、我国家族企业管理制度的创新

第一，建立有效的家族企业董事会制度。我国的家族企业由于发展的时间还不长，规模不是特别大，日常经营和决策仍然控制在企业的创始人或者几个企业元老手中。在全球家族企业改造和现代化的过程中普遍建立的董事会制度，在我国没有很好地实现。目前，我国家族企业的董事会处于三种状况：一种是尚没有成立董事会，家族企业的所有人既是总经理也是董事长，企业的重大决策完全由企业主个人决定。另一种是形式上有董事会，董事会有3~11名董事，但董事会成员的来源具有封闭性和家族化特征。董事会、股东会和经理层的决策功能没有得到应有的发挥。董事会只是个形式，企业决策主要还是由一两个主要股东来定，其他人没有起到董事的作用。董事会形同虚设，成为闲置的橡皮图章。还有一种是企业有正式的董事会，但对于企业的战略决策尤其是董事会、董事长与经理层的权限划分等重要问题还没有明确的界定，董事会的职能仍然不能得到充分发挥。

第二，进行家族企业产权制度创新。我国家族式民营企业产权制度创新的使命是：①明晰企业产权。明晰家族式民营企业产权包括两方面的内容，一方面，要在法律法规和有关政策的框架下，逐步实现与公有产权的分离，即创业初期采用集体企业形态的民营中小企业要在科学核算的基础上真正“摘帽”；另一方面，逐步实现企业产权与企业家或家族财产的分离，为引入家族外部投资，鼓励人才以技术和企业家才能入股，实现企业形态的变迁创造条件。②实现产权多元化。封闭式的单一产权结构虽然使家族式民营企业保持了高效的激励机制与决策效率，但随着企业的发展壮大，其弊端也日渐显现。单一产权使企业家或其家族承担了很高的经营风险，限制了企业的规模，不利于企业实现企业形态的变迁，更不利于企业向现代企业转变。而积极引入外部投资，实现产权多元化，是家族式民营企业做大做强的必由之路。③实现企业内部产权结构的合理化。目前我国大多数家族式民营企业内部产权的“分散”仍然仅局限在家族成员之间；通过在企业内部合理分配股权，吸纳职业经理人和技术骨干的股份并适当送股，进行股权激励，能使职业经理人和技术骨干增强主人翁意识。实施员工持股计划，能使员工获得劳动收入之外的资本收益，可以增强企业的凝聚力和向心力。而企业家或家族则能在股权相对降低的同时增加股份的绝对份额，从而提高收益的绝对数额。

第三,完善资本市场,建立和完善为家族企业服务的金融支持体系和服务体系。拓宽融资渠道包括提倡公平信贷。银行信贷要以企业的效益为依据,大力拓展通过银行信贷实现间接融资的空间。应建立为家族企业融资提供担保的基金和机构,降低银行贷款的风险。要建立专门为家族企业提供金融服务的政策性机构,组建家族企业投资开发公司。还要积极创造条件,准许符合条件的家族企业发行公司债券或股票,拓展直接融资手段。当然,也可以通过加快产权流动,使家族企业以置换股权、置换资产等形式入主上市公司。

第四,完善家族企业的激励机制。家族企业需要进一步完善薪酬制度,增强其规范性和科学性。激励手段要进一步扩展,增加股权、期权等与企业长期收益相关的方式。要通过对管理人员的考评,逐步将企业的重要岗位向经营能力强的人员进行让渡,增加其使命感和荣誉感。对企业内部人员进行激励的薪酬设置主要从两个层次进行:一个是高管层,他们的决策控制权与公司的收益具有较重要的关系,并且,他们的活动显化程度不高,企业所有者较难对其行为进行观察,所以,他们的薪酬设置应使其分享剩余收益;第二个层次是普通员工,他们的薪酬设置应使其行为结果与收益直接挂钩,例如,销售人员薪酬中的一大部分要与其销售金额相联系。

具体来说,可以采用以下这些激励手段:

一是加薪。加薪是一种经济性激励措施。对高管人员的肯定直接表现在稳步增长的薪酬中。

二是授权。对高层管理人员进行授权,以增加其工作的主动性、创造性和积极性。

三是合理进行薪酬设计尤其是年薪与奖金。年薪是基础的报酬部分,收入的金额一定要与经营者的经营业绩挂钩,使经营者在追求个人效用最大化的过程中,不断提高管理水平和经营技能,实现企业经济效益的增长。奖金也是与经营绩效挂钩的报酬形式,具有一定的浮动性。

四是持有股票与期权。股票是一种奖励报酬,产权制度改革使得高素质人才能够分享企业长期的收益。经理层持股是指经理层以各种形式持有本企业的股票,包括管理干股、经理层直接持股、期股、虚拟股票等几种形式,它们使经营者的业绩与自身股权收益挂钩,从而促使经营者兢兢业业地经营企业。让作为企业内部人的经理持有一定的股份,成为内部股东,可以使经理的利益和外部股东的利益更为一致。

五是管理层收购。管理层收购是企业经营管理人员以其经营利得重购企业股份,增加其在企业的持股比重。在管理层持股比例较小的情况下,经营者所感受到的来自所有者的压力也相对较小；而管理层收购后，由于管理层持股比例比较大，如果经营好，管理层的股权投入将获得相当大的收益。管理层收购与股票期权激励的共性是扩大管理层的股权参与度，使管理者的自身利益与企业利益更紧密地联系在一起。因此，将管理层收购引入中国家族企业具有十分重要的意义。

案例

俏江南乱局的前世今生

背景材料

自2000年俏江南首家餐厅在北京开业以来，历经多年的积累和发展，俏江南餐厅已遍布中国20余个城市，拥有几十家分店，成为国内领先的时尚商务餐饮品牌。但俏江南从引入资本首次上市失败之后，陆续被转手，使得创始人张兰最终脱离与俏江南的直接关系。餐饮企业由于财务不透明、盈利能力难估算等问题，一直面临着不小的融资难题。引入资本、股权众筹已是当下餐饮企业日渐青睐的选择，并逐渐成为风潮，融资、众筹已经成为2015年餐饮业发展的关键词之一。

一、融资——俏江南乱局的开端

从创立俏江南到助推上市，再到失去控制权，俏江南乱局的形成和发展与融资有着直接关系。创始人张兰曾明确承认，俏江南的转折是从引入鼎晖投资开始的。2008年12月，俏江南宣布向鼎晖投资和中金公司出让10%股份，融资3亿元，最终鼎晖出资2亿元成交。鼎晖入股时，投资条款中设有“对赌协议”，协议规定，如果非鼎晖方面原因造成俏江南无法在2012年年底上市，那么鼎晖有权以回购方式退出俏江南。在A股上市的尝试失败后，在明知港股估值更低的情况下，俏江南还是不得已开始转战H股。2014年，陷入资金难题的俏江南不得不选择卖身，“红筹之父”梁伯韬主理的私募基金CVC（其全称为CVC Capital Partuers）以3亿美元购入俏江南82.7%股权，另有13.8%及3.5%股权分别由张兰及员工持有。至此，张兰彻底失去了对俏江南的控制权。

二、股权争议纠纷的焦点

从张兰一直避而不谈持股比例问题，到不得不承认失去控股权，股权是俏江南问题争议的焦点。根据媒体报道，CVC第一次计划收购俏江南时，双方达成的协议是收购69%的股份，随后收购意向被迫解约；2014年1月交割的收购案，CVC收购了俏江南投资有限公司82.7%的股权，剩余股权是张兰持有13.8%，员工持股3.5%。不过，张兰方面一直未正面承认相关的股份占比。

尽管创始人张兰一再发布声明，并通过采访澄清未被“踢出”俏江南董事会，并上演反转剧情，表示将状告私募基金CVC在其不知情的情况下，把其持有的部分股权质押给银行，但是张兰脱离了与俏江南的直接关系却是不争的事实。

传统餐饮企业多数是由家族企业发展而来的，在企业制度现代化发展过程中极易发生股权纠纷。控股权决定着一个企业的发展走向，随着企业的发展，创始人最终脱离企业并失去控制权的情况，在商业市场环境中并不少见。作为俏江南的创始人，面对俏江南如今的局面，张兰只能表示，“无论将来谁买了俏江南，我都无条件支持。为了企业，为了员工，只要俏江南需要我，我义无反顾”。

三、投机押宝，融资业绩下滑

在高端餐饮行业环境进一步恶化的背景下，俏江南变革乏力，资金链一直处于紧绷状态。从与鼎晖投资的对赌协议，到私募基金CVC信心满满控股俏江南，再到如今声称资金被俏江南董事长张兰“补窟窿”，一面是强势资本，一面是不愿服输的创始人，俏江南的命运一直在这两股难以融合的力量扭打之中变幻莫测。

俏江南乱局的根本原因也许应该归结为融资、引入资本，不过这很显然并不是全部。餐饮业近年来普遍存在的“四高一低”问题日趋严重，所谓“四高一低”，即各种税费、原材料价格、人工费用和房租越来越高，企业利润越来越低。作为行业一员的俏江南也无法置身事外。俏江南同样面临着用工成本、食材成本、物业租金等等上涨的压力，再加上税收，确实它的压力非常大。这也是俏江南急着上市融资的根本原因。

案例分析

改革开放30年来，家族民营企业已成为我国餐饮行业的主力军，据统计，家族民营餐饮企业数量约占全行业的85%以上。

俏江南之所以走到今天，其所有困境均来自于融资。稍加分析就会发现，这些餐饮企业过多地将希望寄托在上市成功的融资上，为此不惜冒着资金链断裂的风险，或者大规模扩张，或者调整店面，甚至伪造账款。可以说，导致问题出现的根本原因是忽略企业发展，抱着投机的心理押宝上市融资。融资的目的是为了发展，但融资所带来的对赌则像一道催命符，让创始人张兰陷入疲于奔命的境地。

俏江南失败的原因，首先在于俏江南自身内功还没有练好，整个企业没有从创始人控制演变出一个现代化的公司制度结构;其次在于俏江南在拥抱资本的同时没有看清风险,留下了很大的隐患;最后在于对待投资团队,合作的心态和心理准备不足,一旦出问题,就很容易造成两败俱伤。

从本质上看,当今家族民营餐饮企业中普遍存在着不少具有共性的问题,诸如股东成分复杂,董事会协议既模糊又难以遵循,股东会、监事会和董事会职责不明,亲戚朋友把持要害部门,缺乏现代企业理念,没有当家的知名品牌和招牌产品等等。在家族民营餐饮企业的二次创业中,如果不想被淘汰,只有一条路可以选择:建立现代企业制度,淡化个人色彩。

(资料来源:北京商报,2015 年 7 月 23 日。)

[PSSKT. EPS, BP]

1. 从交易费用入手,分析家族企业的合理性。

2. 试分析目前在我国推行职业经理人制度的困难所在。

3. 为什么企业所有权的继承问题会成为家族企业可持续发展的关键?

4. 国外家族企业的演变对我国的民营经济有什么借鉴意义?

5. 试用产权理论分析中国在 1978 年之后,私人资本为什么适于采取家族企业的形式。

第八章

现代企业集团与制度安排

学习要点

- 了解企业集团的产生与发展。
- 掌握企业集团产权管理的内容与方法。
- 学习母子公司的制度安排。
- 分析我国企业集团的问题与解决的方法。

企业集团是以一个企业为核心,由战略和目标一致,为了共同的利益而相互协作的多个具有独立法人资格的企业组成的经济联合体。企业集团一般经营多个产品或者跨越多个行业甚至国家。企业集团可以降低交易成本,实现规模经济效应和范围经济效应,发挥行业垄断的优势。企业集团一般由核心企业与关联企业构成。企业集团内部的管理制度包括战略管理制度、财务管理制度、预算控制制度、审计与人事控制制度等方面。

第一节　企业集团内部制度安排

相对于一般的公司制度安排,企业集团治理的最大差别是建立和完善相应的控制、协调、激励和约束机制,处理好成员企业之间的关系。企业集团是现代企业的一种组织形式,必须具备相应的制度,保证集团能够高效率地运行。如果处理不好企业集团内部企业之间的关系,企业之间不积极合作,或者不考虑企业集团整体的利益,甚至各自为营、互设障碍,都会加大集团的运营成本,降低集团的效率,甚至使集团形同虚设,效率还不如单体企业,最终会使集团丧失存在的基础,走向解体。

企业集团存在着资本、人事、技术与组织等联结纽带,核心企业对企业集团内的成员要发挥控制和协调功能。当然,企业集团内部企业之间联结的强度存在一定的差异,对于不同层次的企业,应该采用不同的方式。如紧密层企业主要借助于资本纽带上的产权和人事控制,控制和协调的力度较强;松散层企业则主要利用基于契约纽带的利益协调,控制和协调的力度较弱等。

一、企业集团概述

企业集团是以多个具有独立法人资格的企业构成的经济实体,其中,由一家核心企业通过各种联结纽带对其他成员企业实施控制和影响;集团内部的企业之间具有统一的发展、经营战略和目标,为了共同的利益而相互团结协作。

关于企业集团产生的经济原因,有如下几种解释:

第一,企业集团可以降低交易成本。科斯用交易费用的存在来界定市场与企业的边界。交易费用的存在可以解释和分析企业的性质和企业的垂直联合。垂直联合是指将产业链上下游的企业合并到一个企业之内,它可以使企业之间的市场交易变为企业集团内部可以控制的交易行为,目的是节约市场交易费用。

第二,企业集团可以实现规模经济效应和范围经济效应。组成企业集团的目的之一是实现规模经济。在产量足够大时,企业可以采用专业化的生产设备来提高自己的生产效率,企业之间能够更好地进行分工从而提高劳动效率。范围经济是指企业集团生产和经营多种产品,节约共同的费用,分散因产品单一而导致的市场风险。企业集团为了实现范围经济,必然会通过横向和纵向扩张,使集团内的组织成本低于市场上的交易费用,从而使产品的种类与企业的规模适度扩大。

第三,企业集团可以发挥行业垄断的优势。垄断优势理论的提出者海默和他的导师金德博格强调市场结构的非完美性,如由于市场信息的不对称产生的市场交易的不确定性,而集团内部的企业可以相互之间签署订单。集团内部贸易为企业集团的发展提供了市场机会和发展空间。垄断优势理论表明,对那些知识密集型的行业而言,横向一体化和垂直一体化是合理的选择。例如,软件行业与硬件行业的企业之间成立关联性集团,可以在生产和研发方面取得更大的竞争优势。

二、企业集团股权与制度安排

（一）企业集团的股权安排

企业集团股权安排是指集团公司对下属公司的持股比例与控制方式。企业集团股权安排很重要的一个选择是集团公司对下属企业的“参股—控股”问题。企业的股权结构来自公司出资人约定的出资比例。企业集团的股权安排则是为了实现企业集团整体的财务战略目标。企业集团对被投资企业的出资额和控股方式是为了协调企业之间的竞争力和获利能力，目的是实现集团整体的业务协同，并最大化母公司的财务收益。因此，企业集团的股权结构不仅涉及集团公司对下属公司的控制比例、控股方式，而且还涉及集团公司如何从战略上把握各下属公司间的产业关联和管理关联，并通过产业关联或管理关联以及收益实现方式等来最大化集团公司股东的价值。

企业集团的股权安排应该围绕“设立子公司的战略意义—集团公司资本可得性及对各子公司的持股比例与控股方式—对子公司的控制权及管理体制—子公司之间的业务与管理协同—财务业绩—集团公司总体协同业绩与集团公司股东价值最大化—集团公司对各子公司股权结构的再调整”展开。股权安排是企业集团总部最重要的工作内容。

（二）欧美企业集团股权结构的特征

欧美国家的企业集团在当地的经济有着举足轻重的地位。这种企业集团体现了发达国家企业集团的共性，它的形成是企业通过自身的发展和相互间的联合或兼并，使产业资本和金融资本相互融合、渗透的过程。欧美企业集团的主要特征是：

1. 它是一种市场推动型的企业集团。这类企业集团的形成主要来自于市场竞争的推动，而非政府的强制。随着兼并和重组的风潮在 20 世纪 80 年代兴起，企业之间通过兼并和重组，形成了越来越多的以股份为联系纽带的新企业集团。

2. 大银行在垄断财团中处于核心地位。最初以一个家庭或若干个家庭为核心组成的财团，在第二次世界大战以后，演变为以商业银行拥有企业股份为核心的利益集团。

3. 欧美的企业集团在内部实行金字塔式的垂直控制，即“母公司—子公司—工厂”三级组织结构形式。

4. 以外部董事为主的董事会决策体制。外部董事一般由著名社会人士、专家学者和退休的高级管理人员及其他公司的董事担任。

（三）日本企业集团股权结构的特征

环形企业集团是日本普遍存在的一种集团形态。所谓“环形”，是指日本的各大企业之间相互持股、相互交易，集团内成员企业之间的基本结合手段是相互持股。环形企业集团包括六大企业集团与独立系企业集团两种类型。日本环形企业集团成员企业关系维系的基本手段就是成员企业之间彼此相互持有股份。正如J.斯科特所言："股份的相互持有是集团主要成员调整彼此关系，维持其支配的统一性的中心要素。"根据六大企业集团和独立系企业集团的不同，相互持股的方式主要可以分为两种：一种是在企业集团内部全体成员企业之间形成一个互相持股的循环，另一种则是以某一大企业为核心的间接相互持有形态。此外，六大企业集团与独立系集团之间也相互持有彼此的股份。通过这种彼此的股份相互持有，日本的企业结成了一个复杂的关系网，并由此构成了日本的财界。

从企业组成的形态上看，日本的锥形企业集团是一企业系列，由大企业（或称父企业、完成品厂家）和子公司、关系公司、协力公司等组成：在企业系列中，父企业通过股份持有、管理者派遣、长期交易和技术指导等方式对子公司、关系公司、协力公司有着支配性的权利。股份持有是维系父企业对属下系列企业支配关系的基本手段。与环形企业集团不同的是，父企业的股份持有对子企业是单向的、系列化的。这样，一方面能大量节约支配整个系列企业所必要的资金量，另一方面又能间接而有效地控制整个企业系列，节约管理成本。在资本结合的基础上，父企业还任命子企业的高级管理者，从而实现对子企业的人事支配。

（四）我国当前企业集团股权结构的特征

我国企业集团是经济体制改革不断深化和企业间横向经济联合高度发展的产物。近几年来，随着"以资本为纽带，通过市场形成具有较强竞争力的跨地区、跨行业、跨所有制和跨国经营的大企业集团"战略的实施，企业集团在国民经济中的主导地位得以加强。我国企业集团的产生主要有以下几种形式：

1."聚变"产生。企业在市场竞争中通过兼并、联合，以"聚变"的方式组成企业集团。

2."裂变"产生。国有大企业通过资产重组，以"裂变"方式产生出多个法人企业，原来的母公司作为控股公司，以控股公司为龙头组成企业集团。

3."志同道合"产生。这是一种根据市场竞争的需要，由多个法人企业相互参股、换股、控股联合而成的企业集团。这种企业集团一般依托一个核心竞争力最强的企业为龙头企业。

4."政府撮合"产生。它是许多相互关联或不关联的企业在政府的撮合下组成的企业集团。政府通过资产划转或委托持股的方式提供组建集团所需的资产纽带。

5."政府牵头"产生。即由原来的政府主管部门（一般是主管局）牵头翻牌成立的企业集团。

6.“政府基层组织牵头”产生。这是一种在县、乡、镇以原有的乡镇企业为依托，由政府基层组织牵头成立的企业集团。

在我国大多数企业中，国有资产占统治地位。因此，在20世纪90年代，经济界一些学者认为，我国的国有企业应该建立控股的集团公司。他们预言：“这一发源于100多年以前的美国标准石油公司的企业组织形式，在美国现代企业发展过程中很少为人所用的控股型结构，在中国很有可能成为一种行之有效的模式而发展起来。”在我国，以国有或国有控股企业为主体组成的大型企业集团，其组织结构大多是由多级法人治理结构组成，这种被称为垂直型的组织结构应该说是一种有中国特色的组织结构形式，很适合于我国现有的国有资产分级管理和行政区划相联系的状况。例如，中央级的企业作为集团公司，省一级的企业作为二级子公司，地市一级作为三级子公司……这样，原来政企不分的行政性公司就可以很方便地变为多级法人治理结构的企业集团。有的经济学家把多级法人治理结构叫做“多级法人主体”。这种架构在我国目前比较普遍，在国家级大型、特大型企业中尤为突出。

我国企业集团主要采取以资本为纽带的母子公司体制，初步形成的母子公司体制是我国企业集团的一种典型形式。它是以一个大公司为核心，通过投资控股、参股而形成众多企业的经济联合体。集团的核心企业是母公司，它通过控股、参股，控制子公司、孙公司、关联公司，管理和支配整个企业集团的运行。从法律的位阶上看，母公司本身具有独立的法人地位，同时对外可以代表整个企业集团；子公司也具有独立的法人地位。近年来，我国企业集团已逐步从过去的企业间的横向联合（即以契约为纽带）过渡到以资本为纽带的母子型企业集团。母子公司体制有效地解决了国有企业集团“出资人到位”的问题。随着我国国有资产管理体制的改革，通过授权构造国有资本的营运主体已在实践中得到了普遍运用。对子公司来说，母公司就是它的出资人。母公司在对国家承担资产保值、增值责任的同时，可以利用“出资人”的地位对所属子公司进行结构调整，这就增强了母公司结构调整的功能。同时，从2003年起，国务院组建了国务院国有资产监督管理委员会，地方政府也陆续组建了地方国有资产监督管理机构。这些国有资产监管机构分别代表国家履行出资人职责，享有所有者权益，权利、义务和责任相统一，管资产和管人、管事相结合，母公司的出资人在实际中也已到位。

二、企业集团的组织结构

（一）U型结构

U型结构是一种以权力集中于高层为特征的企业集团组织形态，又称为“功能型垂直结构”,是一种按职能划分部门的结构。它的关键特征是有一个功能齐全的庞大总部。在专业化分工之下,企业集团实行公司总部集权控制。总部按照不同的职能划分为若干职能部门,总部通过职能部门对下属经营单位实行高度的集中管理。在各个管理层次上都设有职能参谋机构,机构之间职责分明。这种企业集团结构是由美国通用汽车公司发展起来的,后来在美国的制造业中居于统治地位。

(二)H 型结构

H 形结构的基本特征是母公司持有子公司的股份,是一种控股公司结构。下属子公司具有独立的法人资格,所在的产业与母公司关联度不大,子公司能够开展独立的经营。H 型结构比较适用于现代通过企业之间并购重组所形成的企业集团,这样的集团组织结构使合并后的各个子公司可以保持较大的独立自主性。母公司作为控股的集团公司,其控制和协调功能是通过规范子公司的法人治理结构、若干个委员会和职能部门来实现的。美国标准石油公司采用的就是这种模式。

(三)M 型结构

M 型结构也称事业部制,是一种分权与集权相结合的组织形态。在现代经济中,公司规模呈现大型化,企业经营的领域越来越多元,国际市场竞争越来越激烈,于是,这样的企业集团组织形式便大量出现了。在事业部制结构下,集团公司与中层管理者之间明确分权,子公司是半自主的生产与经营中心。这样的企业集团结构最早出现在被美国杜邦公司接管的通用汽车中。事业部制的分权体系已成为现代跨国公司典型的组织形态。

(四)扁平化结构

20 世纪 70 年代以后,随着信息技术的发展,企业的组织结构出现了扁平化。企业集团的组织结构在原来事业部制的基础上,演变成一种扁平化的组织结构。现在,全世界 90% 的跨国公司都是采用以事业部制为主导的扁平组织结构。扁平组织结构由两个管理层次构成。第一个层次是企业集团的总部。总部是以总裁为核心的一个首席官团队。第二个层次是多个事业部和职能部门。扁平架构强调的是企业集团内部的专业职能分工。事业部使用资源,包括资金、品牌、技术、销售渠道、供货渠道、网络配送系统等;职能部门控制资源,包括品牌、技术和配送系统的管理层。各个事业部可以建立自己的子公司、分公司,但是一般不允许建立二级分公司、三级分公司,分公司、子公司都直接对事业部负责。因此,首席执行官直接管理的是事业部和职能部门。以宝洁公司为例,它实行的是扁平组织架构。在管理上实行了全面的统一:统一采购、统一配送、统一委托生产、全球统一的财务结算、全球统一的员工标准、统一的薪酬支出、统一的研发费用、统一的品牌使用、统一的广告宣传。

三、企业集团的财务管理制度

企业集团财务管理体制的设立是针对集团型企业而言的。企业集团的财务管理权反映了企业集团对子公司的产权。在大多数企业集团的行为规范中，财务管理权限与管理体制的设立一般是主要的设计对象。对于企业集团而言，财务控制是核心的内容，其他职能可以或多或少地下放权限。

为确保企业集团的财务管理体制能够有效运行，集团公司必须从财务组织关系、财务制度和财务监控机制等方面制定并实施相关的保证措施。

（一）理顺集团的财务组织

1. 完善整个企业集团的财务组织机构。首先，必须明确集团母公司财务部是整个企业集团的财务管理中心，它有权对整个企业集团资金的筹集、运用、收回与分配等方面进行战略决策和统一管理。

2. 缩减整个企业集团的财务管理链条，减少财权的多层次分割。从集团到下属企业的组织层次越多，整个集团的管理半径就越大，企业集团也就越无法实行财权的集中化，母公司的财务人员也就难以对子公司实现有效的财务监管。

3. 完善集团对下属企业的激励方式。财务制度必须运用合理的激励机制激发子公司的内在动力，调动子公司合理经营和科学管理的积极性，促使他们理解和配合集团在财务管理方面的集权和监控。其目的在于确保子公司的财务主管认真执行母公司统一的财务政策，努力实现企业集团总体的财务目标。

（二）建立集团的统一财务制度

母公司应该制定统一的、操作性强的财务会计制度，规范子公司重要财务决策的审批程序和账务处理程序，实现对子公司的集权管理。其目的是保证各子公司财务信息之间的高度可比性，方便汇总和合并财务报表，缩短财务信息的呈报周期，提高集团决策的速度与效率。在企业信息网络的基础上，统一使用集中式的财务软件。

（三）健全有效的财务监控机制

母公司对子公司实施有效财务监控的主体有财务总监、母公司财务部和内部审计部。财务总监对子公司的财务活动实施全过程的监控。母公司可以直接向子公司委派利益中立的财务总监，使之能独立行使母公司的财务监督权。母公司财务部通过定期和不定期的财务检查监控子公司的财务状况。母公司的审计部通过企业集团的内部审计，确保下属企业的合法经营，并按照集团的目标，合理地控制各自的财务指标。

第二节　母子公司关系的制度安排

一、母子公司关系的一般制度安排

（一）母公司与子公司的概念及其基本关系

在现代企业集团管理理论中，母公司是指通过掌握其他公司的股份，从而能够在实际上控制这些公司重大经营决策和重要人事安排的公司；子公司是指其一定比例的股权或全部股权被另一公司所掌握的公司，其重大经营决策和重要人事安排都要受另一公司的控制和影响。

母公司与子公司之间是出资人和被投资企业之间的关系。母公司依据所持有的子公司的股份对子公司依法行使出资人的权利，承担股份所占比例的有限责任，获得相应的资产收益权。母公司按照《公司法》对子公司行使重大事项的决策权，依法享有选择经营者的权利并且有权考核经营者的努力程度。子公司应该依法保护投资人的权益，为出资人的利益合理地经营公司与企业，实现投资人利益的最大化。

从法律的角度看，母公司与子公司是完全平等的。母子公司都是独立的公司法人，各自承担自己的经济与法律责任。如果一家公司控制了另一家公司一半以上的股权，那么该公司自然就成为另一家公司的母公司，另一家公司则成为其子公司。在现代经济中，由于企业股权比较分散，一家公司是否控制了另一家公司的多数表决权可以作为能否形成母子公司关系的合理标准。在股权极其分散的情况下，如果一家公司控制了另一家公司10%甚至不足10%的有表决权的股票，该公司往往就会成为另一家公司的母公司，形成母公司与子公司的关系。

在母子公司制结构下，核心企业通过独资、控股、参股或业务协作等形式，形成一种以资本为纽带的企业集团，这种企业集团通常包括全资子公司、控股子公司和参股子公司等核心企业以及业务协作企业等松散型外部组织。子公司也可以单独或与其他子公司甚至母公司设立孙公司、重孙公司等经济实体。母子公司制存在以下三个方面的积极作用：①有利于充分适应公司多元化战略的需要，培育新的利润增长点。②有利于产生杠杆效应，即用较少的权益性投资控制数倍于己的资产，而且股权比例越低，杠杆效应越大，越能提高母公司股东的权益报酬率。但是，这种杠杆作用的发挥在子公司或控股公司效益下滑时会进一步加速母公司权益报酬率的下降，具有一种金字塔式的风险放大效应，而且，股权控制比例过低，会使子公司或控股公司面临被其他企业收购或兼并的危险。

③有利于减少母公司的风险。由于母子公司都是独立的法人实体,母公司所承担的风险仅以投资额为限,一旦子公司经营失败,这种风险不会扩散到母公司。

(二)设立子公司的基本途径

企业集团为了扩大自身的经济实力和经营范围,可以根据集团的发展战略进行内部组织结构的调整,通过各种不同的途径建立自己的子公司体系。基本的途径主要有:

1. 直接投资。企业集团中的核心企业可以按照经济法的规定,直接投资组建新的独资子公司,即集团公司的全资子公司。

2. 兼并或控股。核心企业可以选择需要的企业或者公司进行整体收购,也可以通过控股方式将其他公司纳入自己的子公司体系。兼并或控股在扩充集团的经济实力方面非常迅速。

3. 投资入股或合资组建。通过变债权为股权或将核心企业的无形资产作为投资,也可以控制其他的企业。在国内联营或中外合资的过程中掌握企业的绝大部分股权,也可以形成子公司。

4. 授权经营或行政性划转。授权其他公司经营自己的品牌可以从技术的角度控制联营的公司,使得联营的公司实质上成为自己的子公司。对于国有企业,由政府指令将与核心企业有技术经济联系的企业划归集团公司,也可以建立母子公司关系。

5. 企业分立。在实际的经济活动中,将那些有条件独立经营的分公司和单位从母公司中分立开来,组建独立的子公司。在我国经济改革的过程中,通过分离非核心的资产,很多大型的国有企业转变为由不同子公司组成的企业集团。

(三)母公司对子公司管理的基本要求

1. 按照现代企业制度的要求,建立规范的法人治理结构。大力推行股份制改造,实现投资主体多元化,规范设立股东会、董事会、监事会,依法选择经营管理者。明确股东会、董事会、监事会、经营管理者的责、权、利,逐步形成企业集团内部有效制衡、协调运转的公司治理结构。

2. 选择合适的组织结构,建立科学的运行机制。对于涉足产品种类众多、规模较大的企业集团,母公司可考虑采用事业部制。对于业务完全无关的、适合采用控股公司结构的母子公司,可采用控股公司形式。但无论采用哪种形式,都应该将企业集团组织结构的层次限制在2~3层以内,实行扁平化管理。同时,大力转换企业经营机制,深化内部劳动、人事和分配制度改革,实现人员能进能出、经营者能上能下、个人收入能增能减的目标。

3. 大力实行经营结构的战略性调整,提升企业集团竞争实力。要按照"有所为,有所不为"的要求,通过上市、兼并、联合、重组等多种方式,突出主业,发挥整体优势，实现企业集团的专业化和规模化经营，逐步形成企业集团“偷不走、买不来、拆不开、带不走”的核心竞争力。

4. 妥善处理集团内部集权与分权的关系。母子公司是出资人与被出资人关系。从集权的角度看，母公司应该依法行使出资人权利，对子公司行使资本受益权；对子公司大额借贷和资金使用、对外投资和提供担保、重大资产变动等事项，根据需要列入企业集团重大事项范围，由母公司行使重大决策权。母公司对子公司的经营管理者享有人事任免权，并建立科学的效绩考核指标体系，既要有定量分析，又要有定性评价，以更好地履行监督和考核职责。从分权的角度看，子公司拥有独立核算、自主管理、市场开发以及在不违背企业集团总体经营目标和决策的前提下对子公司人、财、物进行自主配置的权利。通过正确处理母子公司关系，使企业集团内部集权与分权保持在恰当程度，做到集中决策，分散经营，集而有力，分而有序。

（四）母公司与子公司的权责关系

1. 母公司作为出资者，依法享有以下权利：

（1）在国家所允许的数额内自主地进行投资决策。

（2）对其全资、控股、参股的子公司享有投资收益权及投资收益的使用权。

（3）决定其全资子公司的领导体制，自主任免包括董事、经理等在内的高层经营管理人员。

（4）对其控股、参股的子公司，可以委派法定代表人或其指定的代理人出席股东大会，行使股东权利。

（5）对其全资子公司的经营方针、经营方式有最终决定权；对控股子公司的经营方针、经营方式有参与决定权。

（6）经批准，可以以子公司的净资产作抵押，向国内外举债，或发行公司债券。

（7）对全资子公司的借贷规模进行审批。

（8）可以依法转让其所持有的子公司的股份，也可以购买其他股东所持有的股份。

（9）对其全资子公司的财务预决算、税后利润的分配方案等有审批权。

（10）制定和实施对各子公司的重要管理制度。

（11）对控股、参股的子公司，以出资额为限，承担有限责任。

（12）从整体考虑，对各个子公司的生产经营活动及其发展进行总体规划、统一安排，对各子公司之间的关系进行协调。

（13）对子公司的国有资产保值增值情况、生产经营状况进行考核与监督。

（14）法律、法规规定的其他权利。

2. 子公司应有以下几项基本的权责：

(1)建立资产经营责任制，对企业的全部法人财产及其净资产承担保值增值责任。

(2)依法享有经营自主权的大部分权利，对企业全部法人财产及其净资产的保值增值状况承担经营责任。

(3)在公司章程明确的数额内，享有基本建设与技术改造项目的投资决策权和一定程度的资产处置权。

(4)依据公司章程，对中层经营管理者进行任免，决定招聘、解雇公司员工，决定对公司员工的奖惩。

(5)根据国家的有关政策和母公司的规定，从公司的留利中提取职工福利基金。

母公司与子公司之间的权责关系应根据母公司对子公司的参股控股程度，母子公司之间的专业化协作关系的强弱程度，母子公司的经营方式以及母子公司所处的产业等因素进行合理调整。

(五)母公司与子公司的财务关系

为确保母子公司制度能够有效运行，企业集团必须围绕财务控制体系中的财务组织机构、财权配置、资金控制和预算控制等方面进行改革和创新。

1. 完善母子公司的财务组织结构，全面实行财务人员委派制。财务组织机构的设置是母公司财务控制体系的基础之一，合理有效的财务组织结构可以促使母公司的财务控制体系高效运行。根据母子公司机制的特点以及对财务管理的要求，应该建立“以集团公司财务机构为中心，各下属公司财务机构为网络”的两级或者多级财务管理网络体系。母公司是企业集团的领导核心，相应地，母公司的财务机构也是集团公司的财务总部，是整个集团财务工作的领导核心，它负责整个集团资金的筹集、运用、收回与分配等战略决策和统一管理。子公司应该服从母公司财务部门的指导，根据财务垂直管理的要求，按照财务职责的分工，并依照与母公司各财务处室的业务对口和信息交换，合理设置自己的财务科室和岗位。在母公司财务控制的体系下，子公司财务机构如何设置，母公司应该提出主导意见并拥有最终的审批权。子公司财务属于经营者财务层次，作为集团财务系统的一个子系统，必须受制于母公司的财务管理。为了实现母公司的总体财务目标，降低母子公司之间财务信息的不对称程度，规范和约束子公司的财务行为，有效地解决委托与代理之间的矛盾，母公司应该对子公司的财务人员实施集中的统一管理。企业集团内部应该由母公司委派财务人员。委派的财务人员的人事和经济管理权属于母公司财务部，它具体管理财务人员的上岗资格、职务任免、业绩考核、后续教育、岗位轮换以及业务档案等事项。母公司的财务部门应该定期检查和监督子公司的财务人员，确保子公司的财务行为有利于实现母公司的整体财务目标。

2. 母公司财务控制体系的关键是合理配置集团母子公司之间财权授权制度。企业集团是一个由核心层、紧密层和关联层企业构成的具有多层次结构的企业联合体，要建立高效运行的集团财务运行机制，不但要使每个子公司形成一个权责明确、财务关系清晰的财务会计运行系统，更重要的是要使整个集团形成一个权责明确、财务关系清晰的财务会计运行系统。为了达到财务控制的目的，母公司可以凭借原始资本的权利，将子公司的重大财权集中到母公司，并把母公司的财务管理权利渗透和延伸到子公司。根据财权的不同种类，母公司与下属子公司的财权配置应该明确如下：

(1)融资决策权。为了更好地控制整个集团的融资风险，保持合理的资本结构，避免因融资不当而危及母公司的生存，母公司在以下方面应该把握子公司融资的决策权：重大投资项目的融资，超过资产负债率安全线的举债融资，导致母公司股份比例变动的融资，提高子公司注册资本的融资，子公司的并购融资与租赁融资，发行债券，发行股票，以及子公司改制中相关的融资问题。母公司在集中重大融资权的同时可以赋予子公司的融资决策权仅限于：在资产负债率安全线内的限额举债；提存的折旧费；税后利润留成；与自行决策的投资相配合的融资，如流动资金借款、拨改贷借款。子公司自行决策的融资项目，应该提交母公司审查或备案。

(2)投资决策权。企业集团的对外投资权应高度集中于母公司，不能赋予全资子公司、控股子公司对外投资的决策权。对内投资决策可采用集权基础上的适当分权。通常，母公司对控股公司的分权程度要大于对全资子公司的分权程度。流动资产投资决策权以及小额的技术改造权可以交予子公司负责。关于产量扩容的固定资产投资，母公司可以给予子公司有限的投资决策权，超过限额的投资项目必须由母公司审批，或者按子公司自有资本的一定比例确定内部投资权。在一定时期内，无论投资项目多大或投资额多少，只要子公司的投资总计不超过规定的比例，子公司都可以进行投资；对于超过比例的项目，无论项目大小都不能投资。

(3)资产处置权。母公司有权审查子公司的对外长期投资、无形资产、关键设备、成套设备、重要建筑物、限额以上的资产以及资产重组涉及的资产的处置。子公司可以自行决定流动资产及其余资产的处置，但需上报母公司备案。子公司依法拥有资产的日常管理权。母公司有权监控子公司重要资产的处置。

(4)资本运营权。母公司集中子公司的对外投资、合并、分立、转让、改制等资本运营活动决策权，子公司一般没有这样的权限。集团公司财务部拥有最大的资本运营管理权,以实现集团发展对财务管理提出的要求。

(5)资金管理权。母公司实行集团内部所有资金的集中统一管理。母公司统一办理和审批集团内部的资金结算,子公司超过限额的对外资金支付,子公司在银行开设的账户,子公司的资金收入以及子公司之间的资金调剂。子公司负责资金的日常管理,制定资金内部管理办法,编制资金收支计划,组织资金收支平衡,进行资金收支业务的核算。为保证子公司经营的灵活性和基本活动的开支需要,母公司应该给予子公司限额以内的资金支付权。

(6)成本费用管理权。企业集团中的母公司应通过预算控制手段,对各子公司和下属单位的成本费进行间接管理。成本管理可以反映子公司经理人员的努力程度。集团子公司和下属单位所计提的各项税金、基金及附加费、保险费应集中汇缴给母公司,由母公司统一对外缴纳、统一管理和监督。

(7)收益分配权。母公司应该统一调配全资子公司的可分配利润。为了确保子公司的持续发展,有必要给予子公司一定比例的利润留成。全资子公司的收益分配方案由子公司董事会确定,取得母公司同意之后执行。控股、参股子公司的收益分配方案由子公司的董事会制定,并经子公司的股东大会或股东会审议通过。收益分配方案应该在确保母公司利益的基础上,能够调动子公司一线管理人员和劳动人员的积极性。

二、母子公司关系的管理制度

对于母子公司体制而言,如何建立行之有效的管控系统,是集团公司能否可持续发展和增长的关键因素。企业集团为了实现制度化的管理目标,必须建立起相应的管理制度。

(一)战略管理制度

企业集团的发展战略是根据国家宏观经济及社会的发展方向、社会生产技术的发展趋势以及国内外市场的变化,对集团的生存发展和远期成果做出的总体筹划。企业集团的发展战略是谋求集团与其外部环境达到动态平衡基础上的长期发展。

集团公司战略管理的核心内容是母子公司战略发展的协同性和一致性。也就是说,子公司的战略发展方向、目标、使命和实现路径都必须与母公司保持一致。总体原则是:母公司负责集团公司战略方向的确定、战略目标的制定、战略方案的设计、战略实施的监督、战略实施效果的评估,而子公司主要负责战略的实施。

具体来说,企业集团发展战略的作用表现在:

1. 统一集团内部的目标,增强集团行动的协调性。统一的目标和协调的行动是集团战斗力的基本前提。集团发展战略作为一种发展的远景规划,使集团的成员都能看到集团未来的发展蓝图,成为集团成员的共同奋斗目标,促使每一个集团成员的个体目标符合集团发展的总体要求,并围绕着总体目标而统一意志。

2. 决定企业集团组织形式的调整。企业集团发展战略与集团组织形式是内容与形式的统一关系,集团的组织形式要为发展战略目标和战略规划服务。因此,不同的企业集团由于发展战略的差异,会有不同的集团组织形式。

3. 决定企业集团管理体制的规范。一般来说,企业集团管理体制包括三大内容,即企业体制、生产经营体制和资产经营体制。这三种体制相互之间有所联系,但又各不相同,而且,它们各自的设置依据也不一样。一个企业集团到底采用哪一种管理体制,以及现行管理体制如何进行规范,都取决于企业集团发展战略。

4. 增强集团的竞争能力,扩展集团的竞争范围。企业集团竞争能力的增强和竞争优势的扩展,取决于集团实力的扩张。要提高集团的技术优势、产品优势、创新能力和正确选择投资领域的能力。如果具备了上述优势和能力,集团就具备了不断适应市场变化的能力,就能在不断增强的市场竞争中稳操胜券。

5. 提高集团管理水平,全面推进管理现代化。企业集团是一个多层次、复杂的组织形式,其分散化的驱动常常影响集团优势的发挥,单靠传统的管理方式难以维持企业集团的正常运转。集团发展战略是一种高水平的管理方式,20 世纪 70 年代以后,发展战略已经成为现代企业管理的中心问题。制定一个合适的集团发展战略,可以充分发挥“集团军”的优势,全面推进集团管理的现代化水平。

企业集团主要的战略性目标有:①集团的成长性目标。主要的衡量指标有集团销售额、销售增长率、市场占有率、品种增加数、市场占有率提高程度、销售网络的扩展以及市场方面的价格控制能力、质量名次、品牌吸引力、公共关系、企业文化、集团声誉、产品声誉与集团组织能力、创新能力和市场开发能力等。②集团的收益性目标。它代表的是集团的获利能力。主要的指标有利润率、工业增加值、资产保值增值状况、工资福利水平等。③集团的有效性目标。主要的衡量指标有集团利润总额、股东分红率、股票价格及收益性、劳动生产率、资本周转率、资本效率、设备利用率、材料利用率、管理者的绩效目标及实现情况。④集团的社会性目标。它代表的是企业对社会做出的贡献。主要的指标有利税上缴额、社会公益事业资助额、环境保护与治理的费用等。

(二)投资管理制度

投资是企业集团管理中的一个核心问题,它关系到集团的经营内容和发展方向。企业集团的某些投资更是关系到集团这个企业群体中的单个企业规模、成员企业数量、集团成长方向等问题。企业集团投资管理的重点有以下几个方面：

1. 以投资带动企业集团发展。企业集团的投资可分为集团内的生产性投资和集团发展的战略性投资两种，前者是单个企业或中小型投资考虑的重点，而后者在企业集团中的重要性更为显著。企业集团投资方向的选择关系到开辟新的经营领域或扩大现有的生产能力。与单个企业相比，在开辟新经营领域时，由于企业集团资金、技术的实力雄厚，因而可以考虑的投资范围更为广阔。单个企业或中小型企业选择扩大现有生产能力时，企业集团可能已经实现一定的规模效应，而将投资放在为现有生产能力服务的其他项目中，如投资于与原有产品生产相关的原料供应或成品销售领域。这就是企业集团发展的多元化与专业化的财务战略问题。在战略性投资当中，企业集团核心企业对内投资，即向子公司成员投资，是增强企业集团凝聚力的有力手段；核心企业对外投资，即进行企业兼并和收购，是企业集团发展扩张的重要手段。企业集团尤其是大型企业集团主要是通过联合与兼并形成的，而很少是自我发展积累形成的，所以，投资在集团中的战略地位更体现在对集团成长的作用上。

2. 从母子公司角度分别评价投资项目。在大型企业集团尤其是跨国企业集团中，投资决策首先面临的一个问题就是评价主体问题，也就是以子公司或者投资项目本身为主体进行评价还是以母公司为主体进行评价。评价的主体不一样，评价的结果就可能不一样。这是因为：①许可证费、专利权使用费等对母公司来说是收益，但对投资项目的子公司来说是费用；②进行投资的子公司与集团母公司考虑的范围不一样，母公司要从企业集团全局出发对投资项目进行评价；③母子公司所在地的税率可能不一样；④如果是跨国投资，则更要考虑到汇率的不断变化，各国的通货膨胀率不完全一样，投资项目所在国的政府往往都会对税后利润汇回母公司进行限制，各国的税率也会存在差异，等等。

关于如何确定投资项目的评价主体，主要有以下三种观点：

(1)认为应以母公司为评价主体。这种观点认为，对投资的报酬和风险的考虑，归根到底是为了母公司股东的利益。这符合财富最大化的财务管理目标，因为母公司的现金流量最终是为支付股利以及实现集团目标的其他用途奠定基础。

(2)认为应以子公司或者投资项目本身为评价主体。许多国际性的企业集团都制定了长期的而不是短期的投资目标，子公司创造的利润趋向用于本地投资，而不是汇回母公司。基于这种考虑，从子公司或投资项目本身的角度来进行评价也是适当的。强调当地项目的报酬也符合使整个集团合并的收益最大化的目标。

(3)认为应分别以子公司为主体和以母公司为主体进行评价。这种观点认为,企业集团财务管理的目标是多元的、复杂的,这取决于构成公司和公司环境的利益集团和非利益集团的不同意愿。在母公司所在地以外的地区或国家投资时,当地政府是其中的利益集团之一。为了保证企业集团的整体利益和子公司的利益,应从两个方面进行评价:一是以子公司为评价主体,二是以母公司为评价主体。

3. 结合具体情况选择投资评价标准。由于企业集团是多元法人结构,并且具有多层次的组织结构,具有法人资格的集团成员在集团中的地位和作用各不相同,集团内部利益的矛盾比单个企业内部利益的矛盾要复杂得多。这些矛盾反映到集团的投资上,使得无论是成员企业自身采用的投资评价标准或是集团母公司用于评价子公司投资业绩的标准,都不可能完全统一。在某些领域,为了保证企业集团的总体利益,集团总部要确定统一的投资标准;在另一些领域,集团总部可根据事业部和分公司所处的行业等来决定不同的投资评价标准。一个突出的例子是,当使用一个固定的投资报酬率作为企业集团子公司的投资报酬率标准时,如果某个投资项目的投资报酬率高于这个子公司内设的投资报酬率而低于整个企业集团的投资报酬率时,或低于这个子公司的投资报酬率而高于整个企业集团的投资报酬率时,都容易导致该子公司只顾自身利益而忽视集团整体的利益。在前一种情况下,该子公司可能会投资该项目,以提高自己的投资报酬率,但这样做却降低了整个集团的投资报酬率;反之,子公司可能放弃这个可以使集团整体投资报酬率提高的项目。在这种情况下,只有引入其他投资指标,如剩余收益,才能保证集团整体的利益。

4. 从集团全局的角度出发,为投资项目进行功能定位。与单个企业相比,企业集团为投资的配套条件和实施的可能性拓宽了空间。同一个项目,在企业集团这个群体中可能会有不同的功能定位。在不同的功能要求下,同一项目建设的内容和要求是不一样的。如投资建造一个工厂,其产品是对外销售还是对集团内部销售,对投资方式、选址、设备选择等方面的影响都会有很大差异。子公司投资时确立的功能定位可能与母公司的规划不一致,这是集团成员在投资时比单个企业更需要深入考虑的问题,当发生矛盾时,必须从集团全局的角度出发,为投资项目进行功能定位。

(三)预算管理制度

预算管理制度是为了具体落实企业集团的投资战略目标,体现集团整体的战略意图。总部对子公司的预算控制,实质上就是如何确立符合集团发展战略的预算行为。总部通过对子公司的预算控制,使投资行为的具体实施计划纳入集团战略的范畴之内,也使日后集团投资行为的具体实施有章可循。由于预算管理可能关系到股权结构的变更,有效的预算控制关系到总部能否在保持资本结构高效率的基础上,实施对成员企业的有效控制。

企业集团的全面预算管理模式是一套由预算编制、执行、内审、评估与激励组成的可运行、可操作的管理控制系统,具有如下特点:①总部作为战略筹划者,根据市场环境与集团战略提出企业集团的战略目标;②采用上下结合的预算编制模式,强化预算审批权;③重点审核各子公司及二级单位的经营预算与资本预算,对获得通过的经营预算和资本预算进行全方位监控;④加强对各子公司及二级单位预算执行情况的评估与考核;⑤注重信息的及时反馈,严格控制预算调整。

当前,国际上较为流行的是自集团公司依序向下,将执行组织体系分为"投资中心"、"利润中心"和"成本中心"三个基本层面的预算责任体系。

投资中心是执行组织体系的最高层,主要指集团公司或结合其控股的核心子公司;成本中心是执行组织体系的最底层,主要指企业集团内部的生产车间或生产部;利润中心则对应着执行组织体系的中间层,主要有两种类型:事业部制和旗舰企业(核心企业)制。事业部制实际上是代表集团公司当中一个行业或某一地区业务的中间机构,在事业部之下,是一些具有业务关联的子公司。事业部财务独立核算、自负盈亏,但不是独立法人,不独立承担民事责任。事业部制在欧、美、日的企业集团中较为普遍。旗舰公司一般都具有独立法人资格,可能是子公司,也可能本身就是一个控股公司。一个集团下可以有几个旗舰公司,每个旗舰公司主要从事一项核心业务,并负责该行业的战略规划与管理。我国香港地区和东南亚地区的企业集团多采用旗舰制。事业部模式和旗舰模式在企业集团内部可以交叉存在,形成各种较为复杂的模式。如中国石油化工集团就是一个旗舰模式的集团,它的旗舰公司——中国石化股份有限公司本身是该集团的一个控股公司,而中国石化股份有限公司对它所属分公司的管理则实行事业部制。事业部制有助于企业集团方便地转移定价与合理避税,旗舰制则有利于企业集团灵活利用当地资本市场和进行产权交易。无论是事业部制、旗舰制还是混合模式,都是把行业规划的职责放到中间层,使集团公司能够把工作重点集中到有关整个集团发展的战略管理上来,为全面预算管理效率的提高以及整体预算目标的顺利实现提供保障。

在企业集团的全面预算管理中,预算的编制应采取上下结合的方式。一方面,通过上下结合,统一预算意识,保证集团公司预算目标的完全执行;另一方面,通过上下结合,避免单纯自上而下和自下而上的种种不足。上下结合、横向协调的编制程序体现出了集权与分权的统一。在上下结合式的编制程序中,预算目标应自上而下传达，以保证最高决策层战略思想的贯彻和预算目标的执行，而预算的编制则应根据预算目标自下而上地进行，以充分发挥各层级的主观能动性，提高预算编制效率。具体顺序如下：①集团公司提出预算思想与目标；②下发预算目标并由各子公司、二级单位结合自身情况编制预算草案；③由预算管理委员会进行初步协调和汇总；④预算管理委员会召集各子公司、二级单位负责人等对各级预算进行协调，并形成最终预算，审查通过。在这一过程中，如果一次协调不够，还可以将协调后形成的预算方案下发各子公司和二级单位进行平衡，并上报再协调，直到各方的目标达成一致为止；⑤将审查通过的预算方案以内部法案的形式下达各子公司、二级单位执行。

企业集团预算管理委员会作为在集团公司董事会（或董事会全面授权的总经理）直接领导下的企业集团预算管理常设机构，一般具有如下职责：①集团预算目标、预算政策及预算程序的制定；②将企业集团预算提交董事会审核报批；③已获得批准的预算的下达与组织实施；④各项责任预算的审定、控制与调整、修订；⑤奖惩标准与奖罚形式的制定；⑥预算纠纷的仲裁等。

在企业的初创期，应该强调资本的预算管理。企业在初创期面临较大的经营风险，一方面是大量资本支出与现金流出，使企业净现金流量为负数；另一方面是新产品开发的成败及未来现金流量的大小具有较大的不确定性，投资的风险较大。在企业的增长期，应该以销售为起点进行预算管理。步入增长期的企业，其战略重点应在于通过市场营销来开发市场潜力，并提高市场占有率。在市场成熟期，企业集团应该以成本控制为重点进行预算管理。此时，企业的经营风险相对较低，但潜在的压力则非常大。一是成熟期长短变化所导致的持续经营的压力与风险，二是成本下降的压力与风险。前者是不可控风险，后者是可控风险。也就是说，在既定产品价格的前提下，企业收益能力的大小完全取决于成本这一相对可控因素。因此，以成本为预算起点的成本管理模式理所当然地成为市场成熟期的企业集团预算管理的主导模式。在衰退期，企业集团应该实行以现金流量为起点的预算管理模式。此时，企业集团拥有的市场份额稳定但市场总量下降，销售出现负增长。在财务上，大量应收账款在本期收回，而潜在的投资项目并未确定。因此，自由现金流量大量闲置，并可能被个人效用最大化日益膨胀的经营者所滥用。以现金流量为起点的预算管理是以现金流入流出控制为核心，自然也就成为企业集团预算管理的核心。

（四）审计管理制度

母子公司的经济组织与经济制度，是在决策、执行、监督三权分立的治理机制前提下设计的。因此，审计管理在保障投资人利益，降低子公司非系统性风险，增加子公司管理透明度等方面发挥着重要作用。在制度设计方面，应主要针对子公司的真实营运状况及财经纪律执行力度进行相应的制度化构建。

由于政治经济体制，市场、法律环境以及经济文化发展水平等的不同，不同国家的内部审计监督机制在机构设置、人员要求及权责、分配等方面也存在较大的差异。从内部审计的机制看，归纳起来主要有以下两种模式：

1. 以审计委员会为中心的英美模式。美国公司治理结构的主要特点是公司规模庞大，资本来源比较分散，股权的集中度不高，经营者享有很高的公司控制权，投资者在企业的控制中处于弱势。这样，美国公司治理主要依靠外部治理来完成。这就是美国哥伦比亚大学教授马克·J. 洛所说的美国公司的“强管理者、弱所有者”的现象。与此相适应，公司管理组织实行的是高度集中的以董事会为最高权力机构的单层制。但在内部监控方面，美国公司也有一套行之有效的权力制衡体制和监督机制。管理机关的内部成员一部分是执行业务、从事内部经营管理的成员，称为执行董事或内部董事；另一部分是不执行业务、不参与内部经营管理的成员，称为非执行董事或外部董事（也称独立董事）。非执行董事专司监督之职，由其组成的机构称为审计委员会，充当公司治理中的内部审计角色。

美国公司审计委员会主要的职责是：①负责对公司内部审计部门的业务指导工作，以保证公司对外公布财务信息的真实性、可靠性，避免对公众产生误导；②选择并审核企业的内部审计部门主管，审批内部审计章程，审查内部审计的范围、适用性和审计结果等，以提高内部审计工作的独立性、规范性和可操作性；③审查公司的财务政策、运营及控制系统的状况，保证企业监控的充分和完整；④负责聘请并监督外部审计机构，作为协调与沟通外部审计、内部审计和董事会工作的渠道；⑤参加董事会会议，对董事会的决策提出恰当的建议，以保证决策的有效性；⑥监督企业文件、财务、道义、法律方面有无违规之举，检查公司的方针、政策及审计原则，为创建良好的企业文化环境做出积极的贡献。

1977 年，英国在修正公司法时，开始要求在公开上市公司内设立由非执行董事组成的审计委员会，并要求审计委员会对公司重大财务报告进行审计，并关注内部控制制度及相关问题。1986 年，英国会计师公会的工作小组正式对审计委员会的职责提出了相应的建议。同年，英格兰银行也提出了金融机构应设置审计委员会的设想，伦敦交易所也建议所有上市公司均应设置审计委员会。

2. 以监事会为中心的日德模式。与英美国家的单轨制结构模式不同，日本与德国采取的是经营与监督相分离的“双轨制”模式，即由设在股东大会之下的监察人员负责对公司内部经营管理活动进行监督审计。

日本商法特例第 18 条第 1 项规定：“公司应设置监察人 3 人以上，其中应有 1 人以上在其任期 5 年间，未为公司或其子公司的董事、经理人或其他职员。”监察人的主要职责是:①决定公司的监督方针及方法;②审查董事会或清算人提供的会计报表;③审查外部审计人员提供的会计报告;④审查董事会向股东大会提出的会计监察人选。总体来说,监察人主要行使决策与评价监督两大职能,不仅就公司重大事务进行决策,而且具有对董事会的监督审查权,但它并不直接参加公司的具体经营管理。董事会应对监察人负责,并且必须定期向监察人报告关于公司的经营方针、赢利能力、资金周转和重要交易等情况。此外,监察人还有权检查、监督和指导公司的内部审计工作。日本公司的监事审计介于内部审计与外部审计之间,因为监事审计虽然是公司组织机构之一,但是成员为外派人员。监事审计属于公司内部审计的一种特殊形式。监事实施的监督检查,内容涉及财务活动、内部控制、会计信息等,审计的目的是维护出资人利益。监事审计与经营者领导的内部审计在审计目的、审计业务分工、审计职能定位方面均有区别,经营者领导的内部审计是为经营管理服务的。日本监事审计的力度和监控效果不及德国,专职董事的监控力量不及英美等国由独立董事组成的审计委员会,这是日本公司治理的不足。

德国公司治理结构的主要特点是资本来源比较集中,主要资本来自少数几个大股东、银行或其他法人组织等,公司由大股东、银行、创业家族和经理人员联合控制,注重企业内部的监控,公司治理主要由内部治理来完成。在公司管理体制中实行双层制,既有最高权力机构——董事会,又设监督控制机构——监事会,执行内部审计的职能则由监事会承担。德国《股份公司法》规定,监事会是公司股东、职工利益的代表,是公司的监督机构,具有以下权力:任免执行董事会成员和主席;监督执行董事会成员是否按公司章程行使经营权;对资本增减、筹资与投资等重要财务事项进行决策;审核账簿、核对资产,并在必要时召开股东大会。

这种内部控制主导型的内部审计模式的特点是:内部审计由兼任董事长的行政首领领导,很难与管理当局保持独立;内部审计人员主要由管理当局任命,地位不如英美国家;内部审计也对内部控制制度和会计资料的真实性、有效性进行评估,但很少涉及对高级经理人员的监督,更多的是改进管理效率、增加公司财务利润的管理审计和经营审计,是管理建设型的内部审计。

从内部审计控制的第二个层次来看,尽管世界各国在机构设置上存在差异,但按隶属关系的不同,大体上可分为三类:一是隶属于董事会或审计委员会,二是隶属于总裁或总经理,三是隶属于主管财务的副总裁、副总经理或主计长。从审计的独立性、有效性的角度来说,内部审计机构的地位越高,其监督控制作用和信息反馈作用就越能得以充分发挥。

(五)人事管理制度

1.集中式人事管控模式。集中式人事管控模式的内涵是:整个集团各级企业的人力资源管理需要协调统一地执行,集团母公司拥有绝对管理权限,子公司的人力资源管理严格受母公司约束,是母公司人力资源管理制度、政策的忠实执行者。在这种模式中,子公司的经营者由母公司任命,母公司对子公司的人事进行全面的控制,子公司的经营团队由母公司决定,母公司的人事部门对子公司的人事部门实施控制和管理。母公司通过制定统一的人力资源管理办法来实现对子公司人事的集权管理,包括对子公司人力资源部门的集中控制,统一人力资源管理制度。这种模式的人事管控是以企业内部的科层制为基础的,从企业集团的多元化程度来看,多元化程度越低,越容易采用这种集中式人事管控;从集团规模上看,中小企业集团采用这种人事管理体制的较多。中小企业集团由于规模较小,产品相对单一,实行集中统一指挥便于发挥其灵活机动的优势。在这种管理模式下,母公司负责关键人员的任免、考核、激励等决策和人力资源政策的制定;子公司享有很少的人事决策权,主要是执行和贯彻母公司统一的人力资源政策。集权型人事管理模式体现了母公司对子公司的人事活动进行全过程控制的观念。通过集权,母公司能够对子公司的人事管理活动进行规范,使母公司的决策在子公司得以贯彻执行,从而有利于公司整体优势的发挥。信息技术、网络技术的发展使母公司和子公司之间的信息交流变得更加快捷和方便,集权式人事管理模式的弊端——“信息的不对称性”能在很大程度上得以克服,母公司实行集权式人事管理具备了强有力的技术支撑。

2. 委派式人事管控模式。委派式人事管控模式的内涵是:母公司委派关键人员到子公司,以达到控制子公司的目的。母公司通过对委派人员的管理,可以直接控制子公司的运营,能通过委派人员较好地达到控制子公司的战略目的。母公司派往子公司的代表可以将他们的人事档案和劳资关系仍然挂靠在母公司,以便于母公司进行控制。各派出代表都要接受母公司的指导、监督和考察,这部分工作主要由母公司成立的各专门委员会负责。各专门委员会要定期或不定期地将派往子公司代表的情况向母公司董事会汇报。目前,较为普遍的委派式人事管控模式是财务人员(或只是财务总监)的委派制。即在企业集团中,子公司的财务人员(或财务负责人)由母公司直接委派,向母公司负责,其人事关系、工资关系和福利待遇等均由母公司进行管理。由于财务部门相对独立于各子公司,有利于母公司对子公司进行有效的集权管理。以某集团为例,其财务人员集中办公,不下放到各子公司。财务部门不是按不同的子公司设置科室,而是按财务职责的合理分工来设置,分为资金结算部、财务会计部和资产管理部。这种设置方法使母子公司财务有机地融为一体,使母公司能及时地掌握集团整体的财务状况。子公司的财务人员列入母公司财务部门编制,子公司的财务机构则作为母公司财务部门的派出机构负责子公司的财务管理工作,参与子公司的经营决策,严格执行母公司财务制度,并接受母公司的考评。跨国公司一般都是通过由集团公司向成员企业委派高层经营管理人员方式来达到管理控制海外子公司的目的,这样还可以加强对成员企业的约束。

此外,母公司还可以通过派遣董事等高层管理人员来影响子公司的决策。一是派遣董事。母公司向子公司派遣部分特别是超过半数以上的董事,这就可以对子公司董事会做出的决策产生重大影响,将母公司的意志贯彻到子公司的决策当中去。二是派遣代表董事。董事会只进行重大的经营业务决策,而日常管理业务一般由代表董事决定。因此,代表董事的权力很大。母公司通过向子公司派遣代表董事,可控制子公司一般业务的决定权。三是派遣监察董事或审计员。监察董事和审计员通过履行监察、审计职责,对子公司的经营决策产生相当影响。母公司可通过派遣监察董事或审计员对子公司决策产生影响。

委派式人事管理模式在跨国公司母子管理中比较常见。外派人员是指由母公司任命的在东道国工作的母国公民或第三国公民,也包括在母公司工作的外国公民,其中以在东道国工作的母国公民为主。第二次世界大战后,美国的跨国公司大量出现并迅猛发展,与之相适应,外派人员的数量也直线上升。

(六)信息管理制度

良好的信息交流、传递和交换网络,是集团公司对子公司实施有效管理控制必备的信息平台。母公司对子公司信息管理的内容主要包括:子公司高层管理状况信息系统,业务和职能部门营运状况信息系统,作业层面信息系统。其中的重点是对子公司高层管理状况信息系统中信息内容、传递方式和传递渠道的设计。

第三节　企业集团制度安排的优化

一、企业集团制度安排——国际经验

(一)发达国家企业集团的不同类型

企业集团是市场经济发展的必然产物。随着经济全球化进程的日益加快,自 20 世纪 90 年代开始,世界范围内掀起了新一轮企业兼并浪潮。由于各国的经济社会环境不同,形成了三种不同类型的企业集团。

1. 英美企业集团。其主要特点是:①企业集团对集团公司、母公司的概念不加区分。如通用汽车公司、杜邦公司等均属于企业集团,但又都称为公司。对于子公司和关联公司,核心企业是按照股份制的惯例,通过派遣董事和其他管理人

员加以影响与控制。②集团内部实行金字塔式垂直控制，大型公司一般实行"母公司（集团本部）—子公司（事业部）—工厂"三级组织结构形式，具体包括"母公司—子公司—工厂"和"集团本部—事业部—工厂"两种变化形式。③企业集团内部公司之间一般不互相持股，内部企业虽然也有互相持股的情况，但均为射线形而非环形持股。④政府对企业集团的形成不起推动作用。⑤以少量的资本金控制一大批企业是企业集团最本质的特征。在控股公司的资产结构中，对子公司的长期投资占大部分或绝大部分。

2. 德、意企业集团。其主要特点是：①企业集团内部交叉持股的现象较为普遍，但没有日本那么稳定。②企业集团的职能主要是资本营运。资本营运的一种重要方式是股权运作。由于子公司都是股份公司，可以随时上市或用其他方式转让股权，所以，控股公司可以非常迅速地将资本从一个产业转向另一个产业。③股权集中程度较高。即使是在大部分股份分散上市的情况下，主要股东仍然通过公司章程中的特殊条款和设立"黄金股"等方式，保持对控股公司一定的控制权。④国家对企业集团的形成和壮大起巨大推动作用。

3. 日本企业集团。日本企业集团可分为两大类：一类是由旧财阀原统属企业组成的企业集团，共有六大企业集团；另一类是由新兴大企业为主导组成的企业集团，一般称为新兴的独立企业集团，共有不到10个集团。新兴的独立企业集团的特征与德国相似，这里不再赘述。六大企业集团，指的是三菱、三井、住友、芙蓉、第一劝业银行和三和这六个日本最大的企业集团，它们的主要特点是：①由集团内主要企业的董事长、经理组成的经理会，负责确定整个集团的方针大计。②集团内各企业环形持股。所谓环形持股，不同于英美和德、意两家公司之间双向的射线式互相持股，而是多向的互相持股。③集团内各企业相互派遣管理人员或兼任董事。④集团以大商业银行为核心，进行系列贷款，银行经理往往成为经理会中最有力的实权人物。

（二）发达国家企业集团治理的国际比较

公司治理结构自20世纪90年代在西方发达国家兴起以来，主要被概括为两种模式：美英模式和大陆模式。前者以美英为代表，后者以德日为代表。由于社会、文化和传统等方面的差异较大，也有人把大陆模式细分为德国模式和日本模式。美、英、德、日四个国家也被视为公司治理结构的代表性国家。近几年来，随着东亚公司治理结构的发展和相关理论的兴起，家族模式或称香港（东南亚）模式也开始被国际上广为关注。

美英模式的最大特点是股东高度分散，并且流动性强。公司治理结构依赖于企业运作的高度透明和相应完善的立法及执法机制。一般认为，美国的财务会计和审计最为发达，美国对上市公司信息披露的要求也最为严格。欧美等国不仅有高度发达的证券市场,而且有反对金融势力集聚的传统,因而企业的股权分散,股票的流动性大,股票市场交易活跃,有利于扩大投资。但是,股权分散导致资本结构的稳定性降低,公司接管与兼并事件时常发生,不利于建立长期稳定的合作关系。同时,股权分散会带来公司经营行为的短期化,削弱了所有者与经营者之间的制约与均衡关系,使来自公司内部的监督作用弱化,经营者也容易发生"道德风险"和"内部人控制"等问题。

大陆模式的最大特点是股东相对集中、稳定。德国多为大银行直接持股,银行与企业的存贷关系使银行成为一个重要的利益相关者。银行控制的方式是向监事会派出代表。德国的公司实行双重委员会制度,设监事会和管理委员会,监事会由股东代表、雇员代表和独立董事共同组成,管理委员会的委员称为执行董事,负责公司具体运营。日本则是公司法人间相互持股,董事会成员主要来自公司内部,决策与执行都由内部人员承担。外部的监督与约束主要来自两个方面:主银行和持股法人。主银行虽不直接持股,但对公司有实际的控制权。由于日本企业集团实行法人相互持股,因而其组织结构相对集中稳定,并可以减少股东的信息不对称问题,提高交易的有效性。但以"股东稳定化"为基础的日本企业集团弱化了风险竞争,增加了投机性,这是造成 20 世纪 80 年代末、90 年代初日本"泡沫经济"的一个重要原因。法人相互持股、集团内交易等排他性经济行为以及长期封闭的持股结构,在泡沫经济以及金融危机下面临着巨大的挑战,日本企业集团成功的神话被打破,并且似乎出现了不适应世界经济发展潮流的情况。

美英模式在强化信息披露的透明度,解决分散化的投资者控制公司的问题方面做得更好,但不利于建立长期稳定的合作关系;大陆模式则在减少大部分股东的信息不对称,保持利益相关各方关系的长期稳定方面具有优势,通常能提高交易的有效性,但在解决委托—代理问题时显得乏力;家族模式由于内部交易成本降低,又拥有双重激励,可以最大限度地提高内部管理效率,实现资源最优配置,但它易于忽视中小股东利益,而且,家族的继承方式使得董事会在选择接班的代理人时缺少有效的市场机制约束。

总的来说,三种模式各有所长,都是一种有效的制度安排,不存在孰优孰劣的问题。而且,近年来全球公司治理结构出现了趋同的态势,特别是在经济合作与发展组织制定并发布公司治理结构的原则以后,在公司治理的基本原则、要求和框架方面,国际上已达成了一些基本共识。以上三种模式即是对这些共识的一种概括。对上述三种模式进行一些简单的了解和比较,有助于我们对公司治理结构的全面认识,有助于选择或构建更为合理适用的中国公司治理结构。

二、企业集团制度安排的完善

(一)企业集团内部控制的完善

1. 实施授权控制。内部控制要求企业在进行经济活动时要有授权批准制度,以确立完善的工作程序。企业集团对子公司的授权控制包括:企业集团应根据授权管理和经营范围的要求制定有关的分级授权管理制度,并通过授权执行书的形式,明确规定子公司的经营决策权、资金使用权等;根据企业的制度标准,制定内部各级管理人员的岗位工作标准,对各岗位人员的权、责进行分工;通过授权通知书,对那些易造成损失和资产流失的重要项目做出明确规定,做到有章可循。通过授权控制,可以督促子公司日常财务活动的规范化,从而保证企业集团整体的有序运行。

2. 加强预算控制。预算是财务控制中推行目标管理的有效手段。企业集团可根据子公司的组织构成、经营规模以及企业成本控制的特性加强预算控制:①重视分级管理。编制预算时,要将企业经营目标的主要指标逐级分解,落实到下面的每个责任单位,并作为对各责任单位经营管理业绩进行考核评价的依据,这样既能考虑到子公司的意见和利益,又有利于企业集团监督管理子公司的经营活动;②注重整体性及全面性。预算要以企业集团的发展规划为依据,保证企业集团目标计划的实现。应通过预算的方式,明确每个子公司的经营管理目标和各方的责权关系,便于子公司进行自我控制、评价和调整,并使子公司之间相互配合和协调,减少内部的摩擦,增强企业的凝聚力,提高管理效率。

3. 完善子公司指标考核体系。企业的最终目标是获取赢利。为确保企业集团投资回报的实现,企业集团必须建立和完善考核和监督控制指标,主要包括:①现金比率,其比值越高,说明企业的短期偿债能力越强;②流动比率,它反映企业在某一时点现金及其等价物和可短期变现流动资产的偿债能力;③经营净现金比率,它从经营净现金流入的角度反映企业的短期偿债能力;④净资产收益率,它反映企业按净资产计算的增值率;⑤不良资产比率,它是企业年末不良资产总额占年末资产总额的比重;⑥资产损失比率,它是企业一定时期待处理资产损失净额占资产总额的比重。

(二)企业集团内部管理控制的完善

1. 强化组织规划控制。组织规划控制是对企业组织机构设置、职责分工的合理性和有效性进行的控制。强化组织规划控制可从以下方面着手:①从决策层着手。企业可通过成立总经理领导下的经营委员会、预算委员会、项目前期及筹建委员会、监审委员会、技术委员会等专门的组织控制机构,建立正常的工作秩序,使企业的各项工作程序化、公开化。②从实际工作着手。组织专门人员设计企业总体组织机构，并按照不相容职务分离的原则规定各部门的岗位职责，进行归口管理，以便做到协调一致，避免机构的重复设置，提高工作效率。③从财务和审计管理着手。如采取财务负责人派驻制、对审计人员实行分片委派制等。财务派驻制可杜绝企业下属单位或部门的领导人指使财务人员随意调账等现象，避免会计信息失真；审计人员分片委派制可提高审计报告的质量和审计效率，强化审计监督职能。

2. 重视人员素质控制。人力资源要素的数量和质量状况、忠诚度、向心力和创造力，是企业兴旺发达的活力和强大推动力。因此，如何充分调动企业人力资源的积极性、主动性和创造性，发挥人力资源的潜能，已成为企业管理的中心任务。人力资源控制方面的重点包括：①建立严格的招聘程序，保证应聘人员符合招聘要求；②制定员工工作规范，用以引导考核员工行为；③定期对员工进行培训，帮助其提高业务素质，更好地完成规定的任务；④加强考核和奖惩力度，定期对职工业绩进行考核，并做到奖惩分明；⑤对重要岗位的员工（如销售、采购、出纳），应建立职业信用保险机制，如签订信用承诺书，保荐人推荐或办理商业信用保险等；⑥工作岗位轮换，可以定期或不定期进行工作岗位轮换，通过轮换，及时发现存在的错弊情况，同时也可以挖掘职工的潜在能力；⑦提高工资与福利待遇，加强员工之间的沟通，增强凝聚力。

3. 加强内部审计控制。内部审计控制方面应重点完善内部审计操作和内部审计控制制度。其中，内部审计操作主要通过制定相关审计手册来规范内审人员的审计行为，防范审计风险。内部审计控制制度包括内部审计组织控制、依据控制、准则控制和过程控制等四个方面。内部审计组织控制是内部审计工作开展的基础，它要求在企业中建立独立的内部审计机构，并按规定配备合格的内部审计人员，以保证审计工作的正常有序开展。审计依据控制包括内部审计依据控制和外部审计依据控制两部分，内部审计部门应结合实际工作的需要，建立并完善内部审计制度体系，并以外部依据和本企业制度为准绳，制定具体实施细则并作为内部审计的依据，以保证内部审计工作有章可循、有据可依。审计准则是审计人员的行为规范，目的在于规范内部审计人员的工作。企业应根据有关规定，制定企业内部审计人员职业道德准则，保证内部审计工作的客观公正和实事求是。内部审计过程控制是保证内部审计工作质量的基础，内部审计部门应制定详细的审计项目计划和步骤，并使其具有可操作性。

4. 全方位推广应用现代信息技术。现代信息技术可确保企业集团内部管理控制更为有效。这是因为，现代信息技术一方面可以及时提供内部管理控制各方面所需要的信息，让各级管理人员准确了解和掌握企业经济活动的各种情况；另一方面可减少和消除内部人为控制的影响，促使内部控制的各个环节保持衔接，确保内部管理控制的有效实施。目前，现代信息技术已应用到企业集团内部的管理控制中，今后还要进一步加强现代信息技术在企业集团内部管理控制的系统组织和管理控制，系统开发和维护控制，文件资料控制，系统设备、数据、程序、网络安全的控制以及日常应用的控制等方面的推广和应用，使现代信息技术在企业集团内部管理控制方面发挥更大的作用。

三、中国企业集团制度安排的发展与完善

（一）以现代企业制度为基础

我国的企业集团是20世纪80年代中期在经济体制改革的过程中，在企业横向联合的基础上逐步建立和发展起来的。目前，我国已有2 000多个企业集团，其中有55家国家级的大型企业集团。企业集团的形成和发展对我国经济发展起到了积极推动作用，它有利于打破条块分割的经济格局，优化了企业的组织机构，产生了规模经济的效果；它还促进了产业与金融的结合以及工贸和科技的结合；同时，它也有利于开展国际化经营，增强我国在国际市场的竞争能力。

不过，我国现有企业集团的成员企业多数是在传统的计划经济体制下设立的，至今仍处于改革过程当中。同时，这些在经济体制改革过程中出现的企业集团，一开始并不是按照市场经济条件下规范化的企业集团标准组建的。因此，除了“翻牌”的或“拉郎配”的集团之外，我国的企业集团还存在不少问题，这突出地表现在以下几方面：

第一，紧密层企业数目太少，未形成完善、统一的核心层。有的企业名为企业集团，实际上是松散的联合体。据调查，在我国的企业集团中，紧密层数量在3～10个之间的只有261家，在10个以上的仅有169家，约70%～80%的企业集团还没有形成紧密层，有的甚至还没有形成核心层。有的企业集团的核心企业比其他成员企业规模大不了多少，实力强不了多少。据对我国256家企业集团的调查，核心企业在集团总资产（核心层加紧密层企业之和）中所占的比例，大于80%的有75家，占29.3%；在50%～80%的有94家，占36.7%；20%～50%的有73家，占28.5%；小于20%的有13家，占5.5%。核心企业规模不大，实力不强，难以对其成员企业提供更多的支持和帮助，使得企业集团缺乏内部凝聚力，难以形成统一的意志。

第二，企业集团内部缺少资本联系。我国现有的企业集团大多数是以产品为纽带，将若干个企业联合起来组成的。这样一种联合方式是以产品生产为核心，不涉及企业的产权、资金和人事管理。所以，这些企业集团绝大多数都是产权关系不变、资产关系不变、隶属关系不变和人事管理关系不变。这就决定了企业集团是一种内部关系比较松散的联合体。在这样一种松散的联合组织中，企

业集团无法确立自己的发展战略,即使制定了发展战略,也难以组织实施。以产品为纽带的企业集团,集团的主要任务是为生产某种产品而组织一些协作、合作,而不是对整个资本进行经营,这就使企业集团缺乏稳定性,也无法保证企业集团能长久地合作下去。国外企业集团的发展,主要是通过资本合作的方式,而不仅仅靠产品生产上的一些协作关系,这就保证了集团内部成员企业联系的紧密性和稳定性。

第三,集团运作不规范,表现在:①集团总部职能政府化,内部管理行政化。我国企业集团组建过程中行政倾向严重,企业集团多为政府行政捏合而成,这就使集团的内部管理呈现出总部职能政府化,内部管理行政化的倾向。②没有建立规范的集团内部管理制度。目前,一部分集团公司虽然名为公司,但原工厂制的管理体制没有得到相应的改变,不符合企业集团的规范化要求;部分企业集团在改组、改造过程中,不能根据市场情况、行业特征、产品特点和生产经营的实际来制定发展战略和设置内部管理机构,存在某些形式主义;还有一些企业集团经营管理关系及规则规定不明确,制约力不强,没有形成一整套集团内部的科学管理制度。③缺乏激励与约束机制。企业集团内各成员企业都是独立的法人,都是独立的商品生产经营者,都具有赢利性的特征,因而,他们都期望在集团内既能扬长避短,又能获取较高的经济效益。但由于我国企业集团行政化管理的倾向严重,又缺乏科学、规范的内部管理制度,缺乏对成员企业的激励和约束机制,这就势必难以调动各成员企业的积极性和主动性,各成员企业最终只好吃集团的"大锅饭"。

在我国经济体制改革进一步深化的过程中,需要解决上述新旧体制交替过程中产生的问题,或者说需要明确企业集团改革的方向。从国际经验来看,在实行市场经济体制的国家和地区当中,规范化的企业集团都是建立在现代企业制度基础上的。现代企业制度指的是19世纪末以来,在发达或比较发达的市场经济条件下形成和发展起来的现代公司制度。它具有以下主要特征:一是产权关系清晰,出资者的所有权和企业的法人财产权分离,企业成为享有民事权利和承担民事责任的法人实体;二是企业以赢利为目的,按照市场经济的要求运作,企业以其拥有的全部法人财产,自主经营,自负盈亏,对出资者承担资产保值增值的责任,出资者则按其投资额享有所有者的权益,对企业的债务负有限责任;三是在经营管理上,企业建立由股东大会(股东会)、董事会和高层经理人员组成的法人治理结构依法进行经营管理,并且通过三者的相互制衡和适当的分配制度,形成激励与约束相结合的机制。

(二)以产权为主要联结纽带

1. 理顺产权,实现政企分开。以资本作为企业集团的联结纽带,要以产权关系明晰化为前提,也就是说,要明确产权归属和产权代表,以便于产权的交换和转让。同时,企业集团产权的多样化,决定了企业集团不再隶属于哪级政府部门,主要依据国家法规和市场供求进行生产经营活动。目前的情况是,全民所有制企业的产权归全民所有,由政府代表,而政府又是由众多部门组成的,这就形成了各部门都代表所有权,都对企业进行干预,又都不承担财产责任的局面。这种状况与建立社会主义市场经济体制特别是发展企业集团的要求很不适应,必须加快经济体制改革特别是产权制度改革的步伐。通过改革,将国有资产管理职能从政府一般经济管理职能中分离出来,由国有资产管理部门统一行使国有资产所有者的代表权和管理权;政府中行使一般经济管理职能的部门主要负责经济的宏观调控,不再直接干预企业的经营活动。

2. 进行产权交易。这是实现资产的流动和转让,组建以资本为纽带的企业集团的具体操作形式之一,也是企业集团发展壮大的重要途径,但其前提是:核心企业要具有较强的经济实力和资金积累。核心企业通过并购获得被并购企业的全部产权,将被并购企业纳入集团的核心层;或者收购企业的大部分产权,达到控股的目的,将该企业纳入集团紧密层;或者向别的企业参股,使该企业变成集团的关联企业。中小企业也可以主动出卖自己的全部或部分产权,或者向优势的大中型企业参股,成为集团的成员,以利于企业生产经营的稳定和效益的提高。

3. 进行公司制改造。我国企业集团的公司制改造是建立现代企业制度的重要内容。现有的企业集团只有通过公司制改造,才能建立集团内部固定的资本联结纽带,也才能在此基础上形成合理的法人治理结构。在国际上,建立在现代企业制度基础上的企业集团都以产权关系作为主要联结纽带。现代企业制度的产权表现为股权,不论是有限责任公司或股份有限公司,其产权都以股权的形式出现。企业间的持股,包括单向或双向的射线式持股和多向的互相持股即环形持股。与此同时,在母公司与子公司、子公司与孙公司还有往下的层次之间,通过层层控股形成金字塔式的结构。因此,在组织结构上,企业集团表现为股份制的企业网络和产权密切相关的有机整体。对于成员企业,企业集团是以持股、控股的程度,来界定其是否为主要成员和与之联系的紧密程度。母公司一般把子公司分为三类,即全资拥有的、持股50%以上的和拥有股权50%以下的。参照国际经验,要改变我国企业集团联结纽带脆弱,成员企业之间实际关系松散的状态,就应当在理顺企业产权关系的基础上,以产权关系作为主要的联结纽带。当成员之间存在持股关系时,由于彼此利益关系紧密相连并且可以通过产权关系影响对方,生产、经营就会更加协调。而垂直式的层层控股,则使整个集团有一个强有力的统一指挥中心,成为各成员企业更紧密地配合,富有凝聚力的有机整体。显而易见,集团内部核心层、紧密层和松散层的区分,也应从生产、经营合作程度上划分改为以产权关系紧密与否或以持股、控股的程度来划分。

(三)改革企业集团的经营管理体制和方式

在我国企业集团的创建阶段,有的集团的成员企业之间基本上是合同或契约式的合作关系,在经营管理上还保持着原来的经济基础联合体的格局。尽管它们称为企业集团,但实际上并没有形成集团式的经营管理体制与方式。

按照现代企业制度的要求改革我国企业集团的经营管理体制与方式,首先要改变成员企业的领导体制,改为在企业中建立法人治理结构来管理企业。按照公司法的规定,我国公司制企业的股东大会(股份有限公司)或股东会(有限责任公司)是企业的权力机构,由它决定企业的经营方针和投资计划,审查和批准利润分配方案和选举董事等。董事会受股东大会或股东会信任委托,作为企业的决策机构,决定企业的经营计划和投资方案,制订公司的利润分配方案和聘任总经理等。在董事会的领导下,实行总经理负责制,由总经理、副总经理等高层经理人员组成执行机构,负责企业日常经营工作。

国际上,以现代企业制度为基础的企业集团在经营管理体制方面,实行的是权责分明的层级组织结构和管理方式。金字塔式的企业集团,由多层次的成员企业构成。企业集团的层次虽然多少不等,但从经营管理的角度,通常是结合投资中心、利润中心和成本中心的划分,区分为三个基本层次,即最高决策层、中间的行业管理层和基层企业,每个层次各自有着明确的权责。企业集团的最高决策层是集团的投资中心。它通过集团的核心企业即一个控股公司,对整个集团实行战略性管理。企业集团的中间管理层,在最高决策层做出的投资战略的实施过程中,对属下的成员企业进行行业性管理,主要负责解决产品与市场组合问题。中间管理层有各种不同的具体形式,包括在集团之下设事业部、组织行业控股公司或在集团内相同或相近的不同类别的业务中设立一个核心企业(有的集团称之为“旗舰企业”)等。形式虽然有所不同,但中间管理层在企业集团内都是一级利润中心,对有关的业务进行专业化的管理。有了这个层次,最高决策层便可以在多元化的经营中,把力量集中在战略性的决策和管理上,充分发挥投资中心的作用。至于基层企业,则是实施集团战略的基层单位或称战略单位。它从事具体的生产经营,实行常规性的企业管理,着眼点放在充分利用各种资源,不断提高经济效益上。这样,企业集团在实行战略性决策集中的同时又适度地分权,把多元化经营与专业化的管理相结合,以基层企业作为实施战略的单位。这种经营管理体制和方式可以适当地处理集权与分权的关系,集团内各个层次职责分明,能做到科学管理,充分发挥集团的整体力量。所以,我国的企业集团在成员企业实施法人治理结构管理企业的基础上,可以参考这方面的经验来建立符合企业集团要求的经营管理体制和方式。

我们要从我国的实际情况出发，按照现代企业制度的要求，借鉴国际上成功的经验来组建和改造我国的企业集团。要将着眼点放在以下几方面：①理顺企业的产权关系，以产权作为集团的主要联结纽带；②建立符合企业集团要求，权责分明的层级组织结构和管理方式；③使最高决策层切实发挥战略性管理功能。这样，建立在现代企业制度基础之上的我国企业集团必将得到健康成长，在我国的经济发展中显示出越来越强大的竞争力和影响力。

案例

百年招商局再写辉煌

背景材料

1872 年，洋务运动中诞生的招商局，成为中国近代第一家民族工商企业。1978 年，招商局开发了新中国第一个对外开放的工业区，第一个打破“大锅饭”，第一个叫响“时间就是金钱，效率就是生命”，成为中国改革开放的先行者。

然而，在快速发展的同时，招商局也患上了国有企业常见的“臃肿病”，规模越来越大，业务不断扩张，旗下分公司无限扩张，效益却越来越差。当时招商局下属公司办了养鸡场，还与皮尔·卡丹合资成立了童装厂，吃穿都可以自给自足。由于当时实行松散的法人制，甚至搞不清楚哪些公司是招商局的。

当时招商局集团在组织架构和内部管理上，实行的是所谓“放水养鱼”政策，形成松散的多级法人，管理链条超过 7 级，每一级都有投资权、资金支配权等，企业内部管理明显失控。并且有人借此浑水摸鱼，出现了一些经济案件。

招商局在发展中积累的这些素质性、结构性问题，在亚洲金融危机的冲击下全面暴露出来。1997 年亚洲金融危机发生后，一批国有企业陆续陷入债务危机，引发了外国银行收回贷款的高潮。这对当时投资过度、负债经营的招商局来说，不啻重重一击，企业的生存受到了严峻的考验。

2001 年年初，秦晓“走马上任”招商局董事长的第一天，问的第一句话是：“现金收入和现金支出有没有缺口？”“缺口 8 亿元。”答案令他大吃一惊。就是说，收入还不了利息、付不起管理费，得靠借钱、变卖家产还债、付息。当时集团投资涉及 17 个业务领域，整体负债率达 61.6%，经常性现金流缺口约 8 亿元。

调研、思考、决策，上任一个月的秦晓与同事们一起确定了重组战略。招商局人在当时存在的几个核心问题和解决方案上达成了一致：

一是战略整合。集团存在“投资冲动”，导致横向多元化过度。亚洲金融风暴前短短10年间，招商局从一家传统的航运企业，粗放式扩张到17个不同的行业领域，造成资源分散和管理失控。而这种盲目横向多元化主要是靠集团总部过度借贷来支撑，在银行“背过脸去”不再供血的情况下，必然出现对企业而言最危险的“流动性”危机。所以，战略整合的首要目标是业务重组，集中资源于核心竞争力。于是，集团从原来的17项业务，通过合并、退出、转让，最终确立了交通、金融、地产三大核心业务，并分别统一由一家战略业务单元实施专业化经营。其中，以招商国际(00144. HK)为主体，整合港口业；以招商地产(000024)为主体，整合地产业；以新成立的招商局物流集团为主体，整合20多家从事物流相关业务的公司；此外，还以明华公司[即现在的招商轮船(601872)]为主体，整合航运业务。

二是简化组织架构，消除纵向上多级化膨胀。由于实行松散的多级法人制，招商局组织机构一度大幅膨胀，最严重时拥有各类公司600余家，管理层级超过7级。经常出现集团领导找下级法人找不到、下级不知归谁管的怪现象。所以，战略整合的第二个目标是简化组织架构，将原来7级的管理层级压缩为3～4级。实行扁平化管理。

三是财务重组。一方面控制投资，减少负债；另一方面通过资本经营，获取资本性赢利和现金流入，包括招行的两地上市，出售平安保险股权，招商轮船上市，招商地产资产注入，招商局国际分拆公路资产等，使经常性现金流从缺口8亿元转变到盈余30亿元。

四是塑造强势总部。经过几年似是而非的“放水养鱼”，总部功能弱化，形成多级法人投资中心，层层都有投资权和自行融资权。总部缺少整体战略引导和风险控制的资源、权力和机制。所以，在母子公司关系方面，应强化总部的战略决策和资源配置功能，塑造强势总部。

秦晓提出，必须改变原来的理念，总部建设涉及一个对母公司和子公司关系的认识问题。子公司在法律上是一个独立的主体，管理上则只是系统中的一个单位。子公司在形式上可以有独立的董事会，但对完全控股的子公司的管理，不是通过控制董事会，而是通过总部的职能部门去直接管理。他提出要走出所谓“独立公司就是独立的法人，要有独立的管理权和法人权”的误区。

招商局明确提出，总部是战略性决策中心，子公司是经营性决策中心；总部是投资中心，子公司是利润中心或成本中心。亦即总部主要负责全面的资源配置，子公司负责在给定资源条件下对资源的运用，当然也包括一部分资源配置。

总部主要有两个基本功能：一是根据市场和自身的变化，及时确定新的战

略,具备实施战略的能力;二是具有内部资源配置和内部交易协调的功能。具体而言,招商局集团的总部集中了如下一些权力:

一是确定集团的中长期发展战略规划;

二是制定集团年度预算和经营计划;

三是管理全集团范围内的资本项下活动,包括项目投资、资产处置、兼并收购等;

四是统一管理集团各级企业资金、担保、债务等;

五是统一管理各一级公司副总经理以上高级管理人员的任免、调整、薪酬;

六是统一管理下属单位的机构设置;

七是统一订立全集团范围内适用的规章制度和管理流程等。

实际上,这些权力概括起来,就是把战略决策权、资源配置权、财务管理权、高级管理人员任免权、规则制定权等权力都集中在了总部。而各公司的主要任务是执行集团的战略方针和规划,完成集团下达的经营任务。

为了加强总部功能,招商局还将集团副总裁的分工由按子公司分工转变为按职能分工,从而在制度上割断了下属公司绕开总部职能部门与集团领导班子直接沟通联系的渠道,为树立总部职能部门的权威奠定了制度基础。

据此,招商局确定了"两步走"目标:第一步,用 3 年左右时间,达到经常性收支的平衡,填上当时约 8 亿元的资金缺口,这在 2002 年年底完成。第二步,再用两年时间,达到公司赢利水平和经营项下的现金流量能够满足付息、10% 还本、10% ~30% 消化不良资产和核心产业发展的必要投入,这在 2003 年年底也实现了。调整和整合期的两步,用 3 年时间完成了原定 5 年达成的目标,挽救、重整了一个招商局。

到 2003 年年底,招商局集团基本上建立起了新的产业结构、资产结构、管理体系、队伍结构。经过总额近 180 亿港元的资产置换、出售和对 100 多个下属企业的"整合",招商局确立了交通运输及港口、金融、房地产三大核心产业。2002 年实现收支平衡;2003 年,总债务比 2000 年下降近 100 亿元,利润从 2000 年的 15.6 亿元增长到 34.6 亿元。

2004 年年初,招商局决定"变中求进",用 5 年时间"再造一个招商局":资产、收入、利润等主要指标较 2003 年翻一番。招商局开始了一场"静悄悄的革命"。

招商局"静悄悄"地实现了集团领导班子最希望的"变",那就是经营模式从控股型向经营型的转换。为实现从投资控股向经营管理的转型,集团加强控制权、管理权,并在此基础上搭建统一平台和网络。在招商银行、招商地产、招商局国际、招商轮船、中集集团等 20 家上市公司的"招商系"中,招商局集团成为 9 家公司的第一大股东,11 家公司的第二大股东。

整合的同时是优化与发展。招商局集团资产基本分布在3大核心产业，利润也基本来源于核心产业。集团瞄准行业领先者的目标，发展成为跨地区码头投资经营企业，形成了全国性的港口网络布局，建成了全国最大的能源运输船队，“招商局地产”成为知名品牌，招商银行成为知名的股份制商业银行……

为了实现“规模、质量、效益均衡发展”，招商局集团建立起一套强势总部主导下的以过程管理为特征的管理体系，内容涵盖总部建设、过程管理、预算改革、财务模型、经营计划、经常性利润、财务信息化和资金集中管控、风险控制、标杆学习、持续改进等10个方面。

例如，招商局集团管理层认为，管理的薄弱环节更多地反映在过程中，必须提高过程管理能力。为此，集团建立起一套完善的信息与分析系统，并确立了定期的经营分析制度。其中半年和年度的经营分析要求集团全体领导、总部主要职能部门和各经营单位逐个召开面对面的经营分析会。在对干部的考核上，招商局集团也提出了一个令人耳目一新的标准——“过程管理能力”，即如果在一些重大时机提不出战略及实施方案，或在市场环境经营情况有重大变化时不能及时察觉和提出相应举措，就属于失职。

2002年，招商局提出了经营计划管理。各公司按照集团战略及集团下达的预算指标制定具体的经营工作计划。经营分析中，主要依据各公司的经营计划对照分析、检查。招商局对利润的分析最看重的是经常性利润。“核心产业的培育”与“经常性利润的提高”并列为招商局的“两条战线”。对各公司的考核主要考核经常性利润。招商局推行资金的集中管控与财务信息化。各公司的现金除少量日常经营的运转需要外，全部集中到集团的财务中心。总部集中了各公司30~40亿元现金。全集团推行一套财务系统（覆盖402家公司，有604个账套）。这大大提高了效率，全集团财务合并报表由原来10天左右完成压缩为2天完成。

招商局认为，在给定的资源条件下，风险是企业经营的主要约束。招商局对风险的管控主要通过财务、审计、法律三个体系实现。

招商局提倡标杆学习。企业的效益好不好，不仅要与自己历史水平比，更要与市场的先进水平比。招商局核心产业基本都已建立起自己的对标体系。经营分析、年度考核，对标分析是一项重要内容。2006年，招商局开始实施“持续改进活动”。各公司都成立了“持续改进小组”，对成本、工艺流程、商业模式等进行持续改进。集团总体费用利润率2006年较2005年提高6.5个百分点，2007年较2006年提升24.19个百分点。

在招商局集团，人人都知道的一个重要指标是“经常性利润”。集团把“经常性利润的巩固、提高”放到与“核心产业的培育与扩张”一样重要的位置。所谓经常性利润,就是企业生产经营的利润和经常性的投资收益,不包括资产经营利润和其他的特殊收益。招商局集团管理层认为,“提高经常性利润”是一个企业生存发展之本,也是决定其竞争力的根本因素。经过几年来的不懈努力,招商局集团在提高经常性利润上取得了显著成果。2007 年,在集团 196.20 亿元的利润总额中,经常性利润达到 169.47 亿元。

同时,招商局继续强化总部管理,通过推行过程管理、改革预算制度、推行“持续改进活动”等基础建设来实现;在核心产业大投资、大扩张的同时,招商局更讲求经常性利润。一系列的管理革新举措,为招商局的重组整合、快速发展奠定了坚实的基础。在大规模投资推动和存量资产赢利水平不断提高的带动下,招商局集团提出的 5 年目标,只用了 3 年时间就得以实现。

据统计,2004 至 2006 年,招商局总投资达 245 亿元,三大核心产业的投资占总投资的 96.5%。2006 年,招商局的总资产、净资产、各项利润、市值等综合指标,都较 2003 年增长 1 倍以上。

2008 年 6 月,招商银行投资 172 亿元,收购香港永隆银行 53.1% 的股权,为其境外发展迈出了坚实的一步。在一个以全球为背景的竞争舞台上,招商局集团把竞争的目光更多地投向了国际市场。在 2007 年开始的“新的再造工程”中,集团确立了到 2011 年利润总额接近 300 亿元的目标,并明确提出企业素质要有一个新提升,即要把自身打造成为具有国际竞争力的和谐企业。

虽然受到美国次贷危机的全球性影响,招商局集团在 2008 到 2011 年仍然取得了不俗的成绩,保持了稳步增长,并顺利换帅。2010 年 8 月,63 岁的秦晓卸任招商局集团董事长。53 岁的招商局集团总裁傅育宁接任秦晓,出任招商局集团董事长。54 岁的中国远洋运输集团总公司副总裁李建红接任傅育宁,出任招商局集团总裁。在秦晓担任董事长的 10 年间,招商局集团总资产由 496 亿元增长到 2 682.76 亿元,增幅 441.2%,年复合增长率 20.64%;年利润总额由 12.91 亿元增长到 178.52 亿元,增幅 1 282.61%,年复合增长率 33.89%。

而在新领导团队带领下,集团 2011 年盈利在 2010 年的基础上继续稳定增长,创出历史新高。全年实现利润总额 238 亿元,增长 9%;经常性利润 222.33 亿元,增长 11%;净利润 201.93 亿元,增长 7%,首次迈上 200 亿元的台阶;母公司净利润 138.66 亿元,增长 14%;营业收入首次突破 500 亿元,增长 16%。招商局集团母公司净资产利润率达 14.98%,总资产报酬率达 7.93%,保持在较高的水平。按国资委发布的统计信息,在各中央企业,招商局集团中母公司净利润排名列第 8 位,比 2010 年上升了一位。

建立有国际竞争力的大集团大公司,是国有企业改革的一个重要目标。招商局集团正在尝试实施“走出去”战略,今后将不断加大境外投资和业务开拓。

案例分析

现代企业的发展实践证明，企业家在企业发展中起着非常重要的作用，同时，更要重视企业制度的培育、建立。制度优于技术，制度优于企业家行为，制度的保证更加受到秦晓的重视。

影响和制约企业发展的因素有多种，但决定性的是企业制度。邓小平曾经指出，一个好的制度可以约束坏人，而一个坏的制度可以使好人犯错误。企业要发展，首先必须要有一套先进的制度作支撑，而对于企业集团来说尤其如此。秦晓上任前后招商局集团的巨大变化，除了秦晓个人能力发挥了巨大影响外，他所建立的新制度，才是导致招商局集团脱胎换骨的根本性、全局性、稳定性和长期性因素。经济全球化的态势越来越表明，企业竞争最核心的是制度竞争。制度创新为招商局集团的快速发展注入了不竭的动力。

（资料来源：《基石——国有典型企业成功案例剖析》，国务院国有资产实现委员会编，中国经济出版社 2008 年版。）

[PSSKT. EPS, BP]

1. 如何理解现代企业集团的产生与特点？
2. 企业集团如何实现集团内部的财务与审计管理？
3. 如何在产权 6 体制下实现母子公司的战略一致性？
4. 国外企业集团主要的管理机制是什么？有哪些值得我国借鉴？
5. 我国企业集团存在的主要问题是什么？应该如何解决？

第九章

现代企业制度与产业集群

学习要点

- 掌握价值链和产业价值链的概念。
- 了解产业集群网络的基本特点。
- 了解产业集群的制度性质。
- 掌握产业集群治理结构的类型和主要特点。
- 了解产业集群在创新中的作用机制。

产业集群是一种世界性的经济现象。世界范围内产业集群的蓬勃发展引起了经济学家们的广泛注意。探讨产业集群的形成、性质、特征和相关的制度与治理结构,对我国的企业有着非常现实的意义。本章主要分三部分来讨论产业集群中的企业制度问题,第一节介绍价值链和产业价值链的基本概念和理论,第二节主要通过价值网络的概念来分析产业集群的形成和特征,第三节讨论产业集群的制度性质和治理结构。

第一节　产业价值链的延伸

一、价值链的定义及其扩展

价值链理论产生于20世纪80年代中期,当时,发达国家的跨国公司基本上完成了国际化,开始走向全球化阶段。价值链理论是由美国哈佛大学工商管理学院迈克尔·波特教授于1985年提出的。迈克尔·波特的“价值链分析法”把企业内外价值增加的活动分为基本活动和支持性活动,两者共同构成了企业的价值链。基本活动涉及企业进料后勤、生产、销售、发货后勤、售后服务,支持性活动涉及人事、财务、计划、研究与开发、采购等。价值链在经济活动中主要表现在两个方面:第一,上下游关联的企业与企业之间存在行业价值链;第二,企业内部各业务单元的联系构成了企业价值链,在各业务单元之间存在着价值链的联结,价值链上的每一项价值活动都会对企业最终能够实现多大的价值产生影响。

根据价值链理论思想,企业可以运用此模式去分析企业活动中创造最大价值与无价值的流程,并以此改善企业流程,提升企业流程所创造的价值。运用价值链分析方法的基本目的是行业根据行业价值链确定竞争优势,企业根据企业价值链确定核心竞争力。具体而言,在企业价值链中,不同的企业所参与的价值活动并非每个环节都创造价值,实际上只有某些特定活动才真正创造价值,这些真正创造价值的经营活动,就是价值链上的“战略环节”。企业要保持的竞争优势,实际上就是企业在价值链某些特定战略环节的优势。这就要求企业特别关注和培育在价值链的关键环节获得重要的核心竞争力,以形成和巩固企业在行业内的竞争优势。企业的优势既可以来源于价值活动所涉及的市场范围的调整,也可以来源于企业间协调或合用价值链所带来的最优化效益。而在行业价值链中,按照价值链的构成,行业价值链就是要考虑从产品研发、原材料供应、制造、销售以及售后服务等整个价值链上如何扩大价值增值,为提升行业的赢利能力找到指针。

此后,Peter Hines 把迈克尔·波特的价值链重新定义为“集成物料价值的运输线”,Hines 的价值链与传统价值链作用的方向相反,把顾客对产品的需求作为生产过程的终点,把利润作为满足这一目标的副产品,而迈克尔·波特所定义的价值链只停留在把利润作为主要目标。Norman 和 Ramirez 认为,企业创造价值时,不仅要使自己的产品智能化,同时也要求顾客更智能化。为此,企业必须不断评估自己的能力,重新设计与顾客之间的关系,使得其价值创造系统更灵活、更具创新性并具有快速反应能力。

随着价值链思想的发展,Jefferey F. Rayport 和 John J. Sviokla 于1995年提出了开发虚拟价值链的观点。1995年12月,《哈佛商业评论》和《管理沙龙》两大阵营的理论家们指出,与实物价值链并行的是虚拟价值链,后者可用于实物价值链的各个阶段,水平地使价值增值,只是虚拟价值链需要在互联网上操作,即供应商等利用互联网创造新的价值。

二、产业价值链

迈克尔·波特(1997)注意到企业的价值链可能包含于更大的“价值系统”(Value System)中,价值系统包括企业之外的供应商价值链、销售渠道价值链和客户价值链等,从而可以把价值链的方法应用到产业层次上进行分析。Kaplinsky在迈克尔·波特的价值链基础上进行了扩展,他把公司间的联系也考虑进去。这就是所谓的产业间价值链和产业内价值链,不同产业的价值链各不相同,其创造价值的环节也不相同。

在国内学者的研究中,余伟萍和崔苗基于经济全球化,分析了如何在全球产业价值链中进行产业优化,获得竞争优势,但其本质还是应用迈克尔·波特的价值链分析方法,从产业层面进行价值链分析。余江和方新提出,尽管在一个产业中,企业的价值链可能会因为产品线的特征、买方、卖方、地理区域或分销渠道的不同而有所区别,但是同一产业的企业在产业层级上均有相似的价值链;为了能够准确地分析企业的竞争优势,有必要为一个特定产业的企业竞争定义相关的产业层面的价值链。周振华研究员提出了汽车产业价值链的延伸,即在产业融合基础上,制造业和服务业相互渗透所形成的新的产业形态,通过纵向延伸、波及延伸、内向延伸、交叉延伸等方式提升汽车产业的行业利润。司徒达贤提出,近年来价值链的精神与应用正不断向外推广延伸,从企业内向外推展至产业,再从产业推展到全球,因此有企业价值链、产业价值链、全球价值链论。

可以看到,产业价值链是产业链背后所蕴藏的价值组织及创造的结构形式。产业价值链代表了产业链的价值属性,反映了产业链更深层的价值含义,决定了产业链的经营战略和竞争优势。产业价值链的形成有效地实现了整个产业链的价值,反映了价值的转移、创造和分配。相对于价值创造的其他组织形式,产业价值链具有以下特点:

第一,产业价值链把价值链的思想和方法应用到产业层次上,考虑更宏观的价值创造的组织形式。在新的竞争环境下,产业中的竞争不仅仅表现为单个企业之间的竞争,还表现为一条产业链同另一条产业链的竞争,一个企业集群同另一个企业集群之间的竞争,甚至是国与国之间企业的相互竞争。分析这些更大竞争单位之间的竞争关系和竞争优势,势必要引入更宏观的价值创造组织结构。产业价值链正是这样的结构分析方法,它也是价值链、价值星座和价值网分析方法的自然延伸。

第二,产业价值链提供了一种系统的方法,将产业链中各企业划分为一些相互分离的价值活动,价值链则可以用来研究这些活动是什么和如何被组织起来的。价值活动组织的界限往往并不是按照经济意义上最相似的活动组合确定的。价值活动是企业所从事的物质上和技术上界限分明的各项活动,它们是企业创造对买方有价值产品的基石。利润是总价值与从事各种价值活动的总成本之差,这一差额可以用很多方法来度量。供应商和渠道利润都是买方所承担的成本的一部分,供应商和渠道的价值活动也包括一个差额,它对于认识企业成本的各种资源非常重要。每一种价值活动都使用外购投入、人力资源(劳动力和管理)和某种形式的技术来发挥其功效。价值链反映了价值活动的总价值,并包括价值活动和利润。

第三,产业价值链给产业链价值的整合提供了系统的方法。产业价值链通过打通各企业的价值链,形成一个畅通的、统一协调的价值链系统。产业链能够确定与竞争优势相关的各种资源更加一致的单元界限,并通过将它的组织结构与价值链内部联系,把供应商或销售渠道的联系关联起来,提供协调的适当形式。一种与价值链一致的产业链结构可以增强产业链各企业创造和保持竞争优势的能力。一个产业链的价值链和它所从事的单个活动的方式反映了其历史、战略、推行战略的途径以及这些活动本身的根本经济效益。产业价值链将一些标新立异的活动归类于企业单元,如营销企业或生产企业的名下。这种分组、整合方式的逻辑是,有类似性的那些活动应该通过将它们归在一个公共部门中而得到共享和有效的利用;同时,这些部门因为它们的差异而从其他组织的活动中分离出来。这种类似活动的划分正是组织理论学家所谓的"分化"。随着组织单元的分离而产生出来的协调它们的需要被称为产业价值链的整合。因此,整合的机制必须在一个产业价值链中建立起来,以确保所要求的协调能够实现。

第四,产业价值链使企业价值链之间产生协同效应。产业链战略整合各企业的价值链,衔接各企业的价值链,创造价值和竞争优势。各企业被整合到产业链的旗下,也应该调整自己的产业链结构,更好地融入产业链的价值体系,形成产业链的协同效应。产业链的协同效应表述为"1 + 1 > 2",其含义是,产业链整体业绩好于两个单独企业业绩的总和。各企业必须很好地应用企业间的关联关系,清楚地定义协同效应。业务单元之间可能的关联大致分为三种类型:有形关联、无形关联和竞争性关联。三种类型的关联对竞争优势的影响都很重要,虽然它们各不相同,但并不互相排斥。要了解这些关联作用,产业价值链的分析为我们提供了一种好的途径。

综上所述,波特的价值链理论表明:企业与企业的竞争不只是某个环节的竞争,而是整个价值链的竞争,而整个价值链的综合竞争力决定了企业的竞争力。波特说,消费者心目中的价值由一连串企业内部物质与技术上的具体活动与利润所构成,当你和其他企业竞争时,其实是内部多项活动在进行竞争,而不是某一项活动的竞争。企业的竞争优势可能基于三个战略:低成本、差异化和集中化，而企业的竞争优势来源于其产业价值链的定位以及上下企业价值链的相互关系及产业结构的调整。

三、产业价值链和我国的产业发展

随着信息与互联网时代的到来，价值链也在向全球化延伸，其风险性也相应地提高。我国企业目前仍处于国际化的初级阶段，相对于已进入全球化阶段的大型跨国公司而言，其差距是显而易见的。在实施“走出去”战略的过程中，目前我国很多企业大多是做OEM。中国要有大量的工厂，但更要有自己的品牌，要加强专利、商标等知识产权管理，增强组织创新和品牌经营能力。中国企业已经具有一定的技术和制造能力，但在设计、营销和渠道管理能力上还没有达到满足消费者日益复杂需求的目标，因此，需要走多元化的发展道路，在积极发展OEM模式、提高核心竞争能力的同时，谋求向ODM和OBM的发展。

OEM是英文Original Equipment Manufacturing的缩写形式，译成中文是“原始设备制造”或“原厂产品委托生产”，俗称“贴牌生产”或“定牌生产”，是一种适应现代社会发展的商业模式创新。它实际上指的是一种代工生产模式，即品牌拥有者不直接从事产品生产制造，而是利用自己掌握的核心技术负责设计和开发新产品，控制销售渠道，将具体的生产制造流程交由其他企业完成；承接生产业务的制造商被称作厂商，生产出来的产品被称作产品，产品上不加注制造企业的任何标志，而是按照品牌所有方的要求加注指定的品牌。

波特教授认为，企业在竞争中的优势尤其是能够长期保持的优势，是企业在其战略价值环节上的优势；抓住了这些关键环节，也就抓住了整个价值链。在全球价值链中，产品设计能力是价值创造的源泉，生产是价值实现的载体，营销与销售资源的使用是价值实现的最终形式。一般情况下，价值链上的双方结成合作伙伴关系能提高业务运作的效率，降低市场风险。供应商所制造的产品必须符合品牌厂商的要求，品牌厂商所销售的产品必须能满足客户的需求，这是一个前端市场与后端市场不同分工的产物，也是在现代成熟产业中的市场细分。专业分工的结果是双方各自发挥自身的特长，以最少的投入得到最大的产出。一个企业或一个国家不可能在所有的价值环节上都是世界上最有竞争力的，而中国无疑在生产环节方面是在世界上具有竞争力的，因此，我国应该大力发展OEM。

OEM按照驱动源的不同，可以分为两种类型：一种是购买者驱动型，即指由零售商和品牌企业来组织，零售商和品牌企业居于主导地位；另一种是生产者驱动型，主要体现在机械设备、汽车、电子产品这些高技术产业。因为其设计、开发较为复杂，技术水平较为特殊，生产企业、品牌企业和供应商在技术上和管理上的关系较为密切,故而其由生产者来决定。

中国企业开展 OEM 合作最早起源于服装业,早在 20 世纪 80 年代初,就有一些企业开始为国外知名企业提供贴牌生产。当时广东、福建的一批中小企业充分发挥自身的比较优势,使中国产品走出国门进入国际市场。经过几十年的发展,更多的中国企业成为产品的生产商,生产领域涉及服装、鞋、玩具、日化、消费电子(家电)、通信等行业,地域分布遍及广东、福建、浙江等沿海省份和城市,在有的地方还形成了具有一定规模及行业特色的蚁群经济。例如,在浙江嵊州市聚集着大大小小的领带企业 3 000 多家,年生产能力 3 亿条,全中国 90% 以上的领带在这里生产,世界 40% 的领带及相关产品由这里制造,外销的领带占总产量的 80% ,也就是说,世界市场上有 2 亿多条领带是由嵊州领带企业通过代工生产模式输出的,嵊州因此有着“中国领带之乡”的美誉。此外,类似的还有浙江宁波的服装、机械、石化产业集群和著名的广东顺德家电生产基地等。

OEM 是社会化大生产、大协作趋势下的一种必然结果,也是资源合理利用的有效途径之一。企业的生命线在于有效利用企业资源,以最低的成本在准确的时点上,按要求生产出最好的产品,因此,管理与创新非常重要。OEM 作为国际分工深化的产物,已成为不可逆转的历史潮流。

总体而言,OEM 方式的优点突出:①有助于合作伙伴之间在交易过程中减少相关交易费用,可以大大降低经营风险;②可以使企业获得规模经济效应,使其在提高开工率的同时,减少市场开拓的费用,将其有限的资源最大限度地集中在专门的生产制造领域;③有利于学习先进技术与管理,企业能够通过代工生产向委托制造企业学习,提升研发能力;④企业做代工,可以由订单带来自动投资,从而扩张资金运作规模和资金实力。代工企业可以低成本、快速度、大规模地运作,带来业务流水,积累企业资本。代工企业通过承接大量的订单,经过一段时期,就可以积累起大量的资金和技术,为自主品牌的推广蓄势。

OEM 的劣势主要表现在:①代工过程中可能发生潜在服务费用,容易引起法律争端与诉讼,产生契约协商困难和服务成本增加等风险;②生产的稳定性差,难以自主控制自己的命运,缺乏发展后劲;③更重要的是,获利空间较小。正因为如此,会有企业在权衡 OEM 利弊基础上扬弃 OEM 本身,走向更加宽阔的未来之路。

ODM 是指原始设计制造,是产品生产者在不需买主提供产品与技术相关规范的条件下,同时提供产品开发设计与生产组装的服务,生产符合买主所需功能的产品,同时在买主所拥有的品牌下行销。OEM 仅涉及产品的生产、组装,ODM 则涉及产品设计开发及生产、组装等活动。在 ODM 模式下,客户(发包者)完全不介入产品开发设计;而在 OEM 的情形下,代工企业完全不介入产品开发设计。

也就是说,原始设备制造商完全是按单生产,而原始设计制造商则加入了自己的设计开发。事实上,在大部分情形下,联盟双方或多或少都会介入产品设计开发的过程,只是程度高低不同而已。与 OEM 相类似,ODM 也可分为购买者驱动型和生产者驱动型。

ODM 战略旨在帮助企业利用生产投入过程自主开发产品,创建自己品牌的核心竞争力。实现 ODM 战略的核心,是如何摆脱对委托方的品牌依赖,变被动经营为主动经营。这主要体现在两个方面:一是利用技术的外溢效应,即利用委托方提供的设备和技术从事技术创新活动,实现设备改造和产品技术升级;二是按客户要求设计、开发产品,以自己的品牌实行定制营销,强化基于客户的关系管理。

从美国 IBM、韩国三星、我国台湾宏基和格兰仕等公司的经验来看,做品牌与做代工是相辅相成的。单纯做品牌或者做代工风险都较高,做品牌与做代工并行不悖则有利于分散风险。英特尔公司的经验表明,树立中间产品品牌同样重要,代工并不是不要企业品牌,而是要名利双收,以促进和有利于自主品牌发展为前提。代工能够促使企业改进生产质量、管理体系以及产品与市场状态;代工企业通过代工战略联盟,可以打破外包业务所造成的代工与消费市场之间的隔绝,了解市场,增加研发投入,积极学习和吸收先进技术,提高产品以及工艺的开发与设计能力;通过重新定位,代工企业的地位可以从代工升级到原始设计制造商(ODM)乃至原始品牌制造商(OBM)。代工模式的发展趋势是走向既做品牌又做代工的两条腿走路战略;即使终生代工,也要创建自己的代工品牌。

OBM 是指原始品牌制造,是加工制造企业在具备生产能力之后生产自有品牌的产品,这样的企业被称为原始品牌制造商。与代工相对应,它是面向消费者经营从产品研发与设计、制造、营销与销售资源的使用到售后服务四个完整环节的自主品牌制造商。

当前,自主知识产权(技术的原创性)已成为产业形成核心竞争力的关键,成为产业竞争的制高点。随着世界范围内知识产权保护制度日益健全,一个授权专利代表一方市场,控制了专利就控制了市场,没有自主知识产权只能永远处于低水平的加工阶段。随着经济全球化进程的加快,跨国公司将在全球范围内选择最廉价的劳动力和原料产地,而随着我国经济发展水平的进一步提高,员工的工资水平和原材料价格也将会大大提高,跨国公司可能像当初从东南亚移向中国内地一样,将生产基地移向别的发展中国家,如果到那时再寻求转变,将为时已晚。因此,我国企业应该抢抓当前发展机遇,利用 OEM/ODM 厂商的身份优势,掌握先进技术,学习管理经验,了解国际竞争,不断打破外包商对上游技术和下游市场的屏蔽,通过建立中间产品品牌,不断进行技术更新和产品开发,最终推出自主品牌,成为名副其实的 OBM。

在这一过程中,首先要基于价值链的某一价值环节进行产品或服务的多元化、系列化,强化处于劳动密集型节点的弱势企业间的分工,协调知识技术密集型节点或服务型节点的横向扩张,从而做强产业链。其次,要防止制造业企业过度集中于某一具体环节恶性竞争、自相残杀,应使不同企业分别定位于原材料供应、半成品加工、零部件加工、组装等具体的细分价值活动,然后组成一个群体与跨国公司合作,整体上使我国制造业企业成为跨国公司全球生产产业链中不可缺少的一环。最后,要加速引导制造业强势企业进行节点的纵向延伸,使企业价值定位由劳动密集型节点向技术开发、经销、代理、物流、技术咨询、维修等知识技术密集型节点或服务型节点转移,从而在更多的环节上与跨国公司协作,提升产业链,构筑自身的核心竞争能力。

第二节　产业价值网络与产业集群

一、产业价值网络的组成

随着由价值链理论描述的价值活动在变化很快的环境中的不适应性日益凸显,迫使各组织间打破原有的价值链关系,形成价值网络的关系,以实现价值方式的重构。新价值链不是由增加价值的成员构成的链条,而是由虚拟企业构成的网络,它经常改变形状,不断扩大、收缩、增加、减少、变换和变形,人们称之为价值网络。价值网络强调,对任何顾客的价值,其决定性因素是联系顾客的网络。价值创造的成果将产生于企业内外间的价值网络,而这一网络不仅反映物质运动的联系,更反映人的行为及其关系。离开与企业有关各方利益主体的效用关系及由此产生的行为联系,价值创造将失去意义。可以看出,从价值链到价值网络,再到不断创新和复杂化的价值创造形式,人们对价值组织和创造形式的认识在不断深入。对价值的系统认识的深入,不断推动着人们对价值的发现和价值的创造的认识。

网络是由网络的节点和节点之间的连线构成的,节点和连线是网络的两个构成要素。根据节点性质和连线力量的不同,可以把产业价值网络分为市场关系网络和社会关系网络。根据产业集群的概念,产业集群是由分别属于原材料供应商、产品生产商、产品销售商及其他服务于产业价值网络的管理、技术研发、运输饮食服务等中间机构组成,这些组织之间具有市场交易和经济合作关系。因此,产业集群的市场关系网络就是以集群内部的各个市场主体——供应商、生产商、销价值网格商、中间机构为节点，以它们之间的市场和经济合作关系为连线形成的一种网络。产业集群除了有集群内部的市场主体（企业）外，还有服务于集群但又具有相对独立性的社会主体（人）的存在，这些人基于血缘关系、亲缘关系、地缘关系和同行关系等社会关系，存在着众多的联系。因此，产业价值的社会关系网络就是以集群的社会主体（人）为节点，以它们之间存在的社会关系为连线形成的一种网络。产业价值网络是由市场关系网络和社会关系网络叠加而成的一种复合网络。其中，产业价值的市场关系网络根据其向性和维度的不同，可以分为纵向结构和横向结构。

1. 纵向结构。基于供应商、生产商和销售之间的市场供给和需求关系，形成了集群内部的供应商—生产商—销售商的串联状的纵向结构，我们称之为产业链。由于产业集群每个产业链内部的各个企业集中在同一区域，因此，企业之间的市场交易不存在因交通、时间和费用等因素而产生的成本差异，即一个产业链内的一个企业，客观上可以选择和上下游产业链内的任何一个企业进行交易。如供应商有 N_1 个企业，生产商有 N_2 个企业，销售商有 N_3 个企业，那么任何一个供应商就有向 N_2 个生产商提供原材料的选择，任何一个生产商就有向 N_3 个产品销售商提供产品的选择；反之亦然。同样的道理，生产商企业群是由大量存在的相互协作的小企业组成，这些小企业可以分为零配件生产企业、部件生产企业、成品生产企业三类，它们上下相互协作。因此，生产商企业群内部存在同样的微纵向串联结构。如负责零配件生产的企业有 M_1 个，负责部件生产的企业有 M_2 个，负责成品生产的企业有 M_3 个。同样，零配件生产企业可以向 M_2 个半成品企业提供零配件，半成品企业可以向 M_3 个成品企业提供部件。这样，整个产业集群的企业之间就存在 $[N_1 \times (M_1 \times M_2 \times M_3) \times N_3]$ 种生产组合和交易途径。

2. 横向结构。产业集群内部的各个产业链有许多企业组织（包括生产商内部各个生产环节的企业），这些企业通过竞争和合作关系形成了产业集群的横向结构。如果一个产业链内有 N 个企业，那么它们之间就存在 N^N 种竞争和合作的关系组合和态势。

二、产业价值网络的性质和功能

（一）网络的市场结构

市场结构是表现产业经济资源配置效率和竞争优势的重要指标。按照竞争强度的不同，可以把市场结构分为完全竞争、垄断竞争、寡头垄断和完全垄断四种基本形式。完全竞争和完全垄断是市场结构谱系中的两个极端。完全竞争虽然能促进资源有效配置，能增加消费者剩余和生产者剩余，但容易引致过度竞争,造成企业的长期利润为零,更重要的是容易感染经济萧条的病菌。因此,完全竞争并不是市场经济最理想的结构范式。完全垄断由于企业可以利用其非凡的价格决定能力进行肆无忌惮的价格掠夺,会减少消费者剩余,造成资源配置没有效率,因此,也不是最理想的市场结构范式。而产业集群的网络结构使产业集群内部企业竞争接近完全竞争,从而使产业集群内部资源配置有效率,成本降低;同时,由于产业集群的有效竞争结构使集群具有强大的竞争优势,使产业集群针对外部企业和市场的竞争又接近完全垄断或寡头垄断,从而使集群内部的企业能保持一定的利润空间。

产业集群内部企业的竞争接近完全竞争是基于以下原因:

根据微观经济学理论,完全竞争的四个条件产业集群内部企业的竞争都接近满足:①生产商的产品之间是无差异的。虽然产业集群各生产商企业群的成品生产企业生产出来的最终产品是有差异的,但这种差异不是取决于产品生产企业的优势,而是取决于成品生产企业对[$N_1 \times (M_1 \times M_2 \times M_3) \times N_3$]种产品生产组合和交易途径的不同选择。如果某种组合和交易途径的产品市场需求较大,大量企业就会竞相模仿,选择相同的产品进行生产组合,并使产品趋向于无差异化。②市场具有大量的卖者和买者,以致单个企业无法影响产品的价格。对于一个发展比较成熟的产业集群,每个产业链内都有许多企业,由于集群内部有[$N_1 \times (M_1 \times M_2 \times M_3) \times N_3$]种交易选择和产品生产组合,集群每个产业链内的企业又有 N^N 种竞争与合作联系,在这种情况下,某个企业要控制价格和主导市场是不可能的。③市场中所有要素均具有充分的流动性。对于劳动力流动来说,第一产业集群社会关系网络具有 N^N 种交际联系渠道,通过工资信息的传播和交换,各个企业支付工资的数量是透明的。第二产业集群都是以一种基础技术生产系列产品(如永康五金产业集群的基础技术是金属加工技术,绍兴的轻纺、袜业产业集群的基本技术是纺织技术),工人流动所需要的技术再学习培训成本较低。基于以上两点,工人是可以根据自己的工作价值取向自由流动的。对于资本而言,由于整个产业集群是由在分工专业化基础上的大量企业组成,产业链内的每一个企业只生产一个简单的零件或部件。这些企业投资小,技术也因专一而变得非常简单。对浙江某些产业集群的调查表明,一般有几万元的投资就能进入产业链内的某个环节。因此,企业进入和退出成本都比较低。对于供应商和销售商来说,它们虽然需要庞大的资金,但它们进入和退出的成本都很低,因为与产业集群相配套的原材料供应和产品销售市场在空间上都表现为专业市场,它们的经营场所的固定资产只有几间店面或几个摊位,而且能够保值增值。同时,由于接近生产企业,市场信息流动迅疾,可以根据生产者和消费者的需要变换经营品种。因此,产业集群的资本流动性也非常好。④市场中消费者、厂商以及要素持有者所掌握的经济、技术信息是充分的。由于产业集群的社会关系网络具有 N^N 种交际联系渠道，同时又集聚于一地，在这种情况下，企业要封闭知识和信息非常困难。而且，由于存在专业市场，市场内有许多经销商，通过货比三家，不断比较，消费者也能得到较为完备的信息。

产业集群针对外部企业和市场的竞争接近完全垄断或寡头垄断是基于以下原因：对于产业集群的实践研究表明，产业集群相对于外部企业和非集群企业而言，具有较低的交易成本和较高的生产率，具有有利于企业产品和技术创新的环境，容易形成统一的区域品牌，具有较低的广告成本和强大的市场影响。由于一般的产业集群应用的技术都是大众化技术，因此，产业集群对市场的垄断主要是通过低价格进行，并且，集群内部的竞争越接近完全竞争，集群对外部的垄断就越接近完全垄断。如浙江嵊州市低档领带技术水平低，几乎没有任何技术壁垒，因此，竞争非常激烈。实地调查证明，嵊州的低档领带几乎占领了国内外全部市场。

（二）网络的创新机制

产业集群的网络结构使集群形成了强大的创新机制，这主要表现在以下几个方面：

第一，产业集群内部含有大量的企业，每个企业都是一个创新主体，都能对其生产的产品进行创新。这与单个企业的创新相比，创新活动量要大得多。同时，产业集群基于专业化分工，每个企业专司一个零配件或部件，创新的内容专一，也大大地降低了创新的风险和成本，极大地提高了创新的速度和效率。

第二，产业集群内部拥有 $[N_1 \times (M_1 \times M_2 \times M_3) \times N_3]$ 种交易途径和产品生产组合。通过产品生产组合和交易途径的"乘数机制"，可以使集群内不同环节的创新成果马上能在最终产品上反映出来，形成了集群的创新合力机制。

第三，不同的产品生产组合和交易途径会生产出不同的创新产品，这就实现了创新产品的多元化，同时加速了产业集群产品的更新。

第四，产业集群内部市场关系网络拥有的 $[N_1 \times (M_1 \times M_2 \times M_3) \times N_3]$ 种交易途径和产品生产组合，以及社会关系网络拥有的 N^N 种交际联系，使创新成本能很快地在产业集群内部各个企业之间传递，大大提高了创新成果的经济效益和社会效益，节约了整个产业集群的创新成本。

第五，有些学者认为，产业集群针对外部竞争的长期垄断经营，有可能会使集群内部的各个企业因暂时的竞争优势而不思进取，进而使集群内部模式和思维僵化。我们认为这种担心是多余的，因为产业集群内部各个企业是在接近完全竞争的条件下进行竞争，同时企业之间又是相互依赖的，任何一个企业出现产品质量和技术设备陈旧问题，都可能被集群内部的其他企业所遗弃，从而被排斥在集群网络之外,其在集群内部的地位和市场会被更有竞争力的企业所代替。由于产业集群销售商、生产商、供应商的串联式纵向传导机制的作用,销售商会不断给生产商传导什么商品好卖,什么商品不好卖,顾客需要什么新产品,或对产品有哪些具体改进要求;生产商则会马上根据销售商提供的信息改进产品或研发新的产品,同时会逼迫供应商为其提供有特殊要求的原材料。

第六,产业集群内部各企业的纵向和横向一体化,形成了集群内企业的利害互动机制。在这种机制作用下,只要有一个企业通过创新挣了大钱,就会牵动整个产业集群跟风模仿。因此,产业集群经常会出现一段时期是这个企业领头,一段时期又是另外一个企业领头的现象。如浙江永康市五金产业集群就是这样,在短短的10年间衍生出现的产品涵盖机械五金、装潢五金、日用五金、建筑五金、工具五金和小家电等1万多个品种,平均每年开发出1 000个产品品种。这主要是不同时期各个企业不断创新进而带动整个集群创新的结果。

(三)网络中企业的合作与竞争

竞争与合作是一对矛盾,很难想象两个企业在竞争的同时又能相互合作。而产业集群的网络结构却孕育了这种在经济领域比较难得的竞争合作关系。产业集群内部企业的竞争关系主要表现在集群内部同一产业链企业之间对资源和市场的争夺以及与上下游企业之间的讨价还价上。对于同一产业链内部企业的竞争,由于集群内部同一产业链内有大量的企业,相互之间很难确定自己的竞争对手,因此,它们的竞争战略由攻击竞争战略(价格战略)演变为非价格战略,主要表现在尽量节约生产成本,提高产品质量和提高产品的差异化;同时,加强与上下游企业之间的长期合作,希望得到上下游企业的支持和帮助,如及时提供货源或优先销售本企业生产的产品,签订长期的合作合同,寻求更低的价格等。对于上下游企业讨价还价的交易竞争,由于上下游企业各自都有大量的企业,并且上下之间存在很多交易途径,因此,来自于上下游企业间的讨价还价的压力并不大。上下游企业之间的讨价还价交易关系更趋于一种"讨好"的交易或是"喊买喊卖"的交易,并会发展成为经济+朋友的关系,通过友情、诚信、服务、技术和信息交流,加强与上下游企业的交易关系,巩固和扩大各自的市场和发展空间。

(四)网络中的区域品牌优势

按照一般市场理论,集群对于外部市场具有较强的垄断能力,这对集群内部企业形成单个企业的产品品牌应该非常有利。但现实情况是,产业集群的产品是以整体的区域品牌的形式出现的,单个企业的产品品牌鲜为人知。如诸暨大唐袜业集群和单个袜业公司浪莎袜业相比,大唐袜业集群的实力和市场份额应该远远高于单个浪莎袜业公司,但大唐袜业集群内部没有一个品牌有"浪莎"品牌这么有影响力。这种现象的原因在哪里呢?我们分析,这主要是基于两种力量：

第一，在产业集群网络结构的作用下，产业集群内部的市场竞争接近完全竞争。在这种完全竞争的条件下，企业要脱离集群集体，创造自己的品牌非常困难，要付出很大的代价。实证调查也表明，嵊州领带产业集群和永康五金产业集群这两个产业集群都有将近 20 年的发展历史，都已经成为比较典型的产业集群，而且，它们生产的产品有 30% 以上出口，按理应该具备创造国际知名产品品牌的能力，但实际上，这两个产业集群没有国际知名的产品品牌。以上例子说明，在产业集群网络环境下，企业很难形成自己的品牌。

第二，在产业集群网络结构的作用下，产业集群的外部市场竞争接近完全垄断或寡头垄断，集群集体力量促使产业集群的产品以区域品牌的整体品牌形式出现。虽然产业集群很难形成单个企业的产品品牌，但较容易形成区域品牌，而区域品牌比单个企业品牌具有更多的竞争优势。首先，区域品牌与单个企业品牌相比，具有更形象、更直接、更持续和更广泛的品牌效应；其次，区域品牌一旦形成，就具有强大的外部效应，能节约广告宣传费用，降低集群内单个企业的产品营销成本；最后，区域品牌具有更长的生命周期，虽然集群内部企业可能生生灭灭，但区域品牌会一直存在，不像企业品牌，企业倒了，品牌也就消失了。

三、产业集群

从本质上讲，产业集群是由企业间联系网络这一抽象空间和区位禀赋网络（包括经济、社会、人文因素）这一具体空间叠加而成的网络组织。20 世纪 70 年代以后，产业集群的研究已成了地区（或国家）竞争力研究以及区域经济研究重要的前沿课题。就竞争力研究而言，它强调的是创新；就区域经济研究而言，它强调的是自立型发展。

（一）产业集群的形成机制

目前比较流行的对产业集群形成机制的研究，是从后福特制的组织范式和市场与企业间中间组织的角度进行分析。

世界经济在经历 20 世纪 50 年代和 60 年代的高速增长以后，从 70 年代开始进入了长期的衰退期。对世界经济衰退的问题，许多学者是从资源供给（尤其是石油）的下降以及现代福利主义国家试图控制经济增长速度的各种政策角度去分析的。与此相反，皮奥里和萨贝尔认为，这种经济衰退是以大批量生产方式为基础的产业发展模式走到尽头的表现，利用生产特定产品的机械，利用大量的非机能劳动力生产大批量标准化产品的那种福特制生产方式已走到了尽头。他们指出，从 19 世纪中后期开始到第一次世界大战为止，世界发达的资本主义国家加快了工业生产的集中过程，出现了一系列大型企业，基本实现了从手工业工场到大型企业的转变（第一次产业转换），建立了大批量标准化产品的生产体系；而从20世纪70年代开始，由于国内外市场的激烈竞争和各种不确定性，在制造业中出现了以过去手工业生产方式为原理的新的产业组织形式，进入了以柔性专业化生产方式取代福特制生产方式的第二次产业转换时期，也就是进入了"后福特制"时代。传统的福特制不再是协调社会经济的主要范式。从微观角度来看，大型福特制公司普遍采取缩小规模或精简、重新策划、取消层级、同步策划、价值策划、外部采购等措施，尽可能减少同供应商之间的摩擦，并加强合作。那种在企业内部购买，研究和开发都在企业内部进行，不考虑区位"软件"而独立竞争的经营模式已经发生了根本性的变化，非等级制组织开始取代那种权力从上到下，在市场上交易的是资源或契约，企业间联系是由效用最大化驱动所支配的等级制组织，"公司涂画"的时代已经结束。这种非等级制组织主要依靠以信任为基础的合作。

不同于这种后福特制的观点，一些学者则从市场与企业之间的中间组织角度进行分析。威廉姆森最早关注这种组织形态，他用不确定性、交易频率和资产专用性来解释经济活动的结构，认为这三者处于较低水平时，市场调节是有效的调节手段；三者处于较高水平时，企业则会替代市场组织；当三者处于中间水平时，自动调节和强制调解则同时发生，这会形成一种中间组织形态，这种组织比市场更有效，在协调生产方面比企业更灵活。20世纪70年代以来的经济活动互补性和资源依赖观点促使这种中间（网络）组织理论进一步趋向完善。这些学者们认为，每个企业都根据自身能力从事分工活动中的某个阶段，因而在生产上存在相互依赖的企业需要进行合作与协调；企业在生产活动中依赖很多的资源，企业从企业外部获取资源需要同其他企业进行合作与协调，以降低竞争程度和市场的不确定性。卡登斯还把社会关系纳入网络组织中。这样，在网络生产中，自动调节、强制调节和社会调解相互交织在一起。这种网络组织包括分包制、企业集团、虚拟企业、供应链（存在核心企业时），还包括战略联盟、产业集群（不存在核心企业时）等。

确定而又稳定的标准化商品市场的存在，是大批量标准化生产方式延续下去的基本前提。与此相反，以计算机控制、利用小型多用途机器为基础的柔性专业化，在不稳定以及不断变化的市场中的适应能力很强。皮奥里和萨贝尔指出，以柔性专业化为基础的产业聚集有如下几个方面的特点：

第一，柔性加专业化，柔性指通过生产要素的再配置不断改变生产过程，专业化指这种资源的再配置是在有限范围内进行的，因为进入某一生产业界的企业都认为"它们的行业"是生产此领域内的产品而不是其他领域的产品。

第二，限制进入，一旦形成集群共同体，则共同体外的生产者无法享受共同体内的各种资源以及制度性供给。

第三,鼓励竞争,激励创新性竞争,这种竞争压力来自于共同体内外,但皮奥里和萨贝尔指出,由于这种竞争,在共同体内没有占统治地位的企业,不存在等级体系,集群中的技术创新受包括政府的行政政策、社会制度以及代际间技术传输的技术环境的影响。

第四,限制过度竞争,严禁阻碍技术进步的恶性竞争,如工资等工作条件方面的竞争。他们认为,这种以柔性专业化为基础的产业集群,通常包括三种类型:一是区域性产业集群,以意大利为典型;二是家族式的企业联合体,以日本为典型;三是核心企业以及受其支配的独立工厂,在美国和德国经常见到这种类型的集群。从外观上看,这种集群中的核心企业类似于大型企业,但不同于大型企业,这些企业并非生产大量的标准化产品,企业规模之所以显得很大,主要是因为这些产品的生产需要大量的资本投资,如各种专用设备的生产等。

(二)产业集群的主要特征

既竞争又合作是产业集群的主要特征。随着对产业集群研究的深入,进入20世纪90年代以后,许多国家和地区都试图通过培育产业集群提高竞争力。从企业的角度看,许多企业都通过相互分包或加强同大型企业的联系等方式,以建立密切的生产网络作为其主要的竞争战略,因而产业集群理论研究也就主要集中在合作与竞争的相互关系上。迈克尔·恩赖特认为,有关集群的合作与竞争不相容问题的争论是多余的。他认为,合作意味着企业有更多的机会去共享资产、营销和技能培训等方面的好处,但企业还得进行竞争,因为在市场中将遇到许多国内外竞争者。对企业而言,合作就是在向竞争者提供有价值的专用信息和得到大量资源之间的权衡问题;对政策制定者而言,就是在无偏地支持合作和激励竞争以促使经济增长之间的权衡问题。尽管波特的产业集群研究强调了竞争,但在他的产业集群理论中包含了许多有关合作的思想。企业间既竞争又合作,成为产业集群模式的核心特征。

企业之间的这种合作,是以有关经济活动的文化更新为基础,这种文化更新包括三个方面的内容:首先,从微观层面上,这种对合作的信赖是可以研究和分析的,分析中的学习效应是可以传递和复制的;其次,某一区位的社会文化品位和合作意愿,如团队劳动以及管理者和劳动者之间对立情绪的降低等,是该区位经济优势的主要内容之一;最后,随着企业更多地从供应商购入产品和服务,企业都很重视以信任为基础的相互联系、互惠关系、交换和社会网络联系,而且对此很敏感。

(三)产业集群的地理表现

区域自立型发展模式是产业集群的地理表现。集群研究强调促使集群形成发展的特定要素和集群调整当地经济方面的作用，这就扩大了经济发展要素范围，强调了社会和制度安排在经济发展过程中的作用。同时，集群研究还强调经济和社会网络的重要性以及各种外部性。因此，集群研究超出了传统的聚集理论范畴。哈里森指出，在集群中的经济行为深深地植根于当地的社会联系中，因而集群完全不同于传统聚集经济中的集聚概念。这样，集群研究逐渐演化成为城市与区域发展模式的研究。较早研究这种模式的学者是意大利摩德纳大学的布鲁斯克、佛罗伦萨大学的贝克迪尼以及波伦亚大学的卡佩契等，他们对“第三意大利”进行了大量的实证研究以后，提出了“后福特制的区域经济发展模式”。佐佐木雅幸研究了日本北陆地区以后，提出了创造性城市模式；中村冈治郎研究了日本金泽市以后，提出了内生型发展模式。中村冈治郎的发展模式有如下五个方面的特点：①区域发展的内生动力来源于当地居民的创办新的产业、调整产业结构的强烈愿望；②植根于本地的创造性以及发展区域核心产业的战略；③建立区域产业之间的联系；④建立独立的经济职能，发展自律性的“公司型经济”；⑤强调区域的质的发展以及综合发展。总之，集群研究所强调的区域发展是自立型发展而不是依附性发展。

（四）产业集群的重要功能

创新是产业集群的重要功能。弗里曼、内尔逊、伦德沃尔提出了“国家创新体系”的概念。内尔逊指出，经济增长的核心是创新、新的技术、新的经营方式，以及这种思想从一个企业到另一个企业、从一个国家到另一个国家的传播。经济增长是一个动态的过程，这种过程包括许多不同的形式以及许多不同要素的相互作用。他在研究不同国家的国家创新体系后指出，国家创新体系不可能有单一的模式，不同国家的国家创新体系都具有不同的特征且都是独有的。弗里曼也是从国家层次上分析创新体系的机制和功能，他认为国家创新体系是“公私部门机构组成的网络”，并强调国家的公共机构设置及其对创新的协调能力是影响一国创新体系效率的重要因素。进入20世纪90年代以后，许多学者提出了“区域创新体系”的概念。他们把分散研究的区域技术聚集体、大型“技术型城市”等内容聚合在一起，并把特定地区相互联系的营业网络、技术转移、职业培训等作为区域创新体系的主要内容进行了研究。德沃特和奥梅提出了比较完整的区域创新体系的结构框架。德沃特研究外资流入发达国家的情况后指出，经济合作日趋全球化而在特定产业集群中企业间的核心作用日趋区域化。奥梅认为，区域代表着利益共同体，规定着重要的经济活动流量，并且因经济组织之间的合作与联系而具有竞争优势，因而组织主导行业竞争优势的单元是区域而不是国家。他认为，比起意大利和英国，威尔士、巴登—符腾堡地区、圣迭戈—蒂华纳地区、中国香港—广东地区以及新加坡在经济发展方面更富有意义，因为意大利严重的南贫北富现象说明，从国家创新体系角度上看，意大利没能组织整个国家的竞争优势；而英国的大伦敦地区经济联系主要与纽约发生而不是纽卡斯尔。不同于国家创新体系，主张区域创新体系的学者主要是从区域层次上研究促使创新形成的各种条件以及特征，而且他们所关注的是产业聚集的区域。区域创新体系更多地强调企业间的相互作用和非正式的学习和交流，强调以信任为基础的企业间合作以及区域的一种氛围。

库克根据控制的基础结构，将创新体系划分为三种类型：①基层型创新体系。基层型创新体系的技术转移是在小城镇或区的层次上进行的；融资是分散进行的，包括地方银行、地方政府、当地商业资本家协会的赞助和贷款；研发的是应用性很强且市场需求很大的技术；技术专业化水平较低，但解决一般问题的能力比得到严格培训的技术专长更得到重视；与区外的协作能力比较弱。意大利北部的产业区就属于这种类型。②网络型创新体系。网络型创新体系的技术转移是在多个层次上进行的，包括本地、区域、联邦和国际之间；融资受银行、政府代理以及企业的共同指导；研发的技术是混合的，包括纯技术和应用性技术以及与市场需求密切相关的技术；有众多的持股者，还存在各种协会、论坛、产业俱乐部等，因而协作能力很强；要满足从全球化企业到小型企业的各种需求，专业化的柔性很强。德国的巴登—符腾堡地区形成了这种网络型创新体系。③控制型创新体系。控制型创新体系的技术转移主要受区外和上一级机构的驱动；经济活动由中央政府政策所驱动；融资很大程度上是集中决策的；研发的技术大都是最基本的技术和基础性技术，而且尽可能满足大型国有企业或该区域所控制的企业的需求；企业大多数为国有企业，因而经济协作水平很高，专业化水平也很高。这种创新体系最典型的国家是法国，尤其是中比利牛斯地区的阿基坦盆地和图卢兹。

库克还根据经营管理创新情况，将创新体系划分了三种类型：①地方主义创新体系。地方主义创新体系没有控制性的本地企业和外来企业；地方主义的经营文化没有把当地研究机构同当地产业集群结合起来；很少有国有创新或研发机构，有小型的私人研发机构；在企业之间以及企业与当地或区域政策制定者之间结成密切的联系。意大利的托斯卡纳区、斯堪的纳维亚半岛、丹麦和芬兰属于这种类型。②互动创新体系。互动创新体系没有受到大型企业或小型企业的控制，公私研究机构、实验室相互匹配，这些区域以高度协作为特征。巴登—符腾堡地区形成了比较典型的互动创新体系。此外，西班牙的加泰罗尼亚地区以及加拿大的魁北克地区也具有这些特征。③全球化创新体系。全球化创新体系受到全球化公司的控制，又受到相互依赖的中小型企业聚集的供应链支持；研发大部分是内生的，所有研发机构是民营机构而不是公有机构；这种体系中的合作主要受到大型企业需求之影响。比较典型的地区是加利福尼亚州,在该地区,一些企业获得迅速的发展并迅速控制了当地的供应型产业,并创造了这种企业间的合作机制。

（五）产业集群与政府政策

产业集群化基本上是一个由下至上、市场诱发和市场引导的过程。按传统的逻辑思维观,政府的首要任务应该是利用有活力的市场功能,并确保合作不会导致限制竞争的共谋行为。传统的逻辑观由于认识范围有限,不能理解基于市场的创新系统的变化特征,也不能跟上逐渐发展的对基于市场的创新系统功能化的理解,与现代创新理论的视角的发展不同步,因而受到人们的批评。新的基于现代创新理论的观点是,在产业集群的形成和发展过程中,政府的角色应该是作为促进者和中间人,把相关参与者聚集起来,提供支撑性的基础设施,建立动态比较优势和有利于产业集群发展的制度,创造一个有效的激励机制以消除创新系统的系统失效。因此,在以集群为基础的政策制定中,政府的作用应是:

1. 建立一个稳定的、可预见的经济和政治环境。

2. 为市场的平稳和有活力地运行创造有利的框架条件（基础设施、竞争政策、管理改革和提供战略信息）。

3. 通过国家或地区勾画出一个富有挑战性的经济前景,创造一个鼓励创新和不断升级的氛围。

4. 提高对知识交流和网络化收益的认识。

5. 为合作提供支持和合适的激励计划,并且开始进行能给各参与者带来联合的网络中介和仲裁者服务。

6. 发挥政府作为网络化和知识交流的促进者和协调者的作用。

7. 提供正式和非正式知识交流的场所,设立和发展促进研究和开发的竞争项目及计划,提供战略信息（技术预测研究和战略集群研究）。

8. 政府应确保（公共）机构（尤其是学校、大学、研究机构）培育与产业界的联系。

9. 政府应能够确保规则和条例最大限度地保持适应市场条件变化的灵活性,促进创新和集群发展以及升级过程。

实践中,各国的集群政策和方法并不相同。一个基本的区别是,一种为由下至上的方法,另一种则是或多或少地由上至下的方法。前一种方法基本上集中在培植动态市场功能和消除市场缺陷上,它由市场诱发开始,政府行动作为促进者和仲裁者而无须建立国家优先权（如在美国和荷兰）。在后一种方法中,政府（与产业和研究机构保持对话）建立了优先权,对未来提出了挑战性观点,在开始对话前,先确定参与对话的各方（就像一些北欧国家一样）。在建立了国家优先权和接纳对话团体后，进一步的集群化过程就成为一个市场引导的过程，而无须政府干预。一般来说，许多国家的集群化过程是通过建立价值链中与某一特殊生产网络相关的企业，组织论坛、对话平台和正常的会议等而开展的。战略信息（技术前瞻研究和战略集群研究）常常被当作对话过程的输入。这种方法实际上在不同的国家有不同的组织形式，主要取决于在制定政策时国家的传统和文化背景、一国制度化的产业、研究机构和政府间的对话、国家大小和政府的干预程度、经济活动特殊的组成以及与一国经济密切相关的技术。具体地说，这些集群政策包括以下几种类型：

1. 一个强有力的竞争和规制改革政策（几乎所有国家）。

2. 通过技术预测研究和提供战略信息，如瑞典、荷兰；通过提供集群研究提供战略信息，如芬兰、丹麦、瑞典、荷兰、英国、美国、奥地利、意大利；通过特别研究小组提供战略信息，如丹麦、奥地利的 FTP 研究项目、德国的 DELPHI 报告；通过特殊网站提供战略信息，如加拿大 STRATEGIS。

3. 中介人和网络机构或计划，如丹麦的网络项目、荷兰的创新中心。

4. 集群开发项目，如芬兰和荷兰的集群项目，英国、美国、德国的区域发展署以及芬兰对集群的 R&D 的支持。

5. 创立杰出的产研联合中心，如比利时、丹麦、芬兰、德国、西班牙、瑞典、瑞士和荷兰。

6. 公共采购政策，如奥地利、丹麦和荷兰。

7. 产业政策制定方面的制度更新，如芬兰和加拿大。

8. 提供建设性对话平台，如美国专题小组，丹麦参考小组，瑞典产业系统方法，英国区域发展署，荷兰的中介人政策，芬兰的国家产业战略以及德国的研究、技术和创新委员会。

第三节　产业集群与企业制度安排

一、产业集群的制度性质

产业集群的兴起和增长是企业内部和外部交易成本之间进行抉择的结果。斯科特概括了交易成本和集聚间的关系，认为产业集群主要源于生产中的分工、公司间交易活动的结构以及地方化发展中的内生性出现的集聚经济。垂直分离过程预示着产业联合体的产生，这取决于公司间或工厂间交易联系组织结构。他认为，产业集群是企业垂直分离的空间经济结果。当企业垂直分离时，经济中外部交易活动的水平增加,由此将促进那些有强烈愿望和经济联系的生产企业相互向集群区域集中。反过来,大量生产企业的集聚会极大地降低外部交易的空间成本。在这种情况下,将会产生两方面的经济效果:一是企业搜寻和续约成本的下降,这将进一步加剧企业的垂直分离;二是投入需求的高度非标准化以及生产企业需要面对面的交流、接触,这也加剧了企业的垂直分离。因此,企业垂直分离强化了产业空间聚集,产业空间聚集又进一步加剧了企业垂直分离。而且,斯科特还认为,在社会分工日益深化的情况下,企业间的交易频率大大增加,企业交易总费用上升。由于交易成本与地理距离成正相关,所以企业通常有近距离寻找交易伙伴的愿望,从而促成地方产业集群的形成。

产业集群作为一种介于企业与市场之间的制度安排和组织形态,具有明显的市场交易的特征,具体体现在以下两个方面:一是集群内企业间的交易。与企业内金字塔似的等级关系不同,集群内企业相互独立,是彼此间没有支配或依附关系的平等市场主体,企业之间的协作与竞争都受价格机制的制约,交易费用弥散于整个分工网络中。二是集群内企业与集群外经济行为主体的交易。集群内部企业既是集群网络的一员,又作为独立的个体而存在,无论是由于集群内部专业化分工的需要还是自身发展的需要,都不可避免地与外界发生联系,这种联系体现在一系列与集群外经济行为主体的市场交易之中。因此,我们可以把产业集群概括为:一种介于市场和科层之间,比市场稳定、比科层组织灵活;资产专用性适中,信用程度中等偏高,既竞争又合作、既相互独立又相互依存,主要依靠关系、信任和承诺来进行协调的一种中间性的体制组织。

当把交易成本或交易费用这个经济分析的基本概念放入产业集群中来进行探讨时,我们可以看到:

第一,地理上集中的含义意味着集群内企业拥有共同的制度、文化和社会环境,而这可以有效降低知识与经验的差异,而这种差异正是影响交易成本的一个主要方面;

第二,地理上的集中自然意味着消除或大大减少因为空间距离而产生的交易费用;

第三,集群也是信息的集聚,同时,集群本身就具有网络化的特性,这既有利于信息的收集,也有利于信息的传播,于是明显降低了信息不对称所导致的交易成本;

第四,集群内企业长期合作,内部信誉体系比较完善,可以有效防止机会主义以及道德风险等,因此签订、执行契约等这类交易的费用也大大减少。产业集群内企业之间的关系不是一种纯粹的市场关系,企业彼此之间因为长期正式合作以及非正式交流形成的信任关系,部分抵消了纯粹市场关系中的机会主义行为和未来的不确定性,减少了市场风险。产业集群通过专业化的分工与协作,在产业集群内形成了开放式的横向或纵向一体化的企业网或企业链,以作为对大型企业封闭式的纵向一体化组织形式的替代。因此,产业集群既降低了市场中的交易成本,又克服了纵向一体化大企业代理成本和组织成本过高的问题。

二、产业集群的治理结构

任何一类组织的有效运行以及组织功能和目标的实现,都是建立在有序和可预测的组织秩序基础之上的,这就意味着需要某种适应该组织特点的治理结构。产业集群的治理结构是集群内各种主体(包括上游供应方,集群企业,下游买方以及政府、协会等)在共同演化过程中博弈的结果,它会由于集群的规模大小、成熟程度以及内部和外部的压力等因素的影响而处于不断的动态变化之中,而这种动态变化也影响着集群整体的发展状况。包括基本的政治、法律制度和社会网络机制等规则在内的制度环境也影响着集群治理结构的效率及其选择。

Enrighl 有关产业集群治理结构的研究沿袭了新制度经济学的分析范式。他指出,产业集群的治理结构基本可以理解为基于权力及权力分配属性的企业之间的关系。他认为,集群的治理结构由各种不同因素组成,例如,按照集群在价值增值链上的活动基础划分,可分为活跃的和不活跃的,有组织的(具备寻求扩大和加深经济基础的战略安排)和移植的(通过吸引投资活动),还可以以此区分产业集聚的深度和宽度等。不同的治理结构均包含权力结构因素,决定权力分配的是企业占有战略资源的多少,它反映了资源整合中协同效应的深度。

以交易成本为分析工具的威廉姆森将治理结构定义为"一种交易的完整性在其中得到确定的制度矩阵",这启发我们以集群生产结构和制度结构为基础,探讨其治理结构模式。集群适应能力的效率分析就建立在这些结构模式选择的基础之上。集群治理模式处于生产纬度与制度纬度所组成的结构矩阵之内,以非连续结构方式存在,包含了集群从水平方向松散的产业和制度联系朝着更加不对称的垂直生产系统以及关系更加紧密的制度网络逐渐过渡的成长轨迹。

(一)自治型集群治理及其水平联系的治理结构

最简单的集群治理模式是自主治理模式,也即企业集聚的原始形态。自治型集群以劳动密集型的马歇尔式产业区为典型,如早期的意大利产业区以及我国的各种专业市场集群。举例来说,意大利产业区的治理就是多方参与的结果。产业区的主体包括当地企业、相关业务机构、各种行业协会、国家投资公司、合作社、基金会以及在职业培训和教育领域积极活动的公共及私人机构等。《意大利产业区指南》在序言中形象地概括了产业区的治理结构特征:"产业区是一种没有教练员的足球队那样的民间组织,或者说,即使有教练员的话,也没有得到正式认可。”

自主治理的网络由大量有效运作的成员组成，草根型的、自下而上的治理模式是被参与者所接纳的唯一形式，集体行动的治理完全依赖于集群成员个体，由他们自行负责集群内外部关系的管理，没有形成正式的和特定的治理结构。

产业集群内部企业与机构间的关系是以平等的市场交易为主，各企业之间以水平的竞合关系为主要联系方式，集群的网络关系呈现出水平一体化的特征，因此，也可以被视为市场型集群。在这类集群中有众多的大、小企业和公共及准公共机构，它们与外界的资源交流是全方位的，集群内企业通过全面的竞争合作，如模仿型的创新、知识的外溢性和公共物品的便利性等来实现对于资源调整的快速反应。集群内企业的资源整合在多个结点之间进行，集群企业的行为更为复杂，企业间的关系也更加不稳定。一般来说，自治型集群的知识来源于本地劳动力的流动和社会生活、集群成员的协商、文化、环境实践以及默会知识①，马歇尔所指出的“产业氛围”在这类集群中发挥着关键作用。

自治型集群的绩效来自于集群成员的参与和交流，只有集群成员彼此依赖，个体目标具有互补性，才会因为参与集群合作而增强各自的竞争力。鉴于集体成员的目标和需求经常是冲突的，除非参与成员数量有限，自主治理的集体效率总是难以持续。事实表明，马歇尔式产业区作为原始的产业集聚状态，发展到一定阶段后，集群的规模效应就不再突出，就要向本地领导企业为首或管理组织带领的正式治理结构转化。也就是说，这种结构模式的优势在于所有集群成员的参与以及对其需要的迅速的弹性反应，缺点在于它的集体效率相对低下。总之，自治型集群适用于集群成员之间的依赖近乎平衡和互惠，存在基于历史的相互信任，并且组织任务可分解的环境。

（二）领导企业型集群治理及其垂直联系的治理结构

领导企业型集群治理经常发生在表现为较长的价值链上的以一个或少数几个大企业为中心，众多小企业为外围而形成的集群中。该类集群多处于资金和技术密集型产业中，经常由有足够资源和能力的核心企业来扮演领导角色。领导企业专注于核心业务，如技术难度大、附加值高的产品设计以及新产品开发等环节，而将标准化的、附加值较低的零部件和半成品的生产分包给集群中的其他中小企业。企业间关系主要表现为价值链上垂直的分工协作，依此组成多层次的外包和再外包关系，以此降低核心企业更换供应商时的转换成本。这种集聚模式被美国学者 Markusen 称为轮辐式集群（Hub-and-Spokedistrict），以日本制造商的财阀模式、美国西雅图波音公司以及欧洲某些集群等为典型案例。我国这

① 默会知识是指我们有所知晓，但不能明确表达的知识。

类集群的例子如浙江温州的低压电器集群,它以正泰集团和德力西集团为核心,其他零部件企业则围绕这两家集团形成多层次的分包体系。

垂直生产系统的形成及其领导企业的出现,是企业集聚自组织进程的必然发展阶段。大量的集群实践表明,该类集群中的领导企业深深根植于开放的网络系统,一方面,与集群内的供应商、公共机构和服务组织保持紧密的关系;另一方面,积极拓展与集群外部组织和机构的联系,构建集群内的强关系和集群外的弱关系,并将这些关系转化为市场价值。相应地,集群内其他企业与外界的资源交流与整合路径比较少,企业之间更多的是通过合作来实现资源整合,协同效应体现在分工的社会化。由于集群内的资源整合发生在两点之间,企业间的关系相对稳定,主要是基于半命令式、无承诺的契约和非专业化的交易。领导企业可能会独自承担网络管理的成本,接受来自网络成员的资源贡献,或者通过授权或政府资助寻求外部的资金来源。此外,领导企业也被视为集群的战略中心。领导企业的这些市场行为和创新优势有利于进一步强化集聚行为,由此建立起来的强网络关系具有充分的信息共享度与交流氛围,使得集群成员之间进一步强化了知识溢出效应,成为集群创新的重要来源。

由于领导企业承担了许多运行成本和协调集体行动的责任,因此,这种集群治理能够避免许多自主治理的内生的混乱,集群可以被更加有效地治理。但是,该治理模式的缺陷在于,领导企业可能拥有自己的战略计划,而且其支配地位可能导致集群其他成员的不满和抵制。另一方面,集群其他成员对于集群目标的兴趣也会相应减少,更加专注于自身利益。因此,该治理模式适用于众多企业参与的进行多层次分工与协作的集群,集群的绩效高度依赖于单个具有关键资源和能力的企业。

(三)管理组织型集群治理及其网络结构

由于自治型治理模式的相对无效以及领导企业型治理模式内生的对于权力支配的抵制,独立的管理实体被特定地用于治理集群组织及其活动的管理组织型治理成为一种替代方式。该管理组织可能是非营利组织或政府组织,它充当整个集群网络的管理中心,由它来激励网络成员积极行动,并在集群整体的利益和目标框架中定位成员个体的目标。

世界各地林林总总的集群服务机构反映了不同国家和地区的管理组织型集群的治理结构类型。例如,在美国,网络经纪人已经非常流行。他们通常属于非营利组织,主要定位在协调网络并产生网络服务的需求,一方面把企业组织到一起,举行关于产业标准和创意等问题的讲座、座谈会并制定策略,同时帮助这些企业产生对诸如培训课程、出口项目和研究协作活动共同项目的需求。在英国,地方政府与区域发展中介机构(Regional Development Agencies)、培训和企业理事会(Training and Enterprise Councils)、小企业服务机构(Small Business Service)等与其他中介机构一起,共同促进集群的发展。在其他的许多集群实践中,商会、商务部和地方政府也都扮演了管理角色。集群战略的发起人往往是当地的政府,同时国家的中央政府在其中可能起很重要的作用。例如,英国政府宣布创立一种集群和孵化器挑战基金,通过地区发展机构来管理集群。

集群的管理组织一般会寻求官方认定,以增强集群内部和外部利益相关人的法定性要求。这种治理模式因而表现出高效、可持续以及法定性等优势特点,但其缺陷在于,集群成员可能过分依赖于管理实体,集群战略的制定过程也可能会流于官僚形式。此外,治理风险还来自于管理组织基于自身利益的考虑,其决策不能真正代表集群成员的要求。因此,该治理模式适用于集群成员众多但彼此适度独立的情况,并且关键的组织任务是不可分解的。

以上三种集群模式分别代表了集群治理行动组织水平的三个不同层次,并且在现实中都大量存在,无优劣之分,但是它们各自仍然具有特别的优势和弱点。组织自身和环境条件的独特性决定了治理结构的模式选择与效率表现。需要指出的是,自治型集群所蕴含的实质性、内生性和非正式的制度安排将导致集群整体缺乏战略探索的能力,而领导企业型集群和管理组织型集群的外生的、独立性的和正式制度特征可能带来与市场沟通的不足以及强联系的种种缺陷。

为了适应不同环境的挑战,在现实的经济生活中,集群的治理结构绝不仅仅限于以上三种纯粹的形式,自治的和管理组织的两种结构就往往呈现出彼此渗透的混合状态。自治型集群可能采取管理组织的形式进行集群的日常管理,以满足集群外部客户和资金来源对于治理组织的法定性要求以及完成集群战略的需要。同时,部分的自治也能够用于维护更广泛的政策行动基础,支持集群成员的最低参与水平。自治模式和领导企业模式可能作为管理组织治理模式的转换形式而存在。然而,领导企业型集群在集群成员可以充分协商的情况下,是不可能形成自治结构的。伴随着集群的成长、全球化趋势和外部市场规则的侵入,集群治理模式将由最初的完全自治转变为呈现出适度的外生倾向,政府、大的企业组织以及其他机构成为解决集群发展问题的主要力量。例如,自 20 世纪 90 年代以来,意大利产业区的结构特征转变为更加垂直的生产组织体系,地区内的社会文化联系的重要性也随之明显下降。同时,适度的外生与正式化的制度倾向要求相应的非正式以及内生规则的建立予以配合,否则,这种制度变迁将难以最终实现本地根植。成熟集群的经济活动是在多方机构的协同治理下进行的,包容了不同的运行规则,避免过于严格的政府管制和盲目的市场行动所导致的对集体利益的侵蚀。

三、产业集群创新合作的组织模式

依托市场的多样性需求,产业集群通过内部成员间以及成员与集群外部的交易,使产业内(间)分工细化与知识的溢出相得益彰。推动技术的扩散与创新,促进产业的升级和区域经济的发展,是产业集群的重要功能;而产业集群在技术创新中的优势,在很大程度上取决于其内部知识或能力的专业化分工和合作程度。

对专业化分工组织模式的分析表明,成熟的产业集群不仅仅是同类企业的简单叠加,而应该是一定程度的专业化分工,能发挥整体竞争优势的企业的集合。同时,企业集群合作创新作为制造商、供应商、销售商甚至竞争对手共同参与的一个协调合作的非线性过程,集群专业化分工的组织模式将对其产生重要影响。企业集群中存在两种类型的专业化分工,一类是以横向分工为主,即对集群的主导产品在内部按档次、品种、款式横向组织生产,这种横向的产品分工表现出来的主要形态为扁平的分工层系结构;另一类采用纵向分工,即按生产链的上下游来分别组织生产。一般来说,这两种组织方式并不是截然分开的,在发达的集群内,这两种生产组织方式同时并存,从而形成按照一定的专业化生产要求产生的生产组织方式的专业化分工网络。虽然专业化分工能使集群中的各企业发挥比较优势来构造核心竞争能力,从而提高整个集群的创新能力,但这种横向专业化分工带来的相互竞争以及纵向分工带来的利益分配上的协调等因素,可能在以下两个方面影响集群内合作创新的效率。

1. 产业集群纵向分工与合作创新。集群内的非线性模式创新,使得一个企业的创新源大多要通过其他企业如销售商或供应商来获取,同时,专业化分工带来的企业资源的互补性,也需要企业在创新问题上的彼此合作。因此,信息能否在集群内企业间及时、准确传递,将对企业集群合作创新效率构成关键影响,而企业集群组织的分工模式对信息的传递效率有很大的影响。

2. 产业集群横向分工与合作创新。由于产业集群是众多相互关联的企业围绕某一特定领域的集聚发展,因此,集群的发展方向始终是产业的链纵向与横向拓展。集群内存在大量横向分工,必然使一个企业的技术创新在某种程度上存在溢出效应。合理的横向分工应该具备能消除或减小这种溢出效应给企业带来负效应的能力,而这种横向分工合理与否,主要取决于如下因素:其一,产品的差异化程度及高低档产品的相互区分性;其二,集群内横向分工企业规模的合理布局。如果集群内横向分工企业为规模相近的中小企业而且数量很多,那么在存在溢出效应的情况下,技术创新带来的外部经济性会随企业数量的增加而加大,这会大大抑制企业创新的动机。

综合以上分析,产业集群专业化分工的组织模式对集群内企业合作创新的影响可以概况为:集群内的企业既以专业化分工与社会化协作为基础,大、中、小不同等级企业并存,又围绕某个产业紧密结合,纵向与横向分工相互依赖、功能互补,从而使大部分集群内企业相互影响。发达的纵向分工必然使得产业链拉长,而每一道产业链环节的差异都将会使产品的种类增加,这就为产品产生差异化创造了条件,因而促进了横向分工的发展。反之,为了获得市场的竞争优势而追求创新,必然会使原来的某些生产环节进行改进,这样也促进了纵向分工模式的改变。另外,在集群的组织模式影响集群合作创新的同时,也存在一个反馈的过程,即集群合作创新的发展必然也会促进专业化分工程度的深化,从而改变原有的组织模式。不同创新合作阶段的组织模式可以大致归类如下。

(一)原始自发的简单模仿阶段

原始自发的简单模仿阶段集群内的企业基本上建立在简单的相互模仿的基础上,产业集群内的组织模式还处于无序状态,具有企业规模接近、企业间的专业化分工不明显、知识差异化程度小和信任度低等特征。

处于此阶段的产业集群,企业相互之间还不可能形成真正意义上的合作创新,集群内只是存在原始意义上的简单模仿。由于此阶段集群内企业自身素质、企业之间的信任度以及模仿的程度较低,使得企业不愿意在创新方面投入太大,而愿采取模仿战略,从而导致“搭便车”行为的产生以及价格上的恶性竞争。在这一阶段,集群内还不能形成完善的合作创新机制,因此,政府的引导与扶持对集群的创新以及升级非常重要。

(二)集群企业与外部加强合作的聚合创新阶段

随着产业集群的发展,其内部的组织模式开始发生变化,并出现少数品牌产品。一部分企业由于加大投入以及较好的营销策略等原因而逐渐在集群内取得竞争优势,这些逐渐分化出来的企业在提高产品质量的同时,也开始注重通过广告等形式来树立自己的品牌。少数上规模的企业通过引进先进设备和高素质的技术人员,产品逐步从低档次向中高档次转变,从而使自身的知识积累量得到很大程度的提高,而集群内部大量低素质的小企业仍然存在。规模逐渐扩大的企业在接到的订单较大时,为了赶时间,通常会将一些低技术含量的工序交给小企业加工,二者在规模分化的基础上开始出现专业化分工。随着集群内企业间相互交易的逐渐增加,企业所生产的产品的档次会逐步错位,企业的相互信任也会随之增加,但此时还未形成居于主导地位的龙头企业。因此,这一阶段的企业集群有着介于原始集群与成熟龙头企业集群之间的特征。

由于集群的上述变化,使得大企业有非常强烈的创新动机,这种动机来自企业希望通过创新使自己的产品与低档产品错位,打入更高一级的消费市场,避免超低价格产品对自身的冲击。但相对于强烈的动机而言,其本身的知识积累量和创新能力非常有限,因此,企业会加强与外部研究力量的合作,组成由企业、大学或研究机构乃至政府构成的合作研发联合体,以提高自身的创新能力。集群企业通过引进外部创新力量,可以在行业内树立技术领先的形象,快速提升品牌竞争力,最终提升该厂商在业内的影响力。这种形象的建立,是大规模开拓市场的基础。当这种合作创新在某个地区成功实现商用之后,便能引发大规模的市场效应。在这一阶段,企业与大学及研究机构等知识创新主体的联系比较紧密,集群内虽然存在局部的合作创新,但还没形成整体的合作创新网络。

(三)龙头企业作为创新核心的提升阶段

经过市场的优胜劣汰,产业集群原有的组织模式进一步发生变化。一方面,龙头企业与分包企业间会由于长期的合作而建立相互信任,组织模式演变为“少数龙头企业+众多中小企业”,龙头企业只保留营销、设计等核心工序,而将技术含量低的工序分包给中小企业完成;另一方面,产品市场出现了错位,龙头企业的品牌产品主要面向高端市场,而中小企业除了受托为龙头企业进行部分简单工序的加工外,自己也生产中、低档产品。由于龙头企业要面对更强大的竞争对手,因此需要加强与集群内部企业的交流与合作。

以龙头企业为核心的自主创新及以若干龙头企业为主导力量的合作创新,是集群内部“重量级”龙头企业形成的必由之路。随着集群组织结构的演变,虽然大学、研究机构作为知识的创新来源仍对集群的创新活动发挥着重要的作用,但最终将形成一种以龙头企业为创新核心的网络体系。在龙头企业开发—应用—推广高新技术及其新产品的发展和逐渐成熟的过程中,会有多种因素发挥作用,如观念创新、体制创新、基础设施、技术创新等。这些因素在龙头企业不同的发展阶段所起的作用有所差别。但在企业内部的创新理念及管理体制、外部的政府行为体制及基础设施诸因素比较成熟的情况下,对龙头企业发展、成熟直至最后成为“重量级”龙头企业起最终决定作用的,毫无疑问是企业本身的技术创新。一般来说,在一个龙头企业网络内,企业之间的透明度比较高,而网络以外成员的透明度则较低,龙头企业的经营规模和技术经济实力,使其有能力吸收消化从集群外部获取的知识,并在集群内部企业合作创新网络间形成完全的外溢效应。集群内企业的上下游分工协作,使企业间通过各种形式,有序地结成无形的经济和社会网络,从而提高集群的整体创新能力。

案例

横店影视产业集群的历史考察

背景材料

横店在浙江省中部的东阳市境内，距上海380公里，距杭州、温州各180公里，原先只是一个交通闭塞的山村，绝大部分土地都是丘陵和荒山。1995年前后，横店集团乡镇企业发展已取得突出成就，获得了最初的工业化积累，企业创始人徐文荣已开始积极筹划进入新的产业领域。

当时，他看到无锡影视拍摄基地的成功后，也希望在横店"搞个景点"。几经周折，谢晋与横店结缘，《鸦片战争》的拍摄有了可靠的保证，横店影视城的建设从此拉开了序幕。由于谢晋在电影界的声望与影响力，其拍摄的《鸦片战争》又是为庆祝香港回归祖国而拍摄的一部献礼巨片，意义重大，基本不会遭遇电影审查风险。这就使得起步阶段的横店，拍摄方与影视基地建设方在合作中取得了共赢结局。1997年陈凯歌拍摄《荆轲刺秦王》，横店为此建造了秦王宫景区，开始进行具有某种路径依赖特性的成功案例复制。在这之后的两年，横店陆续建成香港街、清明上河图、明清宫苑景区和江南水乡景区。在这一起步阶段，横店每年接待电影剧组只有一个，接待拍摄的电视剧集在百余集到300集之间，游客规模只有二三十万人次的水平。

2000年，横店影视城扬弃了其他影视基地当年依靠场租费作为主要收入的模式，免收场租。为此，横店影视城当时一年的损失大约是2 000多万元。可它带来的收益并不少，仅仅是房租，一年就是3 000万元，更不要说其他各种收入！"免场租政策"集聚人气的效果可谓立竿见影。2000年之后，到横店的剧组数目大大增加。2000年接待剧组26个，拍摄电影3部；而1999年是12个和1部；2001年上升为接待剧组38个，拍摄电影依然保持在3部。在这一阶段，横店每年拍摄电影都保持在3部；电视剧集在二三十多部，剧集数开始逼近千集关口。

由此，大力发展以影视为主题的旅游产业，成为横店影视基地扩大收入来源的一个重要方向，游客的规模也开始迅速增加。其中，2002年来横店的游客人数达到128万人次，增长率82.9%，创下历史最高纪录。这意味着横店旅游终于开始释放出产业集聚的爆发性能量。

横店旅游人数的急剧增加和旅游价值的凸显，迫切要求横店管理层进行相关服务资源的整合和管理体制的创新。2001 年，横店集团下属所有影视拍摄基地、星级宾馆和影视拍摄、旅游接待服务相关的 20 余家企业被整合成一家公司——浙江影视旅业有限公司，2003 年正式更名为浙江横店影视城有限公司。同年，横店集团整合各景区的营销队伍，成立统一的旅游营销公司。营销体制的创新为横店旅游营销打下了根本性的管理制度基础。大量剧组的到来，还逐步带动了影视制作上游产业链的发展，并开始逐步成型。2003 年演员公会成立，注册演员达数千名，为业余演员提供了大量演出机会。2004 年，横店影视城接待中外游客 269 万人次，比上年增加 70.3%，达到了第二个历史高点，接待的剧组数目达到了 72 个（此后几年基本上保持在七八十个上下的水平），拍摄的电视剧集数达到 1 870 集，创造了新的历史纪录。这一年，浙江横店影视产业实验区正式挂牌。这一阶段，拍摄的电影数均已超过 10 部，显示其规模的提升；而且，外国电影摄制组、广告摄制组开始走进横店。至此，横店影视文化产业集群开始进入一个新的发展阶段，其发展规模、水平、对外辐射效应以及国际化程度都有了更高的质的飞跃。

随着横店影视城的崛起，横店的建城区面积从 1995 年的 4 平方公里扩展到了 25 平方公里，行政区域面积拓展到 103 平方公里，先后扩并 368 个行政村；人口也从上千人扩展到现在的 12.8 万多人。其中，个体工商户 1 829 家，从业人员 15 268 人。进入新世纪后，浙江经济发展迅速，交通状况大大改善，使得横店旅游一级市场的半径从 200 公里跃升到 600 公里。

横店产业集群的发展模式是以服务于全国乃至全球的影视拍摄为基石，展开“上游的影视制作产业 + 下游的影视旅游产业”的延伸发展。

目前，横店影视产业实验区已有 276 家各类影视文化产业相关的公司入驻，从事包括创作、拍摄、制作、加工等影视制作各个环节的工作，其中包括华谊兄弟、香港东方娱乐、天润影视等一批知名企业。有的企业已经开始尝到了甜头，加大了投资力度和发展速度。以华谊兄弟为例，2004 年拿出了 500 万元在横店影视产业实验区成立公司，此后便不断加大在横店拍电影、电视剧的投资。与此同时，华谊兄弟还多次增加横店公司的注册资金，2006 年增加到 1 500 万元，2007 年增加到 5 000 万元，2008 年 3 月又增加到 1.26 亿元。目前华谊兄弟传媒股份有限公司的总部已经基本上转移到横店，其他地方的公司都是子公司。

2004 年，横店影视城首创的亚洲最大的灾难性体验节目“暴雨山洪”获得成功。随后，横店又利用影视元素和“大片”诞生的影响力，相继开发了系列实景互动节目，如大型水上实战演出《怒海争风》、多媒体梦幻情景剧《梦回秦汉》、大型古彩戏法情景剧《汴梁一梦》等，这些节目不断改版完善，已成为经典旅游产品。

2007年10月,大型夜间影视体验主题公园梦幻谷正式推向市场,标志着横店影视城实现了从观光性旅游产品到参与性、体验性旅游产品的成功转型。横店影视城已开始由影视拍摄基地转型为影视旅游主题公园。这些旅游产品都运用了影视特技手法,融高科技表现手法与真人秀表演于一体,融观赏性、娱乐性、参与性于一身,可以说是目前国内影视旅游中的高端产品。据统计,横店影视城先后共开发出各种演艺节目100多个,游客置身景区之中,不会觉得单调,反而在众多节目中难以取舍。

根据客源市场的需求,横店影视城成立了29个市场部,直接布局到各客源市场,有针对性地推出相应的旅游产品和价格政策。在营销手段上,采取了旅游业的成功模式,即以代理商为中心,达成了与各代理商的诚信合作。据不完全统计,目前各市场发团送客的旅行社已达3 000余家,其中,年送客量达500人以上的就有142家。这些代理商形成网络后,在一定程度上构成了一个进一步发展影视旅游业的战略性资源。

1999~2004年,横店影视城连续举办了六届"中国农民旅游节",使横店影视城成为新闻报道的热点之一。此外,"中国警察汽车拉力赛"、"迪克牛仔演唱会"等大型活动,也有力地提升了横店影视城的品牌形象。2006年,横店影视城又进一步加大了大型活动的策划,并于同年2月12日举办了"艳动横店"大型元宵晚会。2006年7月,又与中国电影家协会、浙江省旅游局等单位联合举办了"中国影视旅游高峰论坛暨浙江省国际旅游文化节闭幕式"。2008年10月,与湖南卫视合作举办了"横店大冲关"电视挑战赛……横店影视城通过举办各类大型活动,不仅使其整体品牌形象得以提升,而且其举办经验也得以丰富,其水平也在提高。这也已成为一种战略性资源。

此外,在创作方面,2005年5月,横店集团与中国电影家协会等共同发起成立了中国影视文学创作中心。在教育培训方面,横店集团不仅与浙江传媒学院联合办学,在实验区共建影视科技学院,还与周边艺术院校建立联系,形成了实验区的编外培训中心和人才储备库。实验区内从事中介服务的各类机构可以提供包括政策咨询服务、工商、税务与金融政策的相关解释以及行政审批服务、财务服务、物业管理服务等与影视制作相关的中介服务项目。

目前,横店集团下游产业的横店旅游品牌已经打响,进入了良性的滚动发展阶段。

案例分析

横店产业集群是典型的领导企业型集群,横店集团是其建立和每一步发展的核心。该集团以影视城为中心，不断延伸产业价值链，最终形成了现在的横店产业集群。

横店产业集群之所以能够发展成功，还有以下几个因素：

从外部环境看，横店具有的自然文化及经济环境，为其发展提供了根植性的各类网络基础。这些基本的土地、人口和资源条件，为横店影视文化产业的发展提供了深厚的支持系统。这一地带恰好是长江中下游及华东最富庶的地域，这为横店旅游市场开发提供了广阔的天地。与此同时，中国经济的快速发展，使得外来人口往来频繁，商贸活动活跃，为横店发展提供了人力资源和游客客源。例如，义乌与横店仅有30多公里之遥，为横店带来大量的商务游客。

从企业内部资源看，其在旅游产品开发、营销和管理上发掘的一些战略性资源，具有强大的财富创造能力。旅游产品开发能力提升，产品升级迅速。横店影视城注重大型旅游活动的策划，并通过举办大型活动，提升公司的品牌形象，而产业集群的品牌形象也随之获得了提升。

从组织制度上看，随着横店旅游人数的急剧增加和旅游价值的凸显，横店集团随之进行了集团化经营改革，对相关服务资源进行了整合，对管理体制进行了创新。

而随着上游影视制作产业竞争优势的不断确立，横店集团及时进行了价值链延伸，推动下游影视旅游产业的发展，并在内外资源和企业创新的支持下获得巨大的成功。

（资料来源：邵培仁，廖卫民："中国电影产业集群的演化机制与发展模式"，《电影艺术》2009年第5期。）

[PSSKT. EPS, BP]

1. 简述产业价值链的概念和特点，并以此为基础，讨论我国的产业发展问题。

2. 简述产业价值网络的基本类型。

3. 从市场结构的角度讨论产业价值网络的性质。

4. 从制度经济学的角度讨论产业集群形成的原因。

5. 产业集群治理结构的类型和主要特点是什么？

第十章

现代企业制度与企业激励

学习要点

- 掌握激励的概念。
- 了解各种激励理论。
- 掌握薪酬的概念、职能和薪酬设计的原则。
- 了解各种薪酬设计制度。
- 掌握绩效、绩效管理的概念。
- 熟悉常见的绩效评估方法。

激励问题是任何企业在运行过程中都不容忽视的问题,激励问题同时也是现代企业研究的热点问题。本章分三部分介绍企业激励问题。第一节介绍激励的基本概念和基本的激励理论。第二节介绍薪酬的概念、薪酬的职能、影响薪酬的因素、薪酬设计的原则及薪酬制度。第三节介绍绩效和绩效管理的基本概念以及常见的绩效评估的方法。

第一节　企业激励理论概述

一、什么是激励

激励(Motivate)一词从字面意思来看,就是激发、鼓励的意思,激励员工就是激发员工的工作热情,鼓励员工的工作干劲,当然,激励也不是一味地正面鼓励,也包括通过制定惩罚措施来激励员工。美国著名管理学家哈罗德·孔茨形象地把激励称为“胡萝卜”和“大棒”，认为“奖励和惩罚仍然是有力的激励因素”。通俗地说，激励就是通过精神或物质的某些刺激，调动人的积极性。激励的过程实际上就是通过满足员工的某些需要而使其努力工作、实现组织目标的过程。在组织中，我们常常看到这样的现象，不同的人工作的努力程度不同，绩效也不同。一个人对企业的价值不仅取决于他的能力，而且取决于他愿不愿意用自己的能力为企业做出贡献。激励员工正是设法使他们看到满足自己的需要与实现组织目标之间的关系，从而产生努力工作的内在动力。

所谓企业激励，就是企业根据人的需要，设计适当的奖惩制度，创造必要的文化支持环境，并借助信息沟通来诱导和鼓励企业所希望的行为，抑制偏离企业目标的行为。从这一定义可以看出，首先，人的需要是激励的出发点，只有把一定需要的满足或剥夺作为奖惩制度的基础，才能把员工个人的需要与企业的目标统一起来。其次，企业如何对员工进行激励，涉及企业整个制度环境和文化环境，也就是说，激励问题不仅仅是一个奖惩制度和具体工作环境的设计问题，企业的组织结构、价值观及整个企业文化都对企业激励发挥着重要作用，那种仅仅从外在性奖酬与内在性工作满足感来谈企业激励，显然是狭隘的。这就意味着企业激励需要建立一个全方位的支持系统。最后，激励过程自始至终是一个信息沟通的过程。组织的不同层次和部门之间、领导者与下属之间以及员工之间、群体中的成员之间，只有通过及时、全面的信息沟通，才能进行各方面的协调，使人们的积极性得到充分的激发，这既会提高组织的运行效率，也能提高各方面的满意度。

二、为什么需要激励

为什么需要激励？激励在企业的发展过程中到底起着什么样的作用？松下幸之助曾经说过：“企业最好的资产是人。”要使企业的每个人都有主动性、积极性、创造性并高效率地工作，要使一个企业有活力、有生机，激励就是一切。但是，每个企业最严重的问题又都是“人”的问题。如何使人尽其才，才尽其用，充分发挥员工的潜能，一直是企业人力资源管理的重要课题。

弗朗西斯说过：“你可以买到一个人的时间，你可以雇用到一个人到指定的工作岗位，你可以买到按时或按日计算的技术操作，但你买不到热情，你买不到创造性，你买不到全身心地投入，你不得不设法争取这些。”正因为如此，才需要企业激励来开发利用企业管理者和员工的潜能，发挥其积极性、主动性和创造性，为实现企业的目标服务，让企业中的成员全身心地投入到企业的各项工作中，奉献自己的聪明才智，这正是企业激励的任务。

“企业最好的资产是人”，企业激励可以吸引、培养和留住企业所需要的各种优秀人才,从而形成巨大的人力资源优势。世界许多优秀企业已经把人才视为比物质资源、技术资源更重要的资源,是企业的最大财富。这些企业不仅用丰厚的工资和福利等物质条件来留住员工,而且用各种管理职位和技术职位的快速提升来使能者得其所。它们不仅能使各类员工得到不同的培训和发展的机会,而且还用企业文化来感染全体员工,提高其对企业的向心力。这些企业已逐步摆脱了传统的"资本主义"企业的观念,逐渐向"知本主义"方向发展。

企业激励制度和激励环境的创设,也为企业实现自身的社会功能创造了条件。企业是社会的重要组织,不仅担负着一定的生产经营的任务,承担了满足社会一定需要的职责,而且体现和推动着社会的进步,表现出对其组织成员享有民主权利和健康发展权利的一种承诺。现代许多企业推行以人为本的企业理念,就是对这种社会责任的一种回应。企业激励作为一种全方位的系统激励机制,正是顺应了社会进步的潮流,适应了人的多方面发展的需要,它为人的自由而全面的发展不断地创造条件,使企业成为社会文明的重要组织载体。

三、激励理论

在现实中,我们经常会有这样的疑问,人为什么要工作?工作是为了什么?不同的人有不同的回答,但基本的回答都是一致的,即满足自己的需要。那么,是什么样的需要?有人说,生活,自己的生活,家庭的生活。然而,还有一些人可以说并不缺钱,基本的生活也有保障,但他还是要工作,这些人工作也是为了满足自己的需要,但并不是物质的需要,更多的是精神上和心理上的需要。还有,从事各种工作的人,有的工作努力,有的工作却不是很积极,这是为什么?管理学家、组织行为学家等尝试从不同的角度来解释和解决这些问题,这就有了一系列的研究成果。其中,代表性的理论有:马斯洛的需要层次理论,麦格雷尔的自我需要理论,阿尔德福的ERG理论,麦克利兰的成就激励理论,赫茨伯格的双因素理论,以及亚当斯的公平理论。

(一)马斯洛的需要层次理论

首先要介绍的便是经典的马斯洛需要层次理论。马斯洛于1943年在《人类激励理论》一书中提出了需要五层次理论,他指出,人类的需要有五个层次(见图10-1):

1. 生理需要。他认为,生理需要是人类维持自身存在的最基本的需要,主要包括衣食住行等方面的需要。这些需要得不到满足,人类不可能存在和发展。马斯洛认为,只有这些基本需要得到满足,其他的需要才会产生。

2. 安全需要。安全需要表现为人们要求保障自身安全、摆脱失业和丧失财产威胁、避免职业病的侵扰等方面的需要。他认为,安全需要是在生理需要得到

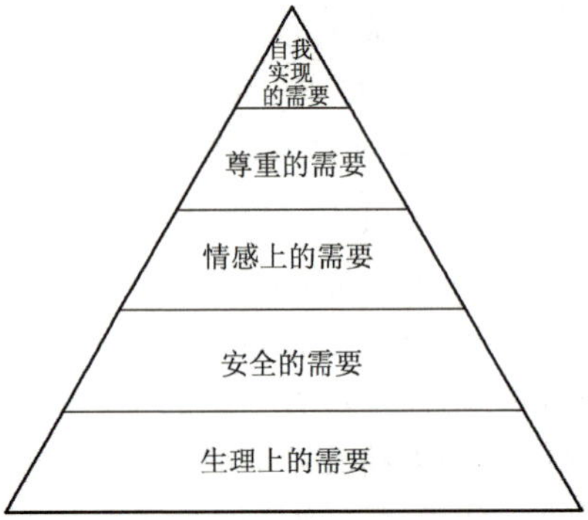

图 10－1　马斯洛需要层次理论

满足之后产生并对人形成激励。

3. 情感需要。情感需要主要包括两个方面:一是友爱的需要,即人人都需要伙伴之间、同事之间的关系融洽或保持友谊和忠诚,人人都希望得到爱情,希望爱别人,也渴望得到别人的爱;二是归属的需要,即人都有一种归属于某一个群体的情感,希望成为群体的一分子,并能相互关心和帮助。同时,他认为,这一层次的需要在很大程度上由一个人的生理特征、经历、受教育程度、宗教信仰等因素来决定,因而,其表现形式差异很大。

4. 尊重的需要。马斯洛认为,当人们的情感需要得到较大程度的满足后,其对行为的激励作用减弱,开始产生更高层次的得到尊重的需要。这时人们追求的是自己稳定的社会地位,要求个人的能力和成就能够得到社会的认可。尊重需要又可以分为内部尊重需要和外部尊重需要。其中,内部尊重需要是指一个人的自尊,具体表现为希望在各种不同情境中有实力,能胜任,充满自信心,能独立自主等;外部尊重需要是指一个人希望有地位,有威信,受到别人的尊重、信赖和高度评价等。

5. 自我实现的需要。马斯洛指出,自我实现的需要是最高层次的需要,是指实现个人的理想、抱负,将个人能力发挥到最大限度,完成与自己的能力相称的一切事情的需要,也就是成为自己所期望的人。

马斯洛在指出了人的需要的五个层次之后,又做了进一步的分析。他认为:

1. 人的需要具有层次性,具有优劣之分,就像阶梯一样从低到高、按层次排列。但是,这种次序也不是完全固定的,在现实生活中也存在例外情况。

2. 人的需要的满足程度具有相对性,主要表现为一个层次的需要相对地满足了,就不再是积极的推动力了,就会向高一层次的需要发展。所有的需要通常总是部分得到满足，部分得不到满足；越到上层，满足的百分比越少。

3. 五种需要又可分两个级次，其中前三个层次的需要属于低层次需要，后两个层次需要属于高层次需要。其区分标准主要以是否以外部条件的满足为依据。一般来说，低层次的需要可以通过外部条件得到满足，而高层次的需要主要通过内部因素获得满足，并且是无止境的。

4. 同一时期内，可能同时存在几种需要，但会有一种需要占主要地位；占主要地位的需要将支配着人的行为。

5. 各层次的需要虽然呈现递进关系，但各层次的需要又相互依赖和重叠；高层次需要得到发展后，低一层次的需要仍然存在，只是对人的行为的影响力大大减弱。

马斯洛的需要层次理论指出了人的需要发展的递进性，这一论述基本上符合人的需要的发展规律，在现代企业管理领域产生了较大的影响。

（二）麦格雷尔的自我需要理论

麦格雷尔在《企业的人性面》一书中，将人的需要分为生理需要、安全需要、社会需要、自我需要和自我实现需要五个层次。麦格雷尔的解释并没有超出马斯洛的需要层次理论，只是在马斯洛的基础上，进一步针对如何激励人的需要理论作了分析与评价，因此，其理论价值远低于马斯洛的需要层次理论。麦格雷尔认为，自我需要可分为两种：一是有关当事人的自尊需要，包括自重、自信的需要，自主的需要，成就的需要，具有能力的需要，知识的需要等；二是有关当事人的声望的需要，包括地位的需要，赞颂的需要，赏识的需要，受人尊重的需要等。他认为，这类层次的需要与其他层次较低的需要不同，因为这类需要很难得到满足，一旦这类需要对某人已具有重要性之后，某人便将永无止境地追求更多的满足。所以，麦格雷尔认为自我需要这一较高层次的需要才是对管理层“最有意义的需要”。

（三）阿尔德弗的 ERG 理论

阿尔德弗于 1969 年提出了 ERG 理论，他将人的需要分为三类，包括存在（Existence）需要、关系（Relationship）需要和成长（Growth）需要。

1. 存在需要。存在需要主要包括衣、食、住以及组织为使其实现这些需要提供的手段，如报酬、福利和安全条件等。这实际上相当于马斯洛提出的生理需要和安全需要。

2. 关系需要。关系需要是指发展人际关系的需要，主要通过工作中或工作以外与其他人的接触和交往得到满足，这实际上相当于马斯洛提出情感需要和部分尊重需要。

3. 成长需要。成长需要是指个人自我发展和自我完善的需要，主要通过发展个人的潜力和才能才可以得到满足，这实际上相当于马斯洛提出的自我实现需要和部分尊重需要。

阿尔德弗 ERG 理论的特别之处在于，侧重于对个体差异的研究，对不同需要之间联系的限制较少。他并不强调需要层次的顺序，高级需要受到挫折时，可能会降低其需要的层次；某种需要得到满足之后，其对人的行为的激励作用程度不会减弱，尤其是成长需要，不但不会减弱，反而会增强。从这个角度看，阿尔德弗的 ERG 理论在今天的企业管理中仍然具有实用价值。

（四）麦克利兰的成就需要理论

麦克利兰的成就需要理论提出于 20 世纪 50 年代，他把人的高层次需要归纳为对权力、友谊和成就的需要，尤其对成就需要进行了深入的探讨。

1. 权力需要。麦克利兰认为，具有较高权力欲望的人对影响和控制别人表现出很大的兴趣，这种人总是追求领导者的地位。因此，这些人常常表现出喜欢争辩、头脑冷静、善于提出问题和要求、喜欢教训别人等。进一步细分，权力又可分个人权力和职位权力。前者只由个人行使，后者需要与组织共同发展，并要自觉地接受约束，从体验行使权力的过程中得到一种满足。

2. 友谊需要。麦克利兰所说的友谊需要与马斯洛的情感需要和阿尔德弗的关系需要基本相同。麦克利兰同时指出，注重友谊需要的人容易因为讲究友情和义气而违背或不重视管理工作的原则，从而会导致组织效率的下降。

3. 成就需要。麦克利兰认为，具有成就需要的人，对工作的胜任感和成功有强烈的要求，同时也担心失败，他们乐意甚至热衷于接受挑战，往往为自己树立有一定难度而又不是高不可攀的目标；他们敢于冒险，又能以现实的态度对待冒险，绝不会以迷信和侥幸心理对待未来，而是通过认真的分析和估计；他们愿意承担所做工作的个人责任，并希望得到所从事工作的明确而又迅速的反馈。这类人一般不常休息，喜欢长时间、一心一意地工作，并从工作或目标的完成中得到很大的满足，即使真正出现失败，也不会过分沮丧。麦克利兰还发现，在不同文化习俗中的人们，其成就需要也都是可以训练出来的。他为此曾举办了训练班，取得了较好的效果。

（五）赫兹伯格的双因素激励理论

双因素激励理论是赫兹伯格等人于 20 世纪 50 年代后期提出的。其基本内容是：凡是与员工工作本身或工作内容有关的，能令人们产生工作满意感的因素称为激励因素；凡是与工作环境或条件有关的，能防止人们产生不满意感的另一类因素称为保健因素。前者往往能给员工以很大程度的激励，有助于充分、有效、持久地调动他们的积极性；后者对员工产生的效果类似于卫生保健对身体健康所起的作用：卫生保健不能直接提高健康水平，但有预防疾病的效果。同理，保健因素虽然不能直接起到激励员工的作用,但改善保健因素却可以防止或消除员工的不满情绪。

根据双因素理论,赫兹伯格对企业界提出了忠告:如果企业缺乏工作方面的激励因素,将会导致员工把注意力放在对保健因素的追求上;而企业对保健因素的改善,又只能起临时改进作用。因此,企业的管理者应致力于从工作中开发激励因素。虽然双因素激励的划分主要适用于发达国家,发展中国家不一定适用,但这一理论仍具有借鉴意义。

(六)亚当斯的公平理论

公平理论又称社会公平理论,由美国社会科学家亚当斯提出。公平理论的基本观点是:当一个人做出了成绩并取得了报酬以后,他不仅关心自己所得报酬的绝对量,而且关心自己所得报酬的相对量。因此,他要通过种种比较来确定自己所获报酬是否合理,比较的结果将直接影响今后工作的积极性。

一般来说,比较的方式有横向比较和纵向比较。一个人通常会比较自己的单位劳动付出和他人的单位劳动付出,当自己的单位劳动所得小于他人的单位劳动所得时,便会产生不平衡的心理,就会要求增加收入或者自己减少劳动付出;反之,当自己的单位劳动所得高于他人时,也不会主动增加劳动付出。

横向比较可示意如下:

$$\frac{\text{自己获得的报酬}}{\text{自己的劳动付出}} \text{与} \frac{\text{他人获得的报酬}}{\text{认为他人的劳动付出}}$$

同样,一个人也会将自己的现在和过去进行比较,当他认为自己的现在单位劳动所得要低于过去时,其工作的积极性就会下降;反之,他也不会增加劳动付出。

纵向比较可示意如下:

$$\frac{\text{现在的报酬}}{\text{现在的劳动付出}} \text{与} \frac{\text{过去的报酬}}{\text{过去的劳动付出}}$$

公平理论对我们有着重要的启示:首先,影响激励效果的不仅有报酬的绝对值,还有报酬的相对值。其次,激励时应力求公平、客观,这样尽管会产生主观判断的误差,但不至于造成严重的不公平感。最后,在激励的过程中,应注意对被激励者公平心理的引导,使其树立正确的公平观,一是要认识到绝对的公平是不存在的,二是不要盲目攀比,三是不要绝对地按酬付劳。

第二节　薪酬设计

一、薪酬的概念

薪酬(Compensation)是员工因对企业提供劳动或劳务而得到的报偿,它包括工资或薪水、奖金、福利、津贴等具体形式。一般来说,企业对员工的报偿,除了货币形式,还包括较舒适的办公室、较宽裕的午餐时间、较多地参与决策、较有兴趣的工作、较好的个人成长机会、动听的头衔等。

(一)工资

狭义的工资(Wage)主要是指付给劳动者的货币工资形式的报酬。广义的工资从内涵上看,包括劳动者以货币形式和非货币形式得到的报酬。广义的工资经常和薪酬等同起来,从外延上看,它包括劳动者的所有报酬。在我国,通常人们所理解的工资就是广义上的工资。

(二)奖金

奖金(Incentives)是组织对员工提供的超出正常付出的劳动或劳务的报酬,包括红利、利润分享和通常意义上的奖金。理论上或严格意义上的奖金如上所述,实际生活中的奖金一般较为宽泛。实际生活中的奖金可以分为两个部分:一是员工一般努力甚至低于一般努力也可以得到的"奖金",这实际上是从工资或薪水中扣除,以奖金形式发放的工资或薪水;二是严格意义上的奖金,这一部分主要是针对有良好表现和突出业绩的员工,是对这些员工的良好表现给予的额外的奖励,以示激励。

(三)津贴

津贴(Subsidy)是指对工资或薪水等难以完全、准确反映的情况的一种补偿。这些情况有:员工的工作环境对身体健康有害,员工的工作对其造成伤害的可能性较大,等等。

二、薪酬的职能

现实中,尤其是在国外公司中,薪酬和薪酬制度已经不再仅仅是对员工贡献的一种补偿。薪酬和薪酬制度作为连接所有者和员工之间的纽带,已成为表明企业发展动向和引导员工行为的一个最有力的信号。薪酬体系体现的是组织内部一套全新的价值观和实践方法。现在,薪酬的作用已经不仅是因为公司需要这个体系来回报员工的贡献,更重要的是因为公司要通过它来解决公司某些特定的问题,如实现企业战略和企业的变革等。薪酬在整个企业经营中是具有战略性作用的。对企业和员工而言,薪酬一般具有以下职能。

(一)补偿职能

劳动者因为在工作中消耗了大量的体力和脑力,需要恢复与补充,以便以后继续从事劳动。劳动者的这种能力与体力的恢复过程必须建立在一定的物质基础之上,这一物质基础来自于劳动者提供劳动而得到的物质报酬。薪酬的这一补偿职能是以劳动为前提的,只有进行并消耗了劳动之后,才能得到薪酬作为补偿。

(二)激励职能

劳动作为人们主要的谋生手段,追求物质酬劳是劳动不可或缺的一个方面。涉及物质酬劳,就会有多少、好坏以及喜好程度的高低之分。薪酬中不仅含有量的概念,而且还有可供选择的不同种类。根据劳动者个人需求的不同,薪酬的数量和种类会对劳动者产生不同的强化与激励作用。劳动效率高、质量好的劳动者会得到更多的薪酬,从而激励他们继续保持良好的业绩;而劳动效率低的员工,为了追求较高的薪酬水平,也必须努力提高自身的劳动能力,体现出薪酬的激励作用。

(三)调节职能

薪酬的调节职能主要表现在两个方面,即劳动力的合理配置和劳动力素质结构的合理调整。由于地区之间、行业之间、企业之间、部门之间、职业之间在工作环境、劳动强度、劳动所需的熟练程度和劳动者的素质等方面都存在着差异,导致了劳动力的稀缺程度也存在着差异。人们总是在物质利益的驱动下,选择薪酬高、工作条件好的工作。因此,有效地利用薪酬这一要素,就可以实现劳动力的合理流动,从而达到劳动力资源的合理配置。劳动者也会随着产业结构的调整和社会供需状况的改变,调整自身的素质结构,以适应社会的需要。

(四)效益职能

工资的投入是资本投入的特定形式,是活劳动这一生产要素的货币表现。对企业发展战略的支持并具有良好导向性的薪酬制度应当与企业发展战略相适应并支持着企业战略的实现。毕竟,薪酬制度有力地传达了这样的信息:在组织中什么东西是最重要的。薪酬制度越是支持公司战略的关键因素,员工们就越能够更好地理解和评价公司的战略。

三、影响企业薪酬政策的因素

企业的薪酬政策是企业对薪酬制度运行的目标、任务、途径和手段的选择,也被人们称为薪酬组合方案。它是企业对员工劳动报酬的方针和策略。影响企业薪酬政策的因素既有外部的,也有内部的。

(一)外部影响因素

1. 劳动力市场的供需状况。劳动力市场供求状况的变化决定了企业对员工成本的投入,从而影响企业员工薪酬水平的变化。当市场上对企业产品的需求增加时,企业会扩大市场规模,使劳动力需求增加,此时,企业为找到数量足够、质量合格的劳动力,将提高工资水平;当产品需求下降,在其他条件不变的情况下,企业将会降低工资,停止招收新员工,甚至对原有员工进行裁减。

2. 物价。员工的薪酬与其生活水平息息相关,而物价则决定了薪酬系统与员工生活的水平息息相关,物价变化会直接影响员工生活消费品价格水平的变动,从而影响员工薪酬水平。在货币薪酬水平不变,或其变化幅度小于价格上涨的情况下,员工实际薪酬会水平下降;反之,员工薪酬水平则会上升。所以,企业需要适当根据物价的变化来调整薪酬水平。

3. 经济发展状况与劳动生产率。经济发展水平和劳动生产率是决定企业薪酬水平的重要因素。一般来说,当经济发展处在一个较高水平,劳动生产率较高时,企业员工的薪酬就会较高;反之,企业员工的薪酬就会较低。在我国,目前经济发达地区与经济不发达地区之间的薪酬存在较大的差距,沿海地区经济发展水平较高的省份以及一些经济发展水平较高的大城市,企业员工的薪酬水平较高。我国的劳动力价格在不同地区有所不同,这是由于各地的消费水平、劳动力结构、劳动生产率等因素的不同引起的。

4. 地区的生活水平。企业所在地区的生活水平从两个层面影响企业的薪酬政策。一方面,生活水平高了,员工对个人生活的期望也高,企业提高薪酬水平的压力就大;另一方面,生活水平高,也可能意味着物价指数的持续上涨,为了保证员工生活水平不降低或购买力不下降,企业一般会给员工增加薪酬。

5. 行业薪酬水平的变化。行业薪酬水平的变化主要取决于行业产品的市场需求。当产品需求上升时,企业的收入、利润会相应增加,薪酬水平可以有所提高。由于历史原因和现实存在的反差,不同行业的员工对报酬的期望不同,因此,不同行业的企业的报酬水平也在实际上存在着差异。

(二)内部影响因素

1. 企业的支付能力。在企业中,员工薪酬水平受制于公司的利润与其他的财务资源。薪酬是劳动力的价格和价值的表现形式,它和其他劳动要素成本的价格一样,随着企业效益的变化而变动。企业薪酬中的非货币薪酬部分与企业效益的联系更为密切。此外,企业的发展阶段不同,经营战略不同,其赢利能力也不同,因此,企业的薪酬水平也不同。企业的薪酬战略应与企业战略相适应。

2. 工作的“劳动”价值。工资是劳动的报酬。若要确定劳动者工资收入的多少，首先要计量劳动者的劳动数量和质量。因此，劳动的量化是薪酬方案设计者首先要解决的问题。

3. 经营层领导的态度。薪酬管理策略的选择与设计在很大程度上是由企业领导的态度决定的。在公司制的企业中，一般要经过董事会审定；在工厂制的企业中，要经过厂级领导的审批和认可。因此，企业管理者对整个形势的判断与理解，高层领导对于薪酬问题的理解和重视程度，以及对于吸引高质量的员工、降低离职率、改善员工生产水平的种种愿望，对员工本身的认识及态度等，都会对企业的薪酬水平和薪酬政策产生影响。

四、薪酬设计的原则

(一) 公平原则

薪酬制度的公平包括内在公平和外在公平。

内在公平是指企业内部员工的一种心理感受。企业的薪酬制度制定以后，首先要让企业内部员工对其表示认可，让他们觉得与企业内部其他员工相比，薪酬是公平的。为了做到这一点，薪酬管理者必须经常了解员工对公司薪酬体系的意见，采用一种透明、竞争、公平的薪酬体系，这对于激发员工的积极性具有重要的作用。

外在公平是企业在人才市场加强竞争力的需要，它是指与同行业内其他企业特别是有竞争力的企业相比，企业所提供的薪酬应是具有竞争力的。只有这样，才能保证在人才市场上招聘到优秀的人才，也才能留住现有的优秀员工。

(二) 合法原则

薪酬设计应当遵守国家的法律和政策，特别是国家有关的强制性规定。在薪酬设计中，企业不能违反国家的法律和法规，比如国家有关最低工资的规定、有关职工加班加点的规定、工资支付的规定等，企业都必须遵守。我国政府在对人力资源管理者特别是薪酬管理者的资格要求中，加入了必须接受过国家有关法律法规特别是劳动法律法规的培训，这是有道理的。

(三) 竞争原则

高薪对于优秀人才具有不可替代的吸引力，因此，企业在人才市场上提出较高的薪酬水平，无疑会增加企业对人才的吸引力。但是，企业的薪酬标准在市场上应处于一个什么样的位置，要视该企业的财力、所需人才的可获得性等具体条件而定。竞争力是一个综合指标，有的企业凭借企业良好的声誉和社会形象，在薪酬方面只要满足公平性的要求，也能吸引一部分优秀人才。

（四）激励原则

外在公平是和薪酬的竞争原则相对应的，而内在公平则与激励原则相对应。人的能力是有差别的，因而贡献也是不一样的，如果贡献大者与贡献小者得到的报酬一样，表面上是平等的，但实际上是不公平的。因此，要真正解决内在公平问题，就要根据员工的能力和贡献大小，适当拉开收入差距，让贡献大者获得较高的薪酬，以充分调动他们的积极性。

（五）经济原则

薪酬制度的主要目的是吸引和留住人才，为此，一些企业不惜一切代价提高企业薪酬标准的做法并不可取。因为一方面，除了高薪以外，吸引优秀人才的条件还有很多，有时若其他条件不能满足人才的需要，高薪也很难吸引或留住人才；另一方面，要计算人力成本的投入产出比率，如果用高薪吸引了优秀人才，但却发挥不了其作用，创造不出同等级的绩效，这样的人才对企业也就失去了意义。因此，薪酬设计要遵守经济原则，要进行人力资本的预算，并把人力成本控制在一个合理的范围之内。

五、薪酬制度

（一）自然人工资体系

自然人工资体系是根据劳动者的潜在劳动，即劳动者自身能力的高低支付工资的薪酬制度。一般包括年功序列工资制、技术等级工资制等工资制度。

劳动者的潜在劳动通常表现为：

1. 职工的文化程度。分为小学、初中、高中、中专、大专、学士、硕士、博士。一般而言，文化程度越高，受教育年限越长，其工作能力越强。

2. 劳动者的专业知识和专业技能水平。包括国家认可的专业技术资格和专业证书、上岗证书、技术等级证书，如外语、计算机等级证书等。工人技术等级分为初级工、中级工、高级工、技师、高级技师。技术人员包括技术员、助理工程师、工程师、高级工程师等。

3. 劳动者的工作经历。一般包括从事过什么工作，在某一岗位上工作的年限等。一般来说，在某一岗位工作的时间越长，则对这一岗位的工作经验越丰富。

（二）岗位工资制

岗位工资制是根据工作岗位及劳动环境因素确定雇员的工资报酬，其核心是岗位和劳动环境。它的确定原则是“只对岗位不对人”。首先，根据工作的劳动复杂程度、繁重程度、责任大小、精确程度以及劳动条件的客观因素，确定各岗位之间的相对顺序和岗位等级；然后，根据岗位等级确定相应的工资级别和级别差；最后，雇员上什么岗或担任什么职务就获得相应的工资收入。

岗位工资制有以下特点：

1. 工资分配遵循“对岗不对人”的原则，员工的工资完全与岗位挂钩，不考虑超出岗位要求以外的个人能力。所以，它能较好地贯彻按劳分配原则，做到同工同酬。

2. 根据岗位评价的结果，确定各个岗位的相对价值，规定相应的工资标准。它是以量化指标为基础客观地确定工资标准，在一定程度上排除了工资标准确定的主观性，比较公正，易于被职工群众所接受。

3. 强调一岗一薪，同岗同薪，以岗级差别体现劳动差别，拉开岗位之间的工资分配差距。

岗位工资制的优点是：①工资分配较合理地体现了员工之间的劳动差异。②有利于合理配置人力资源。③能够有效调动专业工龄短和生产技术一线岗位工人的劳动积极性。④工资分配简便易行，透明度高，有利于统一管理。

岗位工资制的缺点是：①不易反映相同岗位或职务员工的能力及劳动效果上的差异。②不利于充分发挥员工特别是能力强的员工的积极性。

（三）绩效工资制

绩效工资制主要是根据员工的第三种劳动即凝固劳动来支付工资，它是以实际的最终的劳动成果确定员工薪酬的工资制度，是一种典型的以成果论英雄的制度。

绩效工资体现员工的劳动成果与企业经济效益之间的函数关系，是激励员工立足现有岗位多做贡献的重要手段，也是对岗位等级工资的调节和补充。根据公司各项经营业绩来决定绩效工资的来源，定期将核定的工资水平与员工的考核等级相挂钩，采用逐级管理、逐级考核的办法，按季度或半年度以及年度发放。公司效益好，员工贡献大，绩效工资就多；相反，公司效益不好，员工怠工，绩效工资就较少甚至没有。

与传统的工资制度相比，绩效工资制的主要特点是：①有利于将雇员的工资与可量化的业绩挂钩，将激励机制融于企业目标和个人业绩的联系之中；②有利于工资向业绩优秀者倾斜，提高企业效率，节省工资成本；③有利于突出团队精神和企业形象，增强激励力度和雇员的凝聚力。

绩效工资体系的不完善之处和负面影响主要是：容易导致对绩优者的奖励有方，对绩劣者约束欠缺的现象；而且，在对绩优者奖励幅度过大的情况下，一些雇员会有谎报业绩的行为。因此，对雇员业绩的准确评估和有效监督是绩效工资实施的关键。

（四）结构工资制

结构工资制是指由几种职能不同的工资结构组成的工资制度，每一部分的工资报酬都对应一个付酬因素，通过工资对劳动差别的分项表现，实现劳酬相符和达到社会发展对工资制度的多种功能要求。

结构工资的主要成分包括：

1. 年功工资。年功是企业设立工龄工资的依据，年功工资是根据职工逐年积累的劳动贡献确定的工资，它一般是由企业建立的辅助工资单元。有些企业还将年功工资区分为企业年功与一般年功，并对企业年功实行较高的工资标准。

2. 岗位工资。它是根据岗位责任、岗位劳动强度、岗位劳动环境等因素确定岗位薪酬。这是结构工资中的主要部分。

3. 技能工资。技能工资是根据职工本身的技术等级或职称高低确定报酬的部分。一般在工资结构的权重中仅次于岗位工资部分。

4. 效益工资。效益工资有时也称综合奖，它是根据企业最终经济效益状况而决定的工资，属于结构工资制度中的活工资部分。

5. 津贴、补贴。津贴是职工特殊劳动的补偿，有些企业将津贴部分纳入岗位工资中，有些企业则将其作为单独的一个组成部分。补贴主要是为保证职工不因物价上涨而使名义工资降低而设立的部分。

第三节　绩效管理

一、绩效、绩效管理与绩效评估

（一）绩效

绩效管理是现代企业人力资源管理的一个非常重要的组成部分。虽然绩效管理理论经过了一个不断发展的过程，但是企业所从事的绩效管理活动从企业诞生的那一天起就存在了。要了解绩效管理，首先就必须弄清楚什么是绩效。

绩效（Performance）是一个在争论中不断发展的概念。Bate 和 Holton 曾经指出："绩效是一个多维结构，观察和测量的角度不同，其结果也会不同。"管理大师彼得·F. 德鲁克也认为："所有的组织都必须思考'绩效'为何物？这在以前是简单明了，现在却不是这样了。策略的拟定越来越需要对绩效的新定义。"对绩效从不同的角度看，会有不同的理解。从管理学的角度看，绩效是组织期望的结果，是组织为实现其目标而展现在不同层面上的有效输出；从经济学的角度看，绩效与薪酬是员工和组织之间的对等承诺关系，绩效是员工对组织的承诺，而薪酬则是组织对员工所作出的承诺;从社会学的角度看,绩效意味着每一个社会成员按照社会分工所确定的角色承担他的那一份职责,他的绩效保障了他人的生存,而他生存的权利又要靠他人的绩效来保证。

当然,我们这里主要从管理学的角度来分析绩效。通常,当我们谈到绩效时。总是会想到这个人的业绩、有什么结果,习惯于把绩效同结果等同起来。然而,理论界并不是普遍地如此认为。对于绩效的界定,目前理论界主要有三种观点:

第一种观点认为,绩效就是结果。绩效就是工作的结果或者产出,在这一观点下,绩效评估强调的是“结果”和“产出”。

第二种观点认为,绩效就是行为。墨菲(Murphy)将绩效的范围定义为:“一套与组织或个体实现工作组织单位目标相关的行为。”“绩效可以定义为行为的同义词,它是人们实际做的而且可以被奉行的东西。”坎贝尔(Campell)也指出“绩效不是行动的后果或结果,它就是行动本身……绩效包括在个体控制之下的,与目标工作相关的行动。”

将绩效与任务完成情况、目标完成情况、结果和产出等同起来的观点在许多相关研究文献中受到了质疑。一部分影响产出和结果的因素并不是由个体因素决定的。而且,过分地强调结果和产出,会使得管理者无法及时获得个体活动的信息,或导致活动个体过分关注短期效益,这并不利于企业的长期发展。所以,在第二种观点看来,绩效只包括与组织相关的,并且可以按照个体的能力进行衡量的行动或行为。

第三观点认为,绩效是结果和行为的统一体。这种意义的绩效的使用相当广泛,而且包含的范围也很宽泛,既包括产出,也包括行为。这种将绩效界定为“结果 + 行为”的观点在现实应用中很有意义,不仅能更好地解释实际现象,而且更容易被接受,在绩效评估与管理中也有很强的应用性。

从上面三种观点来看,仅仅将绩效归为结果或者行为的做法都有些片面。所以,我们这里赞同第三种观点,即绩效是行为和结果的统一体,绩效既是一个动态的概念,又是一个静态的概念,它包括两个方面的内容:一方面是指工作结果,相当于通常所说的业绩,如销售额、生产量等;另一方面是指影响工作结果产生的行为、技能和素质等。

在企业中,绩效一般又分为组织绩效和员工绩效两类。在一个企业组织内,组织绩效又被分为组织整体绩效和部门或团队绩效。因此,企业内绩效一般有三个层面:组织整体绩效、部门或团队绩效、员工个体绩效。组织绩效与员工绩效所包含的内容及其评估和管理方法都不尽相同。组织绩效强调集体性绩效,对企业组织而言,组织绩效通常包含产量、赢利、成本等财务性内容,同时也包含客户满意度、员工满意度、员工成长与发展等非财务性内容。人员绩效一般指个体性绩效,对员工绩效而言,绩效既表现为员工的工作结果,也表现为员工的工作过程,如员工的行为、技能、能力和素质等。组织绩效和员工绩效有区别,同时也密切相关。组织绩效需要通过员工的个体绩效来实现,离开了员工绩效,也就无所谓组织绩效。

既然组织绩效是以员工绩效为基础,那么就有必要来分析一下影响员工绩效的因素。一般来说,影响员工绩效的因素主要有以下五个:

1. 工作者,这一因素主要包括员工本人的工作技能和能力、工作知识、工作态度以及个性特点等。员工的这些自身属性决定了他是否能胜任组织安排的任务,这些属性一起构成了员工的工作胜任力。所谓工作胜任力,就是指影响绩效的知识、技能、能力、态度、价值观和个性特点等因素的综合。

2. 工作本身,工作本身主要包括工作目标、计划、资源需求和工作的复杂程度等。例如,工作目标是否明确,工作计划是否可行,工作的时间等资源是否充分,工作过程是否容易控制和掌握,这些因素都将影响员工的绩效。

3. 工作方法,主要包括工作手段、工具和流程等。工作手段、工具的使用会直接影响工作的速度和质量,工作流程涉及工作步骤和工序。工作手段、工具是否合理,流程设计是否科学,决定了工作完成的效率,从而影响员工的工作绩效。

4. 工作环境,主要包括工作氛围、工作条件等外部环境因素。工作环境不仅决定了完成工作所涉及的物质条件和资源配备等,还影响着不同个体之间的互相协调,从而影响组织的效率。

5. 组织管理。主要指企业组织的管理机制、政策和管理者的管理水平。管理机制涉及计划、协调、指导、组织、控制、激励和反馈等方面,政策包括人员聘用、培训、考核和薪酬奖惩等政策,管理水平决定了机制和政策的实施质量。可见,组织管理也是影响员工绩效的重要因素。

以上五个因素共同影响员工绩效,任何因素的恶化都有可能带来“短板效应”,导致绩效的降低。

(二)绩效管理

绩效管理是通过对企业战略的建立、目标的分解和业绩的评价,将绩效用于企业日常管理活动中,以激励员工绩效和组织绩效的持续改进,并最终实现组织战略及目标的一种管理活动。绩效管理是对绩效实现过程各要素的管理,是企业战略管理的有机组成部分。绩效管理是一个系统工程,既包括对员工绩效的管理,也包括对组织绩效的管理。绩效管理需要将员工绩效管理和组织绩效管理相融合,并且提升到战略管理的层面。

从绩效管理的概念可以看出,绩效管理系统包括目标制定、指导、信息反馈、绩效评估和诊断提高这几个关键部分。这一过程可以用图 10 - 2 来表示。

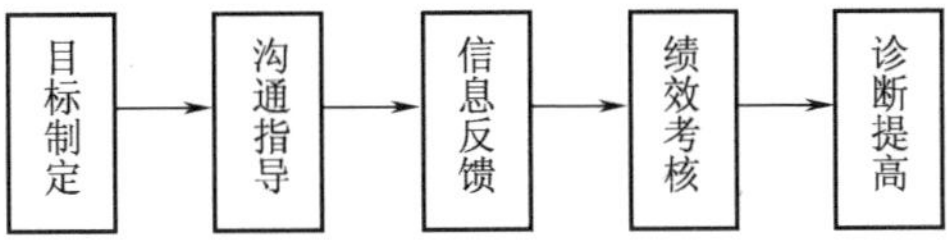

图 10 - 2　绩效管理示意图

1. 目标制定。目标制定是绩效管理的开始,绩效目标通常依据企业的战略目标制定。目标制定的主要任务有:①确定员工的工作任务和职责;②制定绩效标准;③确定完成目标任务的时间或者周期;④工作环境;⑤问题,主要包括所需的技能,培训和职业发展等。

需要指出的是,任务目标的制定并不是随意的,需要服务于企业的战略规划和远景目标,还要符合 SMART 原则,即 Specific(明确的)、Measurable(可衡量的)、Attainable(可获得的)、Relevant(相关的)、Time-bounded(有截至期限的)。

2. 沟通指导。管理者与员工之间持续不断的沟通是提高工作质量非常重要的一个环节。实际工作中难免会出现这样那样的问题,管理者需要和员工进行不断的沟通,以指导其完成目标任务。定期的、具体的沟通,会很好地促进双方的理解,改善工作的质量。

3. 信息反馈。信息反馈是进行绩效评估的基础,任务目标最终需要靠绩效评估来衡量和判断,所以说,信息的收集是绩效管理非常关键的一环。信息的收集和反馈需要日常的观察和记录,记录要以事实为依据,体现客观、公平的原则。只有保证信息反馈的客观性,才能保证绩效评估的客观性。

4. 绩效评估。绩效评估又称绩效考核,简单地说,是指考评主体对照工作目标或绩效标准,采用科学的考评方法,评定员工工作任务的完成情况、工作职责的履行程度和员工发展情况,并将评定结果反馈给员工的过程。企业一般都会定期进行绩效评估。考核是一个总结提高的过程,既包括分析以往工作中出现的各种问题的原因,也包括分析以往工作中取得的成绩、成功的经验。绩效评估的结果是企业进行薪酬分配、职务晋升、培训和发展等的重要依据之一。

5. 诊断提高。诊断提高是对绩效评估的发展延伸,对在绩效评估中发现的问题要及时分析原因并加以改进,对成功的经验和方法要加以推广。同时,诊断提高也包括对整个绩效管理体系的重新认识和改进,因为没有完美和普遍适用的绩效管理体系,任何绩效管理系统都需要在实践中不断改进。

二、绩效评估的方法

绩效评估是绩效管理的基础,同时也是绩效管理系统的核心内容。在进行绩效评估时,首先要做的工作就是确定绩效评估的指标与标准。不同的绩效评估方法适用于不同的企业,而绩效评估方法的指标和标准直接影响着绩效评估结果的客观性的可靠性。

(一)绩效评估的指标

绩效评估的指标是对绩效进行评价的纬度。绩效评估指标包含的范围很广,可以是和工作相关的各种属性,既可以是行为指标,也可以是结果指标。绩效评估指标的选择不是随意的,需要满足以下几个基本条件。

1. 符合企业的战略目标。绩效评估指标是员工工作努力的向导,企业的战略目标要靠员工的具体工作来实现,所以,绩效评估指标需要为企业的战略目标服务。不同企业的战略目标并不一致,所以需要确定不同的绩效评估指标。不同部门的职能不同,也需要确定不同的绩效评估指标。企业如果在绩效评估周期内追求生产数量,就应当确定数量指标;如果追求产品质量,就需要确定产品的合格率指标;如果追求销售额,就应当以销售额作为绩效评估的指标之一。绩效评估的指标需要根据企业战略的调整而不断调整。

确定的绩效指标不合理,会导致绩效评估指标的缺失和污染。所谓绩效评估指标的缺失,是指指标没有全面地反映工作绩效的各个方面,即指标的选择不全面。绩效评估指标的污染,是指绩效评估指标包含了与实际要求考核的指标无关的内容。例如,一家企业确定了销售指标而忽视了销售费用的控制,会使得销售额虽然上升而利润却不见得增加,这就是一种指标缺失的情况。一些企业过分强调员工相关的职业考试,并将其列为考核的指标之一,而这其实与工作的业绩并无直接关系,在这种情况下,就会发生绩效评估指标的污染。绩效评估指标的缺失和污染都会影响绩效评估指标的可信度,从而导致绩效评估指标偏离企业的战略目标。

2. 可操作性。绩效评估指标要有可操作性,要能够被尽可能准确地衡量。绩效评估指标是否可以被衡量,有两个评判标准,第一是可以用数量表示,第二是可以用行为描述。两者只要符合其一,就可以衡量。不能用数量表示也无法用行为描述的指标没有可操作性,不可以被衡量,也就会影响绩效评估的客观性。在现实中,有些因素虽然与绩效相关,却不能被衡量,也不能作为绩效评估的指标,如员工的专注程度等。

3. 可接受性。绩效评估的指标在保证其效用的前提下要尽可能简洁,以使其容易被接受。过分复杂烦琐的绩效评估指标会导致员工在工作时一头雾水,抓不住主要矛盾。同时,绩效指标的可接受性还要求绩效评估指标能够使员工在心理上接受,这就要求指标满足两个要求,即首先能够真实地反映员工的工作业绩,其次能够体现公平原则。

(二)绩效评估方法

绩效评估的方法有很多,这里有选择性地介绍几种比较主要的考核方法。

1. 自我评定法。自我评定法是指利用书面形式对自己的工作进行总结及考核的一种方法。这种方法一般适用于管理人员的自我考核。这种方法让被考核者主动评判自己的表现,通常需要被考核人填写一份员工自我鉴定表,回顾自己过去一段时间内的表现。员工自我鉴定表通常会要求员工列举自己在考核期内几件成功和失败的事情,并总结自己的经验教训,这是一种比较简便、直接的评定方法。

2. 员工排序法。员工排序法是以不同员工之间的比较为基础。排序的形式有很多种,主要有简单排序法、配对比较法和强制分配法。

(1)简单排序法。简单排序法简便易行,只需要将所有需要参加考核的员工按照总业绩进行比较,然后进行排序,业绩最好的列在第一位,业绩最差的列在最后一位。这种方法的优点是简便易行,操作方便,缺点是当员工的业绩比较接近时,排序比较困难。在这种方法下,员工的压力比较大,感情上也不太容易接受。

(2)配对比较法。配对比较法相对于简单排序而言更为有效,其基本做法是,以要素为单位,将每一位员工的该要素属性与其他员工进行比较,然后根据配对比较的结果,列出他们的绩效名次。举一个简单的例子,假设有四位员工,迈克尔、蒂姆、凯文、阿伦,需要对他们的"工作质量"和"创造性"两个要素进行考察,可以设计表格将员工之间两两比较,好一点的员工计为"1",差一点的计为"0"然后将他们的得分进行比较,如表10-1所示。

表10-1　配对比较法绩效评估表

"工作质量"考核				
姓名	迈克尔	凯文	蒂姆	阿伦
迈克尔		1	1	0
凯文	0	0		0
蒂姆	0	1		1
阿伦	1	1	0	
总计	1	3	1	1

"创造性"考核				
姓名	迈克尔	凯文	蒂姆	阿伦
迈克尔		0	0	0
凯文	1		0	1
蒂姆	1	1		0
阿伦	1	0	1	
总计	3	1	1	1

由表 10－1 可见，工作质量最高的是凯文，创造性最强的是迈克尔。

(3)强制分布法。强制分布法需要考核者将被考核者的考核结果按照规定的比例进行分配。所有被考核的员工要按照规定被分配到优秀、一般、较差等级别中去，不存在所有的员工都非常优秀的情况，而优秀的比例也是视情况而定。

举例而言，假设有 20 个人参加考核，确定的考核结果优秀的比例为 15%，较优秀的比例为 20%，一般的比例为 30%，较差的为 20%，很差的为 15%。则绩效评估的分布图如图 10－3 所示。

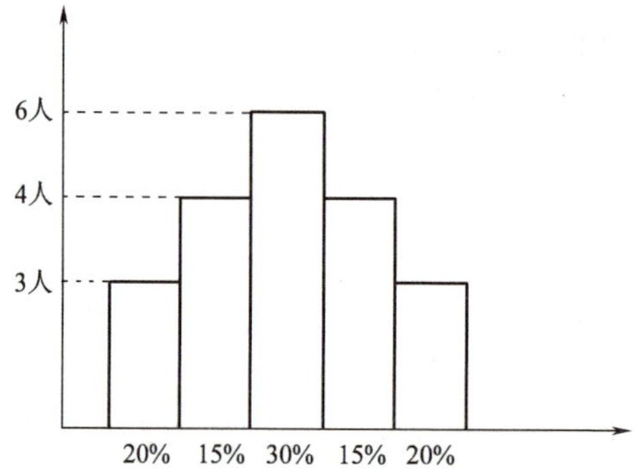

图 10－3　绩效评估的分布图

排序法的优点是有利于把竞争机制引入企业，可以筛选出淘汰对象，可以强化刺激和鞭策功能。但其缺点也同样明显，如果部门员工都非常优秀，则排序法有时不利于排名靠后员工自信心的提高。

3. 360 度考核法。360 度考核法是目前非常流行的一种绩效评估方法，世界 500 强中有多家企业也采用了这种方法。早在 20 世纪 40 年代，人们就已经开始利用 360 度考核法对其组织的绩效进行评价。随着经济、科技的飞速发展，传统的单向绩效评估的弊端愈发明显，360 度考核法随着员工与企业的关系的变化和服务客户理念的盛行而逐渐流行起来。

360 度考核法是一种全方位的绩效评估方法，该方法由被考核人的上级、同级人员、下级以及客户和被考核者本人担任评价者，从不同的角度对被考核者进行全方位的考核评价，然后通过信息反馈程序将考核结果反馈给被考核者本人，进而帮助被考核者发现工作中存在的问题，提高工作的绩效。360 度考核信息来源几乎囊括所有的渠道，能够比较全面地反映被考核者的工作业绩。以企业的销售经理为例，360 度考核的思路可以用图 10－4 来表示。

360 度考核法既有优点也有不足之处。360 度考核法的优点主要是：

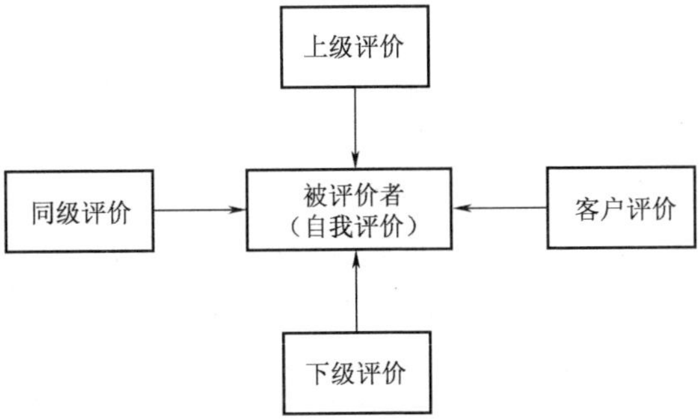

图 10－4　360 度考核示意图

（1）比较公平公正。360 度评价系统既包括企业内部评价，又包括企业外部评价，被评价者可以获得来自多层面的人员对自己素质能力、工作绩效等的全面、客观的评价，避免了单向的上级对下级进行评价可能发生的主观臆断甚至滥用职权的不足。从程序上看，每个被评价者不仅有同样的自述机会，而且也有同等的权利评价他人，员工站在同一个平台上参与评价，因此对评价的积极性高，避免了对评价的倦怠和马虎态度。

（2）360 度绩效考核的评价者不仅来自不同层面，每个层面的评价者往往还可以有若干名，评价结果可以取其平均值，每个层面的评价结果又可以给予不同的权重；最后得到的加权平均值更接近于客观情况，有利于误差的减少。同时，评价者分别评价不同的内容，在自己最熟悉的方面对被评价者进行评价，可以较好地解决评价过程中由于信息不对称而造成的偏差。这样，反馈给被评价者的信息更容易得到认可，与被评价者的自评结果进行比较，可以使其认识到自身存在的差距。

（3）有利于组织成员之间以及员工与客户之间的沟通。360 度评价系统在评价过程中增进了企业内部员工的相互了解，使员工在以后的工作中能换位思考，有利于组织成员之间的沟通与互动，提高了团队的凝聚力和工作效率，有利于组织的发展。同时，客户对于员工的评价也有利于员工了解客户的想法和需求，增进双方的互相了解。

360 度考核法的不足之处在于：

（1）360 度考核法需要进行多渠道的信息收集，增加了评估系统的复杂性和成本。

（2）由于信息渠道的多样化，有可能带来评估信息的相互冲突，这给对信息的处理带来了一定的困难。

360 度考核法是一个系统工程，包括了绩效评估和绩效管理的很多方面，由于篇幅有限，我们的讨论仅限于此。

4. 关键绩效指标。关键绩效指标（Key Performance Indicators，KPI）是对企业组织运作过程中关键的成功要素的提炼和归纳，它通过对组织内部某一流程输入端、输出端的关键参数进行设置、取样、计算和分析来衡量流程的绩效，是一种目标式量化管理指标，也是一种把企业战略目标分解为可运作的愿景目标的工具。KPI 是用于评价被评价者绩效的可量化的或可行为化的指标体系。它必须是可量化的，如果难以量化，也必须是可以行为化的。

KPI 按其评价实施的主体划分，分为企业级 KPI、部门级 KPI 和具体岗位 KPI。对组织的绩效进行评估时，需要企业级的 KPI；对部门绩效进行评估时，需要部门级的 KPI；对个人的绩效进行评估时，就要用到具体岗位的 KPI。三个级别的 KPI 互相影响，三个级别的 KPI 的确定都有相应的方法，企业的战略目标的实现需要落实到具体的工作。图 10 - 5 简单图示了目标分解法下具体岗位 KPI 的确定。

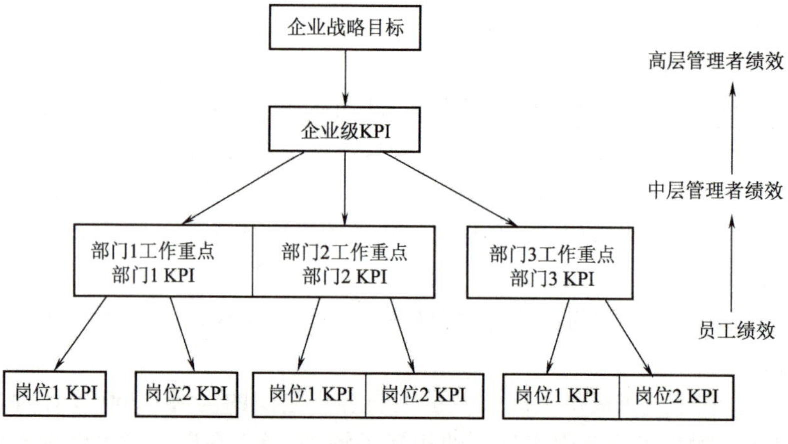

图 10 - 5　目标分解法下具体岗位 KPI 的确定

KPI 体系不同于一般的绩效评估体系，主要区别在于：

（1）KPI 体系假定人们愿意为实现事先确定的目标采取必要的行动，而一般的绩效评估体系假定人们不会主动采取行动。

（2）KPI 体系评价的目标是以战略为中心，整个指标体系为企业战略服务，而一般的绩效评估体系以控制为中心，目标是更有效地控制个人的行为。

（3）KPI 指标由组织内部自上而下对战略目标层层分解产生，一般的绩效评估指标主要根据以往的绩效和目标产生。

(4) KPI 体系指标通过财务指标和非财务指标相结合，把短期利益和长期利益联系起来；而一般的绩效评估体系则以财务目标为主，注重对过去绩效的评价，并不一定与企业的战略需要相关。

由此可见，建立 KPI 指标体系对于企业来说有着重要的意义：

(1) 通过 KPI 体系的设计，可以将组织的战略目标有效地分解到各个企业部门，使个人目标、部门目标与企业目标之间始终保持一致，从而齐心协力为共同的目标而努力，保持企业的持续发展。

(2) KPI 体系不仅成为企业员工行为的激励和约束机制，同时能够发挥战略导向的牵引作用，通过绩效管理过程，有效地实施企业战略目标。企业在经营过程中，其战略目标和经营重点会随市场环境和内部状况的变化而变化，可以通过 KPI 体系的变化和调整来引导员工的行为，使 KPI 体系成为企业战略实施的工具。

(3) KPI 体系的建立能为价值评估体系和价值分配体系提供客观、公正的数据，可以最大限度地避免各级主管因各种人为因素造成的价值评估的偏差，保证员工对基于 KPI 体系的价值评价体系的认同，从而激励与约束员工行为。

(4) KPI 能帮助管理者确定工作重点，明确部门的主要责任，制定绩效目标，有效地实施绩效管理，不断强化与提升企业的整体核心竞争力。

(5) 通过 KPI 的建立，员工与管理人员可以进行工作期望、工作表现和未来发展等方面的沟通。可以说，KPI 的建立为沟通提供了语言。

5. 平衡记分卡。平衡计分卡是一个将企业的战略落实到可行的目标、可衡量的指标和目标值上的战略实施工具，它能使企业有效地跟踪财务目标，同时关注关键能力的进展，并开发对未来成长有利的无形资产。它能促使高层管理人员从财务、客户、内部流程和学习/成长四个角度定义企业的战略，分析它们的相关性及其链接，并根据对目标值结果的跟踪分析，尽早发现问题，及时调整战略、目标和目标值，建立战略实施的架构并确定重点。平衡计分卡最突出的特点是：将企业的愿景、使命和发展战略与企业的业绩评价系统联系起来，把企业的使命和战略转变为具体的目标和测评指标。平衡计分卡以企业的战略为基础，将各种衡量方法整合为一个有机的整体，既包含了财务指标，又通过客户、内部流程、学习/成长的业务指标来补充说明财务指标，使组织能够一方面追踪财务结果，一方面密切关注能使企业提高能力并获得未来增长潜力的无形资产等方面的进展，这样就使企业既具有反映“硬件”的财务指标，同时又具备能在竞争中取胜的“软件”指标。

20 世纪 80 年代末 90 年代初，欧美很多学者和大公司发现，传统的以财务为单一衡量指标考核企业经营绩效的模式存在两方面的缺陷：

第一,传统的单一财务评价指标偏重有形资产的评估和管理,对无形资产和智力资产的评估与管理显得无力。无形资产管理对企业未来价值创造的重要性不断提升,因而对企业经营绩效的反映不仅要体现在有形资产的管理及其管理的财务结果方面,还应包括企业无形资产的管理等多方面的内容,如发展与客户的关系,维系现有的客户对企业的忠诚,并使新客户和新市场获得高效的服务等。而原有的单一财务考核模式对这些内容无法科学地进行评估。从某种程度上说,这反映出传统的考核模式无法适应飞速变化的商业环境、日益激烈的竞争和与日俱增的客户期望。

第二,传统财务评价模式适合于以投资促增长的工业时代,但不能有效地满足信息时代的要求。在工业化时代,由于输出的一致化和转化过程的标准化,公司能力的提高和顾客关系的改善通过提高投资便可实现。信息时代则不然,输出的个性化导致转化过程的多样化。因此,需要员工具有适应非固定程序的能力和供应商的支持、迅速的新技术的采用、对不断革新的热情等,这样才能提高公司的绩效。

由于单一的财务评价模式的局限性,越来越多的企业希望结合财务指标与非财务指标进行经营绩效评估。在这样的背景下,西方学者开始重视研究企业多源绩效评估指标,平衡计分卡随之产生。

关于平衡计分卡评价的范围和内容,我们可以从图 10 - 6 体会其大致的轮廓。

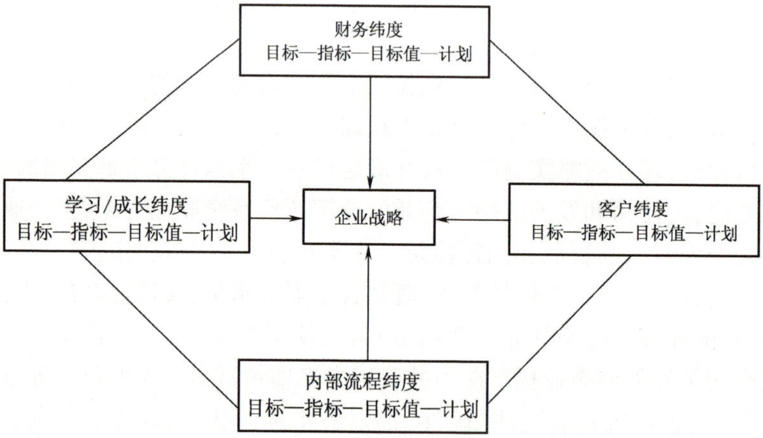

图 10 - 6　平衡记分卡示意图

案例

通用电气公司的人力释放密码

背景材料

通用电气公司(以下简称GE)是道琼斯工业指数自1896年设立以来唯一至今仍在榜上的公司。GE善于培养天才和未来的企业领导者,在这方面,GE是公认的先驱和优秀的楷模。通过以下几个侧面,您会看到GE是如何给其每一个成员都提供一条宽广而光明的道路。

一、公司对人事部门的工作要求

用人之道在于能调动人的主观能动性。早期GE的人事部门叫人事管理部,强调“管”。但单靠硬性的“管”,是不能激发人的工作热情的,人事部门的任务应是开发和挖掘人的潜力,所以后来GE的人事部门改称为人力资源部。

GE各级人事职员的关系虽然隶属于人事部门,但受业务部门和人事部门双重领导。他们不集中地点办公,而是分散到各个业务部门中工作。在人事问题上发生分歧时,人事职员一般要服从业务部门经理;遇到特殊情况可向人事部门经理反映,由两个经理协商解决。

人事工作人员的第一件事就是要熟悉和关心职员,经常了解他们心里想什么,干什么和为什么,尽量帮助他们解决困难,使他们心情愉快地工作。

公司对人事职员的素质要求较高,他们必须正直、坦率、作风正派,不能搞宗派;必须具备专业知识,能经常在业务上提出建设性意见;遇到问题有独立见解;处理问题不能软弱,但必要时也会妥协。

二、招收录用

缺员时,GE首先在公司内部招聘。人事部门根据用人单位的要求发出通知,说明招岗位的工作性质、工资待遇以及对应聘人员的要求。报名者需填写申请表,介绍本人状况。还要附上原上司或他人的推荐信。人事部门对报名者整理筛选后,与用人单位共同进行面试,最后确定是否录用。受聘人如果是中级管理人员,要经人事部门经理批准。一般情况下,公司内部人员流动是不受阻碍的。若公司内部招不到合适人员,则从外部招聘。

三、职业生涯管理

1.发展与自我定位。GE帮助员工规划职业生涯,并且帮助员工不断前进。

员工会持续地得到机会,无论是一件具体的工作,还是辗转于不同的岗位,员工都会感受到,倏忽之间从一个挑战转移到另一个挑战,是何其的流畅。

2. 表现的反馈与指导。GE 以其一年一度的业绩评估程序为傲。员工将会和经理面谈,以得到个人表现的反馈。通过指导和规划,经理会帮助员工制定一个行动计划以助其达成个人的短期和长期职业目标。

3. 360 度的反馈。GE 为雇员的发展制定了一套 360 度的反馈机制。通过来自工作团队、同事和消费者的反馈信息,雇员能够认识到自己的管理风格和技巧。

4. C 阶段。GE 的年度人力资源评估为经理们提供了对团队的一个综合评价——包括这个团队的能力和需要。通过整体评估一个团队,经理可以在顾全大局的同时,促进员工个人的副业发展。C 阶段是 GE 持续发展战略的一个核心部分。

5. 指导。指导关系是一种发展性的关系,在个人和职业方面同时促进和扶持员工的发展。如果你希望获得指导,最好自己要积极、主动,去和你的同事交谈;寻找可以为师之人,学习他们的经验;去和你的经理交谈,从他那里获得关于副业发展的极佳启示。他们过去曾多次面临与你相同的境地,所以他们往往能提供非常有价值和洞察力的意见,让你知道怎样才能发挥出你的全部潜力。

四、培训

GE 创造出了一系列从入门水平到高级管理的培训项目。入门水平的项目可在为期两年的强化课程中促进员工关键性领导能力的发展。这种项目激动人心,富于挑战性,在 GE 的经营范围以内给出各种全职工作任务,同时并重职能与领导能力的训练。

这些项目包括财务管理项目、信息管理领导项目和操作管理领导项目。设计这些项目是为了让才干和经验贯穿 GE 业务的始终,让副业加速发展。和这些项目相关联的是一些动态的内部组织,包括公司审计组和公司主动组,他们负责公司业务的战略发展。

学习贯穿于 GE 员工的职业生涯。通过公司领导能力培养学院,领导和技术课程将被提供给全球的 GE 雇员。

除了正规的培训以外,通过 GE 各个部门团体和网络论坛,销售人员可以共享销售渠道,工程师们可以共享技术,人们可以分享那些会引起巨大变革的新点子。GE 的女性网络就是一个这样的例子。它的形成是为了支持女性在 GE 的职业发展。它在 GE 内部和 GE 的业务过程中提供指导和培训。参加者可以分享有关工作机会的信息,并交换关于各种成功人物范例的看法。对于女性雇员来说,这是一个很好的机会,她们可以在整个 GE 的范围内和相近的同事建立起联系。同时,她们还可以吸收最优秀的经验,培训自己的领导能力和规划自己的职业发展。GE 作为雇主,给所有员工提供的是均等的机会。

五.激励与惩罚

公司用奖优惩劣来调动职工的工作热情。一般情况,公司通过提高工资、晋升职务、发放奖金以及期权、期股等手段来表扬和鼓励职员不断上进。但 GE 认为金钱也不是万能的,对一个人最大的激励是给予他们探索、创造的机会,让他们承担更重要的责任,给予他们荣誉。因此,公司经常在各种范围的会议上,表扬那些工作优秀的职员,介绍他们的成就,并由最高领导亲自授予证书、奖章。

提高和晋升职务是与工作考核紧密结合的。GE 的职员每年经考核后,确定为五个等级。第三到第五级的人员将获得职务或工资上的提升,第五级的职员会受到越级提拔。对待后两级(第一和第二级)职员的处理,公司不是简单地辞职了事,而是首先搞清他们工作不好的原因,然后给予他们再工作 6 个月的机会,帮助他们改进自己的工作。在改进工作的 6 个月内,对他们提出很具体的工作数量定额和质量要求。要求他们每周向其上司口头汇报工作情况,每个月要向管理部门写出工作有无改进的书面报告,6 个月后要写出全面的工作总结。最后只有实在达不到公司要求的,才予以解雇。

除了晋升和提高工资外,奖金也是一种奖励手段。GE 的奖金是和部门的经济效益相联系的,每年的奖金按级别不同而有所差异。一般技术人员、工人及秘书等职员没有奖金。没有奖金的职员,如果工作表现出色,有突出成绩,在获得荣誉称号的同时,有时可以得到一次性奖励。

在激励的同时,公司制定了严格的惩罚条件来约束公司职员的言行。一旦有人违反,轻则罚款,重则解雇。在美国,凡因违反公司纪律而被解雇的职员,很难再找到满意的工作,所以这种情况很少出现。

六、考核

GE 对每个职员的考核是经常性、制度性的。每年初,包括总经理在内的每个人都要制定目标工作计划,确定工作任务和具体工作步骤。这个计划经主管经理审批并与本人协商确定后予以执行。每 3 个月进行一次小结,核查执行情况,并由经理写出评语,提出下一步工作改进要求。到年底做总的考核,先由本人填写总结表,按公司统一考核标准衡量自己一年来工作完成情况,拟出自己应得的考评等级数,交主管经理评审。主管经理根据职员表现确定其等级,并写出评价报告,对评为杰出的人物,还要附上其贡献和成果报告,并提出对他们的使用建议和使用方向;对差等级的职员,也要附有专门报告和使用建议。职员的评价报告要经本人复阅签字，然后由上一级经理批准。中层以上经理的考评要由上一级人事部门经理和集团副总经理批准。

凡准备提升职务的职员，由人事部门列表登记并排列名次，选出各级负责经理的后备替换人员，留人事部门备案实施，并逐年根据职员的考核结果变更排列名次。

七、退休、解雇和裁员

GE规定男职员65岁、女职员60岁必须退休。在GE公司退休的职工可根据其在本企业工作时间的长短以及退休前所缴纳退休保险金的多少而获得不同的退休金。某些退休后仍可继续工作的人员还可由公司临时雇用。

解雇职员有两种性质：一种是职员违反公司纪律或触犯法律，损害了公司利益、名誉或有重大的工作失误，由公司决定、经律师部门出证而执行解雇，实际是开除性质。这类职员一经解雇，便与公司没有任何关系，得不到公司任何福利，失业后由政府救济部门发放生活救济金，而且永远不会再被GE雇用。另一种裁员则不同，这种解雇主要由于公司本身的原因，一般发生在企业不景气的时候。不过GE不同于美国一般企业的一点是，即便在经营状况顺利的情况下，为了提高竞争力和经济效益，有时也会主动地采取裁员措施。

裁员对职员造成极大的负担和压力，公司需要的正是这种压力，以便使所有的职员保持旺盛的工作精神。不过，对被裁的职员，公司也不会简单地一推了事，还要做相应的工作和考虑适当的福利待遇。比如，为被解雇的职员提供专业培训，使他们今后易于找到新的职业；还有，采取“停职留名，优先录用”政策等。

案例分析

正如世界上许多成功的大公司一样，GE在管理企业的过程中也十分重视人的作用。他们认为：企业的成功始于人事经理办公室。因此，从最高领导人到各级人事部门都很重视识人、用人之道，并建立了一整套规范的人事管理制度，从职员的招收录用、培训、考核任免到奖惩、工资和解雇等方面，全面加强对人的科学管理，力争做到人尽其才，以确保公司在高度竞争的世界市场环境中始终处于领先地位。按照这种方式去做企业的人力资源开发，的确能把企业人的资源“盘活”。而一旦人的主观能动性被激发出来，其产生的后果无法精确估量。

（资料来源：搜搜成功网，http://www.sosocg.com/index.asp）

[PSSKT1. EPS,BP]

1. 什么是激励？企业为什么需要激励？

2. 简要阐述马斯洛的需要层次理论。

3. 薪酬主要由哪些部分组成？影响薪酬的因素有哪些？

4. 什么是绩效？影响绩效的因素主要有哪些？

5. 与一般的绩效评估方法相比，关键绩效指标评估方法有什么特点？

第十一章

现代企业制度与企业文化

学习要点

- 掌握企业文化的含义、类型、系统结构、本质特征以及与现代企业制度的关系。
- 了解现代企业形象设计所包含的内容以及与现代企业文化的关系。
- 了解企业公共关系所包含的内容以及与现代企业文化的异同点。

文化和制度一旦形成以后，将会产生独立于人并大于人的力量。一个现代化的企业，必须特别重视企业文化与现代企业制度对企业发展的全方位影响。要建立现代企业制度，就要与文化传统的创新与现代化密切配合。本章首先介绍企业文化的含义、类型、系统结构以及本质特征，并指出企业文化应以适应现代企业制度为核心，建立推动企业良性发展的文化氛围。然后，从企业自身的企业形象设计和对外的公共关系两方面着手，力求阐述其与企业文化的关系。

第一节　现代企业文化概述

一、企业文化的界定与认识

企业文化究竟指的是什么呢？我们先从文化的定义谈起。

"文化"一词在中国古代，指的是"人文化成"和"以事教化"，似乎是以"文"

为形式，以“教”为手段，达到“化”的目的，其基本含义就是文治教化。在西方，德语中的“文化”一词带有深邃的精神意义，美国、英国的“文化”一词有经常含有社会的、政治的意义。从东西方关于“文化”一词的理解不难发现，文化总是与人有关，与人的生存行为和生存境界密切融合。从狭义上看，文化是指社会的意识形态以及与之相适应的制度和组织机构，是一种历史现象，每个社会都有与之相适应的文化，并随着社会物质生产的发展而发展；而从广义上看，文化是指人类社会历史实践过程中所创造的物质财富与精神财富的总和。

企业文化也称公司文化，它溶于企业管理之中，具有目标的一致性。人们对于企业管理和企业文化认识的深化，既是一个历史发展过程，又是以经济力量的竞争、抗衡和较量为背景。企业文化是企业管理从唯理性定义向非理性定义发展的产物，因而，对“企业文化”定义的表述，就具有丰富性、多样性和不确定性。

国外学者对企业文化的研究结果各式各样。我们可以从中、西方企业文化理论的奠基之作和其他主要著作的论述中挖掘出有关企业文化理论的基本思想。

美国学者阿伦·肯尼迪和特伦斯·迪尔合著的《公司文化》一书虽然没有明确地给企业文化下定义，但从全书的内容不难看出作者的观点：企业文化包括五个要素，即企业环境、价值观、英雄人物、礼仪和庆典、文化网络。

在《日本企业管理艺术》一书中，日本的专家认为，“企业管理不仅是一门学科，还应是一种文化，即有它自己的价值观、信仰、工具和语言的一种文化”。

在《Z理论》一书中，威廉·大内认为：一个企业的文化由其传统和风气所构成，包括一整套象征、仪式和神话，它们把公司的价值观和信念传输给雇员。

对企业文化普遍的看法是，企业文化一般是指企业在发展过程中长期形成的共同理想、基本价值观、作风、生活习惯和行为规范的总称，是企业在经营管理过程中创造的具有本企业特色的精神财富的总和，它对企业成员有感召力和凝聚力，能把众多人的兴趣、目的、需要以及由此产生的行为统一起来，是企业长期文化建设的反映。它是企业领导倡导、培植并身体力行的结果，并通过各种方式灌输到全体员工的日常行为中，日积月累地逐步形成。企业文化一旦形成，就会反过来对企业经营管理发挥巨大的影响和制约作用，即使领导人更换，也会代代相传。如海尔集团的文化观“有生于无”，松下电器创始人松下幸之助提出的“饥饿精神”等。

上述“企业文化”的定义，几乎都是从其表象特征出发，回答的是“企业文化是什么?”然而，这还不够，要完整地理解“企业文化”这一概念，必须回答“企业文化有什么用?”和“怎样才能更好地发挥其作用?”这两个问题。因为任何理论只有回到社会实践中去，才具有实际指导意义。从这个角度出发，我们对“企业文化”的认识如下：

企业文化是社会文化与企业长期形成的传统文化观念的产物，包含价值观、最高目标、行为准则、管理制度和道德风尚等内容。它通过宣传、教育、培训和文化娱乐等多种方式，规范员工行为，最大限度地统一员工意志，凝聚员工力量，为企业总目标服务。

企业文化作为上层建筑，对经济基础具有反作用，虽然从理性认知上看，企业文化是件平常事，但在实际的企业管理中，其作用十分巨大。优秀的企业都离不开企业文化的非凡作用。有人说，可口可乐公司可以一夜烧掉，但只要把“可口可乐”的品牌和人留下，企业很快就能复苏。由此可见，企业文化对于一个企业的成长而言，看似不是最直接的因素，但恰恰是最持久的决定因素。所以，美国、日本企业界最优秀的管理者总是不惜耗费大量的时间和精力营造、维护自己的优秀企业文化，他们从企业文化的实践中得到不少好处，对企业文化情有独钟。如美国惠普公司提出的“要想用户满意，首先得有满意的员工”，已构成惠普企业文化最基本的部分。有一则传颂甚广的故事：参观者看到该企业员工自己虽然满头大汗，却用电风扇直吹机器，不解地问这是为什么？员工回答很干脆：“要保持公司机器清洁。”这种爱护设备，保证工作而不顾自己的精神实在令人感动。日立公司奉行的哲学是“和，诚，开拓”。“和”即强调全体员工以和为贵，心心相印，主张开展非正式讨论在内部形成风气；“诚”则针对用户的态度，以诚相待、诚实信用；“开拓”则要求勇于创新，一种不断争取更大成果的旺盛斗志，以向新领域挑战和百折不挠的精神调动员工的积极性。

优秀的企业文化可以促进优秀企业的形成和发展，优秀企业必定有自己的优秀文化，它们与普通企业仅仅是一线之隔。普通企业的文化处于一般或低水平状态，员工们甚至编造借口、推诿责任；优秀企业的员工实事求是，有主人翁意识，积极投入工作实践，勇于解决问题。他们的领导人会千方百计调动员工的工作热情和聪明才智，使员工为企业发展服务，也使员工在企业发展的同时，努力实现自己的抱负。

二、企业文化的类型和系统结构

（一）企业文化的类型

企业文化是客观存在的，而且，多数企业都有自己的企业文化。按照企业文化形成过程的不同，可以将企业文化分为自然企业文化和人为企业文化两种类型。

自然企业文化是指企业全体员工在生产经营过程中自然而然形成的观念、意识、方法和习惯等的总和，其形成往往是以企业领导者的言行、思想观点、意识为导向,企业领导者素质的高低以及道德水准决定着企业文化的优劣。这种企业文化缺乏积极主动的凝聚力和向心力,只能发挥有限的行为约束功能。

人为企业文化是指企业领导者为达到企业目标,有意识地、人为地建立和培养的一种思想、精神、群体意识以及塑造的企业形象之和,是企业全体员工为实现远大目标而自觉建立起来的一整套意识、观念和行为规范。这种企业文化的管理者往往独具慧眼,对企业文化的巨大作用有着深刻的认识。这种企业文化能克服自然企业文化的多种弊端,具有时代特点,能有力地促进企业的发展。

(二)企业文化的系统结构

企业文化的系统结构由物质、精神、行为和制度四个方面组成:

1. 企业物质文化,包括企业产品或服务、企业环境、企业标志等。

2. 企业行为文化,包括企业员工的行为、企业模范人物的行为和企业的人际关系等。

3. 企业制度文化,包括企业规章制度、企业领导体制和企业的组织机构等。

4. 企业精神文化,包括企业目标、企业哲学和企业道德等。

虽然企业文化四个方面所涵盖的内容不同,但物质、行为、制度和精神文化之间的关系是一种有机结合的关系。物质文化是基础,是精神文化的载体,是制度文化的存在前提,是行为文化的经济成果;行为文化是落脚点,是物质文化的形成条件,是精神文化的具体体现,是制度文化的产物;制度文化是中介,是适应物质文化的固定形式,是精神文化塑造的主要机制和载体,是行为文化得以执行的规范;精神文化是核心,指导着物质文化、行为文化和制度文化的建设。

三、企业文化的本质特征

企业文化除了具有一般文化所共同的特点外,还有其个性特征。

(一)目的性

企业文化具有鲜明的目的性,它紧紧围绕着企业自身,并为其终极目标服务。这是因为:其一,企业文化与该企业同生死,共存亡;其二,企业文化形成与实践的主体是该企业的员工,其中,决策者的主导性意见占有很高的地位,员工的切身利益与企业赢利息息相关,不利于企业发展的文化在企业无立足之地。

(二)社会性

企业植根于社会,是社会经济活动的一个细胞。细胞依附于肌体而生存。企业文化是社会文化的一个组成部分并且与社会文化紧密相连,它们之间相互影响。企业文化有自己独特的个性,但在社会大文化背景下,处于绝对的从属地位,严重脱离社会文化的企业文化没有生存的可能,与社会文化背道而驰的企业文化必然会消亡。

(三)普遍性

有企业就有企业文化,这是不以人的意志为转移的客观规律。企业作为法人,就具有拟人性,不仅表现在承担民事权利义务与责任这个主要方面,还表现在企业的经营思想、经营理念、组织形式、管理制度和经营目标等方面。企业文化的这些内容对于任何企业都具有普遍性。

(四)差异性

对具体的企业来说,企业文化具有差异性,甚至可以说千差万别。差别在于用不同的方式方法来凝聚企业的权力,针对的是各自存在的不同的薄弱环节;差别还在于,企业都处于不同行业,生产不同的产品,有不同的服务对象,经济效益各不相同,处于不同的发展阶段等。企业文化有自己的专指性,是那种产生于企业,与企业相互依存,虽然与社会有广泛联系,但仅能生存和使用于企业这个活动区间的文化。企业文化所包含的所有内容都离不开企业这个主体。

(五)可塑性

企业文化既是长期传统的遗存物,又是现代文明的产物。企业文化有相对的稳定性,特别是在社会运行机制没有发生重大变革和企业自身没有发生重大变化的阶段。但从总体来看,企业文化会随着社会生产力的不断发展,在生产关系的调整变化过程中不断向前发展。在企业改革、兼并和重组的过程中,两个或两个以上的企业优化组合以后,其企业文化虽然有所差异,但可以通过一段时间的磨合,兼容并蓄,形成新的企业文化。

(六)依附性

企业文化产生所需要的条件具有共通性。企业成员在相当长一段时间内保持相互交往,无论从事哪些具体的生产经营活动,均可获得一定的成就;企业成员的人际关系是与生产关系的调整与变革相联系,在不断发生矛盾和碰撞又不断得以调和、妥协的过程中达到统一。企业文化就是这样通过人和人之间的行为活动不断进化集聚而成。由此可见,企业文化扎根于企业,依附于企业,其最活跃的因素是人。离开人去谈企业文化,就是无源之水,无本之木。

四、企业文化与现代企业制度的关系

企业文化建设是企业持续发展的精神支柱和动力源泉,与现代企业制度的建立一样,其最终的着眼点在于提高企业核心竞争力。一个现代化的企业必须极端重视企业文化与现代企业制度对企业发展的全方位影响。所以,现代企业制度的建立,一定要与企业文化充分结合起来。

（一）企业文化：塑造形象，树立精神

企业文化对企业的生存与发展起着举足轻重的作用。企业文化是商品经济和市场经济的产物，符合市场经济的客观规律，体现企业的竞争实务、竞争精神和整体形象。企业文化意味着一个公司的价值观，而这些价值观则成为公司员工活动和行为的规范。

第一，企业文化体现着企业的形象和精神。树立良好的企业形象，需要企业文化的支撑。要建成现代企业制度，从领导水平到员工素质，从形象到内涵，无不渗透着文化因素，无不体现着企业形象。企业的良好形象本身就是一笔无形的财富和资产，通过它，可以展示“品牌效应”，赢得社会与公众的支持。从现代管理理论看，企业精神反映了企业的理想目标，显示了企业的发展方向和经营宗旨，代表着企业的未来和前景，使企业的每一成员都能够自觉自愿地为组织目的的实现做出贡献，推动企业在激烈的竞争中技压“群芳”。

第二，企业文化是有别于周围环境的企业自成系统，企业内部各种机制的协调运行离不开企业文化。一方面，企业文化直接影响到员工的行为准则、职业道德与价值指向，培育和发展企业文化，能够提高企业的凝聚力和向心力，增强企业员工的满足感、认同感和归属感；另一方面，企业文化对企业的重大决策、公司的长远目标、策略以至规章制度的执行都有不可低估的影响。

第三，企业文化在现代企业建设中发挥着巨大作用。①有利于提高企业的整体素质，培养团队意识。企业文化的构成包括思想文化、技术文化、管理文化、品质文化和娱乐文化，这些文化的整合与相互作用，一方面促进全体员工素质的提高，另一方面通过共同文化的熏陶，形成共同的意识和行为导向，保持和维护团结、协作、融洽的员工关系，促进企业发展。②有利于形成企业整体运行的价值观。企业文化是企业发展的深层动因，而价值观又是企业文化的核心，是一个组织和企业的基本信念。其核心任务是如何在日益竞争激烈的市场竞争中保持良好的发展态势，不断维护国家和消费者的利益，为消费者提供适用的产品和服务。企业对核心任务的认同，并不自动保证企业成员具有共同目标，而价值观的确立，则为企业及其员工的行为准则界定了成功和追求的目标。③有利于营造灵活协调的企业运作环境。企业作为社会大系统中的一个子系统，不断与周围环境进行物质、能量与信息的交换，社会环境相对于企业而言，更具有客观性。建立现代企业制度要适应环境变化的需要，研究环境变化的规律和要求，明确与经济发展趋势相适应的社会需求及潜在需求，完善企业的各种薄弱环节，调整企业战略，塑造全新的企业文化，在与环境的相互影响中达到动态平衡，为企业营造良性循环的市场环境，促使企业在调整期及以后的发展中步入良性运作状态。

（二）企业文化与现代企业制度：良性互动，和谐发展

文化是文明的积淀，从某种意义上说，它在更深层次上决定了该文化圈中人们的行为准则、思维方式、价值观念以及社会和国家构建的制度。没有文化的企业制度会导致人的机器化，没有制度的企业文化会导致企业的瘫痪。现代企业制度的企业文化至少应该具备以下特征：其一，鼓励竞争与创新；其二，体现成就感、团队合作精神和整体荣誉感；其三，企业在其自身环境中营造的文化氛围应具有浓厚的认同性；其四，要体现富有个性的企业形象与文化品位。

企业文化从更深的层次上决定了企业制度的运作行为。显然，要试图建立一种新的企业制度——现代企业制度，企业文化的现代化是必要的，也是战略性法则。否则，新制度的建立最终会流于形式。企业文化的营造应突破传统的框架，有继承，有借鉴。倡导一种正确的价值观，在追求利益的前提下，做到“人人为我，我为人人”。在这种文化影响下的现代企业制度，有社会基础，有内部凝聚力，有创新壮大的前景。现代企业制度为企业文化的完善和健全提供了实践认识基础。企业文化随着企业的发展不断充实其内容，也会体现竞争规律、价值规律和供求规律。企业文化推动企业制度创新，创新的企业制度为企业文化的发展增添新的养分。新型企业制度与企业文化的充分结合，是现代企业制度的有效选择。

第二节　现代企业形象设计：企业文化的旗帜

可以说，企业形象是代表企业文化的旗帜，企业形象的塑造实质上体现了企业先进的价值观、经营理念、员工的精神状态等。那么，怎样才能塑造良好的企业形象呢？这里，我们引入了现在非常流行的 CI 战略。

一、CI 的概念和系统组成

CI 是 Corporate Identity System（缩写 CIS）的简称，直译为企业形象识别系统。CI 理论的发源地在美国。1955 年，美国国际商用机器公司正式使用“IBM”设计标志，20 世纪 60 年代，CI 开始在美国盛行，70 年代又开始在日本得以广泛推广和应用。

20 世纪 80 年代中期，CI 理论才传入中国内地。广东太阳神公司是较早成功引入 CI 战略的案例之一。经过近些年的介绍、宣传及示范，已在全国范围内掀起了 CI 研究开发热潮。许多企业开始注意到 CI 的重要性，并着手进行应用。

CI 是现代企业走向整体化、形象化和系统管理的一种全新的概念，它把企

业及产品形象中的个性、特点有效地传达给一切可接受信息的消费者,使其对企业及产品生产统一的认同感和价值观,从而达到促销的目的。运用整体传达系统,将企业经营观念与精神文化传达给企业周围的公众或者团体,反映企业的自我认识和公众对企业的外部认识,以产生一致的认同感与价值观。

CI 系统由理念识别系统(Mind Identity System,缩写 MI)、行为识别系统(Behavior Identity System,缩写 BI)和视觉识别系统(Visual Identity System,缩写 VI)三个有机整合运作的子系统构成。它通过确立符合企业实际且富有个性化的经营理念,策划设计体现企业理念的行为规范、活动体系以及具有冲击力的视觉识别体系,以逐步建立、形成并优化企业的综合形象。CI 作为一种现代企业战略,具有前瞻性、有效性及系统性特征,是现代企业管理发展中的一场革命。

(一)理念识别

理念识别(MI)是最高决策层次导入企业识别系统的原动力,标志企业经营理念与精神文化。它确立企业独具特色的经营理念,是企业生产经营过程中设计、科研、生产、营销、服务和管理等经营理念的识别系统,是企业对当前和未来一个时期经营目标、经营思想、营销方式和营销形态所做的总体规划和界定,主要包括:企业精神,企业价值观,企业信条,经营宗旨,经营方针,市场定位,产业构成,组织体制,社会责任和发展规划等,属于企业的意识形态范畴。

(二)行为识别

行为识别(BI)是企业实践其经营理念与创造企业文化的准则,是对企业运作方式所做的统一规划而形成的动态识别系统。它是动态的识别形式,对外回馈、参与、活动,对内组织、管理、教育。它以经营理念为基本出发点,对内建立完善组织制度、管理规范、职员教育、行为规范和福利制度,对外进行市场调查、产品开发,通过开展社会公益文化活动、营销活动和公共关系等方式来传达企业理念,以获得社会公众对企业识别和认同。

(三)视觉识别

视觉识别(VI)是静态的识别符号,是具体化、视觉化的传达形式,它项目最多,层面最广,效果最直接。它是以企业标志、标准字体、标准色彩为核心展开的完整、系统的视觉传达体系,是将企业理念、文化特质、服务内容、企业规范等抽象语意转化成具体符号,塑造独特的企业形象。视觉识别系统分为基本要素系统和应用要素系统两方面。基本要素系统主要包括企业名称、企业标志、标准字、标准色、象征图案、宣传口语、市场行销报告书等,应用系统主要包括办公事物用品、生产设备、建筑环境、产品包装、广告媒体、交通工具、衣着服饰、旗帜、招牌、标志牌、橱窗、陈列展示等。视觉识别(VI)在 CI 系统中最具有传播力和感染力,最容易被社会大众所接受,因而是具有主导地位的子系统。

MI,BI 和 VI 相互协调运作,能为企业塑造出良好而独特的形象,推动企业的发展。三者既有很强的层次性,又有紧密的关联性(见图 11－1)。

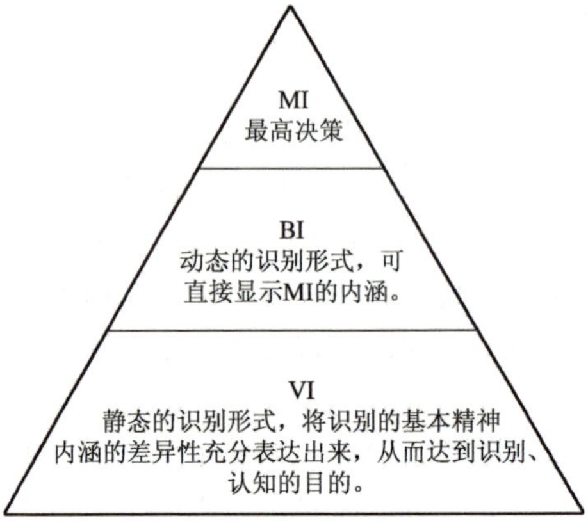

图 11－1　CI 构成要素关系图

二、CI 的作用

CI 是企业规模化经营而引发的企业对内对外管理行为的体现。当今时代,国际市场竞争越来越激烈,企业之间的竞争已经不仅仅是产品、质量、技术等方面的竞争。企业欲求生存,必须从管理、观念、形象等方面进行调整和更新,制定出长远的发展规划和战略,以适应市场环境的变化。

(一)提升企业形象

现在的市场竞争首先是形象的竞争,推行企业形象设计,实施企业形象战略,已成为现代企业的基本战略。为统一和提升企业的形象力,使企业形象设计表现出符合社会价值观的要求,企业就必须进行形象管理和形象设计。

CI 设计系统是以企业定位或企业经营理念为核心,包括企业内部管理、对外关系活动、广告宣传以及其他以视觉和音响为手段的宣传活动在内的各个方面。要进行组织化、系统化、统一性的综合和设计,力求使企业所有这些方面以一种统一的形态显现于社会大众面前,产生出良好的形象。

(二)扩大企业市场

CI 设计系统作为企业形象一体化的设计体系,是一种建立和传达企业形象的完整和理想的方法。企业可通过 CI 设计对其办公系统、生产系统、管理系统以及营销、包装、广告等系统形象形成规范化设计和规范化管理,由此来调动企业每个职员的积极性,参与企业的发展战略。通过一体化的符号形式来划分企业的责任和义务,可以使企业各职能部门能有效运作,建立与众不同的个性形象;可以使企业产品与其他同类产品区别开来,在同行中脱颖而出,迅速而有效地帮助企业创造出名牌效应,进而占有市场。

(三)理顺企业生产

CI 设计系统的实施,对企业内部而言,可以使企业的经营管理走向科学化和条理化,根据市场和企业的发展,有目的地制定经营理念,制定一套能够贯彻的管理原则和管理规范,以符号的形式参照执行,使企业的生产过程和市场流通流程化,以降低成本和损耗,并有效地提高产品质量。

三、CI 导入程序

CI 导入程序可以使企业形象系统按部就班、有条不紊、相互交叉、承上启下地得到具体实施。CI 的导入、策划是一项涉及经营理念、制度规范和信息传达的系统工程。一般而言,CI 的导入要经过以下十一道程序。

(一)建立 CI 组织机构

CI 的组织机构一般分为两层:

1. CI 委员会。它是企业策划、实施和推进 CI 计划的权威协调机构,是企业成功导入 CI 计划的组织保证。CI 委员会的主要工作是负责制定企业形象系统的决策,负责落实各种资料信息的提供和后勤保障。委员会成员应包括企业最高层领导及其他有关人员。企业最高层领导(总经理、副总经理)是企业的决策人员,CI 的策划与实施需要依靠他们来提供人力、物力、财力以及决策的保障。企业各部门的经理也要参加,因为 CI 策划所需要的信息依赖于他们提供,而且需要他们在各自的部门全面宣传推广。CI 委员会的其他人员,一部分应是企业公关部擅长企业策划的人员,另一部分应是企业外聘的专家与学者,企业形象系统的全部策划、设计、定型等一系列工作依赖于他们去具体完成。

2. CI 执行委员会。它在组织上隶属于 CI 委员会,是企业 CI 委员会下设的一个具体从事 CI 策划与推广的办事机构。CI 执行委员会负责企业形象具体内容的系统策划。CI 执行委员会成员部分为有关领域的专家,企业可根据 CI 策划项目的要求,邀请他们参加 CI 的策划。这些专家在企业经营管理、市场营销、公共关系、社会文化、电脑、美术等学科领域既有理论知识又有实践经验,分别负责不同的项目策划,将各自项目的初步策划方案提交 CI 执行委员会讨论,最后形成更为完善的策划方案。CI 执行委员会中另一部分成员可从企业公共关系部工作人员中选派,他们的主要工作是协助各路专家,与他们进行最充分的信息交流与沟通,同时也承担某些项目的创意策划。如此组成的 CI 策划力量,无论在策划项目的数量上,还是在策划项目的质量上,都是单一的广告公司或形象策划公司不能企及的。

（二）企业现状的调查与分析

是否全面、确实地了解企业的内外部生存环境，是决定 CI 导入能否成功的关键步骤。

1. 企业内部经营环境分析。在正式开展 CI 策划以前，策划人员所要做的最重要的工作，便是对企业内部经营环境进行全方位的诊断。通过诊断，可以了解企业的历史与现状，了解企业的优势与劣势，更主要的是发现企业内部经营环境中存在的问题与不足。有了对企业内部经营环境的全面了解，策划人员才能进行真正的 CI 策划。

企业内部经营环境分析主要包括八个方面的内容：企业理念识别，企业经营战略，企业人事管理，企业行为规程，企业服务环节，企业市场营销，企业财务管理，企业识别标志。

2. 企业外部经营环境调查。企业外部经营环境调查的目的，是要为 CI 策划中的企业形象定位，或修正企业形象的定位，并为定位提供科学的依据。

企业外部经营环境调查主要包括五个方面的内容：企业外部宏观环境，企业目标市场消费者，企业产品，企业竞争者市场营销，企业外在形象现状调查。

（三）企业形象定位

企业形象定位要根据客源市场的竞争情况以及企业的优势条件，确定企业产品与服务在目标市场上的竞争地位。换言之，就是要在目标市场消费者的心目中为企业产品与服务创造一定的特色与个性特征，赋予企业一定的鲜明形象，以便于消费者与社会公众识别，适应他们的需要与爱好。企业形象定位一般要考虑这些问题：企业提供的产品与服务具有何种特点与优势？企业目标市场上的潜在消费者需要什么样的产品与服务？企业目标市场上的新消费群体组成情况怎样？企业目标市场上的竞争者给消费者提供什么样的产品与服务？

（四）建立企业理念识别系统

当对企业内外经营环境的诊断与调查结束并取得全部有用的资料后，在企业形象定位准确的基础上，可以开始策划企业理念识别系统。在创意、策划企业理念时，应持慎重、认真、科学的态度，因为企业理念不仅要反映出企业的行业特点和个性特征，而且还要能被社会公众所认同和内化。企业理念是企业形象系统策划的灵魂，它决定着 CI 策划的成败。企业理念识别系统策划方案制订后，要经由 CI 委员会评审通过后才能实施。

（五）建立企业行为识别系统

企业行为识别系统策划是 CI 的主要内容，要求其能充分反映企业经营理念，把理念具体化，并具有可操作性。在进行企业行为识别策划时，除了企业自有的管理专家参加之外，还需要外界企业经营管理专家与企业形象策划专家的参与。另外，企业行为识别系统策划不仅要破除旧有的、不合企业生产力发展的行为模式与规程，而且要增加新的、适合并促进企业生产力发展的行为模式与规程。目前一些广告公司或形象策划公司在给企业进行形象识别策划时，只做表面的视觉识别策划，而往往把行为识别与理念识别策划给省略掉了，这是对企业形象塑造极不负责任的做法。

企业行为识别系统策划方案制订后，要递交 CI 委员会评审。在充分征询企业全体员工的意见与建议的基础上，经反复修订后才可通过。因此，企业行为识别系统策划的最高境界是策划的科学化、规范化、程式化以及可操作化。

（六）建立企业视觉识别系统

建立企业视觉识别系统，必须以企业理念识别与行为识别为依据。可以说，视觉识别是这两者的静态外化。当然，企业导入企业形象系统，仅仅开展视觉识别的策划是远远不够的，甚至是片面和有害的。当然，企业导入 CI，也可以从视觉识别策划入手，再过渡到包括企业理念识别、行为识别、综合感觉识别、信息传播识别等在内的企业整体形象识别策划。企业视觉识别系统策划方案完成后，也要递交到 CI 委员会进行审查讨论，在听取企业最高层领导的意见后，经修订最终予以通过。

（七）建立企业综合感觉识别系统

进行企业视觉识别系统策划之后，要对企业综合感觉识别系统进行策划。综合感觉识别系统策划的内容主要包括企业信誉形象、道德形象、管理者形象、员工形象、经营环境形象等。综合感觉识别系统策划方案完成后，照例也要递交 CI 委员会审查通过。

（八）建立企业信息传播识别系统

企业信息传播识别系统是企业策划主体工程的最后一个项目。信息传播识别在 CI 中起着把企业的理念信息、行为信息、视觉信息、综合感觉信息等源源不断地向企业内外进行辐射的作用。在进行企业信息传播策划时，要讲究信息传播的经济性、系统性、真实性、科学性和艺术性。策划方案完成后，要递交 CI 委员会审查通过。

（九）编制 CI 手册

CI 主体工程策划完成后，接下来就要把前面各个阶段、各个程序所策划的内容编纂成册，作为今后实施 CI 的资料和依据。所以，CI 手册其实就是一本完整、详细的企业形象系统实施指南。企业 CIS 手册制订后，照例要求提交到 CI

委员会审查通过。

企业 CI 手册包括以下五部分内容：

1. 企业理念识别系统。此部分收录企业理念识别系统所策划的成果，具体包括企业宗旨、企业精神、价值观念、方针政策、战略目标等项内容。

2. 企业行为识别系统。此部分收录企业各个部门、各种岗位上的全部行为规范和行为模式。这部分是企业开始沿着新轨道安全、有序、高效运行的全部制度和规程，必须使企业全体员工人手一份，并把它作为员工教育的内容。

3. 企业视觉识别系统。此部分收录企业标志系统的全部内容，包括基本要素、附属基本要素、基本要素的组合系统以及应用要素等。

4. 企业综合感觉识别系统。此部分收录策划人员在企业信誉形象、道德形象、管理者形象、员工形象、经营环境形象等项目上的策划成果。

5. 企业信息传播识别系统。此部分收录企业在信息传播项目上的策划成果，主要包括真实、系统的信息传播适用的媒介，艺术、科学的渠道，灵敏、快捷的反馈等内容。

(十)创作 CI 宣言

CI 宣言代表了一家企业在步入一个新的历史发展阶段时，向全社会发布的一次精神宣誓，是企业向社会公众特别是目标市场消费者所作出的一次永久性的精神承诺。这一承诺将在今后漫长的经营管理过程中，作为一面镜子，检验企业的行为和形象。CI 宣言创作完成后，也要提交企业形象系统委员会审查通过。

CI 宣言一般包括四个方面的内容：回顾企业所走过的历程，准确诠释企业经营理念，概括描述企业品牌的功能优势以及精神意义，详细说明企业标志的含义。

(十一)CI 评估

检查企业导入并实施企业形象系统以后，为了了解企业形象系统是否达到预期目标，必须对实施中的企业形象系统进行客观的评估，以便找出不足和问题，为企业形象系统下一步的深入实施创造有利条件。企业形象系统实施效果评估工作必须在企业形象系统委员会的直接指导和监督下进行。企业形象系统实施效果评估工作分企业形象现状评价、企业形象现状调查与分析和企业形象现状修正与完善这三个阶段进行。

随着市场经济的发展，企业的生存环境发生了很大变化，竞争已经从单一产品的价格战、质量战、品牌战逐步演变为目前的企业综合形象战。CI 作为近年在国际上出现的一种新型现代企业管理理论，已被许多著名企业导入与应用，并在日趋激烈的商战中显示出了巨大的威力。

综观近几年的国际市场,以 CI 开发导入最受企业重视,已经不难找到印象深刻、形象良好的商品及企业形象,如可口可乐、富士胶卷、麦当劳、宝洁、丰田等,它们均因全面实施 CI 战略而取得显著的成效。CI 对现代企业发展意义重大:首先,它为企业市场竞争提供了一种有力武器,良好的 CI 可有效统一和提升公司形象,不仅有利于企业与顾客的沟通,而且能够制造产品与企业的差别优势,创造名牌,提高经济效益;其次,正确导入 CI 可理顺企业内部关系,规范企业行为,实现企业素质与管理水平的提高;再次,通过导入 CI,使企业文化得到优化,能有效提高企业员工的工作热情与积极性,同时,它还对社会文化环境的改善发挥一定的作用;最后,通过导入 CI,可以大大提高企业信息传播的效率,减少浪费,同时使其无形资产迅速增值。

目前,我国企业导入 CI 的状况,呈现出南热北冷,东热西冷,大热小冷,外资与民营热、中小国企冷的局面,存在着过分强调 VI,忽视 BI 与 MI;策划人员单调,缺乏管理人才;操作程序倒置,即先做 VI,后做 MI 与 BI 等三大误区,整体应用尚处于初级阶段。根据国内外经验,企业导入 CI 需要具备一定的条件。其一,企业 CI 是市场经济条件下的产物,因而企业应具有健全的现代企业制度,经营机制灵活;企业家素质较高,理念正确,有强烈成就感与事业心;产品质量良好;生产规模、管理水平、经济效益等方面有相当基础;其二,要掌握好 CI 的导入时机。

四、CI 与企业文化的关系

CI 是企业进入现代社会的一张"绿卡",是企业宝贵的无形资产。一项完整的 CI 设计过程,也是一种新文化的营造过程。CI 设计得好,不仅会使企业声名鹊起、信誉度大增,而且能推动企业文化的升华,促进企业经济效益的上升和社会地位的提高。

CI 是一种"文化资本积累"。在经济文化一体化发展的条件下,企业在越来越多地创造物质产品的同时,也为自身积累着越来越多的精神文化财富。CI 导入则是一种"文化资本积累"的形式。如麦当劳以品质、服务、清洁和价值四个方面为内容形成的经营理念和快餐文化,就通过它个性鲜明的 CI 系统表现出来,金色的"M"成为麦当劳文化的象征和重要载体。我们常说通过 CI 树立起的企业形象是一种无形资产,这种无形资产的内核就是企业文化。也就是说,CI 导入的核心目的在于通过企业行为识别系统和企业视觉识别系统传达企业理念文化,而企业文化的不断发展,又赋予 CI 真正的灵魂。

CI 可以使企业文化外显化,或者说通过 CI 活动,可以使企业文化具体化并有可操作性，即可将 CI 视为把反映企业经营理念的企业文化，通过媒体传达转化为增进社会认同的符号系统。每个企业都有一种文化存在，且不管是否被人们意识到，均对企业定位、决策方式、经销方式、产品、服务等方面产生深刻影响。只有通过构筑新的企业文化，才能为企业提供一种新的生存方式和发展模式。CI 则是企业文化的社会传达系统。CI 设计中最根本的是 MI 的设计，所要解决的是价值观问题，与企业文化的核心是一致的。实际上，CI 设计的所有方面都与企业文化或形成企业文化密切相关，均可从企业文化的意义上来概括和认识。很多 CI 专家将企业文化与企业形象视为同质的东西，只有有形和无形、形式和内容的关系，这是有道理的。

CI 策划通过 MI，BI，VI 三者相互协调一致的活动，在企业文化建设中发挥着识别功能、代表功能、解释功能和象征功能。其具体内涵可从四个方面得到展现：

第一，在企业的经营理念发生问题时，可以通过 CI 对企业再次定位，着重解决企业“应该是什么”的价值观问题，以及企业的经营方向和目标等问题。

第二，创造和形成统一的企业识别系统，从而提高企业信息传达的效率。

第三，完整、统一的 CI 设计，不仅可以改善企业形象，还可以提高员工的士气，增强企业的凝聚力。

第四，改善企业与社会的关系。CI 设计中的一个重要内容是依据企业理念设计行为规范，其中，包括企业如何通过一系列的对外关系活动宣传企业的价值观，融洽企业同社会的关系。

CI 将企业经营理念与精神文化传达给企业内部与社会大众，并使其对企业产生一致的认同感或价值观，从而达到形成良好的企业形象和促销产品的目的。

CI 运用统一的视觉识别设计来传达企业特有的经营理念和活动，从而提升和突出同一化企业形象，使企业形成自己内在独特的个性，最终增强企业整体竞争力。企业识别的三大内容是：企业经营理念，贯彻企业理念的企业经营活动，传达企业理念、提示企业内涵的视觉识别。

CI 强调了企业识别的直接目标和最终目标，企业识别的直接目标是塑造统一的系统的企业形象，突出企业自身特点；CI 的最终目标是通过树立统一化的企业形象，提高企业的整体竞争力。企业形象要有自己的特色，企业视觉识别必须要有自己的个性，如独特的标志、宣传、营销的特点等，以与其他公司形成区别。形象具有传播性，公司有了内外统一的、有个性的企业形象，还必须易于传播、广泛传播。

第三节　公共关系:企业文化的纽带

可以说,公共关系是连接企业文化的纽带。从内部公众看,良好的公共关系可以使得企业自身的文化得到强化和完善,使其含义具有更强的客观性、迫切性和可操作性。从外部公众看,顾客不仅仅是在消费企业的产品,同时也在接受企业通过产品传达的文化信息。除顾客之外,企业还要面对其他社会公众。因此,公众对这种形象评价的优劣是企业生命攸关的事。所以,良好的公共关系可以塑造在企业公众中良好的形象。

一、公共关系的基本概念与特征

什么叫公共关系?这里罗列了一些具有代表性的理解:

国际公共关系协会认为,公共关系是一种管理职能,属于一种经常性与计划性的工作,不论公私机构或组织,均通过它来保持与相关公众的了解、同情和支持,亦即审度公众的意见,使本机构的政策与措施尽量与之配合,再运用有计划的大量资料,争取建设性的合作,而获得共同的利益。

美国市场营销协会定义委员会将公共关系定义为:"发起者无须花钱,在某种媒体上发布重要商业新闻,或者在广播、电视中和银幕、舞台上获得有利的报道、展示、演出,用这种非人员形式来刺激目标顾客对某种产品、服务或商业单位的需求。"

美国公共关系研究与教育基金会主席 R. 哈罗博士通过征求 83 名公共关系领导人的意见,研究了 472 个定义,得出结论:公共关系是一种特殊的管理功能,它帮助一个组织与其公众之间建立和保持相互沟通、了解,接受与合作的渠道;参与问题和纠纷的处理,将公众的意见传达给管理部门并做出反应;明确与加强为公众利益服务相关的管理责任。它还作为监视预警系统,帮助管理部门预先做好应变准备,与社会动向保持一致并有效地加以利用。它用调查研究和正确并合乎道德的沟通技术作为其重要手段。

尽管对公共关系的理解不尽相同,但总的来说,公共关系是一种影响和制约组织政策和行为的经营观念和管理哲学,它不仅指导着公共关系实务工作的健康发展,而且渗透到管理者日常行为的各个方面,成为引导、规范组织行为的一种价值观念和行为准则。

公共关系的基本特征是:

第一,公共关系是一种信息沟通,是企业、社会公众与媒体之间的关系。企业从事公共关系活动，能沟通企业上下、内外的信息，建立相互间的理解、信任与支持，协调和改善企业的社会关系环境。

第二，公共关系的核心是塑造企业形象，感染影响社会公众，达到共鸣的目的。一个企业的形象和声誉是其无形的财富。良好的形象和声誉是企业富有生命力的表现，也是公共关系真正的目的之所在。企业以公共关系为促销手段，就是利用一切可能利用的方式和途径，让社会公众熟悉企业的经营宗旨，了解企业的产品种类、规格以及服务方式和内容等有关情况，使企业在社会上享有较高的声誉和较好的形象，促进产品销售的顺利进行。

第三，公共关系活动的对象是企业内外相关的组织与社会公众，具有相当的广泛性。企业与公共关系对象关系的好坏直接或间接地影响企业的发展。这些活动对象包括企业外部的顾客、竞争者、新闻界、金融界、政府各有关部门及其他社会公众，又包括企业内部职工和股东。

第四，公共关系活动的基本原则是内求凝聚，外求开拓，志在发展。公共关系是以一定的利益关系为基础，这就决定了主客双方必须均有诚意，平等互利，并且要协调、兼顾企业利益和公众利益。这样才能满足双方需求，维护和发展良好的关系。否则，只顾企业利益而忽视公众利益，在交往中损人利己，不考虑企业信誉和形象，就不能构成良好的关系。

第五，公共关系是一种软性的外施艺术，它通过多种传播手段展现企业良好的社会形象。既可以通过新闻宣传等传播媒介间接传播，也可以通过人际交往形式直接传播，而商业广告的传播手段则是以广播、电视、报纸、杂志四大新闻媒体为主。

第六，公共关系是一种长期活动，公共关系着手于平时努力，着眼于长远打算。公共关系的效果不是急功近利的短期行为所能达到的，需要连续的、有计划的努力。企业要树立良好的社会形象和信誉，不能拘泥于一时一地的得失，而要追求长期、稳定的战略性效果。

二、公共关系活动的内容和方式

企业开展公共关系活动，往往面临着不同的公共关系对象。公共关系对象的特点和要求不同，其工作的内容也有差异。一般来说，企业公共关系活动主要包括以下几个方面：①企业与政府的关系；②企业与社区的关系；③企业与相关企业的关系；④企业与消费者的关系；④企业与媒介的关系；⑥企业与内部公众的关系。

公共关系的活动方式是指以一定的公共关系目标和任务为核心，将若干种公共关系媒介与方法有机地结合起来，形成一套具有特定公共关系职能的工作方法系统。按照公共关系功能的不同，公共关系的活动方式可分为五种：

第一，宣传性公关。主要运用报纸、杂志、广播、电视等各种传播媒介传递组织的信息，影响公众舆论，迅速扩大组织的社会影响。其特点是主导性、时效性强，传递面广、推广组织形象的效果快，特别有利于提高组织的知名度。

第二，交际性公关。主要运用各种交际方法和沟通艺术，广交朋友，协调关系，缓和矛盾，化解冲突，为组织创造“人和”的社会环境。具体方法可采用宴会、座谈会、招待会、谈判、专访、慰问、电话、信函等形式。交际性公关的特点是直接沟通，形式灵活，信息反馈快，富有人情味，能深化交往层次。

第三，服务性公关。主要以实际的服务行为作为特殊媒介，吸引公众，感化人心，获取好评，争取合作，使组织与公众之间的关系更加融洽、和谐，为组织提高社会信誉。企业可以以各种方式为公众提供服务，如消费指导、消费培训、免费修理等。服务性公关的特点是以行动作为最有力的语言，实在实惠，最容易被公众所接受，特别有利于提高组织的美誉度。

第四，征询性公关。主要通过各种咨询活动，逐步形成效果良好的信息网络，再将获取的信息进行分析研究，为经营管理决策提供依据，为社会公众服务。这种公关方式主要形式有：制订调查问卷，进行民意测验，设立热线电话，聘请兼职信息人员，举办信息交流会等。

第五，社会性公关。主要通过各种社会公益活动，支持社会福利事业，参与各种重大社会活动等形式来塑造企业的社会形象，提高企业的社会知名度和美誉度。主要形式是赞助文化、教育、体育、卫生和慈善等事业。这种公关方式的特点是公益性强，影响力大，但成本较高。

三、公共关系的工作程序

公共关系活动的基本程序包括调查、计划、实施、检测四个步骤，这四个步骤相互衔接、循环往复，形成一个动态的环状模式。

（一）公共关系调查

公共关系调查是公共关系工作的一项重要内容，是开展公共关系工作的基础和起点。通过公共关系调查，能了解和掌握社会公众对企业决策与行为的意见，从而确定企业的形象和地位，为企业监测环境提供判断条件，为企业制定合理决策提供科学依据。公关调查内容广泛，主要包括企业基本状况、公众意见及社会环境三方面内容。

（二）公共关系计划

合理的公共关系计划是公共关系工作持续高效的重要保证。制定公共关系计划要以公共关系调查为前提，依据一定的原则来确定公共关系工作的目标，并制定科学、合理而可行的工作方案,如具体的公关项目、公关策略等。

(三)公共关系实施

公共关系计划的实施是整个公关活动的“高潮”,为确保公共关系实施的效果最佳,正确地选择公共关系媒介和确定公共关系的活动方式十分必要。公共关系媒介的选择应依据公共关系工作的目标、要求、对象和传播内容以及经济条件;确定公共关系活动方式,主要应根据企业的自身特点、不同发展阶段、不同的公众对象以及不同的公共关系任务。要选择最适合、最有效的活动方式。

(四)公共关系检测

对公共关系计划实施效果的检测,主要依据社会公众的评价。通过检测,能衡量和评估公关活动的效果,在肯定成绩的同时,发现新问题,为制定和不断调整企业的公共关系目标、公共关系策略提供重要依据,也为使企业的公共关系成为有计划的持续性工作提供必要的保证。

四、企业文化与企业公共关系的异同点

企业文化和企业公共关系都是现代企业求生存发展的产物,二者有着许多共同点和不同点。

(一)企业文化与企业公共关系的共同点

1. 相同的价值观。企业文化的价值观是用把全体职工凝聚在一起,最大限度地调动职工的积极性,努力提高企业的经济效益,促进企业生产力的发展。企业公共关系的价值观是企业运用传播手段,使自己适应环境并促使环境有利于自己的发展,从而树立自身良好形象,融通企业内部关系。从这一点来说,公共关系与企业文化的价值观是相同的,也是通过提高企业素质和增强企业的竞争力,使企业出效益,发展生产力。

2. 相同的内求团结。企业公共关系不仅要协调企业外部公众之间的关系,还要处理好内部各类人员和部门之间的关系,增强企业的团结和凝聚力。这种内求团结的实质,就是企业为增进职工之间彼此了解,确立共同目标、达成价值共识而进行的各种文化沟通。企业内部的公共关系就是用精神激励、物质激励等相结合的方法,调动职工的积极性,这些和企业文化中的企业价值观和企业精神的培育是基本一致的,它们从不同角度提倡信任、尊重员工,激发企业员工的积极性和创造性,使企业产生强大的凝聚力,促使企业员工团结一致,从而提高企业的整体效益。

3. 相同的环境制约。企业文化与企业公共关系都包含着企业的思想和行为,都同样受着企业内外环境的制约。①民族人文环境。企业的思想行为必然

孕育着民族的传统基因，必然受到民族人文因素的影响。②政治经济环境。政治的稳定是企业发展的保证，企业的思想和行为还必然受到宏观经济环境的影响，不同的经济体制也对企业有很大的影响。③社会道德环境。社会道德要求企业必须兼顾国家、集体、职工三者利益，要具有社会责任感。④现代交往观念。现代交往观念制约着企业，必须协调企业与外界各方面的关系，改善外部环境，为企业的良性运转铺平道路。⑤企业内部环境。企业内部的人际关系、人员素质、资金设备等因素，也都会影响企业的思想和行为。

（二）企业文化与企业公共关系的不同点

1. 范畴不同。企业文化属管理理论范畴，强调管理的文化层面，重视价值观；企业公共关系属于管理实践范畴，强调操作性。

2. 对象不同。企业文化的对象是企业内部全体人员，企业公共关系的对象是企业内部、外部的各类公众，公共关系的对象比企业文化的对象要广得多。

3. 重点不同。企业文化的重点是培植企业的价值共识，凭观念的力量树立企业精神，增强企业内部的凝聚力。企业公共关系的重点是企业外部的公共关系。公共关系比较注重信誉，注重企业形象，注重双向信息交流，注重各类公众关系的和谐发展。

4. 实施者不同。企业文化是企业家倡导，企业全体人员集体共同创造；企业公共关系是企业提倡全体人员都要具备公关意识，但实施主要是专门负责公关的职能部门和公关专业人员。

企业文化和企业公共关系的内在联系在于，企业文化注重的是企业内在的精神——企业精神；公共关系注重的是企业的外部形象——企业形象。二者是企业整体的两个方面，互相作用，互为补充。企业文化是企业公共关系的精神支柱，优秀的企业文化是良好的企业公共关系的基础；企业公共关系是企业文化的外在表现，企业公共关系处处体现着企业文化的核心——企业的价值观念。企业精神与企业形象在企业价值观的指导下得以统一。

总而言之，企业文化不是抽象的，而是具体的、实实在在的。它的内容包含着各种关系的构成。如何让这种文化个性去适应社会性的协作，被社会承认、接纳并与之默契合作，取决于企业公共关系的成功与否。公共关系是企业沟通外界的窗口，企业在与外界不断进行及时准确的沟通时，将企业生产经营与精神风貌、硬件与软件这些充满个性的东西以最佳的形象推销给社会公众。俗话说：谋事在人，成事在天。企业谋事的重要内容之一就是将企业文化建设与公共关系的操作融为一体。

案例

苹果公司的企业文化

背景材料

2011年10月5日,美国苹果公司宣布该公司前首席执行官史蒂夫·乔布斯已去世。世人一片哀悼。1997年8月,该公司已经连续四个季度亏损,累积亏损额超过10亿美元,已经到了破产的边缘。尽管整个科技行业都兴旺发达,但苹果的销售却止步不前。与此同时,微软的Windows 95则像吸尘器一样猛烈而迅速地吞掉了几乎整个个人电脑市场的份额,公司手头的现金极为充裕。苹果被迫向微软妥协。2011年8月10日,即当初乔布斯宣布与微软达成协议后的十四年零四天,苹果的市值达到了3 650亿美元,成为世界上规模最庞大的上市公司。与此同时,微软的市值则保持在2 100亿美元左右,不足2000年年初峰值的一半,而且,实际上距离与苹果达成交易时的股价水平也不远。

回顾21世纪第一个10年,总裁乔布斯重返公司后,借力几款明星产品使销售额迅速增长,终于走出了20世纪90年代经历的低谷,公司利润率持续处于行业内高端水平。2004年以来,苹果公司一直保持着两位数的增长率,平均利润率近32%。取得这样成绩的一个非常重要的原因,就是苹果的企业文化。

鼓励创新、勇于冒险——这是苹果公司原有文化的核心价值观。自白手起家以来,小小的苹果电脑便在技术领域内引发过两次变革,迫使包括IBM和微软在内的每一家电脑公司都加入它开启的新潮流。它不仅勇于创新,甚至还反主潮流。公司的信条是进行自己的发明创造,不要在乎别人怎么说,一个人可以改变世界。正是这种大无畏精神,使公司能够推出令广大用户喜爱的Macintosh电脑,开鼠标定位器和图像表示法的风气之先;也正是这种价值观,造就了苹果的成功。

设计——首先,每个员工都必须牢记苹果比其他任何一家公司都更加注重产品的设计。苹果总是真正地了解消费者的需求,懂得如何满足消费者的需求,然后着手实现这些目标。

忘记一切,从头开始——当员工初到苹果时,公司就希望他们立即做一件事:忘掉曾经了解的技术。无论是产品的设计、新产品的设计理念还是公司独的简单运营方式,只要是在苹果,所有的事情就会不同。坚信苹果比其他所有公司都强——苹果公司非常自负。其中的部分原因是乔布斯非常自我,他相信苹果是世界上最强的公司，有不同于其他公司的做事方式。对所有该公司的粉丝和员工而言，这一信条已经成为一种号召力。

永不服输——苹果最具魅力的一点就是它永不服输。就算产品被批评得体无完肤，该公司似乎也能在危急时刻找到脱离火海的方法。

时刻关注细节——如果说苹果懂得哪一条经营之道，那就是关注细节意味着长远回报。在大多数情况下，苹果都只比别的公司多努力了一点点。但就是这一点点的努力，使得苹果成为最大的赢家。与此同时，这也是苹果对自己员工的期望。

保密至高无上——不同于行业里的其他许多公司，苹果在即将推出新产品时很少会泄密。也许，这就是为什么苹果公司会制定长期的保密准则。对那些泄露公司秘密的员工，哪怕是无意间的泄露，也只有被炒掉的份。

主导市场才是最重要的事——在涉及技术时，史蒂夫乔布斯脑海中只有一个目标，那就是"主导市场"。他所想的不只是击败市场上的所有公司，而是要彻底摧毁他们。乔布斯想向世界表明，只有他的公司才是最强的。乔布斯就是想向所有竞争者、消费者和所有人证明这一点，并希望员工可以帮他实现这个目标。如果员工不这样做的话，那么就只会被解职。

案例分析

作为一个领导者，乔布斯早已将个人文化渗透到了企业文化之中。崇尚创新的他给予了苹果近乎偏执的创新灵魂，从对技术创新的绝对信奉到对企业经营模式的不断革新求变，近乎病态的完美主义使得苹果的创新有着另一个层面的含义，即科技的极致运用和严谨的态度。每当有重要产品即将宣告完成时，苹果都会退回最本源的思考，并要求将产品推倒重来。这使得苹果多年来被公认为全球最具创新精神的公司。Think Different（思变）！乔布斯用这样类似的话激发公司内员工的热情。推崇精英人才文化，无疑是苹果企业文化创新灵魂的延伸。与对产品和战略高度聚焦的做法相似，在人才的使用上，乔布斯也极力强调"精"和"简"。"质量始终比数量更重要"，是他在人员任用上一贯坚持的信条。苹果核心层一直都是由一个顶尖的小团队所组成，公司各个职位也都是其最合适的人选，这就保证了各个环节始终能够高效、准确的运转，为创新提供源源不竭的动力。

苹果公司有着娱乐和自由的工作环境，我行我素、稀奇古怪的员工随时随地、随便提出新主意，这些都构成了一种职业文化中高度个人化的元素。在这样的个人化文化指引下，乔布斯以自身个人化获得了一种自由和惬意的人生，以用户个人化引导着产品和服务，以员工个人化来塑造企业文化和创新能力。

（资料来源：王会让："苹果公司的企业文化"，《东方企业文化》2012年第1期，第52～55页。）

[PSSKT. EPS,BP]

1. 文化和企业文化的定义是什么?

2. 请简述企业文化与现代企业制度的关系。

3. 什么是现代企业形象设计?它与企业文化是什么关系?

4. 什么是企业公共关系?

5. 企业公共关系与企业文化的异同点是什么?

第十二章

全球化背景下现代企业制度的深化

学习要点

- 掌握经济全球化背景下现代企业制度的变迁。
- 了解知识经济对现代企业制度的要求。
- 掌握知识经济时代现代企业制度的演变。
- 掌握企业动态竞争能力对现代企业制度的要求。

全球化、知识经济和信息技术革命使进入21世纪的今天成为全球经济飞速发展和信息高度共享的时代。在这样的时代背景下,企业之间的竞争空前激烈。一方面,从企业外部来看,企业制度需要变革,以应对全球化的挑战;另一方面,从企业内部来看,企业制度也需要变革,以适应知识经济的冲击。这一切的结果,就是现代企业制度在全球化和知识经济浪潮中的不断深化。

第一节　经济全球化与现代企业制度

一、经济全球化与现代企业

(一)经济全球化及其特征

当前,经济全球化正使世界经济经历着一场全面、深刻且势不可当的变革,并迅速改变着人类经济社会发展的进程。国际货币基金组织在1997年报告中指出:全球化是通过贸易、资金流动、技术创新、信息网络和文化交流,使各国经济在世界范围高度融合,各国经济通过不断增长的各类商品和劳务的广泛输送,通过国际资金的流动,通过技术更快更广泛的传播,形成相互依赖的关系。

从经济全球化的一般特性上来看,经济全球化的实质就是市场的全球化与企业的跨国发展。在经济全球化趋势日益明显的今天,跨国公司已成为推动经济全球化的重要微观载体。越来越多的企业开始走出国门,或者自觉不自觉地融入全球经济的浪潮中。主要表现为:国际分工越来越细,国际市场之间的联系越来越密切;国际贸易额不断增加;货币资本频繁流动;跨国公司的规模不断向外延伸;同时,企业的跨国发展又使地区和国家之间的合作与交流不断加强。

具体来说,全球化有两个主要特征:市场全球化和生产全球化。

1. 市场全球化。市场全球化是指把地理上相对独立和分离的国家(地区)的市场合并为一个巨大的全球市场。当前,不同国家(地区)中消费者的需求和偏好正在趋同于某些全球标准,同时依赖于这种全球化标准的普及以及跨国公司的发展和全球性市场的逐步形成。为全球所接受的消费品,诸如 VISA 信用卡、可口可乐、索尼的随身听和麦当劳的汉堡包,通常都被认为是这种潮流的典型例子。通过向世界提供产品,这些公司正在创立一个全球市场。在全球市场中,同业经营的公司常常作为竞争对手出现在一个又一个国家(或地区)。可口可乐公司的全球竞争者为百事可乐公司,福特与丰田以及波音与空中客车等公司的关系也一样。假如一家公司进入了竞争对手尚未进入的国家,那么其竞争对手将很快跟进,以免它的竞争对手占先。这些公司带去了许多在他国市场已获得成功的资产,包括产品、经营战略、企业制度、品牌以及管理等。这就在全球市场创造了一定程度的同一性。随着世界上一个又一个竞争者的跟进,这些跨国企业成了一股全球化中的重要推动力量。它们把不同的国家市场融合为同一的全球市场。由于这些发展,在越来越多的产业中,对越来越多的公司而言,他们关注的目标只有一个,也就是全球市场。

2. 生产全球化。生产全球化指的是在经济全球化中企业发展的一种趋势,即从全球各地区吸纳商品和服务,以利用各国在生产要素(如劳动力、资源、土地和资本)上的成本和质量的差异。通过这种做法,企业可以优化其成本构成,提高服务质量并改善它们所供产品的功能,从而使它们更为有效地参与全球竞争。以波音公司的商用喷气式客机波音 777 为例,该机包含了 132 500 个主要部件。这些部件由世界上 545 家供应商生产,其中,8 家日本供应商制造机身、机舱门和机翼的零件,1 家新加坡供应商制造起落架和前轮的舱门,3 家意大利的供应商制造机翼的阻力板。波音公司把这么多的部件生产外包给国外供应商的部分理由是:这些供应商都是世界上从事该项特定活动的佼佼者,它们能够最为快捷、高效地提供相关的生产服务。拥有一个全球性的供应网络,使波音公司能够在全球竞争中取得相对领先的优势。

(二)经济全球化背景下现代企业的发展

经济全球化把全球经济日益融为一体。对于现代企业而言,推动企业的国际化日益重要。目前,对于企业国际化主要有四种理解:①企业的国际化是企业由国内市场向国外市场发展的渐进演变过程;②企业的国际化是企业有意识地追逐国际市场的行为体现;③企业的国际化是指企业的跨国经营活动;④企业的国际化是指企业走向世界的过程。总之,企业的国际化是指企业积极参与国际分工,由国内企业发展成为跨国公司的过程。在经济全球化向纵深发展的今天,任何企业的生存与发展都不可避免地要参与国际竞争。一般而言,当企业经营活动与国际经济发生某种联系时,企业的国际化进程就开始了。这种联系可以是生产要素如资金、技术、人力资源等方面的联系,也可以是商品和服务的中间产品与最终产品的交换。

伴随着企业国际化的进程,现代企业逐渐发生着嬗变。现代企业在融入全球化的进程中,不仅仅是企业向跨国公司的转变,更多的是企业本身即企业内部发生着翻天覆地的变化。仔细观察 20 年前的企业、10 年前的企业以及最近 5 年的企业,可以发现不同的阶段的企业有着明显不同的特征,无论是组织层面的、价值层面的还是公司治理结构乃至企业文化,都有着深刻的发展和变化。虽然从表面上来看,在现代企业的这一系列变化中,经济全球化更多地表现为推动现代企业发展的外生性变量。但是,如果进一步结合经济全球化的实质和特征来看,我们就会发现,在经济全球化的进程中,现代企业的发展(或者说国际化)并不被动。实际上,在这一进程中,企业并不只是处于被动地位,而是一个企业不断进行适应性调整,同时,又影响其外部环境改变的交互过程。也就是说,企业本身的变革内生于经济全球化这一进程。换句话说,现代企业的发展同经济全球化一道,是一个共同演进的过程。

因此,我们在分析经济全球化对现代企业的影响时,要同时兼顾外部环境和企业自身。

1. 从企业环境的角度来看。站在企业个体的立场上考察,经济全球化无疑是企业生存和发展环境的根本性改变。企业生存和发展的环境可以分为经营环境和制度环境两个部分。经济全球化意味着以国家基础的既有规则要让渡给以多边协商、协议约束力为基础的新的规则。这不仅改变了企业生存和发展的工作环境,也改变了其制度环境,是企业环境的根本性改变。就经营环境而言,首先,在经济全球化条件下,企业可以在全球范围内无限制或较少限制地进行生产要素的选择和配合,以达到最佳生产效率的要求。其次,企业产品的出清路径也不再主要是依靠贸易途径,直接投资、运用金融工具等多层次、立体交叉的方式都可以实现企业追求利润的目的;同时,随着限制性贸易措施的大幅减少,市场的广度、深度和弹性都大大增加。最后,经济全球化使企业基本丧失了国家强制力的保护,虽然各国国内市场程度不同,但趋势明显的开放过程使各个企业面临的竞争者不再局限于文化氛围相同或相近的国内对手,而必须面对具有迥异的历史和发展路径,进而具有完全不同的企业文化的全球性竞争对手。

就企业制度环境的改变而言,第一,在经济全球化条件下,企业从事生产运营所须遵循的制度也不再单是国家法令,而主要受到双边或多边协议的约束;同时,经济发展的方式也受到相应限制,如某些非市场性、歧视性的国内经济政策将难以为继。第二,从竞争对手或者市场环境而言,占据全球经济主流地位的跨国公司所拥有的是一种同质性的、竞争性的企业制度,这就决定了处于国际化进程中的企业要积极应对这样的制度背景。

对于单个企业而言,这既是一种环境的变迁,同时也是一种自身的变革。环境改变的应对之策与驱动企业变革的动力之源是融为一体的,这既是企业自身应对环境改变的自发性反应,同时又构成环境改变的重要动力。

2. 从企业自身来看。从企业个体的角度考察,企业的这种变革动力无疑是求生存、谋发展的自然反应。企业个体能在激烈的市场竞争中存在和发展的根本原因,在于与其他企业相比,有更高的生产效率,以及以此为基础的以超额利润来体现的更多的生产者剩余。在利润的驱使下,资本必然会在其面临的基本制度下选择和创造、完善企业制度,使之不断地爆发出活力,并且不断地为资本服务。这一选择、创造和完善的过程, 就是企业自身的发展和变革。

这种发展与变革的首要任务,是要帮助企业关注自身核心竞争力的构建。因为这不仅仅涉及企业的发展,更关系到企业的生存。随着经济全球化进程的加快,现代企业日益步入信息技术急速发展、技术升级日新月异、世界市场自由开放、各国竞争激烈残酷、机遇挑战同时并存的新环境。企业意欲在这样错综复杂的市场竞争中立于不败之地,并谋求长期生存与稳步发展,就必须深刻认识到核心竞争力是其长期竞争优势的源泉,是其获得成功的关键要素。

而要构建自身的核心竞争力,一个重要的推手,就是企业自身的制度建设,或者更为准确地说,就是企业制度的变革与创新。从企业整体角度考察,企业制度的创新也是环境改变的推动力。当今世界已进入知识爆炸的信息高速扩容期,从技术角度考察,由于面临巨大的成本分担,甚至存在大量的沉没成本,质变性的科技进步所要求的分工细化的程度已使任何企业组织实现技术变迁和科技进步的能力大打折扣。这意味着,技术变迁和科技进步得以实现的途径,一定要借助对应的企业制度创新才能完成。此外,企业发展所处的经济全球化的制度环境中,已经有相当数量的经验与教训摆在每一个寻求赢得全球化竞争的企业面前。而现代企业的每一个制度性的变革与创新,同样激励着其他经济体的发展。从这个意义上说,企业本身制度的变革同时也是改变企业所处环境的重要推动力。

二、经济全球化背景下现代企业制度的变迁

经济全球化改变着世界经济,也推动着企业的发展。正是在这样的背景下,作为世界经济的微观载体,现代企业本身正顺应着这样的变化。现代企业制度的变迁正是经济全球化与企业国际化双重影响下的结果,主要包括以下几个方面。

(一)企业产权制度的变迁

企业产权制度变迁的一个突出特点是公司制产权制度的全球化。公司制企业产权制度安排的基本特征是:出资人财产与企业法人财产相分离,委托—代理关系及法人治理结构真正形成。由于出资者只承担有限责任,风险大大分散,这就为企业规模的扩大扫清了产权制度的障碍。于是,为了适应全球竞争的需要,公司制产权制度就伴随着经济的全球化而向全球扩散。但公司制企业的规模扩张也不是无限制的,当规模扩大到一定程度后,委托—代理链拉长,委托—代理成本会逐渐升高,机会主义及道德风险也会随之而出现,当规模扩张的边际收益小于边际成本时,企业就会停止扩张。为克服公司制企业的缺陷,企业产权制度发生了新的变革:一方面,企业通过股东多元化和员工持股计划,改善股本结构和法人产权制度,这就为企业的进一步全球扩张奠定了重要的产权基础。另一方面,在近20年里,又出现了一种新型的公司制,这种公司多属于科技型公司,由创业者、经营管理者、风险投资者共同创办。这里,创立企业的主角不是资本所有者,而是具有发明冲动的创业者,他借助别人的资本创立企业并发展到一定规模后,再将经营管理权转交给职业经理人,这就出现了创业、出资与经营管理三者分离的情况。这种公司制更有利于企业跨国发展或与其他国家的企业制度兼容。

(二)企业组织制度的变迁

在经济全球化浪潮中,为了适应技术革新、市场全球化与国际竞争、产业集中和纵向一体化等因素,企业组织制度开始进行一系列的变革。随着跨国公司的发展和金融信息网络的扩张,企业逐渐从第二次世界大战以后工作专业化和部门专业化的组织构架中脱离,开始了组织制度的职能性和区域性变革:一方面是产品和市场的部门化,如按照企业产品或者服务的分类确定组织构架,这就出现了经典的事业部制组织;另一方面,在全球化的进程中,为了适应全球市场的

开拓，企业开始按照市场或者区域来进行工作的组合，比如分设亚太区、北美区和欧洲区等。此外，随着企业价值链的延伸和重组，企业本身的组织架构也开始重组，企业组织的跨度开始变宽，跨职能的部门开始出现，集权化的组织构架体系开始向分权化的组织构架变迁，等等。

当然，在这一系列的变革中，影响最为深远的是企业组织的扁平化和学习型组织的创设。全球化的市场体系带来瞬息万变的机遇和挑战，这就要求企业组织能够在市场中灵活应变。于是，基于团队的组织结构和矩阵型、项目型的组织架构开始确立。企业不是从自身的生产和运营出发来建构自身的组织制度，而是从市场的实际需要出发来构建自身的组织制度。这是经济全球化一系列冲击下的结构。当然，在这样的背景下，企业组织更为强调的是组织的学习能力，因为全球化要求企业拥有持续适应和不断变革的能力。

（三）公司治理机制的变迁

公司治理机制的变迁涉及两个方面：第一，适应于经济全球化的要求，在企业产权制度和组织制度变迁的前提下，母公司的治理机制需要进行相应的变革。第二，跨国公司跨国运营的发展，要求境外企业构建相应的公司治理机制。从母公司的角度来看，全球化市场竞争导致企业的价值链不断延伸，于是它需要在全球价值网络中经营自己。这就为现代企业的公司治理机制提出了新的要求。全球化的视野与全球化的组织必然需要全球化的公司治理模式，于是就有全球参股、设立全球化的运营机构、提高经营层的管理权限等方面的调整。

从境外企业来看，显然，境外企业治理机制深受母公司治理机制的影响。我们可以将境外企业理解为是母公司治理机制的某种程度的延伸。但是，由于境外企业在别国投资生产和经营，因而它的治理机制又必然会受到他国社会经济文化及法律等环境以及与之合资的别国企业治理模式的影响。另外，境外企业治理机制相对母公司而言会比较简单，这有两个方面的原因：第一，因为境外企业大都还处于初创阶段，规模较小而治理成本又相对较高，或者境外企业往往是母公司的延伸机构，所以，境外企业更多的是执行机构而不是决策机构，为了提高境外企业的执行效率，它本身不需要过于复杂的治理机构；第二，境外企业需要灵活地把握境外地区的市场变化，为了提高这种处理市场信息的能力，也不需要过于复杂的治理机制。

（四）企业文化制度的变迁

企业文化制度的变迁主要取决于伴随着经济全球化而出现的企业国际化与本土化的平衡。经济全球化不仅仅带来了市场的全球化和生产的全球化，还带来了文化的全球化和价值观的全球化。在全球进行运营的企业深深感受到文化跨越国界的重要性。所以，经济全球化带给企业文化的是一种诱致性创新。这种诱致性创新的一个必然结果，就是企业文化制度的学习型转变。这首先是一种学习型文化，它带有自觉性与创新性特征，通过制度的诱致性变迁及自觉学习而形成。企业内的员工之间相互学习和企业之间相互学习，为跨国公司文化的包容与跨越提供了制度基础。

对于境外企业而言，它们只能借助企业文化这条途径来增强企业的凝聚力，加强高层管理人员与一般人员的沟通和了解，吸纳员工的合理化建议，培养员工对公司目标价值的认同感。同时，企业文化还是树立公司外部形象、吸引外部利益相关者的有效方式。公司企业文化的利益相关者是指企业能够适应所在国文化的要求，进行相关的管理和运营的相关各方。所以，学习型企业文化不仅要在企业内部，而且要在社会范围建立起信任关系。

当然，在经济全球化影响现代企业制度的同时，现代企业制度也影响着经济全球化的发展，正是这一重要的微观载体的制度性变迁，导致全球经济的联系日益紧密。

三、加入世界贸易组织（WTO）对我国现代企业制度的影响

中国企业最为直接地面对经济全球化的冲击，是在中国加入 WTO 以后。总的来说，加入 WTO 对于中国现代企业制度的影响有以下几个方面。

（一）企业国际化与现代企业制度的构建

面对经济全球化的冲击，我国企业首先感受到的是企业制度的僵化与落后。以跨国经营的国内企业为例，作为国内企业中的佼佼者，它们多数不是企业生产经营活动向国际市场的自然延伸，而是中国传统企业在国外的延伸。由于企业制度僵化落后，企业行为脱离国际市场的运行规律及国际贸易的惯例，直接面向国际市场但却难以对国际市场做出灵敏且有效的反应，也难以进行真正意义上的国际化经营。实践证明，跨国经营成功的中国企业往往都是现代企业制度改革较成功的企业，如联想和 TCL。所以，要适应企业国际化发展的需要，我们必须建立适应全球化的现代企业制度。也就是说，要在对外开放中，按国际惯例和国际标准创建符合企业国际化发展要求的现代企业制度。

一般来说，我国企业应该从两个方面入手构建适合自己的现代企业制度。一是向跨国公司学习，从全球化的企业发展战略和国际化管理的理念出发，以提升国际化经营管理的水平、赢得全球竞争为目标来构建现代企业制度。作为全球化的急先锋，欧美等发达国家的跨国公司已经形成了一套卓有成效、适应全球化发展的现代企业制度体系。这可以作为我们国家企业的一个很好的制度模板，我们可以借鉴和学习。二是要立足于企业自身的情况，从企业自身的发展现状和相关特性出发，构建适合于企业的现代企业制度。以企业产权制度改革为

例，一方面我们要按照国际标准进行产权制度改革，向符合国际惯例要求的现代公司制发展目标靠拢；另一方面，我们也需要结合中国的实际进行改革，通过股权的转让，为社会资源的转移和重新组合提供有效的形式，从而保证企业的经济独立。

（二）企业并购与企业制度整合

全球市场的竞争，导致企业兼并重组成为企业迅速壮大的一种方式。而在企业并购中，最为重要的就是企业制度的整合，它决定着企业并购的成败。我国企业在面对国际并购重组时，会明显发现企业制度整合的能力不足这一问题。首先，中国企业没有海外经营经验，对于企业制度、文化、营销渠道、人力资源及技术研发等的整合都需要自己探索；其次，海外被并购企业对中国企业文化的认同度低并希望保持自身的文化，中国企业海外并购时，被并购企业所在国的员工、媒体、投资者甚至是工会仍对中国企业持怀疑态度和偏见；最后，中国企业实力有限，而收购的公司差不多都是海外经营不佳的公司。因此，中国企业如何做好并购后的整合工作，是事先就必须考虑的问题。在企业所有制度整合工作中，企业文化方面的整合相对来说又是其他各项整合工作的根本。通常，文化冲突是跨国企业并购后失败的最主要原因。

当两种具有不同文化背景和不同文化理念的企业相接触时，相比之下必定有强弱之分。从TCL的并购汤姆逊来看，从一个国有小厂起家的TCL，一步步通过吸收民资和外资、股权多元化，摆脱了国企在机制上的弊病。但在这个过程中，各种资本在交汇之后并没有真正形成一个新的企业文化，它既不像国企，不像民企，也不像外企。TCL在自身的土壤上显然尚未形成强势的文化。所以在并购后，为了遵循汤姆逊企业所在地原来的一些制度安排，来自原TCL和汤姆逊的员工拿的是不同的工资报酬，实行的是不同的管理制度，中国总经理的工资甚至还低于他们的印度下属。在并购过渡期内实行两种不同的分配和管理制度是可以接受的，但如果长期这样，在一个跨国公司内，必然容易导致员工心态的变化，最终会影响到企业的发展。

（三）国际竞争与构建企业核心竞争力

在全球化的冲击下，企业发展变化的最大动力是要建构核心竞争力。同样，面对全球化，中国企业面对的最大的问题，也是要构建企业的核心竞争力。而企业核心竞争力的构建，就必然要涉及企业制度层面的重组和创新。无论是国际化经营还是跨国并购，企业运营的基础是企业的竞争力。除了上面提到的现代企业制度的构建以及企业制度的整合以外，中国企业亟须确立的是自己的竞争优势以及相应的企业制度。

全球化竞争导致企业价值链的全球延伸，在全球价值链体系中，中国企业要立足，就必须发掘自身的相应价值链，同时构建与之相匹配的企业制度。要独立创造国际价值链，其成本非常高，代价也特别大。因为在今天的社会经济的新形势下，所有的价值链体系都在进行分化、瓦解和重组。在这种情形下，中国的企业需要主动融入国际价值链体系。当然，这并不是说，中国企业要放弃自身的优势，成为跨国公司的价值链的一环，而是说，中国企业需要利用跨国公司的价值链体系，逐步打造符合自身需求的企业价值。当然，如果自身具备实力，自身研发新的产品，或者像海尔那样打出自己的一片天地也是非常值得赞许的，只不过，主动纳入国际价值链体系，有可能会更经济、更有效。

第二节　知识经济与现代企业制度的变革

一、知识经济与现代企业制度

（一）知识经济及其特点

知识经济是一种以信息技术为基础，以知识要素为驱动力，以网络为基本生产工具的新的生产方式或新的经济形式。它是以科学技术为核心，建立在知识信息的生产、存储、使用和消费之上的经济形式。根据世界银行的分类，能够带来经济价值的知识主要包括以下两类：一是与诀窍相关的，即通常所讲的技术；二是与属性相关的，即通常所说的信息。从知识存在的两种形式看，在知识经济迅猛发展的今天，掌握了先进技术和大量信息的经济主体便成为全球化的中坚力量。

此外，知识经济有如下几大特点：

1. 知识经济是系统化经济，并且是一个开放系统。在知识经济中，社会物质生产的动力在于知识的作用，知识要素通过对劳动者、劳动资料和劳动对象的渗透产生经济效益。我们可以这样认为，在知识经济形态中，知识是经济和系统的核心。

2. 知识经济是以生产、分配和使用信息和技术为基础的经济。知识与信息是知识经济时代经济发展最重要的资源，高科技特别是信息技术会成为知识经济的技术基础。

3. 知识经济具有边际报酬递增性。传统经济一般都存在边际效益递减和边际成本递增的问题，也就是说，当要素投入和生产规模扩大到一定程度时，就会出现规模不经济的状况。所以，经济增长取决于资本、劳动力的投入，两者必须成比例地增加，任何一方增加到一定程度都会引起收益递减。在知识经济中，由于知识对其他要素效率的改善,使得要素投入对于经济而言,会产生边际报酬递增的效应。

（二）在知识经济的冲击下传统企业制度的不足

在知识经济中技术和信息的双重冲击下,传统的企业制度会出现以下三种状况:

1. 沟通成本、协调成本和监督成本上升。企业制度组织的目的是使人际合作更加有效率,但个人能力和精力的有限性决定了管理人员有效管理规模的有限性。根据管理幅度的原理,一个管理者的有限管理规模是有限的,这就导致随着企业规模的增大,企业内部的组织层次必将增多,从而带来一系列影响其功能发挥的问题。其一,企业内部组织层次的增多,会延长垂直的信息沟通渠道,从而会增加信息传递时间,增加沟通成本,而且可能造成信息在传递过程中的失真。其二,指挥路线过长和管理的多头,往往会使上下级关系不确定,出现管理的真空地带,遇事会相互推诿,这就会增加大量的协调成本和检查监督成本。

2. 无法取得整体工作效益的最优。在传统的企业制度环境下,企业把管理过程分别交由各职能部门负责,而各部门通常只考虑自己的行为,一切都以部门利益的最大化为出发点,把部门的目标凌驾于企业目标之上,这样就会出现为某一个局部利益而牺牲全局利益的事情,而且,部门间利益的不一致,又会加剧各子部门之间的矛盾冲突,提高企业的管理成本。另一方面,由于完整的工作流程被分割成不同的岗位,每个工人只关注自己岗位的工作,这种工作的相对独立性,会进一步加剧分割的工作单位之间的效率差异,从而导致企业很难取得整体工作效益的最优化。

3. 无法对急剧变化的市场做出迅速的反应。传统企业制度的优势在于对已有的企业要素进行合理的组合和配置,并辅以相应的激励与约束机制。但是,在知识经济中,信息的爆炸导致市场的瞬息万变,消费者日益追求多样化、个性化的产品和服务,技术进步的速度加快,企业经营发展中的常规事情将日趋减少。特别是随着信息时代的到来,社会各方面都呈现出加速变化的特征,企业必须迅速对这种加速变化的市场做出反应。它所面临的一些决策问题,都是以前所没有遇见过的崭新的问题。在这种情况下,传统企业制度强调的稳定性、秩序和纪律,势必降低企业对外界环境的适应能力,损伤企业本身的创造性和创新能力。

（三）知识经济对现代企业制度的要求

1. 增强企业制度的信息反馈能力。传统经济对于市场信息的处理是一种按部就班的过程,这就决定了传统的企业制度和相应的信息处理模式。当市场经济开始从卖方经济向买方经济转变,传统经济开始向知识经济转变时,这样一种崭新的经济形式就要求企业制度本身进行相应的调整。其中最为重要的,是加强企业制度的信息反馈能力。以组织制度为例，企业在面对一项市场信息或者一项消费需求时，有可能会涉及多个职能部门和多个工作细分。这时，如果按照传统的组织构架和信息传递机制，就需要多个环节的信息耗费，这就加大了多个部门间的协调和控制成本。为了提高信息的使用效率，企业需要改革这样的组织制度，使得信息在多个职能间流畅地传递。最为直接、有效的就是组织制度的扁平化和矩阵化，这样可以加强企业组织对于信息的处理和反馈能力。

2. 增强企业制度的自我创新能力。知识经济中的市场竞争是日新月异的，小鱼吃大鱼和蛇吞象的故事几乎每天都会上演。一大批新兴企业和新兴产业在不断崛起，它们所依靠的就是企业制度的自我创新能力。在知识经济的大潮中，我们并不会强调企业制度的传统性和完整性，我们需要强调的是企业制度的随机应变能力，是企业制度的自我创新能力。企业的产品和市场在不断更新，企业的主营业务在不断调整。IBM 从一家传统的电脑及设备供应商转变为企业商务咨询和处理的营运商，这就是企业在知识经济时代的变革，基于这样的变革，企业制度本身也需要变革。IBM 在出售个人电脑业务后，它的传统的制造业的制度构架肯定会重组，传统的企业文化和传统的企业组织都会因为企业的发展而发展。这就是知识经济的要求。

3. 强调企业制度的时间维度。在传统经济中，传统的企业在构建企业制度时，不会把时间这个要素考虑到企业的制度架构中。这是传统企业在进入知识经济后所面临的最大缺陷。无论是前面讲到的协调成本、整体优势还是市场的反应能力，里面隐含的一项重要因素就是时间。在我国经济特区建设的初期，有一句口号：时间就是生命。在知识经济中，对于企业而言，时间就是企业的生命。互联网时代，信息与知识技术的更新换代达到一种常人无法想象的速度，在这样的环境中，企业需要加快自身产品和服务的生产、制造和供应的时间；而决定企业生产、制造和供应时间的根本因素在于企业的制度架构，是否考虑了时间维度。

二、企业制度变革背后的知识分工与协调

知识经济带来了企业制度的新的变革要求，这种要求不同于经济全球化。从下面的分析中，我们会发现知识经济背景下企业制度的变革更多地考虑的是企业所面临的知识的分工与协调。所以对应于企业制度，更多的是涉及企业的组织制度的进一步深化。本节的以下内容将主要围绕企业组织制度的变革来谈知识经济的影响。

（一）企业制度变革与企业内分工

较早地指出企业变革与企业内分工问题，并对此进行回答的是管理学家哈默和钱皮。他们在《改革公司》一书中指出："亚当·斯密所说的世界及其经营

方式都已经过去,都是昨日的范式。公司已不再需要,也不再适宜根据亚当·斯密的劳动分工原理去组织自己的工作。今天,企业由于内部结构分得过细,从而规模庞大臃肿,发展到了亚当·斯密所预见到的反面,企业内分工开始出现规模不经济的状况。”那么,企业内分工的深化怎么会带来规模不经济,或者说分工不经济的现象呢?

在亚当·斯密的理论中,似乎不存在这样的状况。最早提出分工产生规模经济的马歇尔认为,分工的深化和组织的改进,通过内部经济与外部经济的共同作用,可以达到规模经济。随后的杨格进一步指出,分工可以带来规模经济。斯蒂格勒更是证实市场的扩大带来分工的深化从而达到企业的规模经济。但是事实上,伴随着企业内部分工的深化,确实出现了许多分工不经济的情况。哈默认为:“这种不经济来自于工作与流程之间的差异。当人们只关注工作的专业化,而忽视一项项工作(或者说子任务)间的相互关联时,就会忽视整体的效率。一项任务是由一系列子任务组成的流程,他们集合起来为顾客创造一种有价值的服务。”一个个工作效率的提高并不直接意味着企业整体效率的提高。由生产技术因素引起的各种操作之间的最适生产规模的不匹配,是人们推进专业化发展的重要原因之一。而现在的问题是,这种不匹配开始促使企业组织向专业化以外的方向发展,借以寻求一个整体的最适规模,这也就是新的组织形式出现的原因。但是为什么在亚当·斯密的时代,甚至可以说在亚当·斯密以后的很长时间里,哈默所说得这种差异都显得并不那么重要,而且这种差异并没有对企业内部分工产生像今天这样大的影响呢?

原因是,随着分工的深化,在企业内的分工中开始出现一些新的问题。

首先,分工固然可以提高专业化程度和效率,但是也会带来相应的风险。专业化水平越高,对其他专业的依赖性就越强,需要与之协调的人数也就越多。由于分工是一个各专业互相依赖的投入产出网络,一旦其中某个环节出了问题,整个网络就会瘫痪。所以,专业化水平越高,分工网络协调失灵的风险就越大。此外,分工会带来劳动的分立,随着分工的深化,分立的人类劳动之间的联系就需要不断地增强。此时,分工效率已不再局限于个人劳动的复杂程度,更重要的是分立的劳动之间的协调。也就是说,分工深化的同时会产生一种风险,这种风险来源于企业内分工之间的协调。当分工深化时,这种风险会随协调的机会成本上升而上升。在亚当·斯密及其后的一段时间里,这种协调成本在企业中是较低的,所以,分工的深化可以直接等价于整体效率的提高。但是,随着分工不断深化,协调成本会逐步上升,当协调成本超过分工所带来的效率改进时,就会出现分工不经济的情况。

其次,要协调企业内部的分工,降低协调成本,就需要在组织内部建立一个信息交流与协调机制。而有效的组织演进是自发的，通过市场和价格来调节，可以获取有效的组织信息帮助组织改进，从而提高整体效率。但是在组织内部，我们如何去获取有效的信息来改善内部分工效率呢？市场和价格机制显然不合适，如果合适，就不是组织内分工而是企业间分工了。因此，组织的成员之间就需要通过某种机制来建立联系，获取有效的组织内部的信息，这种机制就是组织内的信息交流与协调机制。从泰勒的科学管理到福特的流水线，包括丰田的精细生产和看板制度在内，都是在寻求这样的一种信息协调的机制。然而，越是细化的分工，各个部分的相互联系程度就会越高，这就加大了对分工结构的稳定性和高效性的要求。此外，带有个别冲击性质的外在不可预期因素和过于细化的分工结构所导致的系统内部获取协同效应难度的增加，都会对信息传递速度和信息处理能力提出更高的要求。当信息协调机制无法适应分工深化所带来的协调成本上升时，分工结构的负效应就会迅速暴露出来。也就是说，在原有的企业内部分工框架之上的信息协调机制已经不适应当前企业的需要，也无法有效地起到降低协调成本的作用。

最后，是隐藏于劳动分工之后的知识问题。随着科学技术的发展和分工深化，知识在劳动分工问题上的重要性日益凸显。人的理性认知水平和信息掌握程度本身即构成人类行为的诸多约束前提中的一种。放到企业内部来分析，劳动生产力的大小正比于行为人所掌握的相关理性知识水平和信息水平的高低。行为人占有的相关理性知识、信息水平越丰富，它的生产性行为效果就越优，他所具备的生产力水平也就越高。但是，由于个人自身能力的限制，行为人只能获取有限的知识加以利用，当企业的某项任务所需的知识超越了行为人的个体知识时，只有通过劳动分工才能有效地完成该项任务。这其实就是劳动分工背后知识的分工。但是，随着分工的深化，企业中每一个人就会被限制在一个相对狭小的“局部”，这就产生了局部性的知识；当这样的局部知识间缺乏有效的沟通与联系时，就会产生局部知识的相对垄断。这就会造成企业内部分工网络上各节点间协调成本的上升。

从上面的分析中，我们不难发现，在分工深化的同时，协调成本的上升是企业内分工出现不经济的主要原因。而这一状况的普遍出现则是知识经济发展的产物。在当前企业中出现的新的组织制度，正是企业在应对日益突出的协调问题时产生的组织变革。同时，我们发现，在分工协调问题中，信息、知识的协调与整合更成为解决问题的关键所在。所以，要分析当前企业内分工的新变化，就要综合考虑信息、知识与协调成本的影响。

(二)企业知识，分工与协调

在知识经济中，最为主要的是企业知识。我们知道，劳动分工的背后其实是知识的分工。在企业内分工不断深化的同时,会产生局部知识;当这样的局部知识间缺乏有效的沟通与联系时,就会产生协调成本的上升。也就是说,在专业化分工深化的同时,知识的分工也在深化。专业化的知识内生于劳动分工的演化,专业化加深的同时,相应的知识集也在缩小,或者说是知识的专业化程度在加深;而知识分工的深化导致个体所拥有的专业知识日趋“局部化”,当某个成员在执行任务时遇到的问题超出自身知识范畴时,不可避免地就会影响到任务的执行效率。当每个成员的知识集随分工深化而不断缩小时,上述情况发生的概率就会大大增加。当组织内部一部分成员遇到这样的问题,而其他成员未受到影响时,整体的任务执行效率就会受到影响。这时,单个效率与整体效率就会出现不一致的情况。而要解决这一问题,就需要进行知识的共享与交流。

对于企业成员而言,它们并不需要获取完成任务所需的全部知识,它们只要拥有它们执行的相关子任务所对应的局部知识。所以,如果它们遇到某一个问题超出他们的知识集时,可以通过向他人的咨询来解决,这样就可以提高整体的效率。而要达到这一目标,一个前提就是:知识的交流与共享必须是可行的。因为只有在拥有互补性专业知识的人群中进行相应的交流与协调,才可以促使个体对其工作性质的理解更加深入和全面,从而达到提升整体效率的目的。所以,在分工获取知识的人群里需要共享一定的“制度知识”,从而使个体之间的交流成为可能。这种知识的共享和交流不仅提高整体的效率,而且依赖于组织知识和制度知识的改进,可以相应地降低企业内分工深化时的协调成本。

这里的制度知识、组织知识,概括起来就是企业内分工中的共同知识,也就是知识经济中企业制度与知识的组合。由于分工深化会引起协调成本的上升,为了提升企业的分工效率,就需要相应地调整企业的共同知识,这样就可以促进知识与信息的协调与交流。所以,共同知识可以表现为企业组织成员个体决策的协调与协作水平的提高。概而言之,信息的协调与交流机制其实就是凝结在企业内分工中的共同知识。共同知识就是将分散的专业化分工作为一个整体相互联系而存在的企业知识。共同知识分为两个部分:一部分固化为相应的物化知识,如机械自动化及流水线作业以及当前出现的一些信息化的工具;另一部分是企业内的制度知识,如相应的组织规则和制度安排。这种知识存在于每一个成员之中,它包含了成员个体的差别与企业任务整体的统一,可以有效地促进整体的协作效率。一方面,共同知识的增加可以减少信息协调交流的时间,如通过流水线和机械自动化以及相应的规则制度,使得成员间的专业化知识紧密地联结在一起,以服从整体的效率;另一方面,共同知识可以使信息交流的效率得到提升,以便降低协调成本,促进分工的深化。

所以,需要重新对协调成本进行审视,当分工深化导致协调成本上升时,就需要考虑共同知识是否相应发生了改变。如果共同知识未发生变化，或者分工深化所引起的共同知识的增长效应小于协调成本上升的效应时，协调成本上升所导致的分工不经济的状况就会出现。而如果共同知识的增长效应抵消甚至超过协调成本时，分工深化就可以带来相应的专业化经济。但是，有一点需要指出，虽然知识的分工内生于企业内分工，但企业的共同知识却是相对独立的。因为企业相应的制度安排和流程规则并不随分工深化而不断改变，只有当企业发生分工不经济的情况时，企业才有可能觉察到并对企业的共同知识进行相应的改变。这就引出了知识经济中企业制度（主要是组织制度）的变革。

三、知识经济时代现代企业制度的演变

回顾企业组织制度的发展和演变，我们就会发现企业内部的共同知识会随着分工的深化而发展和演变。在企业中，先后出现了四种企业组织制度的演变。

一是规则与指示，这是一种标准化的知识和信息协调与交流机制。它通过严格的标准控制来协调企业内分工，使得专业化的作业效率与整体的要求相匹配，具体的表现就是泰勒的科学管理制度。而建立在科学管理制基础之上的，就是企业组织的职能化分工和组织制度的部门化。

二是流程，即将任务按时间顺序来划分为若干专业，根据作业的先后顺序确定相对的时间段进行生产。福特的流水线作业就运用了这一机制，通过流水线这一固化的制度模式，使得各专业分工能够高效地衔接与配合，同时将信息的交流与协调减少到最低限度。这种处理信息的机制导致企业制度发生流水线革命。企业组织制度的决定开始由最终产品来决定。

三是程序，一方面是类似于流水线而支持各专业分工的同时作业，另一方面就是允许不同流程间的较为复杂的协调与交流，这就是丰田的看板制。

前三种信息协调机制都是在分工不断深化时，适应协调成本上升的需要对协调机制做出的相应的调整，最终结果是分工得以继续深化，原有的基本组织模式得以保留。也就是说，前三种信息协调机制还是包含在传统的企业组织制度架构之内。但是，当企业内外环境发生了剧烈变化后，知识经济导致的协调问题就会超越传统的企业制度模式，所以，就需要在调整企业共同知识的同时变革企业组织制度。

四是团队协作，也就是当前出现的新的组织形式——多任务小组或者团队。具体来看，当分工深化所产生的知识的局部性问题日益加剧时，就会造成知识在企业成员间日趋分散的局面。另一方面，任务的分割也是有一定限度的，我们不可能将企业的某项任务无限分割以适应相应知识的局部化。这时，仅仅依赖于共同知识的协调与交流是不够的。不仅如此，由于共同知识的调整具有滞后性，

虽然企业可以通过提高企业的共同知识来适应因局部知识的深化所引发的协调成本问题。但是,之后的共同知识的调整有可能会落后于协调成本的上升速度。这时企业就面临组织变革的要求。为了解决这种知识的分工与任务分工的矛盾,我们需要建立一个知识整合的共同体,将完成一个综合任务所需知识的对应个体集合在一起,通过密集的交流和协作来弥补分割的个人知识同整体任务间的矛盾。这时,由于任务无法分割,所以,构建在专业化分工基础上的协调与交流机制也失去了效用。只有团队作业的方式才是可行的。当知识分工与任务分工发生矛盾的时候,企业只有依靠诸如团队作业的方式来扩大分工间的共同知识,从而最大限度地获取整体效率。这也就是当前知识经济中,越来越多的企业所采取的组织制度。

第三节 在全球化动态竞争能力的构建中深化现代企业制度

经济全球化和知识经济对于现代企业制度的影响,其核心问题,就是要求企业在全球动态竞争能力的构建中深化企业制度改革。一方面,经济全球化从企业外部推动企业制度的变革,这种变革对于企业自身而言,则在于构建持续的竞争力;另一方面,知识经济从企业的外部和内部两个方面要求企业适应知识经济的冲击,这种冲击特别强调的是企业对于动态知识和信息的处理。所以,对于企业而言,就是要求企业建构适应于动态竞争需要的现代企业制度。

一、企业动态竞争能力与现代企业制度

(一)企业动态竞争能力理论的发展

对企业动态能力理论的关注起源于企业战略管理理论。企业战略管理理论兴起以来,就一直将获取竞争优势作为研究的核心和主要内容。从 20 世纪 60 年代开始,早期的企业战略管理理论(如以钱德勒为代表的设计学派,以安索夫为代表的计划学派和之后迈克尔·波特的行业定位理论)都侧重于外部环境对企业的影响。这些理论认为,企业竞争优势的获取来源于对外部环境的分析,因此,他们强调企业与外部环境的匹配与协调。但同时,由于过分重视外部环境,导致了对企业自身因素的忽视。从 20 世纪 80 年代末开始,企业战略管理理论开始关注企业本身的一些因素,从企业内部的资源出发构建企业的长期竞争优势。首先是企业战略资源学派,该学派认为,企业竞争定位的核心是企业的资源集,而不是资源配置所选择的具体产品市场。所以,企业战略管理首要的工作就

是识别企业的独特资源。C. K. Prahalad 和 Gary Hamel 在《企业核心竞争力》一文中提出，当前市场的竞争，其实是企业核心竞争力的竞争；企业持久竞争优势来源于企业自身的核心竞争力；企业战略管理最重要的工作是要找到企业的核心竞争力。

但是，随着核心能力理论的快速发展，核心能力的一些局限性也开始显现。过于突出企业的核心能力会导致核心刚性问题，它使企业无法适应环境的变化。面对当代动态与不确定的世界环境，企业要想赢得持久的生存和发展，就必须永远处于一种构建动态能力的状态下。这种动态能力不同于“核心竞争能力”观点中的核心竞争力，动态能力是指企业整合、建立及重构内部、外部竞争力以适应环境变化的能力，是一种在动态中不断寻求企业竞争优势的能力；而核心竞争力理论则更为注重在动态的环境中保持并巩固企业原有竞争优势。由于核心竞争力的理论以及之前的理论都相对而言是静态的分析，动态能力理论就把战略管理从静态推向更为复杂的动态。动态能力理论强调了两个方面：第一，“动态”是指为适应不断变化的环境，企业必须具有不断更新自身竞争能力的活力；第二，“能力”在企业更新竞争能力（通过整合、重构内外部组织技能、资源）以满足环境变化的过程中具有关键作用。

此外，在知识经济中，动态能力还是一种集体的学习活动模式，企业通过它，能够系统地产生和修改其经营性惯例，从而提高企业的效率。这就加深了对组织学习和动态能力形成之间的理解，通过组织自身的学习和变革来对现有组织惯例进行调整，从而促进企业动态能力的形成。但是，这又存在一个问题，这样的固定学习过程是在一个典型的组织框架内运作的，发生于企业的边界内，忽视了企业环境对动态能力形成的作用，这就造成了另外的局限。有鉴于此，需要将外部环境因素纳入企业动态能力的分析中，企业在选择和调整自身能力时要考虑外部环境的变化，尤其是经济全球化和知识经济的双重影响。所以，企业开始关注从知识技术角度来定义企业的动态能力，即企业在有关自身业务的技术知识演变中挑选出与现有知识基础相关联的技术知识并执行这种关联的能力。这种技术整合的能力由组织学习、知识基础和行动三个要素构成。

（二）企业动态竞争能力对现代企业制度的要求

按照上述理论分析，企业动态竞争能力对于现代企业制度而言，主要包含以下三个方面的要求：

1. 企业制度的知识基础。知识是企业竞争优势的根源，也是动态能力的源泉。企业的知识存量及其知识结构决定了企业制度构建和改善竞争优势的能力。在全球化竞争中，掌握市场主导权的关键在于企业的研发实力，而要建构企业的研发实力，就需要首先构筑坚实的企业知识基础。这同时也是获取企业动态能力的基础。企业制度的知识基础分为外部资源和内部资源两个方面。对于一般企业而言，第一是要改善企业现有的知识结构，增加知识存量。从内部改善制度环境，重新进行制度安排，加快和改善企业内部的知识积累。第二，也是更为关键的是，通过企业的外部资源来增强企业的知识基础。企业所需要的知识并不是仅仅限于企业内部。一个企业要增强自身的研发实力，最便捷的方法就是与外部社会网络取得沟通和协调，利用企业外部的知识资源来购足企业自身的知识基础。这一方法尤其适用于我国的大型国有企业，因为它先天就与相关的科研院所和高校有天然的联系。企业所需要做的，仅仅是将先天的联系进一步制度化和规范化，进一步加强联系和沟通。

2. 企业制度的学习能力。动态能力的第二个方面是企业的组织学习能力。全球化和知识经济使得市场瞬息万变，知识与技术的变革也日新月异。要在复杂多变的市场环境中始终保持相对的控制力，就要求企业建构适应市场变化的企业制度的学习能力。具体来说，企业制度学习能力的构建主要分为三个方面：管理制度，组织制度和企业团队。

最有效的组织学习能力的构筑首先要从管理制度入手。一个企业的发展，特别是在市场上的竞争力，突出体现在它的管理能力。对于企业而言，如果有效的管理制度缺失，没有从一个战略的视角来把握是市场方向，便会在全球竞争中遭到淘汰。其次是组织制度的分权和扁平化。一个有机的分权的组织制度，可以使企业内部知识与信息充分流动和及时沟通。这是保持市场与企业研发密切联系的保障。类似于大多数国有企业的组织构架，我国目前的企业组织制度在一定意义上还相当臃肿，这就限制了应对市场变化的灵活性。最后是企业团队。随着企业组织结构日趋扁平化、虚拟化，就更需要通过完善的学习网络，不断综合企业内外的各种不同类型的知识去发展和创新，这是企业团队的使命。

3. 企业制度的信息和技术整合能力。企业制度的信息和技术整合能力就是企业的集合学习能力，它是协调不同的产品生产技能和综合各种信息和技术的能力。对于一个想要在全球化和知识经济中立足并取得不断进步的企业而言，真正需要的是建立在自主研发基础上的信息和技术整合能力。因此，现代企业需要建构的是一个面向市场的信息与技术整合平台，这样才能增强企业面对知识和信息的自主协调能力，发挥企业越来越大的自主性。其次，对于现代企业来说，信息和技术的整合要兼顾本土化和国际化。信息化、全球化与网络化是当代世界经济发展的主旋律。为了更加主动地适应全球化的竞争，当代企业需要努力营造国际信息与技术整合网络。把市场优势迅速地转化为现实生产力，同时不断提升自身的创新能力。最后，由于信息与技术整合是一个涉及多部门的过程。因此,从组织的角度看,要想使信息与技术整合更有效率,一方面要使信息与技术整合部门与其他部门密切配合,另一方面要选择适应企业信息与技术整合要求的制度架构(当然这也需要与前两个企业制度要求相适应)。这样,只有进行企业信息与技术的整合,才能适应市场上合作和快速响应的要求。

二、现代企业制度深化的实证分析

为了验证全球化和知识经济对于现代企业及其制度的影响,我们需要审视一下当代企业的发展和变化,以此来进一步分析现代企业制度的是如何深化的。

(一)现代企业在经济全球化和知识经济双重影响下的表现

首先我们来看世界100家最大的工业跨国公司在经济全球化和知识经济的双重冲击下的变化。从国别来看(见表12-1),1980年以后,美国的企业数先降后升,从44家下降到1994年的23家,之后又上升到2004年的33家;日本的企业数则是先升后降,从1980年的8家上升到1994年的41家,之后下降到2004年的13家;其他国家的企业数都保持相对平稳的态势。从这里我们可以初步估计,美国和日本企业是受到整个外部环境影响最多的,或者说,这两个国家的企业在面对全球化和知识经济时,有比较明显的差异性。为了进一步明确美国和日本企业的这种差异性,我们需要进一步对这两个国家进行对比。

表12-1 世界100家最大的工业跨国公司按照所属国家分布的变化情况

年份	1980	1986	1990	1992	1994	1995	1997	2004
美国	44	43	23	27	23	24	32	33
日本	8	13	16	20	41	37	26	13
英国	6	5	6	4	3	3	4	10
德国	11	11	12	15	12	14	13	14
法国	10	7	10	8	11	12	13	10
其他	21	21	23	26	10	10	12	20

资料来源:毛蕴诗:《从美日企业在世界500强的变动看其竞争力消长》,《首都经济贸易大学学报》2006年第8卷第23期,第16-22页。

从表12-2中,我们可以进一步从美国和日本的世界500强企业数量的增减变化中,看到美国企业在20世纪90年代中期以后的强劲增长和日本企业的大幅衰退。同时,我们可以从表12－3中,发现美国和日本企业虽然在营业收入上相差不大,但是从平均利润的角度来看,美国企业的平均利润在1996年以后要远高于日本企业。这就说明了同美国相比,日本企业的竞争力要弱于美国企业。

表12－2 美日世界500强企业的变化情况

年份	1990	1992	1994	1996	1998	2000	2002	2004
美国	164	161	151	162	185	185	192	189
日本	111	128	149	126	100	104	88	81

数据来源:同表12－1。

表12－3 美日500强企业营业收入和利润变化情况

年份	美国企业营业收入平均额(亿美元)	日本企业营业收入平均额(亿美元)	美国企业平均利润增长率(%)	日本企业平均利润增长率(%)
1990	112.2	85.5	4.9	2.2
1992	116.1	97.7	－0.5	1.1
1994	194.6	255.4	9.4	1.7
1996	218.8	263.3	13.3	2.1
1998	228.3	254.2	13.7	－0.9
2000	297.5	282.1	17.5	4.2
2002	282.5	281.1	2.9	－0.2
2004	353.5	295.3	22.3	8.4

资料来源:同表12－1。

从上面简单的分析中,我们可以这样归类,在全球化和知识经济的冲击下,美国企业较好地适应了这种时代的变化,获取了较好的表现。但是,相对来说,日本企业的表现就要糟糕很多,而且,从简单的数据(尤其是企业平均利润)来看,日本企业在全球化和知识经济的冲击中明显受到了很大的影响。

(二)现代企业制度深化的具体分析

下面我们来分析,为什么美国和日本的企业在面对全球化和知识经济的冲击时,表现出如此巨大的差异。

1.企业的知识基础。美国企业向来重视企业的研发和创新,尤其是在应对知识经济的冲击时,它们是积极地应对。而且,从某种程度上说,知识经济的真正到来也得益于美国企业的这种发展意识。面对日益激烈的全球化竞争以及知识经济的大潮,美国企业首先为自己打造了一个成功的知识基础。这是它们能够在20世纪80年代后期重新跃居世界经济主导地位的根本原因。

美国企业制度的知识基础从两个方面来体现。

第一,从企业的内部制度来说,风险投资和注重企业自身研发的积累和消化是美国企业得以成功的首要原因。从企业的产权激励和风险控制机制来看,风险投机基金的引入,大大促进了知识型企业的诞生,同时促进了知识、产品和产业间的转化。美国从20世纪80年代开始,在高科技软件、多媒体、生物服务等多个领域里都诞生了很多新企业并快速成长起来。美国新成立的企业每年大约有80万家开业,同时,美国的风险投资企业从企业成立到股票公开发行上市的时间一般都不超过6年。这就体现了知识经济时代企业制度的时间要素的控制。此外,美国企业尤其是新兴企业的制度构架大都以多任务团队或者学习型小组的形式存在,这就从企业制度本身出发,大大加强了企业自身的研发和知识的消化吸收的能力。尤其是在信息和技术的处理方面,这样的组织形式完全符合我们之前所论述的企业制度的要求。

第二,从企业制度的外部来看,产业集群以及同外部研发机构合作,进一步强化了企业的知识基础。大学、公司和政府的研究机构是企业知识创新的基础和源泉,它们不仅提供了企业发展所需的大批人才,也创造出尚待商品化的大量技术和知识。企业同其外部的知识基础相结合,在知识的引进、消化和吸收方面进一步节约了成本,提高了效率。而且,这是一种泛社会化的信息共享与合作,为企业价值链的延伸和企业价值网络的相互融合创造了基础。这样的基础有助于形成一个共享的、发展的提供人才和管理支持的综合性的服务基础设施,尤其是知识和信息的共享平台,从而进一步促进企业与企业之间的互助和融合。这就产生了最基本的产业集群。美国的硅谷就是这样的一个典型。得益于硅谷以及类似的相关产业集群和外部知识支持,微软、苹果、谷歌等一大批企业迅速脱颖而出,成为全球化和知识经济的宠儿。

2. 企业制度的重构。经济全球化导致经济要素的全球流动,同时使全球化市场开始真正形成。从20世纪80年代开始,西方国家的企业环境发生了急剧的变化,包括越来越多的行业形成买方市场,生产能力开始过剩,竞争压力加剧,等等。这就使得以传统行业为典型特征的企业制度模式开始受到冲击。无论是产权制度、组织构架还是企业的公司治理,都出现了明显老化的迹象,导致一批传统企业在全球化的重构中被淘汰。这就加剧了企业自身制度重组的紧迫性。特别是进入90年代以后,信息技术的迅速发展和市场全球化步伐的加快,巨大的环境变化对公司形成了更为严峻的重构压力。面对这样的压力,从20世纪80年代开始,美国的许多企业特别是大型企业都陆续进行了持续的重构过程。

80 年代，美国最大的 1 000 家公司（如 AT&T、通用电气和西尔斯等）中有 1/3 按某种方式进行了企业制度重构。

以通用电气为例。在杰克 · 韦尔奇的带领下，通用进行了一系列的企业变革和重组。20 世纪 80 年代初期，外部环境不断变化更新，高科技产业和全球的竞争者如雨后春笋般相继冒出，品质更好的产品与全新的生产标准也竞相出现。这一切，都以前所未有的惊人速度发生着。面对企业发展的压力，为了使企业更具有竞争力，通用电气缩小了规模，进而构建了扁平化的组织结构，同时，重组了通用电气的产业，并改变整个企业的文化及员工的思考模式，构建符合时代要求的新型企业文化。此外，在公司内部进一步推行全球化、服务和六西格玛质量标准。经过一系列的企业重组，从 1981 年韦尔奇就任总裁到 1998 年离职，通用电气各项主要指标一直保持着两位数的增长。在此期间，其年收益从 250 亿美元增长到 1 005 亿美元，净利润从 15 亿美元上升为 93 亿美元，而员工则从 40 万人削减至 30 万人。到 1998 年底，通用电气的市场价值超过了 2 800 亿美元。

3. 信息和技术的制度整合。信息化是 20 世纪 80 年代以来企业技术发展和设备投资的主要趋势。整个 80 年代，美国用于信息化设备的投资高达 1 万亿美元。1990 年以来，美国经济增长部分的 38% 来自企业和消费者对信息设备的购买。1995 年，美国企业设备投资额为 5 220 亿美元，比 1994 年增长 17.6%，其中，信息设备的投资达 2 493 亿美元，占设备投资总额的 40%，增长幅度为24.1%，大大超过了设备投资总额的增长。1994 年，美国商务部要求 10 人以下小公司的财务系统要实现计算机信息联网。这样，1995 年美国公司信息化联网率已高达 90%。几乎所有公司都建立了自己内部的计算机网络，并与地区的、国家的以及国际的网络进行连接，从而实现了信息的快速处理和共享。通过信息技术的大规模运用，美国企业不仅在硬件上构建了适合于企业发展所需的技术基础，同时，依托于这样的信息技术基础，美国企业较早构建了相应的企业制度基础。这就使得美国企业加快了企业知识基础的打造和制度的重构。

相比之下，在上述三个方面，日本企业都明显滞后于美国企业的发展。因此，在经济全球化和知识经济大潮的席卷下，美国企业的竞争力得以继续保持和不断扩大，而日本企业的竞争力则出现了停滞甚至下降。这就使得在 20 世纪 80 年代一度大规模崛起的日本企业在 90 年代又迅速沉寂，而美国企业却在全球化的舞台上风光无限。这一切，都得益于企业制度在全球化和知识经济中的重构和深化。

案例

华为的全球化道路

背景材料

华为技术有限公司成立于1988年，专门从事通信网络技术与产品的研究、开发、生产与销售，致力于为电信运营商提供固定网、移动网、数据通信网和增值业务领域的网络解决方案，是中国电信市场的主要供应商之一，并已成功进入全球电信市场。华为现在已经构筑了全球化的均衡布局，2010年国内市场实现销售收入人民币647.71亿元，同比增长9.7%；海外市场实现销售收入人民币1 204.05亿元，同比增长33.8%。

2000年前后，国内市场竞争环境激烈，市场份额大幅度萎缩；通信设备关税降低，国际通信巨头开始攫取中国市场。华为的全球化战略是“逼上梁山”的选择。

（一）全球化的步伐

1996年，华为开始全球化战略布局。但是，走向国际市场后却屡战屡败。华为屡败屡战，直到在国际招标中中标。随后，进一步派人到各个国家，只要哪一个国家人口多，电话需求大，就派人做市场。经过几年的艰苦努力，2001年实现了3个多亿的销售额。

华为的国际市场开拓，还是沿用其在国内市场所采用的“农村包围城市”这一先易后难的策略，首先瞄准的是深圳的近邻香港；随后是在俄罗斯和拉美市场等电信发展较薄弱的国家“下手”，步步为营、层层包围；在进军东南亚以及中东、非洲等区域市场后，延伸至发达国家，攻占欧美市场。在欧美以外的市场取得全面突破后，华为为了大力拓展欧美市场，采取了如下措施：

1. 广建根据地。先后建立了8个海外地区部，在90多个国家建立代表处和工程服务网络。采用直销模式，制定明确的渠道政策。

2. 继续农村包围城市。先进入电信业发展比较落后的发展中国家，这些国家的技术准入门槛低，技术壁垒较少，对产品的要求也不严格。在发展中国家突破后，再逐渐向发达国家迈进，与西方电信巨头合作。华为在国际市场的崛起，给西方巨头带来竞争压力。为了突出核心竞争力，西方电信巨头们不得不压缩战线，降低研发投入，与华为进行战略合作。华为通过强调与全球同行在技术、制造和市场开发领域的合作来提升品牌形象，比如实行新丝绸之路政策、东方快车的品牌计划、印刷《华为在中国》的画册；参加20多个国际通信展等，每年在参展的投入至少是1个亿。

3. 力压国内竞争对手。中兴是华为的头号敌人，中兴与华为同质化高，互补性低，难以合作。

4. 淡化政府色彩。与政府"近而远之，远而近之"的策略，是国际化的要求。华为强调自己100%是私有企业，不涉及国家间政治性敏感问题。

（二）华为自身的一系列改造

1. 管理体制全球化。从1997年开始，华为即与国际著名管理顾问公司HAY（合益）合作，改革人力资源管理制度，逐步建立起了以职位体系为基础、以绩效与薪酬体系为核心的现代人力资源管理制度，使员工的职业化素质得到了明显提升。美国咨询公司随后协助华为完成了内部员工持股制改造，完善了华为以责任结果和关键行为为导向的价值评价与价值分配体系和任职资格评价体系。1999年，华为对业务流程进行了变革，与IBM签订了业务流程变革咨询合同，在其帮助下，启动了以IPD（集成产品开发）、ISC（集成供应链）为核心的业务流程变革。华为聘请PWC（普华永道）和KPMG（毕马威）设计了财务体系，实现财务制度与账目统一、代码统一、流程统一和监控统一。财务四统一目标的实现，为建立集中统一、高度分权的全球运作体系奠定了坚实的基础。华为的生产工艺和质量控制体系，是请德国国家技术应用研究员（FHG）的专家们帮助设计，并在顾问的指导下运作管理的。

从2003年开始，华为进行了组织机构的重大调整，将过去集权化的公司组织向产品线/准事业部制改变。在纵向产品部分的基础上，又从横向按照地区将全球市场划分成8个大区，每个大区都设立总裁职位，并且配备完整的销售、售后、工程、市场、财务人员，构成一套完整的公司体系，由此形成矩阵式的管理模式，这也是跨国公司进行全球化运作的标准模式，它的好处在于可以有针对性地根据地区和国家的特点，提供差异化的服务。

通过引进西方发达国家企业的先进管理经验，华为逐步建立起了"以流程型和时效型为主导"的国际先进企业管理体系。

华为还建立了全球化的企业信息化系统，90%以上的行政和业务都在这信息化系统里面完成。

2. 供应链的全球化。在采纳了ISC流程后，华为对公司的组织机构进行了相应的调整，把原来生产部、计划部、采购部、进出口部、认证部、外协合作部、发货部、仓储部统统合并，成立了一个统一管理供应链业务的部门，叫作"供应链管理部"，把供应链管理当作公司降低成本、库存，提高供货质量、资金周转率、供货速度以及工程质量的有效手段。

华为拥有技术认证和商务认证的严密体系,保障其能够一直使用价格最优、质量最好、供货最快的供应商。华为"高薪养廉"的薪酬体制以及华为独特的员工持股制度,保障了华为供应链体系的廉洁与高效。这种廉洁、高效的供应链管理,从根本上保障了华为产品成本的巨大竞争优势。

不管是在公司内部,还是以外的合作伙伴,都能对每个环节进行有效管理,提高了供应链运作效率和经济效益。

3. 研发全球化。为配合市场国际化的进展,华为一直在不断推进产品研发的国际化,并将销售额的10%以上用于研究开发。在美国、瑞典、俄罗斯、印度建立了自己的研究所,研发系统普遍实施 CMM 管理,印度、南京、上海研究所及中央软件部通过了 CMM5 级国际认证,北京所通过了 CMM4 级国际认证。通过这些研究机构引入国际先进的人才、技术,为华为总部的产品开发提供支持与服务,实现全球同步开发。

同时,华为很重视知识产权、申请海外专利。自 1988 年成立以来,华为保持将每年销售额的10% ~15%投入到研发中。国家知识产权局统计,自 2002 年以来,华为的专利申请量一直处于中国企业第一位,与其他跨国公司不相上下。根据世界知识产权组织(WIPO)2008 年年度报告,华为在企业排名上力压爱立信、三星等企业,在纯通信企业中仅次于诺基亚和高通,在全球申请人中的排名它从第 37 位上升到 13 位,并且占据中国 PCT 国际专利申请量的14.7%。华为是唯一进入前 50 名的中国企业。

收购是国际大公司整合资源、迅速覆盖目标市场的常用手段。除了与国际公司合作,华为也通过收购一些小的技术型公司来降低自己的研发成本,集中精力攻克核心技术。在全球高科技产业处于低迷时期,华为在美国展开了一系列小规模、低成本的收购。2002 年,华为完成对光通信厂商 OptiMight 的收购,加强了自己在光传输领域的技术实力。2003 年中,又完成对网络处理器厂商 Cognigine 的收购,以此加强其在交换机和路由器核心处理器方面的能力。另外,华为还在硅谷投资了一家叫作 Light Pointe Communications 的自由空间光通(FSO)厂商,并借此取得该公司 FSO 设备的 OEM 资格。通过上述收购,华为强化了传输与接入领域的技术优势。

4. 财务与资本管理全球化:

(1)全球化财务管理变革。华为聘请 PWC(普华永道)和 KPMG(毕马威)设计了财务体系。通过与 PWC 和 IBM 的合作,华为不断推进核算体系、预算体系、监控体系和审计体系流程的变革,构建高效、全球一体化的财经服务、管理监控平台。通过 INTERNET 网络专线,华为总部可以随时随地了解每一个海外分支机构的财务数据。通过构建外部审计、内部控制、业务稽核的三级监控,降低了公司的财务风险和金融风险。

(2)保持充裕的现金流,防范财务风险。华为开拓海外市场时,首先遇到的问题就是海外回款期长、风险大的问题,现金流的压力很大,财务风险也非常突出。因此,华为特别注重保持充裕的现金流。华为获取资金支持的方式有:与银行合作,直接从金融机构贷款;与国内外银行合作,采用银行授信的办法支持海外客户;出售非核心业务,获得自筹资金;与国家外交等政策相结合,取得政府支持。

(3)成本控制。华为有专门的成本核算机构,这个机构由人力资源管理、财务核算、研发等各部门的相关人员组成,对公司各方面的成本实施实时监控。2006年以后,华为加强了对各部分的费用考核。在采购体系上,华为已经进入了国际水平,与绝大多数国家大公司通过电子商务进行交易,中间没有采购人员,直接进行电子对接。

(4)资本国际化。任正非从来不反对负债经营。虽然华为贷款很容易,但华为采取多种措施,保证负债率维持在45%~50%左右,低于国际电信行业的平均负债水平。2001年后,华为已不满足仅仅与国际企业在局部领域的业务合作,开始酝酿与世界企业建立整体的战略资本关系,通过"先私募引入战略投资者,再整体上市"的基本路径来借船出海、做大华为,已成为华为更进一步的尝试性选择。

5. 人才全球化。人力资源全球化是华为国际化的前提。目前,拥有5万多名员工的华为公司在海外共设有30多个分支机构,员工来自40多个国家和地区。华为建立了世界级的人力资源管理体系,其中包括以高绩效为特征的企业文化价值体系,职位分析与职位评价体系,任职资格体系,以职位为基础的薪酬体系,以绩效承诺和中期述职为主体的绩效管理体系,以员工持股、股票期权和虚拟股票权为主体的长期激励体系。华为还组建了海外人才梯队,鼓励干部"站岗"海外一线。另外,华为还组建了华为大学。华为大学的主要目标是使干部、后备队员能很好地理解与继承华为的文化与价值观,把握和传承为成功的核心能力和实践经验,学习和借鉴国际先进的管理经验和方法,营造竞争与合作的商业环境,建设、融合和谐的国际化员工团队。

2004年,华为开始全面推动干部和后备队伍的建设,按照华为干部选拔标准和领导力素质要求选拔人员,同时进行系统性的干部培训与培养工作。

6. 企业文化全球化:

(1)提倡艰苦奋斗。艰苦奋斗是华为文化的魂,是华为文化的主旋律。信息产业的竞争要比传统产业更激烈,淘汰更无情,后退就意味着消亡。要在这个产业中生存,只有不断创新和艰苦奋斗。身处海外的华为人,不仅要忍受长年与家人分居两地、独处他乡的孤苦，同时还要承受在海外工作的高强度工作压力。只有靠着艰苦奋斗的精神，华为人才能生存下来，华为才能活下去。

(2)淡化华为文化。要真正成为国际化的大公司，首先要有一种包容并蓄的大企业文化，也就是不同于“土狼”的“大象”文化。文化融合是引入外部人才的关键，尤其是引入国际化的人才。随着管理制度的逐步西化，华为的企业文化也在“向西偏移”。2000 年之后，华为对企业特色鲜明的“传统文化”的宣传日渐淡化。

案例分析

对于中国制造型企业走向国际化的启示：

1. 先进的技术实力是通信制造型企业赢得国际市场的基础。华为重视研发投入，技术的先进性和成熟性处于业界领先地位。

2. 差异化战略的营销理念是开拓国际市场的关键。关系营销成为华为海外市场拓展的利器，而“普遍客户原则”则为其赢得更多的客户打下坚实的基础。周到完善的服务，包括快速的反应能力(供货、工程实施、服务升级等)，还有对客户的培训，不但树立了其诚信的形象，还弥补了与客户之间的文化差异。

3. 国际化的发展需要与国际接轨的管理体系。以流程型和时效型为主导的国际先进企业管理体系，使得华为对多变的国际市场具有快速的反应和决策能力；灵活巧妙的公关合作方式，使其国际化发展道路更为平坦便捷。在海外市场与国际巨头的合作，跟随中国的外交路线，通过政府带动的国家公关项目，在银行信贷、进出口贸易方面也具备较多便利优势。

要在国际市场分得一杯羹，中国企业需要在经营思路上改变过去对规模制造、价格竞争的过分依赖，学习华为从最初的“以利润换市场”真正演进为“以实力和服务赢市场”的经验。这就需要准确思考一些关键问题并具有相关的解决措施，如国际市场准入问题、全球化规则问题、市场网络和研发网络的构建问题、文化与法律问题、知识产权与标准问题等。

要走向全球化，成为全球公司，就要按全球化公司的规则办事。要向全球化公司学习，建立全球化的基础管理体系，否则就无法支持企业的全球化业务运营。华为这方面有很多值得正在走向全球化的中国企业学习。

国际化的征途不可能一蹴而就，市场需要不懈地开拓和耐心地培育，华为的成功源于近十年的积累。英国电信(BT)就是通过两年多时间的认证，才将华为作为其核心的产品供应商。而华为对俄罗斯市场的开拓，更是历经了 8 年艰苦卓绝的努力。

[资料来源：杨霞：《华为全球化道路的研究报告》，《美的学院研究资料(8)》。]

[PSSKT1. EPS,BP]

1. 简述经济全球化背景下现代企业制度的变迁。

2. 简述经济全球化对我国现代企业制度的影响。

3. 描述知识经济对现代企业制度的要求,简述知识经济时代现代企业制度的演变。

4. 简述企业动态竞争能力对现代企业制度的要求。

5. 在经济全球化和知识经济的双重影响下,现代企业制度的深化包含哪几个方面的内容?

参考文献

[1]阿尔钦. 产权:一个经典注释[M]. 上海:上海三联书店,1991.
[2]德姆塞茨. 关于产权理论[M]. 上海:上海三联书店,1991.
[3]诺思. 经济史中的结构和变迁[M]. 上海:上海三联书店,1991.
[4]菲吕博腾、配杰威齐. 产权与经济理论:近期文献的一个综述[M]. 上海:上海三联书店,1991.
[5]黄少安. 产权经济学导论[M]. 北京:经济科学出版社,2004.
[6]王国平. 构建现代企业制度[M]. 上海:文汇出版社,2002.
[7]张克难. 产权、治理结构与企业效率[M]. 上海:复旦大学出版社,2002.
[8]方悦. 社会主义现代企业制度的理论与实践[M]. 南昌:江西人民出版社,2000.
[9]连廷广. 市场经济与现代企业制度[M]. 济南:济南出版社,1998.
[10]陈朝阳. 中国现代企业制度[M]. 北京:中国发展出版社,2002.
[11]黄保强. 现代企业制度[M]. 上海:复旦大学出版社,2005.
[12]高程德. 现代公司理论[M]. 北京:北京大学出版社,2000.
[13]张鑫. 现代企业制度概论[M]. 上海:同济大学出版社,2006.
[14]刘海藩,刘潮. 现代企业管理[M]. 北京:现代出版社,2001.
[15]诺思. 经济史中的结构与变迁[M]. 上海:上海人民出版社,2003.
[16]巴泽尔. 产权的经济分析[M]. 上海:上海人民出版社,2002.
[17]考特,尤伦. 法和经济学——关于财产的经济理论[M]. 上海:上海人民出版社,1999.
[18]考特,尤伦. 法和经济学·财产经济学专题[M]. 上海:上海人民出版社,1999.
[19]钱德勒. 看得见的手——美国企业的管理革命[M]. 北京:商务印刷馆,1997.
[20]费吕博顿,瑞切特. 新制度经济学[M]. 上海:上海财经大学出版社,1998.
[21]尤建新. 管理学概论[M]. 上海:同济大学出版社,2002.
[22]罗宾斯. 管理学[M]. 4 版. 北京:中国人民大学出版社,2003.
[23]项先权. 新公司法理论与律师实务[M]. 北京:国家知识产权局知识产权出

版社,2006.
[24]马克思。恩格斯. 马克思恩格斯选集,1卷[M]. 北京:人民出版社,1972.
[25]王重鸣. 管理心理学[M]. 北京:人民教育出版社,2000.
[26]达夫特. 组织理论与设计精要[M]. 李维安,译. 北京:机械工业出版社,2005.
[27]刘冀生. 企业经营战略[M]. 北京:清华大学出版社,2000.
[28]边一民. 组织行为学[M]. 浙江:浙江大学出版社,2004.
[29]程正方. 现代管理心理学[M]. 北京:北京师范大学出版社,2004.
[30]青木昌彦,钱颖一. 转轨经济中的公司治理结构:内部人控制和银行的作用[M]. 北京:中国经济出版社,1995.
[31]廖理. 公司治理与独立董事[M]. 北京:中国计划出版社,2002.
[32]钱颖一. 企业理论[M]//汤敏,茅于轼. 现代经济学前沿专题. 1989.
[33]冼国明. 企业制度与国际竞争力[M]. 天津:南开大学出版社,2001.
[34]张维迎. 企业的企业家——契约理论[M]. 上海:上海人民出版社,1995.
[35]张维迎. 产权、激励与公司治理[M]. 北京:经济科学出版社,2005.
[36]胡铭. 公司治理结构研究[M]. 北京:中国财政经济出版社,2002.
[37]孙永祥. 公司治理结构:理论与实证研究[M]. 上海:上海人民出版社,2002.
[38]何永芳. 现代公司制度前沿问题研究[M]. 成都:西南财经大学出版社,2006.
[39]王满四. 负债融资的公司治理效应及其机制研究[M]. 北京:中国社会科学出版社,2006.
[40]严武. 公司股权结构与治理机制[M]. 北京:经济管理出版社,2004.
[41]何维达. 公司治理结构的理论与案例[M]. 北京:经济科学出版社,1999.
[42]郑德程,等. 股权结构的理论、实践与创新[M]. 北京:经济科学出版社,2003.
[43]金永红,奚玉芹. 独立董事制度与中国上市公司治理[M]. 上海:立信会计出版社,2002.
[44]劭少敏. 我国独立董事制度研究[M]. 上海:立信会计出版社,2005.
[45]李维安,武立东. 公司治理教程[M]. 上海人民出版社,2002.
[46]牛国良. 现代企业制度[M]. 北京:北京大学出版社,2006.
[47]陈柳钦.《制度、金融、投资与发展》[M]. 北京:知识产权出版社,2005.
[48]高晓慧,陈柳钦. 俄罗斯金融制度研究[M]. 北京:社会科学文献出版社,2005年.

[49]史忠良,等.产业兴衰与转化规律[M].北京:经济管理出版社,2004.
[50]刘斌.产业集聚竞争优势的经济分析[M].北京:中国发展出版社,2004.
[51]吴德进.产业集群论[M].北京:社会科学文献出版社,2006.
[52]段文斌,等.制度经济学[M].天津:南开大学出版社,2003.
[53]科斯,等.财产权利与制度变迁:产权学派与新制度学派译文集[M].上海:上海人民出版社,2002.
[54]卢现祥.西方新制度经济学[M].北京:中国发展出版社,2003.
[55]李享章.管理学原理[M].上海:立信会计出版社,2006.
[56]王学力.企业薪酬设计与管理[M].广州:广东经济出版社,2001.
[57]刘志远,林云.现代企业激励机制[M].上海:上海人民出版社,1997.
[58]王凌峰.薪酬设计与管理策略[M].北京:中国时代经济出版社,2005.
[59]付亚和.绩效管理[M].上海:复旦大学出版社,2003.
[60]朴愚,顾卫俊.绩效管理体系的设计与实施[M].北京:电子工业出版社,2006.
[61]沈艺峰.资本结构理论史[M].北京:中国经济科学出版,1999.
[62]杨剑,白云,等.激励导向的薪酬设计[M].北京:中国纺织出版社,2002.
[63]谢康.管理文库企业激励机制与绩效评估设计[M].广州:中山大学出版社,2001.
[64]刘明惠.现代企业制度概论[M].北京:中国财政经济出版社.2005.
[65]李泽厚.国有企业改革与建立现代企业制度[M].北京:法律出版社,2001.
[66]刘光明.企业文化[M].北京:经济管理出版社,2005.
[67]孙义敏,杨杰.现代企业管理导论[M].北京:机械工业出版社,2002.
[68]马春广.国际企业跨文化管理[M].北京:对外经贸易大学出版社,2004.
[69]张德,吴剑平.企业文化与CI策划[M].北京:清华大学出版社,2000.
[70]苏东水.东方管理[M].山西:山西经济出版社,2002.
[71]苏勇.中国企业文化的系统研究[M].上海:复旦大学出版社,1999.
[72]陈春花.企业文化塑造[M].广州:广东经济出版社,2001.
[73]任志侬.引领卓越[M].北京:中国经济出版社,2005.
[74]史际春.企业、公司溯源[M]//王保树,商事法论集,1卷.北京:法律出版社,1997.
[75]陈志军.母子公司管理控制研究[M].经济科学出版社,2006.
[76]王璞.母子公司管理[M].中信出版社,2003.
[77]王斌,张虹红.论企业集团的股权设计[J].会计研究,2005(12).
[78]迟学智.委托代理理论考察和借鉴[J].经济研究,1997(3).

[79]王步芳. 世界各大主流经济学派产业集群理论综述[J]. 外国经济与管理,2004.
[80]刘春芝. 产业集群与技术创新的外部经济效应分析[J]. 沈阳师范大学学报(社会科学版),2005(2).
[81]黄中伟. 网络结构:产业集群区域竞争优势的源泉[J]. 求实,2004(5).
[82]陈柳钦. 分工协作,交易费用与产业集群[J]. 西华大学学报(哲学社会科学版),2006(5).
[83]韩建军,产业集群的经济学分析及政府的作用[J].《华东经济管理》,2003,17(4).
[84]卢向南,李洁. 产业集群竞争优势的理论研究[J]. 经济论坛 2006(1).
[85]苗长虹,崔立华. 产业集聚:地理学与经济学主流观点的对比[J]. 人文地理,2003(3).
[86]张辉. 产业集群竞争力的内在经济机理[J]. 中国软科学,2003(1).
[87]邵培仁,廖卫民. 中国电影产业集群的演化机制与发展模式[J]. 电影艺术,2009(5).
[88]张召龙. 企业制度创新问题研究综述[J]. 经济研究导刊,2007(4)
[89]杨玉民,王萍,等. "九五"国有企业改革回顾与思考[D],国研网.
[90]欧阳国欣. 论国有企业治理结构的完善[J]. 财经科学,2003(3).
[91]李琳,陈维正. 变革型领导对国有企业改革与发展的影响作用分析[J]. 经济经纬,2011(6).
[92]桁林. "大国有"战略下国企改革的任务与趋势[J]. 福建论坛(人文社会科学版),2011(10).
[93]周丽波. 国企改革趋势辨析[J]. 中国电力企业管理,2011(4).
[94]王会让. 苹果公司的企业文化[J]. 东方企业文化,2012(1).
[95]王东彬. 产权结构与现代企业制度[J]. 特区经济. 2005(9):41 -43.
[96]刘芍佳,李骥. 超产权论与企业绩效[J]. 经济研究. 1998(8):3 -12.
[97]王小文. 公有产权效率研究[J]. 财经研究. 2000(12).
[98]王广亮,等. 国有企业产权改革的规则[J]. 中国工业经济. 2005,(7):89 -95.
[99]朱志刚,等. 国有企业产权交易问题研究[J]. 经济研究. 1994,10:42 -47.
[100]苏小方. 国有企业产权制度改革路径及偏差[J]. 中国工业经济. 2004(10):52 -58.
[101]冯飞等. 企业绩效与产权制度——对重庆钢铁集团的案例研究[J]. 管理世界. 2006(4):130 -139.

[102]郑云瑞. 西方契约理论的起源[J]. 比较法研究,1997年(3).
[103]臧武芳,张小峰. 论企业制度演化动力的转换[J]. 科技进步与对策,2006(7):60-62.
[104]成加兵. 企业理论的发展及对建立现代企业制度的启示[J]. 经济论坛,2005(13):76-78.
[105]李世嘉. 企业特征的逻辑分析及启示[J]. 商业时代,2007(2):38-39.
[106]陈明生. 企业制度的历史演变[J]. 经济体制改革,2001(5):43-46.
[107]张民安. 公司契约理论研究[J]. 现代法学,2003,25(2):45-50.
[108]汤洪波. 企业家理论的演进[J]. 经济评论,2006(03).
[109]黄华. 把握好现代企业制度建设核心环节[N]. 经济日报,2005-5-26.
[110]王尚恩. 以产权改制和资产重组求发展[J]. 企业采风,2001(2):18-19.
[111]由人. 华立集团产权改革十年迈出三大步[J]. 中国乡镇企业,2004(3):22-23.
[112]王继平. 从分工论到契约论:企业理论的批评性回顾及启示[J]. 经济评论,2005(03):97-102.
[113]黄凯南,黄少安. 企业的性质:契约理论和演化理论的比较和融合[J]. 求索,2008(4).
[114]贾根良 项后军. 奥地利学派企业理论的诞生及其重要意义[J]. 天津社会科学,2005(2):82-88.
[115]张文泉,李泓泽. 组织理论的演进与发展[J]. 工业工程与管理,2000(5):5-9.
[116]杨建国. 试论知识经济中企业组织结构的发展趋势[J]. 科技管理研究,2004(6).
[117]夏春刚,石春生等. 企业组织结构的模式和发展趋势[J]. 科技与管理. 2003(3):64-66.
[118]麻兴斌,蒋衔武,尹燕霞. 企业变革管理中的矛盾分析与对策[J]. 山东社会科学,2002(4):56-59.
[119]邱毅. 访谈企业变革的理念与原则[J]. 北京大学学报(哲学社会科学版),1999(1):19-25.
[120]冯巨章. 产权、管理与企业绩效[J]. 中国工业经济. 2003(5):55-62.
[121]王珏. 从TCL跨国并购视角看中国中小企业国际化战略[J]. 管理世界. 2006(3):150-151.
[122]毛蕴诗,等. 从美日企业在世界500强的变动看其竞争力消长[J]. 首都经济贸易大学学报,2006(3):16-22.

[123]毛蕴诗,等.公司重构的企业制度比较——以美国、日本、德国公司为例[J].学术研究.2005(6):34-41.
[124]刘志彪.经济全球化的模式与中国企业国际化的战略选择[J].经济理论与经济管理.2004(8):11-17.
[125]汤丹.经济全球化下的企业组织创新[J].中国改革.2005(12):69-70.
[126]程伟,等.经济全球化与公司治理:对转轨国家的含义[J].世界经济与政治.2003(10):66-71.
[127]周新军.跨国公司境外企业公司治理机制探析[J].南开经济评论.2001(4):62-67.
[128]陈学法.企业制度变迁与经济全球化[J].世界经济与政治.2002(6):83-85.
[129]洪亮.企业制度变迁与中国企业的发展目标模式[J].中央财经大学学报.2000(9):8-13.
[130]邢文祥.中国企业国际化的现状、问题和对策[J].经济体制改革.2003(1):30-33.
[131]孙彬彬.组织变革中的企业内分工[J].中国工业经济.2006(2):106-112.
[132]杨琳.浅谈我国上市公司治理结构的完善[J].理论界,2006(5).
[133]向莉.上市公司的公司治理问题与绩效分析[J].财经理论与实践,2002.
[134]陈小洪.中国国有公司的治理:情况和进展[R].OECD公司治理政策对话会,2005(5).
[135]苏启林,郑海天.中美私营家族企业比较[J].中国国情国力,2003(9).
[136]毕艳杰.家族企业引入职业高管后的治理结构创新[J].未来与发展,2007(4).
[137]于健南,石本仁.家族治理合理性的制度分析[J].北方论丛,2007(4).
[138]储小平.家族企业研究:一个具有现代意义的话题[J].中国社会科学,2000(5).
[139]储小平,李怀祖.信任与家族企业的成长[J].管理世界,2003(6).
[140]廉勇,李宝山.中外家族企业前沿理论研究综述[J].财经科学,2006(1).
[141]王连娟.家族企业传承经验借鉴与理论思考[J].开发研究,2006(2).
[142]欧晓明,苏启林,郑海天.美国家族企业演进过程与管理特征研究[J].外国经济与管理,2003(10).
[143]宋旭琴,蓝海林,向鑫.我国企业集团的演化与发展分析[J].科技管理研究,2007(4).

[144]李文海. 国有及国有控股企业集团的发展与作用[J]. 统计研究, 2006(11).

[145]张彤,张世英. 企业集团重组问题研究[J]. 系统工程理论与实践, 2003(9).

[146]吕有晨,李政. 日本企业集团的演进与创新[J]. 现代日本经济,2003(1).

[147]Allyn A. Young. Increasing Returns and Economic Progress[J]. The Economic Journal,1928(152).

[148]Gary S. Becker, Kevin M. Murphy. The Division of Labor, Coordination Cost, and Knowledge[J]. The Quarterly Journal of Economics, 1992(107).

[149]George J. Stigler. The Division is Limited by the Extent of the Market[J]. The Journal of Political Economy, 1951(59).

[150]Luis Garicano. Hierarchies and the Organization of Knowledge in Production [J]. The Journal of Political Economy, 2000(108).

[151]Robert M. Grant. Toward a Knowledge – Based Theory of the Firm[J]. Strategic Management Journal, 1996(17).

[152]Stefano Brusoni, Andrea Prencipe, Keith Pavitt. Knowledge Specialization, Organizational Coupling, and the Boundaries of the Firm: Why Do Firms Know More Than They Make? [J]. Administrative Science Quarterly, 2001(46).

[153]Oliver E. Williamson: The Economics of Internal Organization, The American Economic Review, Vol. 66, No. 2 (May., 1976), 369 –377.

[154] R. H. Coase: The Nature of Firm, Economica, New Series, Vol. 4, No. 16 (Nov., 1937), 386 –405.

[155]Bengt Holmstrom, John Roberts: The Boundaries of the Firm Revisited, The Journal of Economic Perspectives, Vol. 12 (Fall 1998), 73 –94.

[156]Berle, A and G. Means, the modern corporation and private property[M]. New York: Macmillan, 1932.

[157] Michael C. Jensen & William H. Meckling ,1976. Theory of the Firm: Managerial Behavior ,Agency Costs and Ownership Structure[J]. Journal of Financial Economics.

[158]Coase, R, :The Nature of the Firm [J]. Economica, vol. 4,1937.

[159]James . M. Buchanan. : An economic theory of clubs[J]. Economics, 1965, (32):1 –14.

[160] Williamson, O. E. :The Economic Institutions of Capitalism[M] , Free Press, New York,1985.

[161] Williamson, O. E. : Market and Hierarchies Analysis and Antitrust Implications. A Study in the Economic of Internal Organisation [M], Free Press, New York, 1975.